国家社科基金
后期资助项目

学术与治事：
陈建《学蔀通辨》及其经世思想研究

Academic and The Way of Govering:
Research on Chen Jian's XuebuTongbian and
His Statecraft Thought

柳向忠 著

陕西新华出版传媒集团
陕西人民出版社

图书在版编目（CIP）数据

学术与治事：陈建《学蔀通辨》及其经世思想研究／柳向忠著. —西安：陕西人民出版社，2021.7
ISBN 978-7-224-14195-5

Ⅰ.①学… Ⅱ.①柳… Ⅲ.①陈建—思想评论 Ⅳ.①B248.99

中国版本图书馆 CIP 数据核字(2021)第 107993 号

责任编辑：关　宁　晏　藜
封面设计：蒲梦雅

学术与治事：陈建《学蔀通辨》及其经世思想研究

作　　者	柳向忠
出版发行	陕西新华出版传媒集团　陕西人民出版社
	（西安市北大街 147 号　邮编：710003）
印　　刷	西安市建明工贸有限责任公司
开　　本	787 毫米×1092 毫米　1/16
印　　张	19 印张
字　　数	316 千字
版　　次	2021 年 7 月第 1 版
印　　次	2021 年 7 月第 1 次印刷
书　　号	ISBN 978-7-224-14195-5
定　　价	68.00 元

如有印装质量问题，请与本社联系调换。电话：029-87205094

序

景海峰

　　陈建(号清澜,1497—1567)是明代中后期颇为异类的一位思想家,主要活动在正德、嘉靖年间,这正是社会激荡、思潮纷起、学术多彩而开始下沉于民间的时代。作为一个中下层的士人,陈建在功业方面可以说乏善可陈,其一生的主要成就便是著书立说。他的著作大多完成于48岁辞官归隐之后,主要的有三部。《学蔀通辨》,在心学盛行之时,辩朱陆异同,批判阳明学,因而与时流格格不入,长期的被边缘化。《皇明通纪》,以私家之史述立场,记载时政,多用直笔,不能见容于当政者,故尔屡遭禁毁,几成绝响。《治安要义》,虽"芹曝有怀",忧心国是,但人微言轻,又被之后的禁书给牵连了,所以乏人问津。这几部在当时很有特色的著作,不但没有给著者带来应有的声誉和影响,反而在后世屡遭非议,或是备受冷落,他本人也成了被历史所慢待和遗忘的人物。

　　陈建是岭南人,出生于官宦之家,中过举人,做过县教谕和知县一类的小官,在当时显然不在学术的主流圈内,因而交游有限,尤其是和学界的重量级人物没有来往。他本人的师承和思想来源也线索不明,盖因传记资料太少,纂修于清代的《东莞县志》只谓其父授四子,"各通一经",但到底长于何学,也无从断定。所以,略晚于他的叶权(中甫)在《贤博编》一书中说道:"陈建《皇明通纪》,虽识见未广,文理疏浅,然非建臆说,乃博采诸书及各名士小说而成,使穷乡下邑,略知本朝沿革,不为无助。"后人也多有谪其视野狭窄、所用材料错谬的,如叶权的《贤博编》、屈大均的《广东新语》、吴鼎的《东莞学案》等,于中皆有纠弹。可见从社会地位和世事见闻上来讲,陈建因不在当时的学术中心,所以知见是有一定局限性的,这也是当权者们封禁《皇明通纪》时的重要口实之一。作为一名岭南学者,可能广东本地的故乡人对他还是比较熟悉的,而且有一定的理解。所以黄佐(泰泉)曾将《皇明通纪》与《史》《汉》及荀悦《汉纪》等比论,期待能成"昭代不刊之典"。郭棐的《粤大记》也为之立传,谓"公学识温醇,议论纯正,酌古准今,崇正黜邪,则毅然贲育莫夺";《治安要义》"其言切于通变救弊"。不管怎么说,这些比较特殊的个人境遇,并没有影响到陈建的博学多识,他一生的慎思明辨和锐意于学问，还是取得了相当的成绩。正因为陈建专事于著述，少交游，不讲学，身后又无传人，所以当时的学界主流对他并不了解，之后的各种史著和学传也均不载其名。又因为陈建的著作命运多舛、屡遭毁禁，后人在记述之时必多有忌讳，所以渐渐就乏人问津了。就像他的《皇明通纪》，曾经流行过一段时间，但在隆庆六年遭到禁毁之后，就渐渐不为人所知，以至于和另一部同名的著作常相混淆。杨慎《升庵集》卷四十七有"野史不可尽信"一条，历数《皇明通纪》的记事之误，有人以为是在说陈建，而实际上这是在讲梁亿。梁亿为岭南名臣梁储（文康公）的弟弟，也著有一部《皇明通纪》。故明末谈迁在《枣林杂俎》中就特意为之区分，说有两种《皇明通纪》，"岭南梁亿，东莞陈建，各著《通纪》"云云。

另外，从陈建的学术立场来看，他的崇朱贬陆和对王阳明的大加批评，在晚明之心学几淹天下的势头下，显然是不合时宜的。所以，黄宗羲的《明儒学案》本之于心学的偏好，在记录阳明一系时，诸人之思想行迹事无巨细，而对于陈建这样的学者，却根本没有提及，这便对后世的思想史述造成了深远的影响。尤其是近代以来，研究明代思想史，多是以《明儒学案》中所记述的内容作为基本的线索，而像陈建这样被遗漏掉的人物，就再没有人关注到了。实际上，黄宗羲的有意疏漏，恰恰表现出在明清之际，阳明学与朱子学之间的高度紧张关系。阳明后学或偏向于心学的史著，诸如《理学宗传》之类，均找不到陈建的踪迹。而李二曲虽在著作中提到了陈建，但完全持否定的态度，其《读书次第》谓："先是广东陈建有《皇明通纪》一书，久已行世，然芜秽不伦，识者病之。薛方山（应旂）于是撰《宪章录》，大书特书，粹然一归于正。"（《二曲集》卷八）与二曲"芜秽不伦"的评价不同，张履祥在其晚年似乎认识到了陈建思想的价值，他在读了陈著之后，答吴汝典说："承假《学蔀通辨》，伏读一过，知先生放龙蛇、驱虎豹之心切矣。自叹穷乡末学，弗获早见是书，以致功夫枉用，老而无闻也。"（《杨园先生全集》，上册，401页）在这之前，顾宪成也曾为《学蔀通辨》作序，已经有一点调停朱陆的意思，所以对陈著之内容虽有所是正，但并无过言。由此可见，在明清之间，对心学有一定反省意识的学者，已经多少能够认识到陈建学说的价值。而到了清初后，随着学术思潮的转向，于陈建著作肯定的声音，便明显地占了上风。顾炎武在《日知录》卷十七"朱子晚年定论"中谓："东莞陈建作《学蔀通辨》，取朱子年谱、行状、文集、语类及与陆氏兄弟往来书札，逐年编辑而为之，辩曰：朱、陆早同晚异之实，二家谱集具载甚明。"显然是持赞赏的态度，故接着又指出："《困知》之记，《学蔀》之编，固今日中流之砥柱矣。"(《日知录》卷十八)而复兴朱子学的中坚人物陆陇其,对于陈建学术的肯定那就更是不遗余力了。他在《学术辨》中说:"程篁墩之《道一编》、王阳明之《朱子晚年定论》,其意皆欲以朱合陆,此皆所谓援儒入墨。较之显背紫阳者,其失尤甚。陈清澜、陈几亭(龙正,高攀龙弟子)论之甚详……二陈之言,盖皆本之《困知记》,合而观之,则朱陆异同可不待辨而明矣。"又在《三鱼堂文集》"答徐健庵先生书"中明确谓"陈清澜立传,最足为考亭干城",可见其对陈建学术功绩的极大赏识。

由明清之际的思想论争和所存留之为数不多的评论,我们可以看出陈建是处在朱陆异同之辨的风口浪尖上,这全是因为其《学蔀通辨》的旗帜鲜明和言辞的尖锐性,使之在这个话题里面特别的醒目。《学蔀通辨》一书有前、后、续三编,前编明朱、陆早同晚异之实,后编明象山阳儒阴释之实,续编明佛学近似惑人之实。其写作的主旨就在于专明一实,以决三蔀。陈建认为,当时的学术有"三大蔀障":一为佛学,近理乱真而惑人,为害儒道已非一日;二为陆、王之学,援儒言以掩佛学之实,阳儒阴释为蔀极深;三为朱、陆早异晚同之说,混淆朱、陆之学,而乱孔孟圣学之真。在阳明学兴起并渐趋于发达的嘉靖年间,陈建的这些批评显然是一种异样的声音,这一方面表现了他对心学强有力的抵制,另一方面也是导致其很快就被边缘化的主要原因。以至于后儒有谓"东莞陈清澜则俗儒也,巧狗政府之意而攻阳明"(全祖望语),这就有点气急败坏、人身攻击的味道了。实际上,陈建对于王阳明的批评,完全是本之于他对朱、陆异同的理解,以及坚守朱子学的立场,而并不是出于政治上的动机,这从他对明代中叶之学术阵营的梳理即可看出。陈建认为,"我朝理学之士,薛文清瑄、陈克庵选为最,胡敬斋居仁、罗一峰伦、章枫山懋亚之","陈白沙献章只一味禅会,庄定山昶只是一个诗人,陈剩夫只是一个狷介之士"。而尤可注意者,"前有曹月川端,后有何椒丘乔新、邵二泉宝、罗整庵钦顺"。他高度肯定的是薛瑄、曹端和罗钦顺这些人,而对吴与弼、陈献章等人则不感冒。由此,他认为"阳明文章、功业尽足以名世,不消讲学。讲学亦不消宗信佛老而诋訾程朱。讲学宗佛老而诋程朱,反增一疣赘,而为文章、功业之累矣"(《皇明通纪》卷三十三)。正因为他所认同的是正统的朱子学这条路线,故此,对于新起的心学思潮,便持一种否定和批判的态度。就这一点而言,如果说罗钦顺的《困知记》在与阳明心学的争论中,特别的引人注目,构成了一种对阵之势;那么,《学蔀通辨》的出现,足可以成为整庵的助援,或可归属之同类。

因为有朱陆之辨和明清之际心学与理学这两大学说的起伏颠簸,《学蔀通辨》才引起了少部分人的关注,陈建也才没有被彻底地埋没掉。但陈建学术的落寞状况是长期的,而被提及只是偶然的,所以在晚明以来的这几百年间,他遭到冷落是一个常态。正因为如此,在现代的学术研究中,陈建也是一个很少被顾及、研究极不充分的人物。大致从上个世纪30年代开始,才陆续的有一些文章出现,星星点点,极其散落,也极为初步,只是简略地介绍了陈建的思想,尤其是《学蔀通辨》的梗概,而深入系统的研究则要到近十多年来才得以展开。首先是文献的整理与刊布,前有吴长庚主编的《朱、陆学术考辨五种》,后有钱茂伟点校的《皇明通纪》和黎业明点校的《陈建著作二种》。这些整理著作的出版,极大地方便了学术界的研究工作,也为一般大众了解陈建提供了可能。近些年来出版的一些有关明代思想史的著作,也分别地为陈建立了专章、专节,或者有一些相对深入的评论与问题展开。但迄今为止,专门研究陈建的著作或者稍微精细一些的硕、博论文,仍很罕见。正是在这种情况下,我们高兴地读到了柳向忠博士写的这本专著:《学术与治事——陈建<学蔀通辨>及其经世思想研究》,这可以说是该领域一个重要的开拓,值得庆贺。

该著全面地爬梳了历代所存文献,对陈建之生平事迹做了尽可能详细的考论,重点分析了陈建的学问旨趣及思想脉络,围绕着《学蔀通辨》《治安要议》《皇明通纪》三部书的大要,以明清之际的相关评论及近人的研究为基础,对陈建的思想做了系统而深入的分析。书中对《学蔀通辨》所及朱陆"早晚异同"论、陆王"阳儒阴禅"论等核心话题,结合着朱陆之辨的历史线索与相关评述,做了进一步的探索,提出了自己的新见。对于陈建作为一介布衣,披褐怀玉,心忧国是,著《治安要议》,就宗藩、赏功、取士、任官、制兵、备边御戎等国家大事,发为议论,给予了很高的评价,并就其经世思想的特点和意义做了具体的分析,言前人所未发,颇有创获。

向忠早年治历史,2007年入深圳大学,成为中国哲学专业的第一届研究生,后又考取了武汉大学,续读中国哲学专业的博士生。在其攻读硕、博期间,吾均作为指导教师,先是与商选定了陈建思想研究作为长期之课题,在完成《陈建<学蔀通辨>思想研究》的硕士学位论文之后,继又踵事增华,接着完成《学术与治事——陈建<学蔀通辨>及其经世思想研究》的博士学位论文。现经过多年之磨砺后,获得了国家社科基金资助,得以成书出版。十年事毕,诚为喜事,聊缀数语,以记因缘殊会,也表祝贺之意。望此著能够有助于学界之研究,也为作者本人更上学术层楼之阶梯。

2021年元旦于深圳湾

目 录

绪论 ··· 1
 一、陈建生平、著述 ·· 1
 二、陈建思想之相关研究 ······································· 7
 三、陈建学脉略述 ··· 19
 四、本书论题范域之界定 ······································· 23
 五、本书旨趣和结构 ·· 28

第一章 有史之争：陈建与"朱陆异同" ·························· 32
 第一节 朱、陆"早晚异同"说之缘起 ······················ 32
 第二节 陈建的朱、陆"早同晚异"说 ······················ 45
 第三节 附　论 ·· 67

第二章 有史之辨：陈建与"异端之辨" ·························· 79
 第一节 陆、王"释老"之辨 ···································· 79
 第二节 陈建与"儒释之辨" ···································· 122
 第三节 附　论 ·· 139

第三章 朱学后劲：陈建理学及其《通辨》之衡定 ············ 153
 第一节 陈建与明代前期理学 ································· 153
 第二节 陈建的理学观 ··· 168
 第三节 《学蔀通辨》之衡定 ···································· 186

第四章 期成实务：陈建的经世思想 ······························ 213
 第一节 陈建的经世学脉略论 ································· 214
 第二节 陈建的社会改革思想 ································· 225
 第三节 陈建经世思想之衡定 ································· 254

结　语 陈建的学术与治事 ··· 272

附　录 ·· 276
 陈建传 ·· 276
 《学蔀通辨》序 ··· 280

《皇明通纪》序 …………………………………………… 282
参考文献 …………………………………………………… 285
后　记 ……………………………………………………… 292

绪 论

陈建(1497—1567),相对而言是明代中后期一位学识渊博、视域宽广、思想颇为敏锐的思想家、史学家,虽因诸种缘由未能名见经传,然详考之,其在有明一代之思想史、史学史中仍有不容忽视的历史地位;是著具体依从陈建《学蔀通辨》《治安要议》《皇明通纪》三部相继完成的著述,考述其经由"究心学术邪正之分"而至"国家因革治乱之故"的经世学术及治事之思想。

一、陈建生平、著述

陈建仅是明中期一低阶知识分子,然其著述在明清之际为诸方各派学者褒贬不一、聚讼不已,甚而于明清之时其著述皆屡遭遇过禁毁之厄。抑或确因陈建于经传中不著其名,对其学行和著述,现今学界能予以全幅关注者颇少;即使从岭南学术研究的区域性角度看,陈建亦非为相关研究所能给予较多关注者。本书虽选择陈建的学术思想为专研对象,然鉴于对其人其著关注者较少,对其学行著述也就确有考述之必要,以为探究其学思言行之一源。

(一)陈建生平、家世

现有关陈建的传记资料很少,相应的记述也极为简洁。究其传无闻的缘由有三种说法。一者"惟其著述之时多,而讲学之时少,故陈氏之传无闻"[①],这一说法确也不无道理,陈建的确非明中后期讲学盛行中之人。二者陈建所著《皇明资治通纪》于清乾隆年间被列为禁毁书,以致嘉庆初修《东莞县志》,遂不敢道陈建一字,其他以后所修之地方志,也不敢道其名。查《明史》及《明史稿》皆无其传,或亦因禁网之故而不载。三者至于明黄宗羲著《明儒学案》,未提及陈建,现普遍认为其宗主王学,对力辟陆、王近禅而坚守朱学立场的陈建不免带有偏见。诸种缘由皆使考证陈建生平、师

---

① 邓实、黄节主编:《国粹学报》第九册,扬州:广陵书社,2006,第4489页。

承、学脉及著述的资料相对有限。

以下叙述陈建生平及家世之佐资,主要采自明万历年间郭棐(字笃周,号梦兰,1529—1605,广东南海人)撰修的《粤大记》①,王兆云辑的《皇明词林人物考》②卷九有"陈建"条目,仅百余字之传,以及道光年间阮元(1764—1849)撰修的《广东通志》中"陈建传"③,清末陈伯陶(字象华,号子励,1855—1930,东莞人)纂修的《东莞县志》中"陈建传"④。

陈建(1497—1567),字廷肇,号清澜,又号清澜钓叟、清澜居士,东莞(今广东东莞市)人。生于明孝宗弘治十年,卒于明穆宗隆庆元年,享年七十一岁,历弘治、正德、嘉靖、隆庆四朝,这亦是有明一代社会危机由潜伏而激化,思想动荡迁衍的时期。陈建自幼纯心笃学。年十九,其父病卒于广南府(治所在今云南广南县)知府任所,陈建守孝三年,丧期未满期间,有劝说其随俗权变之而未听,年二十三始补邑弟子员。嘉靖戊子七年(1528),年三十二,领乡荐两上春官(考举人进京殿试)皆中乙榜,中举人。嘉靖壬辰十一年(1532),选授福建侯官县教谕,时年36岁。其间与诸生论文,谓文有九善九弊,因作《滥竽录》;与巡抚白贲论《李西涯乐府》,因作《西涯乐府通考》;嘉靖十二、十三年,与督学潘潢论朱、陆异同,作《朱、陆编年》二编;督学江以达命校《十三经注疏》,书成,朝廷颁行天下。七年任满,迁江西临江府学教授,复辑《周子全书》,又为《程氏遗书》类编。在两任期间,曾受聘为江西、广西、湖广、云南的乡试,所取皆名士。循资升山东信阳县知县,著《小学古训》。嘉靖甲辰二十三年(1544),以母老乞养,邑民攀留,力请乃得归,时年48岁。嘉靖丙午二十五年母卒,隐居不出。陈建虽貌寒素,人望而轻之,然性缜密,博闻强记,究心学术邪正之分,及国家因革治乱之故,自归后构建草堂于郭北,益锐志著述。当此社会危机日重,王学日盛之时,尤其是王阳明所著《朱子晚年定论》,虽经罗钦顺的批驳,但很多学者仍然信之。陈建认为,以前所著朱、陆之辩非所以拔本塞源也。乃取朱子年谱、行状、文集、语类及与陆氏兄弟往来书札逐年编辑,凡阅十年至嘉靖戊申二十七年(1548),修改《朱、陆编年》,成《学蔀通辨》,计前后续终四编共十二卷。陈建又因本朝之法积久弊滋而著《治安要议》六卷,《皇明通纪》,凡四十二卷,为著作明史之先锋。尚有《经世宏词》《明朝捷

---

① 〔明〕郭棐撰:《粤大记》(下册,卷二十四),广州:中山大学出版社,1998,第726—727页。
② 〔明〕王兆云:《皇明词林人物考》十二卷,明万历刻本。第21,22页。
③ 〔清〕阮元修、陈昌斋撰:《广东通志》(道光)卷二百七十九列传十二,清道光二年刻本。
④ 〔清〕陈伯陶纂修:《东莞县志》(宣统),台北:成文出版社,1967,第2191—3279页。

录》《古今至鉴》《陈氏文献录》等。今传的有《学蔀通辨》《治安要议》《皇明通纪》。明隆庆五年(1571)《通纪》一书原板遭禁毁，清乾隆间，《通纪》列为禁书，另《学蔀通辨》《治安要议》亦连带遭禁。因此，其名亦未甚为世人所知。嘉庆间修的《东莞县志》，不敢道陈建一字，至清末陈伯陶纂修《东莞县志》始为其立传。其所著述后人评之"盖为天下万世虑也"。并在学术意义上给予了相当的肯定，谓之粤东有陈献章，世称新会之学；有湛若水，称增城之学；至建书出，世称为东莞之学。

细考《粤大记》《东莞县志》及其他所涉"陈建传"，就其家学、师承源自而言，相关可供考索之资料亦极匮乏。仅其家世渊源而言，兹录二则如下：

> （建父）陈恩，字宏济，号理庵，英弼孙。弘治二年举人，初授福建南安学训导，学行充美，淡于利而勇于义，待士严而有恩，比去任，橐无余资。秩满铨选，天下教职第一。擢大理寺司务，历升户部员外郎郎中，选广南府知府。莅任见府治军民杂处，目不知书，乃授以《小学》、《孝经》，亲为句读讲解，士始知趋于学。后卒于官，无以为敛，有土官为具棺殓，乃得还。子四人，越、超、赴、建，各通一经。越字廷卓，弘治乙卯；超字廷英，弘治甲子；赴字廷献，正德庚午。俱领乡荐。建为名儒，别有传。①

> 陈英弼，字廷佐，邑城人。永乐九年举人，十三年为兴业教谕，士罕知学，英弼修建学校，严立条约，与诸生同食息，致连举者九人。威威文辞，足为师范。②

陈建先辈多从事教谕事务，有一定的家学资源；在地方而言，陈建亦为乡贤名儒。至于陈建所通何经，师承学脉则无显见之直接资料可佐证之。

（二）陈建著述简介

先就陈建之《学蔀通辨》略做说明。该著成书于嘉靖戊申二十七年(1548)，而明嘉靖、隆庆以后，正是王学兴盛之时，"程、朱之书不行于

---

① 〔清〕陈伯陶纂修：《东莞县志》卷五十七，第2153—2154页。
② 〔清〕陈伯陶纂修：《东莞县志》卷五十五，第2077页。

世"。① 陈建力守程、朱之学立场,痛辟陆学是改头换面、阳儒阴释,王阳明剽窃禅宗、乱道误人。故而《学蔀通辨》于当时未能发行开来。至万历乙巳三十三年(1605)间,无锡顾宪成"悟心体无善无恶之非,作《证性编》以诋守仁",盱眙吴令因梓是编,顾宪成为之作序,谓其"忧深虑远,盹恳迫切,如拯溺救焚,声色俱厉","自是始行于世"②。清康熙四十五年(1706),当湖(今浙江平湖)顾苍岩(天挺)重刻并为之序,称其"采辑群书,编次年月,俾学者晓然。知陆之为禅,朱之为正学,而纷纷聚讼者始定,其有功于世道人心不浅矣"③。五年后,即康熙辛卯年(1711)又有休宁(今安徽休宁县)汪谧评定并刊刻的康熙辛卯本,《贩书偶记续编》曾予著录。现北京大学图书馆、曹县图书馆藏有明嘉靖刻本。此外,有清同治五年(1866)的正谊堂全书本,光绪十八年的西京清麓从书本,民国的聚德堂丛书本,民国二十五年(1936)的丛书集成初编本(商务图书馆印)。该书《四库全书》列有存目,《明史·艺文志》有记载,齐鲁书社在 1995 出版的《四库全书存目存书》依据明嘉靖刻本收录。另有明万历三十三年(1605)黄吉士、吴中立刻本(北京图书馆、荣县图书馆藏),清湛圆抄本(上海图书馆藏),清雍正元年(1723)谢浦泰抄本(福建师范大学图书馆藏)。本书主要参读吴长庚主编《朱、陆学术通辨五种》及黎业明点校《陈建著作二种》中之标点本及明嘉靖本、正谊堂本(基本古籍库电子版)。全书共十二卷,分为前、后、续、终四编,每编又分为上、中、下、三卷。主要内容陈建在《总序》中有清楚的说明:前编明朱、陆早同晚异之实,后编明象山阳儒阴释之实,续编明佛学近似惑人之实,而以圣贤正学不可妄议之实终焉。在此著中,陈建究心通辨,旨在专明一实、以决三蔀。这里的所谓"三蔀",一为佛学,近理乱真而惑人,为害儒道已非一日;二为陆、王之学,援儒言以掩佛学之实,阳儒阴释为蔀极深;三为朱、陆早异晚同之说,混淆朱、陆之学而乱孔孟圣学之真。此著是研究陈建思想的重要资料,亦是陈建经世致用的理学思想的理论根基和集中体现。通过"究心学术邪正之分"以求破"异端之害,不独系圣道之明晦,尤关系世道之盛衰",将学术上的迁衍流变和社会的演进相融合,即是将时风、世风、世道的盛衰三重视域融合,亦即是将朱陆之辩、儒释之辩、夷夏之辨三者有机地结合起来,以求有资于正世风、治

---

① 侯外庐等编:《宋明理学史》,北京:人民出版社,1997,第 534 页。
② 〔清〕陈伯陶纂修:《东莞县志》卷五十八,第 2195 页。
③ 〔明〕陈建:《学蔀通辨·顾序》,"丛书集成初编"本,第 0653—0654 两册,北京:中华书局,1985。

世道。

《治安要议》六卷。成书于明嘉靖戊申二十七年（1548），现能查到版本有民国的聚德堂丛书本（国家图书馆藏），清抄本（上海图书馆藏）；本书所据是"中国基本古籍库"之电子版（聚德堂本），因无点校本刊行，行文中所引该著亦皆仅标注卷名，后因黎业明教授点校《陈建著作二种》收录该著而多采取其校本。陈建在书序中曰："天下未有无弊之法也，法之不能无弊者，势也。或起于因循积渐法久而弊滋也，或起于时异世殊可行于一时而不可行于异日也。法虽制于圣王，其如势之不能无弊何哉？"①故因本朝之法积久弊滋而为此著。卷一宗藩议，言宗藩之滥。卷二赏功议，言武职袭荫之弊。卷三取士议，言科目之外，宜又荐辟之一途。卷四任官十议，言选举之始，不可轻取浮文；小官之选，不可不归本省；入仕之途，不可伤于冗滥；冗官之员，不可不加省并；初选之职，不宜骤贵；迁转之期，不宜太速；资级之迁，不宜太限；推让之风，不可不兴；考察之行，不可不慎；小官之禄，不宜折减。卷五制兵议。卷六备边议，指出"我朝边事，一向只为'因循姑息，玩愒偷安'八个字所破坏，不斩钉截铁断除此根，天下事未可知也"。以及"莆田林润为都御使，修葺宗藩条列，即采其说"②上述各议针砭时弊，提供补救之方，具体体现了陈建经世致用的"治事"思想。

《皇明通纪》三十四卷。该书的编撰经历过两个阶段，先是著《皇明启运录》，继之著《皇明历朝资治通鉴》。后来，前者称前编，后者称后编，合成《皇明通纪》一书。前编大约始写于嘉靖三十一年（1552），上起元顺帝至正十一年（1351），下迄明洪武三十一年（1398）；后篇成书于嘉靖三十四年（1555），起续于洪武三十一年，截止于正德十六年（1521）。陈建该著是第一部叙事型明代编年史，也是中国历史上第一部明代通史著作。陈建是书刊行之时，深受社会的普遍欢迎。然于隆庆五年（1571），工科给事中李贵和上疏，诬指："广东东莞人陈建私辑《皇明资治通纪》，具载国初至正德间事，梓行四方，内多传闻失真者。"又说："我朝列圣实录皆经儒臣奉旨撰修，藏在秘府。建以草莽之臣职私拟，已犯自用自专之罪矣。况时更二百年，地隔万余里，乃欲以一人闻见臧否时贤，荧惑众听，若不早加禁绝，恐将来以讹传讹，为国事之累非浅也"，倡言禁书；于是，朝廷下令，"焚毁原版，

---

① 〔明〕陈建：《陈建著作二种》，黎业明点校，上海：上海古籍出版社，2015，第3页。
② 〔清〕陈伯陶：《东莞县志》卷五十八，第2195页。

仍谕史馆勿得采用。"①凡书愈禁声名益大,沈德符于《万历野获编·焚通纪》(卷二十五)中言,"海内传颂如故",至万历时代"复有重刻行于世者,其精工数倍于前","且时人儒者著书,多有征引,以夸博洽"②。前述中之刘蕺山、黄宗羲征引《通纪》虽非出于"以夸博洽",但也说明该书确为时人瞩目。至清代乾隆年间修《四库全书》之时,"寓禁于征",以"坊间野史,不足征信"为由,再次将《皇明资治通纪》列于军机处奏准全毁书目之首③,以致"嘉庆初修邑志时,不敢道清澜一字"④;此外,陈建所著的《学蔀通辨》《治安要议》亦被纳入禁毁书目之列。⑤ 清末民初,陈伯陶撰修《东莞县志》之时,考索《通纪》版本传流时谓之"原著今不可见"⑥。陈建著述屡遭禁毁使得其现存诸种善本极为珍稀,也使得对其相关研究深入受到限制。然现《皇明通纪》一书经今人钱茂伟先生考证,认为仍有原刻本存世,并经其多年研究整理并点校,由中华书局于2008年出版发行。钱氏对于陈建《通纪》一书的各种刻本,包括重刊、续补的流传都做了翔实的考述⑦,兹不赘录。本书拟对《皇明通纪》相关研究即以该书为基本参考。陈建主要生活在正德、嘉靖朝,正身处明王朝由盛转衰之际,极端专制与极度腐败联袂,国家弊政丛生杂集,各种危机亦潜隐待发。陈建位卑在野而"诚不忘江湖",一如其在《治安要议·序》中引范希文(仲淹)"居庙堂之高则忧其民,处江湖之远则忧其君"语以明其志。于此盛衰之际,陈建敢于首开有明一代私人著史之风,探究"是果世变成江河之趋而不可挽与,抑人事之失得,有以致之也?"故而,"取有资于治,可通为鉴者,编年次之","辄僭著评议,或采时贤确言,诚欲为当时借箸之筹"⑧。陈建《通纪》之经世思想极为鲜明,尤其是在该著的行文中就人、事、制度等或者自己"僭著评议",或者征引"时贤确言"加按语评论,少则数条,多则数十条。这种不拘一格的写史方式,使得该著不仅是一部叙事型编年史,更是一部极具思想的学术著述。

---

① 〔明〕胡广等:《明实录·穆宗实录》卷六,隆庆五年九月辛巳条,台北:中央研究院历史语言研究所,1962。
② 〔明〕沈德符:《万历野获编》,北京:中华书局,1959,第638页。
③ 〔明〕陈建:《皇明资治通纪》,中华全国图书馆文献微缩复制中心,1997,第6页。
④ 〔清〕陈伯陶:《东莞县志》卷五十八,第2197页。
⑤ 雷梦辰:《清代各省禁书汇考》,北京:北京图书馆出版社,1989,第252页。
⑥ 〔清〕陈伯陶:《东莞县志》卷五十八,第3197—3198页。
⑦ 〔明〕陈建:《皇明通纪》,钱茂伟点校,北京:中华书局,2008。(关于陈建《通纪》一书的编撰与刊行,禁毁与重刊、续补,以及其史学价值和影响可参看钱氏是著《前言》,第1—40页;《后记》,第1193—1199页。钱氏研究重在其版本考述。)
⑧ 〔明〕陈建:《皇明通纪·序》。

二、陈建思想之相关研究

陈建虽非有明一代大家名儒,然其著述自刊布以降(明清之际)则颇受关注,褒贬抑扬者不乏宿儒名家,基于对其人的历史形象及其著述的历史境遇的相应了解之考虑,有必要先就其著述于明清之时的际遇做番考察,可使得对此研究对象有较完满的了解,亦可使得为进一步深入研究觅得可取的进路。

(一)明清时期有关陈建著述的评述

陈建(1497—1567)主要活动于明正德、嘉靖朝,是明代中后期极具务实精神的思想家、史学家。但其学术思想在当时并未受到应有的肯定,尽管其著述在一定时期颇受欢迎和关注。《明史稿》与《明史》皆无陈建之传,仅在《明史·艺文志》记载"陈建《明通纪》二十七卷、《续通纪》十卷"[1],《明儒学案》《圣学宗传》以及《理学宗传》等有关理学著述都未载录陈建及其著述。究其传记无闻的缘由大致可总结为三说:一是"惟其著述之时多,而讲学之时少,故陈氏之传无闻"[2],这一说法是不无道理的;二是陈建所著《皇明资治通纪》于明隆庆年间遭禁毁,清乾隆年间又被列为禁毁书,至嘉庆初修《东莞县志》,遂不敢道陈建一字,其他以后所修之地方志,也不敢道其名,而《明史》及《明史稿》皆无其传,或亦因禁网之故而删去;三是明黄宗羲著《明儒学案》不述及陈建,现普遍认为其宗主王学,对力辟陆、王坚守朱学立场的陈建不免带有偏见,这在前述中已经提及以为佐证。

陈建的著述活动及其成果得到同为广东的知名学者郭棐(1529—1605,今广东南海人)的肯定。郭棐在其著《粤大记》中设有"陈建"条目,可视之为最早对陈建生平、著述的全面记载,对其成就有所评述并兼引时人评论。郭棐称之,"公学识温醇,议论纯正,酌古准今,崇正黜邪,则毅然贲育莫夺"。引述时人评之,林尚书润称公"涵泳古今,核治乱之变,通性理之源";谭尚书大初亦称其"经世之远,忧世之深";又有称公"博古之学,

---

[1] 〔清〕张廷玉等:《明史》卷九十七,志七十三,艺文二,北京:中华书局,1974,第2371页。
[2] 邓实、黄节主编:《国粹学报》第九册,第4489页。

用世之才"①。清末陈伯陶纂修《东莞县志》为其立传,称引其所著述后人评之"盖为天下万事虑也",并在学术意义上给予了相当的肯定,谓之粤东有陈献章,世称新会之学;有湛若水,称增城之学;至建书出,世称为东莞之学。② 这些评论都从整体上就陈建的学术成就给予充分肯定,但也反映出其学术更多得到了本地学者的推崇。当然,陈建的著述自付梓流布开来,褒贬不一,交互存在。

明隆万年间有骆问礼(1527—1608)著《续羊枣集》,称赞"东莞陈清澜居士建之《学蔀通辨》,其辨折阳明可谓至到"。并谓之"孟子曰:'能言距杨墨者圣人之徒也',然则岂惟整庵诸公!谓石台(孙扬)、清澜非今之孟子,吾不信之矣"③。颇为推崇陈建。然当时正值王学兴盛之时,"程、朱之书不行于世"④。陈建《学蔀通辨》正是以极力反对王学的面目出现,故而《学蔀通辨》于当时未能发行开来。至万历三十三年(1605)间,无锡顾宪成(1550—1612)为之作序,谓其"忧深虑远,盹恳迫切,如拯溺救焚","自是始行于世"⑤。通观顾宪成此序,在认同陈建右朱之说的同时提出了自己对朱、陆之辨的学术观点。兹录如下以做分析:

> 朱、陆之辨,凡几变矣,而莫之能定也,由其各有所讳也。左朱右陆,既已禅为讳;右朱左陆,又以支离为讳。宜乎竟相持而不下也。窃谓此正不必讳耳。就两先生言,尤不当讳,何也?两先生并学为圣贤者也。学为圣贤,必自无我入,无我而后能虚,虚而后能知过,知过而后能日新,日新而后能大。有我反是。夫讳,我心也,其发脉最微,而其中于人也,最黏腻而莫解,是五星之蔀也。其为病,病在里。若意见有异同,议论有出入,或近于禅,或近于支离,是有形之蔀也。其为蔀,病在表,易治也;病在里,难治也。

又曰:

> 朱子歧德性问学为二,象山合德性问学为一,得失判然。如徐而求其所以言,则失者未必不为得,而得者未必不为失。此无我有我之别也。然学者不患其支离,不患其禅,患其有我无我而已矣!辨朱、陆

---

① 〔明〕郭棐撰:《粤大记》(下册,卷二十四),广州:中山大学出版社,1998,第727页。
② 〔清〕陈伯陶纂修:《东莞县志》卷五十八,第2196—2197页。
③ 〔明〕骆问礼:《韩文公谢自然诗》,《续羊枣集》卷六,清高承梴抄本。
④ 侯外庐等编:《宋明理学史》,第534页。
⑤ 〔清〕陈伯陶纂修:《东莞县志》卷五十八,第2195页。

者,不须辨孰为支离,不须辨其孰为禅,辨其孰为有我而已矣。此实道术中之一大蔀,非他小小抵牾而已也者。而《通辨》偶未之及,敢为吴侯诵之。①

顾宪成认为,陈建是辨尚为"有我"之辨,仍有鲜明的门户立场。顾氏提出学术判法不应从"有我"(即立门户之见)切入,应从"无我"(即一客观、平持的谛观)切入。顾氏所论大旨为若二分必选其一的"有我"学术评判,其结果仍只是朱子是朱子,陆子是陆子,左右二子者并没有将自己以"共在"的方式纳入这一诠释域中,始终自是无所得。以"无我"切入,但须有"自己"共在,如是辨其"有我"则学无蔀而已有得。顾氏此论诚与其好友吕坤之"不儒不道不禅,亦儒亦道亦禅"②、"我只是我"③的不拘门户之学有异曲同工之妙。

顾炎武在《日知录》中对陈建是著在王学盛行,趋之如流的环境下,能勇于批判诸说流弊给予了很高的评价,称之"此书于朱、陆二家同异,考之极为精详""学蔀之编,固今日中流之砥柱矣"。④ 明清之际儒者张履祥很是认同陈建《学蔀通辨》,他在给友人的信中说:"《学蔀通辨》笔舌不得和平,是诚有之。但方此人心胥溺,虽以大声疾呼犹苦聋聩,不直则道不见,彼虽动于意气,在我则视为十朋锡可耳。"⑤认为陈建是著"救时之书也,亦放龙蛇、驱虎豹之意"⑥。清人陆陇其(字稼书,1630—1692)有《答徐健庵先生书》云:"陈清澜立传,最足为考亭干城。"⑦亦曾直言,"陆、王之学,不必多辨,已有《学蔀通辨》在也"⑧。清康熙十七年(1678),当湖(今浙江平湖)顾苍岩(天挺)重刻并为之序,称其"采辑群书,编次年月,俾学者晓然。知陆之为禅、朱之为正学,而纷纷聚讼者始定,其有功于世道人心不浅矣"⑨。清著名学者卢文弨亦在《抱经堂文集》中亦称《学蔀通辨》"为有功

---

① 〔明〕陈建:《学蔀通辨·顾序》,《丛书集成初编》本,第0653—0654两册。
② 〔明〕吕坤:《吕坤全集》,北京:中华书局,2008,第1395页。
③ 〔明〕吕坤:《吕坤全集》,第664页。
④ 〔清〕顾炎武:《日知录》卷十八,上海:上海古籍出版社,1987,第35—36页。
⑤ 〔清〕张履祥:《杨园先生全集》,《答徐敬可二十六》,陈祖武点校,北京:中华书局,2002,第236页。
⑥ 〔清〕张履祥:《杨园先生全集》,《备忘二》,第1094页。
⑦ 〔清〕陆陇其:《三鱼堂文集》卷五,《文渊阁四库全书》册1325—60页。
⑧ 吴光酉、郭麟、周梁:《陆陇其年谱》,北京:中华书局,1993,第190页。
⑨ 〔明〕陈建:《学蔀通辨·顾序》,《丛书集成初编》本,第0653—0654两册。

正学"。① 清人梁显祖辑《大呼集》②八卷,每卷皆录有陈建《学蔀通辨》辟陆、王、禅佛语,记十七条之多。此外尚须重视清人夏炘《述朱质疑》③中对陈建是著的驳正,认为陈建将朱子40岁之前合于禅陆之说是为异说所蒙(见卷五《与胡埱卿茂才论学蔀通辨及三鱼堂集荅秦定叟书》),还批评李绂《朱子晚年全论》因词附会,不过为《学蔀通辨》报仇而已(见卷十《与詹小涧茂才论朱子晚年全论书》)。此著相关考证内容是研究陈建《学蔀通辨》中关于朱、陆"早晚异同"问题的有力佐证。

清学者全祖望则持相反观点,于《鲒埼亭集》外编(卷五十)中谓之:"东莞陈清澜则俗儒也,巧狗政府之意而攻阳明,并隐讥白沙以自附于河汾之统,盖有窥见其底里直斥为小人者"④。陈建所论固有意气太甚之嫌,但全氏此说显亦是"有我"之见,既不能全面地亦不能客观地对待陈建所著,且言"巧狗政府之意"更是妄说。清乾隆年间吴鼎著《东莞学案》,"是书大旨以陈建《学蔀通辨》全为阿附阁臣,排陆以陷王,甚至取象山语录,割裂凑合而诬之以禅,因条列其说,一一诘难。一曰诬朱子学禅,二曰撰禅名色,三曰以遮掩禅机咎象山,四曰撰养神二字诬象山,五曰删节象山文字诬象山,六曰错解象山语罪象山,七曰嘲象山辟禅,八曰自禅,九曰骂先儒,十曰自誉,十一曰誉朝贵,十二曰总论《学蔀通辨》三十谬,十三曰诸儒评《学蔀通辨》"。(《四库全书总目提要》卷九十八)惜该书现可能已佚。据清代道光年间服膺程朱且有义理学巨擘之称的唐鉴(1778—1861)评价吴鼎此作,谓之"其《东莞学案》则攻陈清澜《学蔀通辨》作也,是先生学术之非也"⑤。由此可见,这种争论无所不及,相互争诉无休。梁启超说:"在这个时候朱、陆两派各自有一个人将自己本派学说平心静气、忠忠实实地说明真相,既不做模棱的调和,也不做意气的攻击。其人为谁?陆派方面的是李穆堂,朱派方面的是王白田。"⑥尊陆学的李绂(号穆堂,1673—1750)著《朱子晚年全论》,"大旨谓陈建之书于朱子之论,援据未全。且语录出门人所记,不足为据。乃取朱子正、续、别三集所载,自五十岁至七十一岁与

---

① 〔清〕卢文弨:《抱经堂文集》,北京:中华书局,1990,第324页。
② 〔清〕梁显祖:《大呼集》八卷,北京:北京出版社,2001。
③ 〔清〕夏炘:《述朱质疑》,清咸丰景紫山房刻本。
④ 〔清〕全祖望:《鲒埼亭集》外编卷五十,《端溪讲堂策问一》,清嘉庆十六年刻本。
⑤ 〔清〕唐鉴:《学案小识·经学学案》卷十三,清道光二十六年四砭斋刻本。(唐鉴《学案小识》另记载张伯行数学者皆有以陈建《学蔀通辨》辟王学而为有功于朱学之说,兹不赘述。)
⑥ 梁启超:《中国近三百年学术史》,天津:天津古籍出版社,2003,第101页。

人问答及讲义、题词之类,排比编次,逐条各附考证论辩于下,以成是书"①。王懋竑(号白田,1668—1741)著《朱子年谱》,《四库提要》说"其大旨在辨为学次序,以攻姚江晚年定论之说。故于学问特详,于政事颇略。……于年谱体例虽未尽合,以作朱子之学谱,则胜诸家所辑多矣"②。二人虽立场不同,但都对朱、陆之学做了详细、深入的研究考证,对破除久来的朱、陆门户陋狭之争多有裨益。

现就《治安要议》考察,单独论及、评述的资料亦不多见。陈建《通纪》是以《要议》已有的社会政治思想为纲申述其经世思想的,在《通纪》书写中多提及《要议》所论互相参证发挥。《通纪》在传布及影响方面远胜《要议》。兹仅择选康熙五十六年岭南督学使者郑晁一说备于此。郑氏谓之,"先生片言只字,皆根据六经、陶铬子史。虽著述甚富,未窥全豹,然即此已足领略一班矣。其《通辨》《通考》纸贵洛阳,无容赘缕。惟《治安要议》硕画宏谟,明体达用"③。对于陈建是著基本情况已前述。

再就陈建《通纪》而言,其著述活动先后得到同为广东的知名学者黄佐(1490—1566,今广东中山人)的鼓励和重视。陈建《皇明启运录》刊刻后,得到好友黄佐的称赞,并劝说:"昔汉中叶,有司马迁《史记》,有班固《汉书》,有荀悦《汉纪》;宋中叶,有李焘《长编》,皆搜载当时累朝制治之迹,以昭示天下。我朝自太祖开基,圣子神孙重光继照,垂二百祀矣,而未有纪者。子纂述是志,盍并图之,以成昭代不刊之典。"④因之,陈建续成《通纪》。但自付梓传布开来,对时人及后世影响颇大,也引起了极大的争议。前面已提及《通纪》历遭禁毁之事,但这更促使了它的传播,因而重刻、补编之风纷起,这方面情况详参今人钱茂伟《皇明通纪·前言》即可。

陈建《通纪》成书后就遭到了一些批评,诸如薛应旂(1500—1575)在《宪章录》序中称之,"迩来见《通纪》仿编年而芜鄙"⑤。祝世禄于黄光升(1506—1586)著作《昭代典则》序中言,"东莞《通纪》矣,猥管杂而欲吐"⑥。范守己在《皇明肃皇外史》序中谓之,"陈氏《通纪》草次亡文,采摭

---

① 〔清〕纪昀、陆锡然、孙士毅等著:《钦定四库全书总目》,北京:中华书局,1997,第801页。
② 〔清〕纪昀、陆锡然、孙士毅等著:《钦定四库全书总目》,第1287页。
③ 〔明〕陈建:《治安要议》重刻《序》,民国刻《聚德堂丛书》本。
④ 〔明〕陈建:《皇明通纪·序》,钱茂伟点校,北京:中华书局,2008。(另参:〔清〕陈伯陶纂修:《东莞县志》卷五十八,第2195—2196页。)
⑤ 〔明〕薛应旂:《宪章录》,济南:齐鲁书社,1996,第2页。
⑥ 〔明〕黄光升:《昭代典则》,济南:齐鲁书社,1996,第4页。

虽云不拘,而芜俚可言"①。这多是从陈建所采史料来源上提出批评,有一定的合理之处。明前期之《明实录》确实秘藏于宫禁而少流传于世②,诚然为私人撰史取材带来很大困难。但现考之陈建选材可信性度颇高,并不是所谓不区分芜鄙管杂而一概采信。

据《东莞县志》记载,《万历武功录》作者瞿九思颇为推崇陈建是著,于嘉靖三十九年(1560)言:"国家聋瞽,至是始有目有耳"③邓元锡(1529—1593)在《函史》下编中言,"陈东莞建仿《汉纪》撰《皇明通纪》,于人才、风格、政体、边防三致意焉,视宋李焘《长编》有过无不及矣"④。岳元声(1557—1628)则在《皇明资治通纪·凡例》称其,"载录近信,是非近公,文义近简畅"⑤。明末人沈国元在《皇明从信录》中亦谓之,"览者以其编年叙事,问顺义明,遂推为本朝典故权舆"⑥。以上诸人皆能从之所以作为史书之才、学、识统而考察,给予了很高的评价。作为有明一代第一部编年体通史其传布意义远大于《通纪》一书本身。正因此意义,该著在禁毁后如前述沈德符《万历野获编》所言,重刻行世数倍于前,亦多为征引以夸博洽。清人吴炎(1624—1663)在《答陆丽京书》中亦谓之,"天下耳目为之(《通纪》)簧鼓者殆数十年,虽明诏毁禁而莫之能止"⑦。这都在一定程度上说明,陈建《通纪》有一定深远的社会意义和价值,尤其显著的"欲为当世借箸之筹"的经世思想影响颇深。

此外,尚有些有关陈建著述的情况和评述的资源,可相资参看。清人张夏之《洛闽渊流录》,有百字关于陈建《学蔀通辨》著述缘起及内容概述;清人屈大均《广东新语·文语》卷十一,有关《通纪》一则史料的证伪;阮元所修《广东通志》之"陈建传"。另有东莞人民政府出版的两部《东莞县志》可参看:张二果、曾起莘之《东莞县志》(崇祯)(于1995年出版),郭文炳之《东莞县志》(康熙)(于1994年出版)。陈建虽非名著一时之大师,但其著作旗帜鲜明,多无忌讳而屡遭禁毁,但亦因此而产生了一定的学术的、社会

---

① 〔明〕范守己:《皇明肃皇外史》,济南:齐鲁书社,1996,第2页。
② 谢贵安:《论明代国史与野史的生态关系——以〈明实录〉的禁藏与流传为线索》,《学术月刊》,2000,第74—79页。(该文对明代国史与野史之生态关系有详述,尤其是关于《明实录》的禁与传可为陈建撰史取材度做一参考。)
③ 〔清〕陈伯陶纂修:《东莞县志》卷五十八,第2196页。
④ 〔明〕邓元锡:《函史·经籍记》下编卷十三,转引钱茂伟《皇明通纪·前言》,第32—33页。
⑤ 〔明〕岳元声:《皇明资治通纪·凡例》订合本,转引钱茂伟《皇明通纪·前言》,第38页。
⑥ 〔明〕沈国元:《皇明从信录·总例》,上海:上海古籍出版社,2002,第1页。
⑦ 〔清〕吴炎:《吴赤溟先生集》,转引钱茂伟《皇明通纪·前言》,第39页。

的影响，称引评述之人不少，限于可掌握资料，上述考察仅大致能反映陈建是著在明清之时的概况。

（二）近代以来有关陈建著述的研究

整体上看，自近代以来对陈建研究仍然极为有限，研究者很少涉及，因而在广度和深度上都无法与名见经传的大家相比拟，其应有的思想史地位和影响势必无法给予揭示。鉴于近人对陈建著述研究分别对待，亦拟就三著研究状况分别叙述。

近人关于陈建的研究最先是从《学蔀通辨》开始的。最早研究是20世纪30年代，容肇祖在《国学季刊》卷五三期发表《补明儒东莞学案——林光与陈建》文，1941年收入在开明书店版《明代思想史》，1989年收入齐鲁书社版《容肇祖集》①。容氏认为，若无成见地考述陈建思想应在有明一代对朱学贡献颇大，因而有必要以地著人为林光、陈建补"东莞学案"；并指出陈建此辨最大贡献在于对朱子学术思想先后顺序的阐明，从而彰显朱、陆学术之不同处，实为有明罗钦顺后之"朱学后劲"。容氏该文重在阐明陈建对朱学的认识和张目，这仅是《学蔀通辨》中"一目"，未能彰显陈建该著的思想全貌。容氏另有《陈建〈学蔀通辨〉所引〈朱子年谱〉与〈实纪〉中〈年谱〉的异同》②一文，着重比较分析了陈建所引《朱子年谱》与《朱子实纪》所引是相通的，都是概括引的，亦有节引之处，以证《实纪》最接近现存可知的李方子《紫阳年谱》。容肇祖对陈建思想之研究使其应有学术地位得以显露，一开陈建学术思想研究之先河。

后续研究可查的有日本学者冈田武彦于50年代所著《王阳明与明末儒学》一书，该书第八章"批判派与复古派"设有"陈清澜（建）"单节。该书2000年由上海古籍出版社在国内发行，由其1970年之"前言"及1987年之"中文版序"可知这一研究成果于20世纪50年代完成。③ 冈田武彦于此文中认为陈建坚守朱子立场而批判陆、王佛老，其主要影响体现在三个方面：第一，他提揭"养神一路"这四字，剔抉异端之真髓，并指摘了以往异端之辨的不完备；第二，对朱、陆同异论所进行的彻底辩难；第三，在论述异端的佛学中，对其变迁之后，给予儒教的影响及对民族和国家的祸患，揭

---

① 容肇祖：《容肇祖集》，济南：齐鲁书社，1989，第235—245页。
② 容肇祖：《容肇祖集》，第117—119页。
③ 〔日〕冈田武彦：《王阳明与明末儒学》，上海：上海古籍出版社，2000。（"陈清澜"一节，查看本书第309—324页。）

示了历史的事实。并指出,陈建的朱子学是与激烈批判王学的清初学者张武承(张烈)、吕晚村(吕留良)、陆稼书(陆陇其)的朱子学相通的,而且即使说是他们的先驱,也不为过。当然,该文也指出了陈建将朱子学与陆、王学截然区别来的理论说明存在着使朱子学坠入平板乏味之嫌。冈田武彦此论,对朱、陆异同之朱学源流和陆学源流的考述,以及对陈建是著之忧国致用的价值肯定,都为深入研究奠定了坚实基础。持平就实而论,这一研究成果确实为迄今70可查《学蔀通辨》研究中的精细深入之作。

又至20世纪70年代末,始有1978年钱穆于《文科学报》第十一期发表《读陈建〈学蔀通辨〉》文,现收于钱穆著《中国学术思想史论丛》(七)①一书。钱氏于此篇长文中揭橥陈建是著专意于辟异息邪,实为讨论宋代理学与禅宗异同之重要参考资料;同时能于陈建行文力辨之中洞见其意并不全在辨异同,而在于学术应"致用"的价值取向;此外,钱氏还提点了陈建既有意气过甚对陆、王不实之论,亦有对朱学深有见地的阐发。尽管钱穆此篇长文多为资料排比,议论极其简要,但仍为进一步研究陈建是著提供了不拘于文本自身的宽阔视角。

20世纪80年代初,陈荣捷于《中国书目季刊》第十五卷第三期发表《从〈朱子晚年定论〉看阳明之于朱子》文,现收于陈荣捷著《朱学论集》②一书。该文虽非研究陈建的专文,但陈建《学蔀通辨》实因《朱子晚年定论》而发,文中所辨对陈建研究颇为重要;该文指出陈建及尊朱后学虽对阳明所据朱子书信早晚有误多所辩证,但多属门户意气之争;而该文对研究陈建思想的意义在于揭示阳明学实范围朱子学而来,在这个意义上反观陈建所辨则可见其得失。接着有侯外庐等编《宋明理学史》③(1983年初版)一著设有专章论述,即该著第二十章"陈建和《学蔀通辨》"。该文较之容肇祖所论,则重在针对陈建对朱、陆之学"早晚异同"问题的驳正,以及对陆、王心学"阳儒阴禅"的批判的讨论,肯定了陈建通过考证揭示阳明颠倒朱子书信的事实,以及陈建在学术上力求经世致用的思想,但亦认为陈建所论是站在朱学的立场,简单化处理了陆、王学与佛禅的关系,这并不符合事实。该文较系统地论述了陈建《学蔀通辨》的问世及其思想,较之前论且将之置之于理学史而言,无疑使对陈建研究有极大推进。《宋明理学

---

① 钱穆:《中国学术思想史论丛》(七),北京:生活 读书 新知三联书店,2009,第231—250页。
② 陈荣捷:《朱学论集》,上海:华东师范大学出版社,2007,第229—248页。
③ 侯外庐等主编:《宋明理学史》,第533—548页。

史》中一章应是当时中国社科院历史所步近智所撰,后单文发在《晋阳学刊》(1987年第6期),较之该文行文略有变化而主旨一致。① 80年代前期陈来相关研究也涉及陈建《学蔀通辨》,据陈来《朱子哲学研究》②("再版后记")可知。陈来该文从朱熹思想前后演变考述,指出陈建对朱、陆早晚异同之考证也并非精详可称,材料也远不充分,并就陈建所谓朱熹早岁与禅陆相合而对朱熹早年思想演变再详做考证。

90年代期间的研究可查成果有二。陈鼓应、辛冠洁、葛荣晋主编的《明清实学史》(1994年版)第八章录有步近智所作"陈建对王学的诘辨和《治安要议》的实政思想"③一文。该文分为两部分:前一部分论"陈建对王学的诘辨",研究重述其在八十年的成果。第二部分论"《治安要议》的实政思想",应是现可查最早涉及陈建该著并单文作一研究的成果,但研究仅是对《治安要议》内容做了一概括,指出陈建这一实政思想对于讲求经世致用的实学思潮的兴起具有积极作用,其将《治安要议》纳入研究视野亦是一突破。另一研究成果是台湾学者蔡龙九于1997年在《国立台湾大学哲学评论》第三十六期发表《读陈建〈学蔀通辨〉之贡献与失误》④一文。该文通过翔实分析,认为陈建针对《道一编》《朱子晚年定论》的反省在考据方面有贡献之处,并凸显了两个重要讯息:一者儒佛思想混杂的事实;二者调和着所忽略的"晚异"事实。此外,通过具体分析认为陈建直接以"儒佛之辨"框架,且对禅佛、陆、王思想掌握不清楚,兼之所辨"同异"范围不清,忽视朱、陆"同"的方面而使之论证多流于失效。该文确实指出了陈建是著所辨中存在的系列问题,这在纯理论考辨上是说得通的。但因此反对陈建将论辩焦点延伸至儒佛之辨有所不妥,因为《学蔀通辨》一著并不是单纯的应学术理论之同异而进行的学术性活动,结合陈建本人思想整体看,其主旨更多是指向那个时代弊端与急务,有很强的现实忧患意识于其中。这里确实存在着理论之于价值的矛盾,亦应客观持平地给予考究。

21世纪以来研究成果为数亦不多。毛庆耆于《岭南文史》(2001年01

---

① 步近智:《陈建和〈学蔀通辨〉》,《晋阳学刊》,1987年第6期(总第45期),第68—75页。
② 陈来:《朱子哲学研究》,北京:读书 生活 新知三联书店,2010。(涉及陈建《学蔀通辨》部分,参看该著第十五章"鹅湖之前",第397—406页)
③ 陈鼓应等主编:《明清实学史》,北京:社会科学文献出版社,1994,第110—123页。
④ 蔡龙九:《读陈建〈学蔀通辨〉之贡献与失误》,《国立台湾大学哲学评论》第三十六期,1997-10-07,第149—192页。

期)发表《陈建及其〈学蔀通辨〉》①一文。该文亦是就文本所讨论问题再做了一定分析,特色之处在于就《学蔀通辨》的学术意义做了较深入分析;文中从主观目的、客观环境两个角度指出陈建和他的《学蔀通辨》在中国儒学学派斗争史上应有一席之地。张学智著《明代哲学史》(2003年版)中第二十四章"陈建《学蔀通辨》对朱子学的阐扬"②是又一重要研究成果。张学智于该章中在肯定陈建辨朱、陆异同的一定贡献之外,并就其立论角度、论证依据的不足提出相应分析驳正;并重点就儒佛之争与融合问题在文化意义上有针对性地就陈建是著做了分析,指出了存在的问题和门户意气所致的不实之论;最后,客观地公允地指出陈建作为一个史学家著《学蔀通辨》代表了明代后期一种学术趋向,是自晚明开始的由王学向朱子学回归的思潮先导,这股思潮后来发展为思想家们对明亡国耻的刺激下对王学的反省和检讨。该章所论的角度似更符合陈建的思想身份,对客观公允地并全面深入研究陈建思想良有启发。向世陵著《理气心性之间——宋明理学的分系与四系》(2006年版)第四章有"陈建的朱、陆'早晚异同'"③简论。此章仅专就陈建之朱、陆"早晚异同"说的缘由、阶段以及特点做了相应的分析、揭示,意不特在研究陈建之思想问题。日本学者佐藤鍊太郎于2010年在《学海》杂志发表《明清时代对王学派批判》④一文,文中基于王学自兴盛便遭遇批判并由此形成明清思想的一重要线索,对陈建《学蔀通辨》在批判王学时并未区分王学接引禅语仅是手段而非禅的认识给予了揭示。此外,还有一篇关于"《学蔀通辨》在东亚的传播及其意义"⑤一文颇值得关注。此文介绍了陈建《学蔀通辨》在朝鲜首次刊刻的情况以及对日本江户时代儒学的影响,但同时指出时至今日有关《学蔀通辨》在东亚地区的刊刻、流传的一些具体过程尚不太清楚,仍需做一些梳理、澄清工作。

《治安要议》研究的状况和该著在明清时期的遭遇相似,问津者很少,无疑是对陈建经世思想研究的一大缺失。当然,这与陈建该著思想大都于《通纪》中被再次提及与阐发有一定之关系。现尚无单独研究成果,前述提及《明清实学思想史》中"陈建对王学的诘辨和《治安要议》的实政思想"

---

① 毛庆耆:《陈建及其〈学蔀通辨〉》,《岭南文史》,2001年01期。第30—37页。
② 张学智:《明代哲学史》,北京:北京大学出版社,2003,第383—398页。
③ 向世陵:《理气心性之间——宋明理学的分系与四系》,长沙:湖南大学出版社,2006,第204—210页。
④ 佐藤鍊太郎:《明清时代对王学派批判》,《学海》,2010年03期,第21—34页。
⑤ 龚颖:《〈学蔀通辨〉在东亚的传播及其意义》,见陈桂蓉主编,《海峡两岸道德发展论》,北京:社会科学文献出版社,2009,第57—67页。

有一连带陈述性研究。另有向燕南《陈建的经世史学思想》①研究一文,该著具体研究成果后面会详细论及,这里仅指出该文中亦谈及《治安要议》;该文将《治安要议》与《通纪》相结合考察了陈建的经世史学思想的具体表现,论证了《治安要议》所体现的政治思想为《通纪》奠定了思想基础,提供了理论依据。这无疑打破了陈建经世思想研究的局限,为进一步研究拓宽了视野。

最后,就陈建《皇明通纪》思想研究状况做一简述。这里要说明的是,作为一部史著的研究必然会涉及很多层面,诸如版本的考订、重刊、续补,以及编纂体例和特点等。鉴于本书研究的特定指向,以及有据原刻本整理出版的《通纪》点校本问世,这里仅就有关陈建《通纪》思想研究的状况做一综述。

现可查的陈建《通纪》思想方面的研究也很少,尽管有关考订性研究相对起步早、量也颇可观,但在思想研究方面和明清之际《通纪》问世之后的重刊、续补、影响是不相成的。向燕南《陈建〈皇明资治通纪〉的编撰特点及影响》②一文是这方面涉及较早者。该文对陈建撰写是著的主旨及价值分析研究可结合其后来的《陈建的经世史学思想》③一文一并考察。向燕南该文首次将陈建的《学蔀通辨》《治安要议》《通纪》三著合并考察,从史学的角度阐释了陈建《学蔀通辨》(包括《通纪》中有关陈建对理学的认识)"究心学术正邪之分"的经世理学思想,进而分析了这一思想倾向在"为当世借箸之筹"的经世史学思想。这确为一新的陈建思想研究视角,但向氏史学的分析法仅能揭示陈建学术争鸣的价值动向,而不能就其理学理论给予相应的阐释;此外,这一研究依然局限于陈建文本本身,并不能揭示陈建理学的、经世的思想之前承、后启脉络。

对陈建《通纪》研究用功历久,成果丰硕者当属钱茂伟。《皇明通纪》整理点校本是其对陈建该著各种版本源流的多年考证,并多年致力于原刻本搜寻的基础上的成果。这也是他对陈建《通纪》一书思想研究的一项成果。关于其对陈建《通纪》相关研究论文颇多,仅就陈建《通纪》思想方面

---

① 吴怀祺主编:《中国史学思想通史·明代卷》,合肥:黄山书社,2002,第200—232页。

② 向燕南:《陈建〈皇明资治通纪〉的编纂特点及影响》,《史学史研究》,1993年第1期,第48—56页。

③ 向燕南:《陈建的经世史学思想》,见吴怀祺主编,《中国史学思想通史·明代卷》第六章,第200—232页。

的具体研究,主要体现在钱氏《陈建及其〈皇明启运录〉初探》[1]、《陈建〈通纪〉改革思想述略》[2]、《〈通纪〉:一部富有时代光泽的史著》[3],以及《〈通纪〉历史叙事的特点及成就》[4]等文中,在《明代史学的历程》[5]一著中亦有涉及。总括地看,钱氏指出陈建有强烈的社会问题意识,《治安要议》是对社会问题长期而系统的观察研究,是撰写《通纪》系统的政治思想纲领;钱氏结合二著从陈建史学的理论依据、思想内容、思想特点诸方面做了较详细分析,并指出尽管受时代和当时条件的局限,陈建该著在取材上因受到限制或导致"失真""失实",乃至有芜杂之误,但其强烈的危机意识、改革诉求而使该著没有太多的伦理味道,钱氏认为陈建《通纪》是一部真正的"资治通鉴"。此外,颜广文于其《古代广东史地考论》一著中收录有《陈建〈皇明资治通纪〉研究》[6]一文。该文一方面论证了《皇明资治通纪》为陈建确著的真实性,又高度称颂了陈建秉笔直书、洞察实务的史识,认为陈建注重探讨治乱因果,总结经世治国经验,有其独特风格,应在明代史学史上有一定地位。这种针对性研究有助于对陈建经世思想的深入探讨。

陈建的主要著述自刊布以来,在明清之际皆产生了较大的影响,称引评述之人颇多,然所论褒贬不一,以致截然二途。如褒之者,谓之明体达用以通性理之源,亦谓之经世之远、忧世之深;如贬之者,谓之俗儒小人以巧狗政府之意,亦谓之仿编年而芜杂鄙俗。近人之研究则多较近客观,肯否之批驳皆有明确的针对性,从理学的、史学的诸具体层面且在一定程度上揭示了陈建思想的特点及相应的价值;所欠缺的则是尚无全幅地对待陈建的其人其著,故而亦未能给予相应平实的、客观的综合衡定。基于以上的考察,陈建的学术思想依然有需进一步整理、挖掘及研究的意义。此外,经过上述对陈建学术思想相关评述及其研究的考察,亦能大致把握其思想的基本脉向;简言之,陈建理学的、史学的思想是相互贯通的,二者共同的价值指向皆在于经世致用。研究的目的在于去粗取精、去伪存真,陈建的思

---

[1] 钱茂伟:《陈建及其〈皇明启运录〉初探》,《宁波师院学报》(社会科学版),1992(1),第9—15页。
[2] 钱茂伟:《陈建〈通纪〉改革思想述略》,《宁波师院学报》(社会科学版),1993(2),第18—24页。
[3] 钱茂伟:《〈通纪〉:一部富有时代光泽的史著》,《浙江学刊》,1994(1),第111—115页。
[4] 钱茂伟:《〈通纪〉历史叙事的特点及成就》,《中国社会科学院研究生院学报》,2007(5),第129—134页。
[5] 钱茂伟:《明代史学的历程》,北京:社会科学文献出版社,2003。
[6] 颜广文:《古代广东史地考论》,广州:中山大学出版社,2007,第121页。

想固然有着自身不可克服的弊病需要甄别批驳,但其应有的价值亦须再考究其得失以为鉴资。故而,对陈建理学的、史学的学术立场及价值取向须做相应的考察,以为深入研究觅求可行性线索。

三、陈建学脉略述

依据前述家世生平的考察和介绍而言,陈建亦是出身仕宦、书香门第,先辈皆以教谕称名,一如陈建本人亦多从事此职。于此,仅可略晓其必深受一定家学环境之影响,学行并重,且兄弟四人各通一经,然陈建所通何经并未说明,至于有何师承更不可知。但通过对陈建著述本身的考索,至于其学脉承继依然会觅求出一个大概的把握。这里先仅依据陈建于著述中之征引、称颂、批驳诸方面所反映出的思想脉络做一粗线条的梳理,以为本研究寻求相应的可行性之方向,基于此则于正文论述中可再就诸方面做详细比较说明之。

就陈建学术宗旨而言,恪守程朱理学。"愚尝窃论之,三代而下,人物而至于程朱,亦可以无讥矣;讲学而至于程朱,亦可以无议矣。其言亦尽精尽密、尽美尽备矣,今之学者所急惟一行字耳。诚能实循其言,亦足以造道而成德矣"①,陈建如是说。一如,明初程朱理学名家薛瑄,"尝曰:'自考亭以还,斯道已大明,无烦著作,直须躬行耳。'"②仅此可知陈建之于理学两基本态度,一者于学理上以程朱理学之思想为宗旨;二者于实践中以亲躬践行为基准。这也反映在陈建对有明前期理学的考察上,"愚尝因杨方震所录《理学名臣》而并论之,我朝理学之士,薛文清第、陈克庵选为最,胡敬斋居仁、罗一峰伦、章枫山懋亚之。盖一峰、枫山偏于退隐为高矣!陈白沙献章只一味禅会,庄定山昶只是一个诗人,与黄未轩仲昭言行皆未见灼灼。定山晚年出处一节,虽白沙亦讥之。陈剩夫只是一个狷介之士,其学识比胡敬斋犹未及。邹吉士智,忠鲠名臣,不必厕于道学。余非末学所敢议矣!杨方震录所遗,前有曹月川端,后有何椒丘乔新、邵二泉宝、罗整庵钦顺,皆当续入。"③对于陈建所论,《明儒学案·师说》录刘宗周(蕺山)按:"先生

---

① 〔明〕陈建:《学蔀通辨·终编》中,见吴长庚主编,《朱陆学术考辨五种》,南昌:江西高校出版社,2000,第271页。

② 〔清〕张廷玉:《明史》卷二百八十二,列传一百七十,儒林一,北京:中华书局,1974,第7222页。

③ 〔明〕陈建:《皇明通纪》下,第773页。

躬行粹洁,卓然圣人之徒无疑。其平生学力,尽见于张裴一疏,至诚而不动者,未之有也。《通纪》评理学未必尽当,而推许老先生也至矣。"①刘蕺山虽不认同陈建置陈选于明初理学之最,但以"至诚"论认同陈建对陈选刚正耿介、务实力行的品性之高度肯定。黄宗羲亦称道陈选"读书不资为文辞,手录格言为力行之助",叹服"吾有以见先生存诚之学矣"。② 由此可见,陈建之理学史观是宗程朱而斥心学,主张学行并重,倾向于对学能兼有经世之才与能者的肯定。既有所尊,至于被认为"评理学未必尽当"自是有合理之处;但不能否认的是,陈建推重薛瑄为最,补曹月川于前,续罗钦顺于后都是极具思想史眼光的。陈建认为,"曹月川学行,犹在吴康斋与弼之右"③,这与刘蕺山所谓"惟先生(吴康斋)醇乎醇"④,以及黄宗羲所谓"微康斋,焉得有后世之盛哉"⑤所重不同,刘、黄二人无疑有因其与白沙系、阳明系之心学有关系而推崇之。陈建则严遵程朱学旨,认为吴与弼在学术上"则观其文集序记诸作,与夫疏陈十事,皆枯浅寂寥,草率粗略,无所发明,有目所共睹。至于《日录》所记,每多说梦"⑥;陈建称颂罗钦顺"深明性命之理,及古今学术、儒佛、朱、陆之辨"⑦,认同罗钦顺"亦言其(与弼)学未有得"的看法。就理学史角度而言,吴与弼之学实在理论上无多发明,因其弟子中朱学代表胡居仁之"余干之学"、有明心学开创者陈献章"白沙之学"而使之于理学史上地位提高。兼之吴与弼所"疏陈十事",内仅多以往"圣贤格言",亦无所发明,因而陈建对吴与弼于理学上的所得认识是有一定洞见。然从节行上言,陈建就吴与弼以"宫僚,侍太子讲学"一职小而不屑为,认为其"殆犹未免于盛名之下,其实难副也!"转述时人所论吴与弼为权臣石亨作年谱序,自称"门下士",以及因"弟讼"而"褫冠囚首,跪讼于庭府"之事,认为世俗多徇名,务循名而责实。⑧ 对于吴与弼"节操"争议之事,黄宗羲《明儒学案》中《师说》《崇仁学案》都有辩说。黄宗羲指斥"陈

---

① 〔清〕黄宗羲:《明儒学案》,《师说》,北京:中华书局,2008,第5页。
② 〔清〕黄宗羲:《明儒学案》,《诸儒学案》上三,第1085页。(另:陈选学行事迹可互参《明儒学案》卷四十五《布政陈克庵先生选》与《明史·列传》第四十九,兹不详录。)
③ 〔明〕陈建:《皇明通纪》下,第593页。
④ 〔清〕黄宗羲:《明儒学案》,《师说》,第4页。
⑤ 〔清〕黄宗羲:《明儒学案》,《师说》,第14页。
⑥ 〔明〕陈建:《皇明通纪》下,第771页。
⑦ 〔明〕陈建:《皇明通纪》下,第1173页。
⑧ 〔明〕陈建:《皇明通纪》下,第771—772页。(关于吴与弼"节操"多遭非议之事。另参《明史·儒林》卷二百八十二;侯外庐等著,《宋明理学史》下,人民出版社,2005,第136页。以及相关资料,兹不赘述。)

建之《通纪》,拾世俗无根之谤而为此,固不足惜",认为康斋所行"已有不得已者"①;刘蕺山认为康斋以不能喻道其弟而罪服跪官,于石亨之行亦然。② 此处意不在解决双方之辩难是否,旨在通过这种互辩论述陈建学术之立场和承继,亦在揭橥其对前明理学脉络之把握和相应的学术"史观"。

再者,亦可从陈建具体学术著作中之称引及一些具体的阐发中可窥见其思想的脉络和一定的学术创见。关于这一点,钱穆先生曾在其《中国学术思想史论丛》(七)中之"读陈建《学蔀通辨》"一文中有所提点;诸如,"清澜此书屡引敬斋,可觇其学脉"之判,以及谓之"清澜评象山,颇引《草木子》》③。其剖析儒释,则似启发于胡敬斋。此等处,盖其学问得力所自"④。钱穆先生简言洞见,良有启发。考之陈氏是著,所辨儒释一本胡敬斋《居业录》"儒者养得一个道理,释老只养得一个精神;儒者养得一身之正气,释老养得一身之私气"。所辨朱、陆(王)重在揭示其"专务虚静,完养精神",称引叶子奇《草木子》所判"金溪之学曰:收敛精神,自作主宰,有何欠缺。至于私欲未为病,才涉于思,即是害事。全似告子"⑤。陈建亦自谓:"胡敬斋之《居业录》详于辨禅,而辨陆则略。于象山是非得失,犹多未深究。罗整庵、霍渭厓目击阳明之事,故所论著专攻陆学,其言切,其辨详矣。然于象山养神底蕴,与夫近日颠倒早晚之弊,亦未暇究竟,观者犹未免有怨陆之疑也。"⑥于此,亦可判见其学脉承继和所欲阐发之机。

陈建恪守程朱理学但并非拘泥不化,在学理上亦有诸多创见可查于《通辨》之中。此外,陈建之学术鸣辨非纯为了学术而学术,而是学行并重,更多则侧重于朱子"全体大用"思想之经世精神和践履,视"学术"之于"治事"为"明体适用""体用相即兼备";陈建这种经世之思想亦不可置否、显而易见地反映在其继《学蔀通辨》不久而相续完成的《治安要议》及《皇明通纪》中。于此,亦可经考索而窥其"经世思想"之脉络,唯如此方能客观地,公允地了解、判定其思想之得失和相应之历史地位。

陈建《通纪》征引古今、原始察终,核心在于"为当时借箸之筹",见危

---

① 〔清〕黄宗羲:《明儒学案》,《师说》,第14—17页。
② 〔清〕黄宗羲:《明儒学案》,《师说》,第3页。
③ 〔明〕叶子奇:《草木子》,北京:中华书局,2010。(注:是书《原道篇》《钩玄篇》之理学主张及辟佛思想较之陈建《学蔀通辨》所辨,为其颇多借鉴。)
④ 钱穆:《中国学术思想史论丛》(七),第234、248页。
⑤ 〔明〕陈建:《学蔀通辨》,第166、113、259页。
⑥ 〔明〕陈建:《学蔀通辨》,第280页。

思盛、穷究其变，重历史而不执泥于历史，一以现实社会问题为依归，体现了强烈的社会问题意识。较之《治安要议》而言，《通纪》是以其为基本理论指导，并在其基础上扩大了对有明一代之人事、制度等诸方面的考察和评议；较之《学蔀通辨》而言，《通纪》亦重视有明一代之学术思想的迁衍流变，将二者相互发明则益能知其理学思想的脉络和相应之"史观"。结合前面与黄宗羲《明儒学案》之辨，在学术史的意义上而言，参考张舜徽先生所论："考镜源流，探求本始，我国的学术史，自以《史记》《汉书》的《儒林传》为最早。不过史汉《儒林传》所记载的人物，是汉代的传经之士或者立于学官的博士之学。有些方面较宽、知识领域较广的大儒都有专传，而不列入《儒林传》，何能概一代学术之全。后世扩充其体例，成为'学案'。如黄氏所撰《明儒学案》，也仅反映有明一代的理学家流别，同样不能概一代学术之全。如果必正其名，只可称'明代哲学思想史'，或者称'明代哲学流派史'，比较名副其实。即此体例，也不能说是由黄氏所创立的。在他之前吗，南宋朱熹有《伊洛渊源录》十四卷，这是一部推崇理学的专著。明中叶到清初，陈建的《学蔀通辨》、冯从吾的《元儒考略》、周汝登的《圣学宗传》及孙奇峰的《理学宗传》，都是这一类的代表作。"[①]由此亦可见《学蔀通辨》在有明一代思想史中为"学案"体之发端及应有之地位。再者，仅从黄宗羲老师刘蕺山及黄氏本人对陈建《通纪》的相关论辨，亦可见其皆定然直接或间接地受到陈建著述的影响，因而陈建之理学思想在有明一代思想迁衍转变中理应不容忽视。

再接着就《治安要议》《通纪》而言，结合二者探究陈建之经世思想留待正文论述。仅就陈建于二著中颇多征引阐发自己主张处，亦可略窥其思想之脉络和承继。比较而观，有叶子奇之《草木子》，尤为称道者有丘濬之《大学衍义补》、胡端敏之《胡端敏奏议》，都集中体现了陈建重视"治事"的经世思想。从思想渊源上来讲，此处仅概略推演，这一经世思想可从朱子之"全体大用"、真德秀之《大学衍义》、丘濬之《大学衍义补》推及而至《治安要议》，而这期间陈建之经世思想深受丘濬之影响在其著述中是显而易见的。若从明代经世思想脉络中考察，尤其与继陈建后之另一极具经世思想者吕坤（1536—1618）之《实政录》（吕坤是著亦显受丘氏影响，此处不赘述）相比较，二者的共同关注方向，甚至一些问题的视角和主张极为相近。然较之陈建著作屡屡被禁毁，吕坤之《实政录》在明清影响很大，屡屡被使

[①] 张舜徽：《清儒学记·浙东学记第六》，武汉：华中师范大学出版社，2005，第150页。

用和被刊刻,吕坤亦多因其而从祀孔庙,陈建却因其著述为经史所没。

简言之,通过对研究对象本身的大概梳理为本书的陈建相关思想研究展开论述找到两个可供考索的脉络:一者基于理学思想的承继脉络,即"学术";二者源自经世思想的承继脉络,即"治事"。当然二者并不是截然隔离的,在陈建的三部著述中始终都体现着"明体达用""全体大用"的思想主旨。程绩洛认为:"《通纪》《要议》言经纶事业,《通辨》言学术是非,皆如布帛菽粟,民生日用之不可缺也。"①《东莞县志》谓之:"究心学术正邪之分,及国家因革治乱之故"。② 康熙年间岭南督学郑晃谓之,"清澜陈先生磨砻经义,酣醉儒修,心性既明,经纶复裕。……《治安要议》硕画宏谟,明体达用。"(重刻《治安要议》序)这都说明陈建是一位极具学行并重特色而务实的经世思想家。陈建自谓,"天下莫大于学术,学术之患莫大于蔀障"③,"异端之害,不独系圣道之明晦,尤关系世道之盛衰"④。故此,通过陈建相继完成《学蔀通辨》《治安要议》《皇明通纪》大致了解,亦可略窥其"明体达用"之经由"学术"而"治事"思想之脉络及其价值取向。

四、本书论题范域之界定

经上简述至此,需要对论题做相应疏解以界定研究范畴。这里主要从两个方面做一说明。

一者,主题取"学术与治事"旨在能有针对性地分疏陈建究心"学术正邪之分"与"国家因革治乱之故";二者,副题揭橥"经世思想"旨在寻求陈建之于学术与治事间的契合。从前面简述中亦仅能粗略地体现这一思路。

宋神宗熙宁二年(1069),刘彝答神宗问,称其师胡瑗之学为"明体达用之学"。胡瑗教人之法,立"经义""治事"二斋:经义则选择其心性疏通、有器局、可任大事者,使之讲明《六经》;治事则一人各治一事,又兼摄一事,如治民以安其生,讲武以御其寇,堰水以利田,算历以明数也。胡瑗的学生大多反对王安石之心学及变法,认为王安石有"用"无"体",称"今学

---

① 〔清〕阮元:《广东通志》,上海:上海古籍出版社,1990,第4829页。
② 〔清〕陈伯陶纂修:《东莞县志》卷五十八,第2193页。(注:〔明〕郭棐,《粤大记》,中山大学出版社,1998,第726页。《陈建传》谓之"究心国家因革治乱之迹,及道术邪正之机"。)
③ 〔明〕陈建:《学蔀通辨·序》。
④ 〔明〕陈建:《学蔀通辨·续编》卷中,第235页。

者明夫圣人体用,以为政教之本,皆臣师之功,非安石比也。"①《宋明理学史》中谓之,"经义"斋学习六经,"治事"斋研究致用之学;前者重理论,后者重实行。② 胡瑗、孙复、石介,宋初三先生被认为开"伊洛之先风"。既是儒学回归正统之始,亦是后人谈及经世之学之源。虽有"经义""治事"二斋之分,实则一于"明体达用"。这在朱子之学即重"道问学"以致所倡"全体大用",亦即是对宋初经世之学理论的精致诠释,"所谓致知在格物者,言欲致吾之知,在即物而穷其理也。盖人心之灵,莫不有知,而天下之物,莫不有理。惟于理有未穷,故其知有未尽也。是以《大学》始教,必使学者即凡天下之物,莫不因其已知之理而益穷之,以求至乎其极。至于用力之久,一旦豁然贯通,则众物之表里精粗无不到,吾心之全体大用无不明矣。此谓物格,此谓知之至也"③。朱子此论,实质上旨在从认识论的角度阐明其人心天赋的"性理",即明善;意即通过格物穷理"道问学"之途而使吾心之体成其全,使吾心之用成其大。朱子的格物穷理更多注重对外在事物的考究,其吾心之"全体大用"显现为具体的实际事功就是对政治、经济、礼教等具体实事的考虑,这在其社会政治思想及具体施政措施中均有体现。熊勿轩于《考亭书院记》中说:"惟文公之学,圣人全体大用之学也。本之身心为德行,措之国家天下为事业。其体有健、顺、仁、义、中、正之性,其用则有治、教、农、礼、兵、刑之具,其文则有《小学》《大学》《语》《孟》《中庸》《易》《诗》《书》《春秋》《三礼》《孝经》《图》(太极图)、《书》(通书)、《西铭》、《传》(易传)、《义》(周易本义)及《通鉴纲目》《近思录》等书,学者学此而已。"④应为朱子"全体大用"思想具体分疏之确说。《宋明理学》一书分析指出,朱子的社会政治思想是要求正君心,立纲纪,亲忠贤,远小人,移风易俗,改变社会不良风气,认为这是富国安民、恢复中原的根本。⑤ 这在朱子的再传弟子真德秀那里亦有发挥,具体体现在氏著《大学衍义》。又熊勿轩曾言,"昔安定胡公,以经术、德行教人,至农事、礼乐、刑政、兵防之类,亦使之人治一事,世称为明体适用之学。继晦庵、西山二先生之教,其体全体,其用大用,又湖学(杨慈湖)所未尝有者乎?"⑥真德秀的"全体大

---

① 〔清〕黄宗羲:《宋元学案》卷一,《安定学案》,北京:中华书局,1986,第24—25页。
② 侯外庐等编:《宋明理学史》,第32页。
③ 〔宋〕朱熹:《四书章句集注》,《大学章句》,北京:中华书局,1983,第6、7页。
④ 〔宋〕熊禾:《勿轩集》卷二,《考亭书院记》,《文渊阁钦定四库全书》册1188—761页,别集三。
⑤ 陈来:《宋明理学》,上海:华东师范大学出版社,2003,第125页。
⑥ 〔宋〕熊禾:《勿轩集》卷三,《晋江县学记》。

用"思想亦体现在《大学衍义》之中,具体内容如清人于《四库全书总目提要·大学衍义》中谓之,"因《大学》之义而推衍之。首曰帝王为治之序,帝王为学之本。次以四大纲,曰格物致知,曰正心诚意,曰修身,曰齐家,各系以目。格物致知之目四,曰明道术,辨人材,审治体,察民情;正心诚意之目二,曰崇敬畏,戒逸欲;修身之目二,曰谨言行,正威仪;齐家之目四,曰重妃匹,严内治,定国本,教戚属。中惟修身一门无子目,其余分子目四十有四,皆征引经训,参证史事,旁采先儒之论,以明法戒,而各以己意发明之。大旨在于正君心,肃宫闱,抑权倖"①。这与朱子之社会政治思想之取向基本相同,重在通过正君心而"得君行道",也就是偏重于宏观"论理"而疏于具体"治事"。相比较明代丘濬作《大学衍义补》,这种倾向则发生了显著变化,"其理虽相贯通,而为之有节次,行之有实际,非空谈心性即可坐而致者。故丘濬又续补所缺也"②。即丘濬补"治国、平天下"条目,丘濬之"补"则鲜明地体现了其致力于治国安民的经世思想及其具体策略。丘濬于《〈大学衍义补〉原序》中谓:"臣惟《大学》一书,儒者全体大用之学也。原于一人之心,该夫万事之理,而关乎亿兆人民之生。其本在乎身也,其则在乎家也,其功用极乎天下之大也。……臣窃以谓,儒者之学,有体有用。体虽本乎一理,用则散于万事。……然用之所以为大者,非合众小又岂能以成之哉?是知大也者,小之积也。"③丘濬之《大学衍义补》与其前自"补"题为"诚意正心之要"④一卷,意在明其遵从程朱学术传承,本乎一理之宗旨,进而揭示朱子谨"审几微"于治国安邦之应变能力;其后设有"正朝廷,正百官,固邦本,制国用,明礼乐,秩祭祀,崇教化,备规制,慎刑宪,严武备,驭夷狄,成功化"十二目,体现了丘濬对"用"的侧重和具体指向。

以上简述旨在揭示陈建经世思想与朱子继其后一脉相承,尤深受丘濬思想之影响。陈建所著《治安要议》亦旨在"欲通变以宜民也"。(《治安要议·序》)读陈建是著,与丘濬《大学衍义补》比较,陈建集中关注更多的是现实社会中已弊端丛集,亟待解决的实政急务,且于每议之中斟古酌今、考究得失,并相应提出了自己的具体应对措施;其间几乎每议皆有引"丘文庄

---

① 〔清〕纪昀总撰:《四库全书总目提要·大学衍义》卷九十二、子部二、儒家类,石家庄:河北人民出版社,2000,第2375页。(亦可参看,〔清〕黄宗羲《大学衍义自序》,《宋元学案·西山真氏学案》,第2705—2706页。)
② 〔清〕纪昀总撰:《四库全书总目提要·大学衍义》卷九十二,第2376页。
③ 〔明〕丘濬:《大学衍义补》,北京:京华出版社,1999,第2、3页。
④ 〔明〕丘濬:《大学衍义补》,《诚意正心之要》,第5—19页。

公曰"如何者,与其后亦皆有陈建"愚按"之相应自论,其多是在丘濬所涉及问题上进一步提出了自己的见解和具体主张。于此,可见陈建之经世思想是承继丘濬而来的。如果再结合《通纪》而言,二人关注的问题几乎达至同一,陈建于《通纪》中"按语"更是多发评议和主张;除在关注维系有明一代国祚命运基本问题上的共同性之外,鉴于各自不同的身份地位、所处的时代、关注问题的范围以及相应的应对层次,二人经世思想之格局及见解亦各自有异。这里仅通过这种梳理提出问题,揭示陈建经世思想的渊源所自,亦即陈建的经世思想是本自宋儒以降"明体达用""全体大用"之学旨而来。

对研究对象的上述,之所以就其个人、其著作以及前后可能相关联的人物、思想做一"历史性"的简单梳理,意在一个历史人物的个案研究,尤其是其思想研究,必须将其学思历程置之于他生活的历史场景中去。既要将其个人著述间关系的梳理置之于其当下生活的时代,又要通过一定的延伸寻求其学思的历史脉络,这样才可能较客观地把握其思想之所以然并给予公允的评述。

既然一再提及陈建的"经世"思想,现亦应须就本书所据"经世"一词之义略做界定。

就陈建个人思想梳理来看,其"经世"思想是究心"学术正邪之分"(体)与"国家因革治乱之故"(用)的贯通,因而本书亦意在"学术与治事"之分疏下合论陈建之"经世"思想,同时亦连带阐发了本书所持"经世"一词之含义。

"经世"一词出自《庄子·齐物论》:"六合之外,圣人存而不论。六合之内,圣人论而不议。春秋经世,先王之志,圣人议而不辩。"梁启超曾于湖南时务学堂期间为诸生订立学约,有"经世"一目,意旨在"远法安定(胡瑗)经义治事之规,近采西人政治学院之意"[①]。王尔敏认为,"其(梁启超)正确宗旨与实质意义,应是等于近日所谓之政治学"。并言,"'经世'辞旨,本不深奥,由'经国济世'而来"。"若知儒家者流出于司徒之官,则惟亲民治化,经国济世之术,应为儒家学术道艺根本,其他皆后世发展扩大而有。"[②]王氏认同"经世"实与今日所谓"政治"一词相同。但同时强调儒者经世思想与今日政治思想亦有所不同,"盖儒者经世之念基于其本有志

[①] 梁启超:《饮冰室文集》之二,《饮冰室合集》第一册,北京:中华书局,第28页。
[②] 王尔敏:《经世思想之义界问题》,台北:《中研院近史所集刊》第十三期,1984,第31页。

节使命。而政治思想则为一种主张见解与政学理论之认识。一为主观立场。奉为身心性命之学。一为客观立场,视为一种传习学科之实现。"①就王尔敏所论来看,他所持的儒家"经世"义就"内圣"与"外王"范畴而言,侧重于"外王"域(即"为政"的传统)的指向,当然并不意味着作为身心性命之学的"内圣"域的缺失。李纪祥在其《经世观念与宋明理学》一文中对"经世"观念亦有详论,将"经世"界定在儒学的第一外域("治政"),而将人人成德之教视为儒学第二外域,以"教化"作为界定;将经世与教化做区别,指出尽管大多理学家仍将格"王"作为经世轴心,但真正的贡献却多在于"教化",这才是理学的"外域"。②余英时在多部论著中就宋明已降思想的、社会的变动,从政治生态的维度揭橥"得君行道""觉民行道"之差异。余氏指出,"儒学从政治取向转向社会取向,王阳明可以说是开创者"③。"与宋代理学家的'得君行道'相对照,阳明'致良知'之教的最显著特色是'觉民行道'。"④简单地讲,"行道"(经世)是儒学以至理学的共通终极取向;而"得君""觉民"是实现"行道"两种不同取径。但在不同的取径中"内圣外王"作为一个连续体是儒家(亦是理学家)不容动摇的理念。

相比较而言,陈建的经世思想则是从朱子之"全体大用"经由真德秀之《大学衍义》、丘濬之《大学衍义补》而来,属于以"圣王"为轴心的"得君行道"的路径,属于宋明儒"行道"的第一外域义,即侧重得君"治事"。值得注意的是,"内圣外王"作为儒学本原之连续体,使得在明清之际的经世之学依然有着道德伦理、性命探究、经济事功相融合的特性,作为一个坚定的程朱理学者,于陈建亦然。如果说,王阳明之"觉民行道"是一个伟大的社会运动和传"道"运动⑤,相比较而言,陈建的思想仍是个人冀望于自上而下"得君行道"式的社会政治改良思想的反映。

"经世"这一范畴的内涵极为丰富,本书所界定意涵依本研究对象及其承继脉络做如上限定。此外,亦可参看相关研究成果⑥对"经世"思想做

---

① 王尔敏:《经世思想之义界问题》,第31页。
② 李纪祥:《宋明理学与东亚儒学》,桂林:广西师范大学出版社,2010,第252—269页。
③ 余英时:《现代儒学论》,上海:上海人民出版社,2010,第81页。
④ 余英时:《中国文化史通释》,北京:生活 读书 新知三联书社,2011,第48页。
⑤ 余英时:《中国文化史通释》,第49页。
⑥ 除文中所引,有关近世以来就"经世"思想研究成果可参看李纪祥"经世观念与宋明理学"(前文提及)一文已多做综述;另参谢扬《近三十年来有关中国近世"经世思想"研究述评》,《新史学》第19卷,第4期,2008年12月,第121—151页。兹不赘述。

一参照系即可。

五、本书旨趣和结构

本书通过对研究对象陈建生平事迹、基本思想脉络及其《学蔀通辨》《治安要议》《通纪》著述的概要介绍和考察，以及明清之际的相关评述和近人以来的相关研究的简介叙述和分析，尝试在此基础上对陈建思想做进一步研究。

经过对相关评论和具体研究的分析认识，前述中已就相应的、可资鉴取的研究成效和视野开启做了说明。基于此，亦基本确定了本书研究的重点方向。一者将陈建三部著述结合考察，以求能整体把握陈建的思想，并对其著述的价值取向有一客观的定位，以求尽量避免因研究者的视角相异而导致某种程度上的曲解；二者尝试将陈建本人的思想置之于一"历史性"的考索，以求能基本了解其思想的源自和意义，期望达到不仅拘于文本自身的抽绎诠释，而是尽可能将其置之于他所处的历史场景之中。故而，就研究的基本态度、方法而言，拟遵循以下几点：

（一）相关学术派别争鸣不预设特定立场介入，尽可能从文本所涉的相关问题意识切入。

（二）注重从思想史的角度考察，厘清研究对象的思想脉络；同时针对研究对象的具体的问题意识及有关议题做哲学性分析。

（三）具体论述过程中重视文本所涉问题或议题的具体分析兼及与其相承启的思想脉络尝做综合比较。

统筹陈建著述的特点和上述的考索思路，整体而言，本书从以下两个方面介绍陈建及其思想。

第一部分，基本内容是考察陈建《学蔀通辨》所涉及的"学术"问题，诸如陈建的朱、陆"早晚异同"、陆、王"阳儒阴禅"等问题；结合《通纪》相关内容，比较分析陈建的理学史观。

第二部分，基本内容是考察陈建《治安要议》《通纪》所体现的"治事"思想，通过比较分析尽可能体现陈建经世思想的特点和意义。

陈建所言，"天下莫大于学术，学术之患莫大于蔀障。""僭著评议，为当世借箸之筹。"从陈建本人的思想脉络上来看，究心"学术正邪之分"与"为当世借箸之筹"是一而二、二而一的统一。陈建在其具体著述中经由"学术"而至"治事"之经世价值取向是一以贯之的，本研究也仅是从这一角度作整合考察。

具体而言，本书选取陈建及其《学蔀通辨》《治安要议》《皇明通纪》三部著述为研究对象，旨在探究陈建学术的、经世的思想兼及其学术之于治事的内在思想脉络。此外，本书在探讨陈建学术的、经世的思想内涵之外，亦将其思想置之于所受前代影响及其后世传衍的思想脉络中，依此探讨陈建思想在有明一代相应之学术的、经世的思想脉络中应有的历史地位和时代价值。本书论述大致立基于对相应文本之"内在的理解"以求其人其学之"客观的呈现"。统筹此思路，述中各章大体做如下安排和探讨：

绪论中通过对研究对象陈建的生平、著述做了一定程度的考述，亦仅依据陈建之具体文本及相应文献简述了陈建学术的、经世的思想学脉的基本源自及其意旨取向，以此作为对研究对象先期大致的、宏观的把握，目的在于呈现陈建生活时代所处的社会的、思想的基本历史环境。

本论述的前三章主要围绕陈建《学蔀通辨》所涉学术"通辨"的诸问题展开。

第一章首先针对陈建之于学术明辨特定的"朱、陆异同"问题，就其远史近源做了一历史性的叙述，以便达到清晰地呈现陈建之所以致力于此一学术明辨的基本立场和具体批判指向；陈建承继程朱理学基本理念，反对兼综、弥合朱、陆二学者。接着特就陈建于"朱、陆异同"问题中对近世出现的朱、陆"早异晚同"论说之批判进行了分析，具体探讨了陈建在其立论的朱、陆"早同晚异"说上的考据之得与义理之失。

第二章主要探讨了陈建对"朱、陆异同"问题域下之陆（王）近释老及儒释之辨问题。无论是从本体论，抑或是工夫论之角度，陈建对陆九渊、王阳明之学近释老的批判自始是在既定的"儒释之别"框架下进行的，亦因基于此截然二分式的义理之辨而于陆、王二学之认识和批判确多有歪曲其旨意处及意气诋诬之辞，尽管在一定程度上揭示了陆、王二学及其末流的一些偏失。进而，讨论了陈建对儒释之辨的认识和看法；于此问题，陈建是承继朱子辟佛思想而发，应予肯定之处主要体现在其学术之于经世的社会的、现实的价值考量方面，而其不足之处则主要体现在对朱子之于禅佛之辨的中心问题意识认识不清，故而在义理辨析上有不可克服的偏狭之处。但陈建于此对释老学的历史演变及其社会影响做了较为详尽的评述，对学术流变、争鸣之于政治的影响深有关注和洞察。

第三章首先通过陈建对明初以降诸理学家之思想的评述及其个人的

具体理学观的分析，探讨了陈建理学思想的基本特点；同时，分析了陈建的理学立论重于判教而疏于教学以及在学术争辩中强化对立而缺乏包容性的特点，亦因之而于相应问题意识缺乏深层透视的理论根由。最后，统筹陈建于学术"通辨"之诸问题予以整体性衡定。侧重点在两个方面：一者，指出了陈建于学术争辩中重视考据方法所获得的成功和影响，以及因"有我"的方法论偏颇而致义理辨析失误的必然性；二者，讨论了陈建之《学蔀通辨》在"朱、陆异同"此一学术思想史上之所以重要的特点及其衍生的学术的、经世的价值及影响。

第四章简论了陈建经世思想的理论源自，具体阐述了陈建的社会改革思想，并在明中叶以降经世思想的脉络中考察了陈建经世思想的时代特征和理论价值。陈建的经世思想既有其自身经世学术向实际治事的转向特点，亦有汲取前人的理论贡献处和影响及后人的理论价值处。总体来说，陈建所致力的通辨学术以"明体"及主张社会改革以"达用"的学术的、经世的思想皆是明中叶以降相应思想脉络中不可忽视的一环。

结语部分主要从陈建的学术之于治事的契合点出发，宏观地阐述了陈建经由学术而治事的"道治合一、体用不二"思想的内在关系。

基于相关研究成果，本书研究经由上述之思考，旨在宏观上厘清二条线索。第一，陈建学术思想的远源近承。陈建学无师承、交游不广，依据陈建的著述文本及相关文献探究了陈建学术的、经世的思想取源和理论特色。陈建学尊程朱，其理学思想更切近于明初以降沿承朱学而有较大变异之改变者，如罗钦顺；其经世思想远绍朱子之"全体大用"，继之而近取法于如丘濬《大学衍义补》诸"明体达用"之学。第二，陈建学术"通辨"的基本问题域。"朱、陆异同"是陈建学术"通辨"的基本问题域，此一重大学术议题甚或因之而发的思辨模式始终贯穿于陈建的学术"通辨"之中。依从陈建的"有史"考辨，尝就"朱、陆异同"问题做了前史问题之源承及后世问题之影响的纵向性延伸考察，置陈建之"通辨"于相应的学术脉络中以便客观地衡定其应有的价值和影响。

此外，亦旨在具体问题探讨上有所厘清。第一，依循陈建立论的朱、陆"早同晚异"说样式而相应予以详加辨析，以证得陈建立说在考据和义理上相应之得失；同时，亦将陈建此一"早同晚异"之论说模式置之于朱、陆自始终本"不可无""不可合"之"同异"范域内加以考察，以见得陈建此般论说样式于义理辨析上不可避免地为立论而论的偏失，以及证得陈建及王阳明诸人"早晚异同"论说样式的"自限"之失。第二，立基于陈建文本问题意识,核实于陈建所辨陆、王相应问题之原籍,揭示陈建所辨陆、王学近禅有过度诠释之失,以至将朱、陆之别、儒释之别形式化、绝对化;同时,揭示了陈建于此论说过程中执泥"儒释之辨"论说样式的理论偏失及进一步解析了陈建实则于朱子辟佛的核心问题意识不甚了解,尽管陈建在很大程度上阐释、弘扬了朱熹的辟佛思想。第三,陈建的经世思想研究颇为有限、简疏,本书具体阐述了陈建的经世学术及社会改革思想,并在有明中叶以降的经世学脉中给予比较性衡定,大略揭示了陈建经世思想的特点和相应的历史地位。

第一章　有史之争：陈建与"朱陆异同"

清代章学诚在《文史通义·朱陆》中说："宋儒有朱、陆，千古不可合之同异，亦千古不可无之同异也。"①从有宋以来理学的发展看，此说确实切合其实而又公允。朱、陆之辩数百年来的确是"不可合"，亦"不可无"，是中国学术史、哲学史上不能不涉及的一条主线，尤其是对道德伦理领域的根本性、基础性问题的探讨在任何时代都具有现实性之重要意义。抛开门户偏狭的纠葛、牴牾，恰是理学兼容并蓄、理性发展的有益所在。朱、陆之学，既有学术上的鸣辩，亦有因之而来的朱、陆异同之争。陈建著《学蔀通辨》亦是在这一问题视野中展开的。陈建所谓"通辨"既从朱、陆学术交游的历时迁变中做了考察，亦就朱、陆二学的学术进路及宗旨上做了一番辨析；其直接动机则在于阐明王阳明《朱子晚年定论》等"颠倒早晚，以弥缝陆学，而不顾矫诬朱子，狂误后学之深"②的朱、陆"早异晚同"说之非。本章所论非专意于宋之朱、陆二学之间的理论辨析，意在基于陈建是辨来考察朱、陆二学同异之争于有明一代之变动。

第一节　朱、陆"早晚异同"说之缘起

朱熹、陆九渊在学术上确实有如章学诚所言的"不可合""不可无"之同异。就朱、陆当时争辩所及而言，二人交游论学之分歧多在"不可合"之同异，即多在"为学工夫"上。这在朱、陆二人于鹅湖之会时，陆子所作诗文以及会后三年朱子所和诗文中即可见其互异处：

陆九渊（象山）诗：

墟墓兴哀宗庙钦，斯人千古不磨心。
涓流滴到沧溟水，拳石崇成泰华岑。

---

① 〔清〕章学诚：《文史通义新编新注》，仓修良编注，杭州：浙江古籍出版社，2005，第126页。
② 〔明〕陈建：《学蔀通辨·提纲》，第113页。

易简工夫终久大,支离事业竟浮沉。
欲知自下升高处,真伪先须辩古今。①

朱熹(晦庵)诗:

德业流风夙所钦,别离三载更关心。
偶携藜杖出寒谷,又枉篮舆度远岑。
旧学商量加邃密,新知培养转深沉。
只愁说到无言处,不信人间有古今。②

概言之,朱子主张格物穷理,陆子主张发明本心,二人于德性修养工夫上存在着鲜明差异。诚如,黄宗羲所论:"先生(指陆九渊)之学,以尊德性为宗,谓先立乎其大,而后大之所以与我者,不为小者所夺;夫苟本体不明,而徒致功于外索,是无源之水也。同时,紫阳(指朱熹)之学则以道问学为主,谓格物穷理,乃吾人入圣之阶梯;夫苟信心自是,而惟从事于覃思,是师心之用也。"③黄氏认为,陆以朱为"致功于外索",朱以陆为"信心自是",此判确然公允;然以"道问学""尊德性"判朱、陆学术宗主,则似带有过于武断以致歧误之嫌。尽管朱子有论,"大抵子思以来教人之法,惟以尊德性、道问学两事为用力之要。今子静所说,专是尊德性事,而熹平日所论,却是道问学上多了。所以为彼学者,多持守可观,而看得义理全不仔细。又别说一种杜撰道理遮盖,不肯放下。而熹自觉虽于义理上不敢乱说,却于紧要为己为人上多不得力。今当反身用力,去短集长,庶几不坠一边耳"④。但朱子非不尊德性,陆子亦非不道问学。朱、陆在论辩过程中,朱子颇能正视己之短和他人之长而"去短集长"以自省纠偏之;陆子亦有"后生看经书,须着看注疏及先儒解释,不然,持己见议论,恐入自是之域,便轻视古人","学者须是有志于读书,只理会文义,便是无志"⑤诸多有关道问学之规约和省示,但较之以往陆子虽不废读书讲学,实仍限于如"子寿言其

---

① 〔宋〕陆九渊:《陆九渊集》卷三十四,北京:中华书局,1980,第427—428页。
② 〔宋〕陆九渊:《陆九渊集》卷三十六,第490页。
③ 〔清〕黄宗羲:《宋元学案》卷五十八,《象山学案》,第1885页。
④ 〔清〕黄宗羲:《宋元学案》卷四十九,《晦翁学案》,第1563页。
⑤ 〔宋〕陆九渊:《陆九渊集》卷三十五,第431—432页。[陆学自是有脱略文字直趋本根之意,以及专务践履(尊德性)而尽废讲学(道问学)之嫌,然观陆氏《语录》所载,其于读书讲学之论亦不乏少见,兹不赘述。]

'虽已转步而未曾移身'"①。实质上,所谓"尊德性""道问学"之争,依然是为学方法上的"不可合"同异之辩。这一点于相关朱、陆学术论著中多有阐明,兹不赘论。此处仅采陈来研究成果以为佐证,"实际上,二人对'尊德性''道问学'的理解并不相同。陆以尊德性即是存心、明心,是认识真理的根本途径,道问学只是起到一种辅助巩固的作用。而在朱熹看来,尊德性一方面要以主敬养得心地清明,以为致知提供一个主体的条件;另一方面对致知的结果加以涵泳,所谓'涵泳于所已知'(《中庸》)"②朱、陆二人于"尊德性""道问学"之辩仅限于为学出发点上的"不可合",尽管在交游中二人皆有所适当之修正,然实就此二者之间的关系以及由之而所现的差异背后之深层"不可合"之所以然并未深入探讨,这也反映在二人于其他方面的往复辩学中③。故而,于此尚需说明的是,朱、陆二人在真理(性即理之"理",心即理之"理")之本质之所以然上的认识、理解有相对的差异性,但在真理之本质之实然上并无根本上的区别,此即属于所谓"不可无"之同异层面。

就朱子之"性即理"言。从道德伦理原则上看,朱子说:"仁义礼智,性也;恻隐羞恶辞让是非,情也;以仁爱,以义恶,以礼让,以智知者,心也。性者心之理也,情者心之用也,心者性情之主也。"④"灵处只是心,不是性,性只是理。"⑤就性、情、心三者而言,朱子认为"性是体,情是用,性情皆出于心,故心能统之"⑥。心(人之意识主体和理性)对情的主导和控制容易理解,对性这一"体"所谓的"统之"则是意在通过"涵养须用敬"以保护之。由此观之,理(善)乃人所固有,即人心之本性(体)。朱子尚循程颐(伊川)之"生之谓性,止训所禀受也。天命之谓性,此言性之理也"⑦而推求其形上理据。朱子指出,"人之所以生,理与气合而已。天理固浩浩不穷,然非是气则虽有是理而无凑泊。二气交感,凝结生聚,然后是理有所附着。凡

---

① 朱杰人、严佐之、刘永翔主编:《朱子全书·晦庵先生朱文公文集》卷三十四,上海:上海古籍出版社,2002,第1504页。
② 陈来:《朱子哲学研究》,北京:生活 读书 新知三联书店,2010,第460页。
③ 关于之一点,陈来指出,"陆学对朱学的看法始终没有离开所谓'为学工夫',就事论事,未能把两家分歧提高到哲学上进一步来认识,而朱熹以陆学为禅,也经常是从陆门为学和修养的一些方式、方法、风格等外部特征与禅学以类比,同样没有摆脱从为学的角度着眼。"同前注,第466页。
④ 《朱子全书·晦庵先生朱文公文集》卷六十七,《元亨利贞说》。
⑤ 《朱子语类》卷五。
⑥ 《朱子语类》卷九十八。
⑦ 〔宋〕程颢、程颐:《二程集》,《河南程氏遗书》卷二十四,北京:中华书局,1981,第313页。

人之能言语、动作、思虑、云为,皆气也,而理存焉"①。人是理气"合而已"的产物,"理与气言,阴阳气也。一阴一阳则是理矣"②。又指出,"天地之间,有理有气。理也者,形而上之道也,生物之本也。气也者,形而下之器也,生物之具也"③。由此可略见,朱子之"性即理"是如何经由其宇宙本体论的探求而确立了其人性论之理据。在朱子而言,理气、性心虽有"形而上""形而下"之分属,但并非隔限之两域;宇宙本体论与人性论在不同界域之上亦有其同一性。朱子所讲之"理"即内即外,在人为"性",在外为"天";诚如朱子所接受的孟子之说,"尽其心者,知其性也;知其性者则知天矣"(《孟子·尽心上》)。故而,在朱子这里,性、天之"理"是同一的。诚如朱子所论,"太极只是一个理字"④,"合万物而言之,为一太极而一也。自其本而之末,则一理之实万物分之以为体,故万物之中各有一太极"⑤。在"理一"的层面,人性之体与宇宙之本体是同一的;在"分殊"的层面,万物则因是这同一之理的表现而具有统一性。

就陆子之"心即理"而言。陆子早岁即提出,"宇宙便是吾心,吾心即是宇宙"⑥的观点,这是陆子"心即理"哲学宗旨于早岁就已奠定之基调。陆子认为,"道塞宇宙,非有所隐遁,在天曰阴阳,在地曰刚柔,在人曰仁义。故仁义者,人之本心也"⑦。较之朱子视"阴阳"为"形而下"之气,陆子则认为"阴阳"属"形而上"之理⑧。基于此论,则就人乃"理气合而已"而言,陆子所谓的人之本心与宇宙之本体(理)当是同一的。陆子认为,"道者天下万世之公理,而斯人之所共由者也"⑨,"理乃天下之公理,心乃天下之同心"⑩,"此心此理,我固有之,所谓万物皆备于我,昔之圣贤先得我心之所同然者耳"⑪。因而,陆子超卓、直勇所提出的"满心而发,充塞宇宙,无非

---

① 《朱子语类》卷四。
② 《朱子语类》卷七十四。
③ 《朱子全书·晦庵先生朱文公文集》卷五十八。
④ 《朱子语类》卷一。
⑤ 〔宋〕周敦颐:《周敦颐集》,《太极图说解》,北京:中华书局,1990,第 4 页。
⑥ 〔宋〕陆九渊:《陆九渊集》卷三十六,《年谱》,北京:中华书局,1980,第 483 页。
⑦ 〔宋〕陆九渊:《陆九渊集》卷一,《与赵监》,第 9 页。
⑧ 这一点,可参看朱陆二人关于"无极太极之辨"往来之信函及相关今人之研究。仅举一二,劳思光,《新编中国哲学史》卷三上,桂林:广西师范大学出版社,2005,第 272—283 页;曾春海,《陆象山》,台北:东大图书公司印行,1988,第 161—166 页;陈来,《朱子哲学研究》,北京:生活 读书 新知三联书店,2010,第 451—456 页。此非本章问题所要涉及者,兹不详述。
⑨ 〔宋〕陆九渊:《陆九渊集》卷三十六,《年谱》,第 263 页。
⑩ 〔宋〕陆九渊:《陆九渊集》卷十五,《与唐司法》,第 196 页。
⑪ 〔宋〕陆九渊:《陆九渊集》卷一,《与侄孙濬》,第 13 页。

此理",就是基于此一同一性和普遍性之"形而上"之共理。正因"天秩、天叙、天命、天讨,皆是实理"①与"心即理"是同一而普遍性的,陆子为学重在发明本心,亦如所论"四端者,即此心也;天之所以与我者,即此心也。人皆有是心,心皆具是理,心即理也,……所贵乎学者,为其欲穷此理,尽此心也"②。陆子自谓学直承孟子而下,故而亦如朱子认同孟子之"尽心、知性、知天"之说。但相较于朱子所诠释之理路,陆子认为"尽心、知性、知天"本是一事,故而认为"欲穷此理,尽此心也"。陆子亦视本心之理与宇宙之理为同一,再如其所指出,"塞宇宙一理耳,学者之所以学,欲明此理耳。……三极皆同此理,……乾坤同一理也,……尧舜同一理也,……"③"心只是一个心,某之心,吾友之心,上而千百载圣贤之心,下而千百载复有一圣贤,其心亦只如此,心之体甚大"④。因而陆子之"尽心"即是"穷理",至于如何是"尽心"则与朱子不同。试看陆子之解,"伯敏云:'如何是尽心?性、才、心、情如何分别?'先生云:'如吾友此言,又是枝叶。虽然,此非吾友之过,盖举世之弊。今之学者读书,只是解字,更不求血脉。且如情、性、心、才,都只是一般事物,言偶不同耳。'"⑤陆子所言心在其本体义或普遍义上,不似朱子所做之分殊义。陆子之学旨归于,"盖心一心也,理一理也。至当归一,精义无二。此心此理实不容有二"⑥。

以上略论表明,实则朱、陆二人所言之理皆即内即外,心之理与外界之理之同一性或普遍性,抑或谓之人内心之道德法则(本心或本性)与宇宙普遍之理(本体)的同一性是二人皆认同的。所不同者则在于,朱、陆二人虽皆持有(天人合一,抑或谓之"尽心、知性、知天")人天之连续性的前提,但却在宇宙本体论上因立场不同而导致在人性本体论上出现"性即理"与"心即理"的对立。朱子对理(太极)、气(阴阳)做"形而上、形而下"解,言"性即理"则是从根本上看到了人心(气质之性)之感性欲求是人本心(性)丧失的内因,非单纯摒绝外欲即能恢复;因而,朱子认为人之本心不能自我恢复,必须辅以"主敬涵养""格物穷理"的工夫来变化气质,当然此非朝夕可就。陆子对理(太极)、气(阴阳)做"形而上"解,言"心即理"则是认为

---

① 〔宋〕陆九渊:《陆九渊集》卷三十五,《语录》下,第464页。
② 〔宋〕陆九渊:《陆九渊集》卷十一,《与李宰》,第149页。
③ 〔宋〕陆九渊:《陆九渊集》卷十二,《与赵咏道》,第161页。
④ 〔宋〕陆九渊:《陆九渊集》卷三十五,《语录》下,第444页。
⑤ 〔宋〕陆九渊:《陆九渊集》卷三十五,《语录》下,第444页。
⑥ 〔宋〕陆九渊:《陆九渊集》卷一,《与曾宅之》,第4,5页。

人生而具有先验的道德本心,赋予心之德性具有圆满而又自给自足的强大力量,"人性本善,其不善者迁于物也。知物之为害,而能自反,则知善乃吾性之固有,循吾固有而进德,则沛然无他适矣"①;因而,陆子认为人之本心放失乃外物所障,故须通过摒绝外欲或"剥落"②经验之知而自反本心实存之理,自可正本清源识得内心本具之圆满道德良心,这一工夫势必有顿悟之可能。换言之,朱子讲学重在明"分殊"而归"理一",即"二而一",固然多讲格物穷理而工夫支离;陆子讲学则至当归一、精义无二,即"一无二",必然强调本根本心而工夫简易。

朱、陆学术之间的"不可合""不可无"之同异是一确然存在。从儒学共同关注的"内圣外王"这一连续体之整体规划下来看,宋儒皆更侧重于内圣之"成德之教",即对道德基本问题的关注,因为这是解决一切问题(包括"外王")的基本出发点,"内圣"之学的全力以赴就是为"外王"的实现(建立合理的人间秩序)寻求更坚实、更可靠的形而上的根据,这于朱、陆二人同然。也就是说,朱、陆在人之为人的根本性(德性本体)认识上是统一的,但朱、陆二人在当时学术交游中于此明辨甚少,更多皆侧重于为学及德性修养工夫方面的不同之辩③。这一争辩也为朱、陆二学的门派弟子所延续,因其门户之私、互相攻讦,既扩大化了朱、陆学术分歧,亦加剧了朱、陆之争,甚至其影响绵延迄今而成为中国学术、思想史上不能不关注的文化现象之一。

朱、陆在世之时,二学虽时有往复之明辨攻讦,但皆能相对克己调停;然随朱、陆去世以后,相继而下之朱、陆各自学统在很大程度上因门户之私而难以为继,之间的纷争亦因此而难以兼容。朱子去世后,其弟子黄榦(1152—1221,号勉斋)尚能支撑朱学的局面,颇能成功地制止朱、陆二门弟子间的纷争;此于《宋元学案》所载可略晓,"百家(黄百家)谨案:勉斋言:'自先师梦奠以来,向日从游之士,识见之偏,义利之交战,而又自以无闻为

---

① 〔宋〕陆九渊:《陆九渊集》卷三十四,《语录》上,第416、417页。
② "剥落"义,见"人心有病,须剥落一番。剥落得一番,即一番清明,后随起来,又剥落,又清明,须是剥落得净尽方是。"同上,《陆九渊集》卷三十五,《语录》下,第458页。"剥落"是暂时推开经验之知,返识生命先验实存之此心此理之正本清源的工作。本书所采此解见,曾春海,《陆象山》,台北:东大图书公司印行,1988,第155页。
③ 于此一点,亦可参看,陈荣捷,《朱学论集》,台北:台湾学生书局印行,1982,第243页。见《朱陆鹅湖之会补述》一文有言:"然今以事论事,会中记录与事后回忆,总在简易支离,即有无讲读之必要。关于朱子基本思想之性即理与象山基本思想之心即理,半字不提。其实朱陆本心观念,实无冲突,要在何以发之。故方法与本心问题不能相离也。"

耻,言论纷纷,诳惑斯世;又有后生好怪之徒,敢于立言,无复忌惮,盖不待七十子尽没,而大义已乖矣。由是私窃惧焉,故愿得强毅有立,趋死不顾利害之人,相与出力而维持之。'盖勉斋之求后学,其真切如此,所以卒得其人而传之于后也。"①但黄榦之后则二学间的矛盾再次激化,"识见之偏""大义已乖"之流弊亦导致朱、陆后学相对皆有偏离二人学旨而流于不景气。于此,亦诚如谢山(全祖望)《奉临川帖子一》曰:"清容(袁桷,1266—1327,王应麟入室弟子)尝云:'朱子门人当宝庆、绍定间,不敢以师之所传为别录,以黄公勉斋在世也。勉斋既没,夸多务广,《语录》《语类》争出,而二家之矛盾大行。'清容生平不甚知学,顾斯言不特可以定朱子门人之案,并可以定陆子门人之案。朱子之门人孰如勉斋?顾门户异同,从不出勉斋之口。抑且当勉斋之存,使人不敢竟门户,则必欲排陆以申朱者,非真有得于朱可知。推此以观陆子之门人亦然。"②朱、陆后学皆因门户之私使得二学矛盾大行,排陆申朱者非真有得于朱子,排朱申陆者亦非真有得于陆子。《宋明理学史》著者指出,从南宋末到元初,朱学的"格物"更加支离泛滥,陆学的"本心"进一步被禅化,这无论在朱学或陆学的徒裔看来,都是偏离了当年朱、陆的学旨,因而朱、陆各自的学统也就难以为继;进而指出,要求打破门户,在朱、陆之间取长补短,主张朱、陆"和会""会同""兼综"之说成为一时的舆论。③ "偏离"确有其然,而"支离"、"禅化"尚需细辨,但"调和"朱、陆二学实成为当时朱、陆后学者们舆论之基调。

诸如,"袁清容(袁桷)云陆子与朱子生同时、仕同朝,其辩争者,朋友丽泽之益,书牍俱在。不百余年,异党之说兴,深文巧辟。淳祐(1241—1252,南宋理宗赵昀的第五个年号)中鄱阳汤中氏,合朱、陆之说。至其犹子端明文清公汉益阐同之,足以补两家之未备,是合同朱、陆之最先者。"④袁桷本人视朱、陆二人所辩乃有"朋友丽泽之益",亦是认同朱、陆学旨本一而持和会之论。至于袁桷所提汤氏之学,根据《宋元学案·存斋晦静息庵学案》⑤所论,三汤(存斋先生千、晦静先生巾、息庵先生中)之学本固守朱学,及至晚年晦静则别主陆学;东涧(汤汉)之学随三从父而出,晚年亦独得于晦庵,晦庵、东涧二人皆"由朱而入陆"以开和同朱、陆之先风。至

---

① 〔清〕黄宗羲:《宋元学案》卷六十三,《勉斋学案》,第 2037 页。
② 〔清〕黄宗羲:《宋元学案》卷六十三,《勉斋学案》,第 2037—2038 页。
③ 侯外庐、张岂之、邱汉生主编:《宋明理学史》,第 751—752 页。
④ 〔清〕黄宗羲:《宋元学案》卷八十四,《存斋晦静息庵学案》,第 2843 页。
⑤ 〔清〕黄宗羲:《宋元学案》卷八十四,《存斋晦静息庵学案》,第 2841—2843 页。

汤汉门人程绍开,"号月岩,广信人也,尝筑道一书院,以合朱、陆两家之说"①。而程绍开的弟子吴澄(草庐,1249—1333),学本朱子,兼宗陆子,亦是"由朱入陆"(其学仍近朱子)以"二师之为教一也",以和会朱、陆之学。吴澄对朱、陆后二学统间之纷争力加批正,指出"朱、陆二师之为教一也,而二家庸劣之门人,各立标榜,互相诋訾,以至于今。学者犹惑,呜呼甚矣!道之无传,而人之疑惑难晓也";进而,认为道之为道,具于心,即本心,"以心而学,非特陆子为然,尧、舜、禹、汤、文、武、周、孔、颜、曾、思、孟以逮周、程、张、邵诸子,莫不皆然";因而,吴澄批评"徒习闻其名,而未究竟其实"的学风,以道一本同之旨意欲止息门户纷争、和会朱、陆二学。②

全祖望于《宋元学案·师山学案》中言及,"继草庐而和会朱、陆之学者,郑师山(即郑玉,1298—1358)也。草庐多右陆,而师山则右朱,斯其所以不同。"③郑师山学承陆学,全祖望称之"右朱"似是"由陆入朱",实则于出入朱、陆二学间旨在取长补短、纠偏避弊,其学终旨仍不出"理以心觉"之陆学本心之说。郑氏所纠陆学之偏在于,"其教尽是略下功夫,而无先后之序,而其所见,又不免有知者过之之失,故以之自修虽有余,而学之者有弊。学者自当学朱子之学,然亦不必谤象山也";郑氏对朱、陆二学的流弊和所长皆有深刻之洞见,兹引录之,"陆子之质高明,故好简易;朱子之质笃实,故好邃密。各因其质之所近,故所入之途不同。及其至也,仁义道德,岂有不同者?同尊周、孔,同排佛、老,大本达道,岂有不同者?后之学者,不求其所以同,惟求其所以异。江东之指江西则曰:'此怪说之行也。'江西之指江东则曰:'此支离之说也。'此岂善学者哉!朱子之说,教人为学之常也;陆子之说,才高独得之妙也。二家之说,又各不能无弊。陆氏之学,其流弊也,如释子之谈空说妙,工于卤莽灭裂,而不能尽夫致知之功。朱子之学,其流弊也,如俗儒之寻行数墨,至于颓惰委靡,而无以收其力行之效。然岂二先生垂教之罪哉,盖学者之流弊耳!"④(《送葛子熙序》)师山此说深谙朱、陆二学统之后学在"不可合"层面的弊病,其意在汲取朱子笃实致知之为学工夫及积久贯通之为学次序而入陆学本心超卓独得之妙,然其并未深究二学于学理上"不可无"之同异,当时所持和会、兼综之说的诸多理学家皆有此局限。

---

① 〔清〕黄宗羲:《宋元学案》卷八十四,《存斋晦静息庵学案》,第2849页。
② 〔清〕黄宗羲:《宋元学案》卷九十二,《草庐学案》,第3046—3047页。
③ 〔清〕黄宗羲:《宋元学案》卷九十四,《师山学案》,第3125页。
④ 〔清〕黄宗羲:《宋元学案》卷九十四,《师山学案》,第3127—3128页。

对朱、陆以降二学统之流弊及所引发的和会、兼综之舆论非本节主旨，故于此亦不宜作详论，仅略阐其脉络以窥其动向。朱、陆后之二学统间由于门户偏狭之见及纷争使得所谓"支离""禅化"流弊愈深，但这也在很大程度上使得二学之间的分歧愈加清晰，取长补短、兼容并蓄之"调和"自然成为一时舆论之基调；尽管当时之"调和"时论并未能从朱、陆二学学理根本上予以明辨，但在朱学主导的形势下，这一舆论仍有使得陆学薪火得以续传之意义。分歧之于会同，也使得理学在有明一代获得进一步发展。黄宗羲曾给予如此评价，"有明文章事功，皆不及前代，独于理学，前代之所未及也，牛毛茧丝，无不辨析，真能发先儒之所未发。"① 于此，仅引明儒罗钦顺（整庵，1465—1547）所论即可知其一二，"程子言性即理也，象山言心即理也。至当归一，精义无二，此是则彼非，彼是则此非，安可不明辨之？"② 罗钦顺所谓明辨"彼此是非"之论已经触及朱、陆二学理论上的根本差异，并对二者心性论的分殊做了严谨的辨析。罗氏认为，"夫心者，人之神明；性者，人之生理。理之所在谓之心，心之所有谓之性，不可混而为一也"，而"心性之为难明，象山之误，正在于此"，因为"苟学而不思，此理终无由而得。凡其当如此自如此者，虽或有出于灵觉之妙，而轻重长短，类皆无所取中，非过焉，斯不及矣。虽乃执灵觉以为至道，谓非禅学而何"③？当然，这种"牛毛茧丝，无不辨析"的倾向于左右朱、陆二家之学者皆有存在。

基于上述可知，在朱、陆以降二学统之争扩大、偏离的态势下，"和会"、"兼综"二学成为有元迄明初以来之势趋；兼之有明一代牛毛茧丝、无不辨析之功虽胜于前代，但亦有其二重性，或流于枝节而趋平庸，或至精微而辟新方向，但亦隐含着一条扬弃理学、走出理学的通道。而于此一历变之过程中，朱、陆之争（王阳明之学亦为之纳入此一序列）在延续中亦渐趋向细化、剧化的境地。朱、陆"早晚异同"说即是朱、陆"和会""无不辨析"这一历变中重要一环，并引发了新一轮朱、陆（王）之争，亦在一定程度上影响了明清学术取向的变动。

上述以至元末明初，如"调和"朱、陆的宋濂，乃至兼采朱、陆之长的吴与弼，总体上来说，皆未涉及考察朱、陆学说同异分歧之历史性变化。至明

---

① 〔清〕黄宗羲：《明儒学案》，《发凡》，第14页。
② 〔清〕黄宗羲：《明儒学案》卷四十七，《诸儒学案中一》，第1117页。
③ 〔清〕黄宗羲：《明儒学案》卷四十七，《诸儒学案中一》，第1108、1116页。

儒陈建,则对近世盛行而少有人探讨的朱、陆"早异晚同"说进行了较为全方位的辨析。概言之,陈建的辨析涉及"早异晚同"说的由来,以及从早中晚三个阶段辨析了朱、陆为学的演变,并提出了朱、陆二学实则是"早同晚异"的观点;除却朱、陆学术历时性演变之考辨,亦从学理上辨析了朱、陆二学"始同终异"的根本理论依据;基于佛老之考述,犹对陆、王之学的渊源做了历史性的考辨。有关方面待后论,此处仅承前论对朱、陆"早晚异同"说及陈建对此历史性考辨做一简论。

陈建在《学蔀通辨·总序》述及了朱、陆"早异晚同"的由来,他指出:

> 不意近世一种造为早晚之说,乃谓朱子初年所见未定,误疑象山,而晚年始悔悟,而与象山合。其说盖萌于赵东山之《对江右六君子策》,而成于程篁墩之《道一编》,至近日王阳明因之又集为《朱子晚年定论》,自此说既成,后人不复暇考,一切据信,而不知其颠倒早晚、矫诬朱子以弥缝陆学也。其为蔀益以甚矣。①

现针对陈建是论再详考之。首次以朱、陆"早异晚同"方式调和二学的是赵汸(称东山先生,1319—1369),徽州休宁人,早年"读朱子《四书》多所疑难,乃尽取朱子书读之。闻九江黄泽有学行,往从之游。泽之学,以精思自悟为主。其教人,引而不发。后复从临川虞集游,获闻吴澄之学"②。赵东山出身新安朱门,游学虞集(道园,1272—1348)之门时,作《对江右六君子策》。文中认为,朱学承继周、程而上溯颜子之学,陆学独出孟子之学。基于朱、陆二人进学态度之转变而提出朱、陆"早异晚同"说,试看其言:

> 子朱子之答项平甫也,其言曰:"自子思以来,教人之法,惟以尊德性、道问学为用力之要。陆子静所说,专是尊德性事,而熹平日所论,却是道问学上多了,今当反身用力,去短集长,庶不坠一偏也。"观乎此言,则朱子进德之序可见矣。
>
> 陆先生之祭吕伯恭也,其言曰:"追昔曩日,粗心浮气,徒致参辰,岂足酬义?"观乎斯言,则先生克己之勇可知矣。

---

① 〔明〕陈建:《学蔀通辨·总序》。
② 〔清〕张廷玉:《明史》卷二百八十二,列传第一百七十一,儒林一,第7726页。

又言：

> 夫以二先生之言如此，岂鹅湖之论至是而各有合邪？使其合并于莫岁，则其微言精义必有契焉，而子静则既往矣。①

赵东山是说，认为朱子已经认识到"平日所论，道问学上多了，今当反身用力，去短集长"，惟以尊德性、道问学为用力之要；陆子亦认识到徒生对立、隔绝之缺憾，即"追昔曩日，粗心浮气，徒致参辰，岂足酬义"？基于此，赵氏认为朱、陆和会自是必然，即"使其合并于莫岁，则其微言精义必有契焉"。然究其说之原，赵氏此说则是承继道园以至草庐之陈说。前已述及，吴澄主张"朱、陆二师之为教一也"，"以心而学"于朱、陆同然，是元代调和朱、陆二学极为有影响的学者；赵东山从虞集游学而获吴澄之学，而虞集则尝从吴澄游学。

虞集亦尝在《跋朱先生答陆先生书》一文中，援引《朱熹答叶公瑾书》及《与胡季随书》之内容，而后予以评论，指出朱熹"反身以求之说，克己求仁之功，令学者且看孟子道性善求放心之说，直截如此用功。盖其平日问辩讲明之说极详，至此而切己反求之功愈切，是以于此稍却其文字之支离，深忧夫词说之泛滥，一旦用力，而其效之速如此，故乐为朋友言之也。……朱子尝叹'道问学之功多，尊德性之意少'，正谓此也"②。细观虞集此说，实则乃借朱子反躬自省之口，以达消弭当时二学统无谓的异同之争，同时亦委婉地道明朱子晚年已兼取陆子之说，至于会同、一致之趋势亦当为确然。虞氏之门生赵东山于此问题有着与其一致的判法。查阅《东山赵先生泂行状》亦可略知，当时虞集拟策问以"江右先贤及朱、陆二氏立教所以异同"为考题，赵东山引朱、陆二人之言为证（即朱子之言，"平日所论，道问学上多了，今当反身用力，去短集长"；陆子之言，"追昔曩日，粗心浮气，徒致参辰，岂足酬义"），旨在说明朱子晚年已与陆子之说相契合；虞集对此论说颇为肯定，称道"子（赵泂）常生朱子之乡而得陆氏之说，于两家之所以成己教人，反复究竟明白，盖素用力斯事者，非缀辑傅会之比也"③。赵

---

① 引自吴长庚主编，《朱陆学术考辨五种》，《道一编》所附《对江右六君子策略》，第77—78页。（另参，〔元〕赵泂：《东山存稿》卷二，《文渊阁四库全书》册1221—159页，别集四。）
② 〔元〕虞集：《道园学古录》卷四十，《跋朱先生答陆先生书》，《文渊阁四库全书》册1207—1页，别集四，第572页。
③ 〔元〕赵泂：《东山存稿》附录，《东山赵先生泂行状》。

氏此说旨趣与前引其《对江右六君子策略》中论述是一致的,较之虞集之说则更鲜明地"由朱入陆"揭橥了朱子晚年同于陆子之学旨(可惜陆子既往矣),陈建亦是因之而谓朱、陆"早异晚同"论调乃萌发于赵氏之立说。诚然,陈建此说亦当成立,但并未深入探求此一问题动向所以然之思想脉络。

接着而言,程敏政(字克勤,号篁墩,1445—1500),休宁篁墩(今安徽歙县屯溪)人,亦出于新安朱子之乡,自谓二程后人,对朱子学很是尊崇,"独喜诵朱子之书,至行坐与俱,寝食几废"①。但他更多是抛开门户之见来看待朱、陆异同关系而和会之。他认为赵汸"谓朱子去短集长说在陆子没世之后,则恐未然",并指出朱、陆二先生皆有殊途同归之意向当不出淳熙九年(1182)之后数年间(意即陆子在世之时与朱子已有殊途同归之好,一反赵汸之说)。② 程敏政在《道一编·自序》中概述了其朱、陆"早异晚同"说,认为朱、陆二人"起初则诚若冰炭之相反,其中则觉夫疑信之相半,至于终,则有若辅车之相倚,且深取于《孟子》'道性善''收放心'之两言,读至此而后知朱子晚年所以兼收陆子之学,诚不在南轩、东莱之下"③。程敏政选辑朱、陆两家往还之书信以辨朱、陆二学实属"始异终同";他认为朱、陆二学纷争扩大化之由实因后学拘守门户之私而偏离了师旨,"夫朱子之道问学,固以尊德性为本,岂若后之分章析意者,毕力于陈言？陆子之尊德性,固以道问学为辅,岂若后之守玄悟空者,悉心于块坐"④。程敏政较之赵汸而言,则较重实际地据两家书信历时之往来揭橥了朱、陆学术早、中、晚三期"由异趋同"之为学历程及其旨趣。

再就王阳明(1472—1529)《朱子晚年定论》之由来略说。王阳明青年时期泛滥辞章、出入释道,虽稍知从事于正学而苦于众说纷扰疲病,曾因"庭前格竹"七日而累倒;其后被贬官龙场,居夷处困、动心忍性而悟道,提出了心即理和心外无理的思想。究其实,阳明学旨在学理上更多是应对当下朱学问题并于"范围朱、陆而进退之"⑤中形成的。王阳明证悟之道虽与陆九渊之学契合,但非是直承陆学而来的,而是在明初以来朱学于各向

---

① 〔明〕程敏政:《篁墩文集》卷五十五,《答汪金宪书》,《文渊阁四库全书》册1253—1页,集一九二,第283页。
② 吴长庚主编:《朱陆学术考辨五种》,《道一编》,第79页。
③ 吴长庚主编:《朱陆学术考辨五种》,《道一编》,第9页。
④ 吴长庚主编:《朱陆学术考辨五种》,《道一编》,第17页。
⑤ 〔清〕黄宗羲:《明儒学案》,《师说》,第7页。

度被历史性误解以致分化、偏离、衰退中兴起的；阳明出入于朱、陆之学中，不是折中、和会而是于兼容中形成非朱非陆自成一家的阳明学。至于阳明学非朱非陆的心学思想体系内容，学界研究良多且精详，兹不赘述。这里主要强调的是阳明学在臻于大成、自成一家之说的历变中所应对的问题视野，也就是要说明阳明学是在与朱、陆之学，尤其是在与朱子学所呈现的问题视野的对话中而超越之。关于这一点，明末大儒刘宗周于《明儒学案》之《师说》①中予以提纲挈领式的说明；概言之，阳明学极力表彰陆学本心之说而犹与之有毫厘之辨，与朱子为学工夫不无抵牾而以进于圣人之道则一也。因而，才有阳明学乃"范围朱、陆而进退之"一说。王阳明之《朱子晚年定论》成书于明正德十年乙亥(1515)，此时王阳明已历"龙场之悟"(明正德丙寅元年)挺立己学而有了自己特点，但阳明在世之时，朱学仍然处于极为有势力和影响的官学地位，王学常常被程朱学信奉者斥之为"伪学""异端"，王阳明本人甚至亦受到诋毁。故王阳明著《朱子晚年定论》于出入、范围朱、陆异同中曲意检求朱子之书裒集之而成朱子晚年定说，意在把朱子学拉到陆子学一边以张正学，更在为己身学术发展谋求更大空间。于此，王阳明于《朱子晚年定论·自序》中言，忧"世之高明之士，厌此(孔孟圣学)而趋彼(释道)也，此岂二氏(释道)之罪哉"，表达了他面对"究其('儒学'或谓之'理学')为说，反出二氏之下"的危局不是一味将矛头指向释道，而是"慨夫世之学者徒守朱子中年未定之说，而不复知求其晚岁既悟之论"②，以弥合、兼容朱、陆的苦衷。此外，王阳明亦是为了应对学派间之攻击以及免遭因之而来自诸方之排异性的压制，意在借此一方式将朱子学与自己的学术联系起来，以谋求自身学术之发展；如其言，"独于朱子之说有相抵牾，恒疚于心，切疑朱子之贤"，"复取朱子之书而检求之，然后知其晚岁固已大悟旧说之非"，"予既自幸其说之不缪于朱子，又喜朱子之先得我心之同然，且慨夫世之学者徒守朱子中年未定之说，而不复知求其晚岁既悟之论"③。王阳明将朱子作《论孟集注》《或问》(时年朱子四十八岁，且其尚为初稿，后二十余年亦不断加以修订)之类视为中年未定之说，辄采集所谓朱子晚年与师友门人之书信三十四则，编为此卷以为朱子晚年成熟之定论。

---

① 〔清〕黄宗羲：《明儒学案》，《师说》，第6、7页。
② 〔明〕王守仁：《王阳明全集》卷三，《朱子晚年定论》，上海：上海古籍出版社，2011，第144页。
③ 〔明〕王守仁：《王阳明全集》卷三，《朱子晚年定论》，第144—145页。

较之程敏政兼采两家之说以立朱、陆"早异晚同"之说,王阳明则单采朱子晚年书信而论之,不言及陆子一语,并且以自己成熟了的心学之见拣择材料而不加翔实考证著成《朱子晚年定论》。虽自王阳明此编问世以来,即遭受到当时学术界及其后之众多批评(注:王氏《定论》、陈氏《通辨》之影响、评议待后论)。但就其所带来的影响而言,据陈建称之,"自此说既成,后人不暇复考,一切据信,而不知其颠倒早晚,矫诬朱子以弥缝陆学也。其为蔀益以甚矣";陈建坚定于朱学立场,"忧道统将移,学脉日紊,乃发愤著《学蔀通辨》,以破王氏所编《朱子晚年定论》"①。

陈建针对近世由来已久之朱、陆"早异晚同"论调,进行了多方辨析、批评;他亦"采辑群书,编次年月,俾学者晓然知陆之为禅、朱之为正学"②,提出了自己的看法,即朱、陆"早同晚异"说。陈建于《学蔀通辨·前编》著明朱、陆"早同晚异"之实:上卷,著朱子早年尝出入禅学,与象山未会而同,至中年始觉其非,而返之正也;中卷,著朱子中年始方识象山,其说多去短集长,疑信相半,至晚年始觉其弊,而攻之力也;下卷,著朱、陆晚年冰炭之甚,而象山既没之后,朱子所以排之者尤明也。③陈建此编此说旨在辨析、攻破王阳明及以往之朱、陆"早异晚同"说的不实,重点从朱、陆二人为学的历时演变中考察了二学在义理上实则为"早同晚异"。

第二节　陈建的朱、陆"早同晚异"说

陈建取《朱子年谱》《行状》《文集》《语类》以及与陆氏兄弟往来书札,逐年编次,详加考证,从朱子早年、中年、晚年三个阶段与陆子相对应逐次批驳了程敏政、王阳明等所谓朱、陆"早异晚同"说之误,进而明确地提出了朱、陆之学事实上是"早同晚异"的观点。

一、早年:朱、陆"早同"

陈建认为朱、陆是"早同"而不是"早异"。陈建所谓的"早年",指的是朱子四十岁之前。其观点是,"朱子早年尝出入禅学,与象山未会而同,至中年始觉其非,而返之正也"④。陈建立说所引主要论据如下:

---

① 〔清〕张夏:《洛闽源流录》(十九卷)第九卷,清康熙二十一年黄昌衢彝叙堂刻本。
② 〔明〕陈建:《学蔀通辨·顾序》,丛书集成本(第0653—0654册)。
③ 〔明〕陈建:《学蔀通辨·提纲》,第111页。
④ 〔明〕陈建:《学蔀通辨·前编》卷上,第116页。

辛未,绍兴二十一年,陆子十三岁。……援笔书曰:"宇宙内事,乃己分内事,己分内事,乃宇宙分内事。"又曰:"宇宙便是吾心,吾心便是宇宙。"(陈建按:陆子"宇宙"字义之悟,正禅家"顿悟"之机。)

　　癸酉,绍兴二十三年,朱子二十四岁。……年谱云:"初朱子学靡常师,出入于经传,泛滥于释老。自云初见延平,说得无限道理,也曾去学禅。"

　　戊寅,绍兴二十八年,朱子二十九岁。作《存斋记》云:"人之所以位天地之中,而为万物之灵者,心而已矣。然心之体,不可以见闻得,不可以思虑求。谓之有物则不得于言;谓之无物则日用之间无适而非是也。君子于此,亦将何所用其力哉? 必有事焉而勿正,心勿忘,勿助长也,则存之之道也。如是而存,存而久,久而熟。心之为体,必将瞭然有见乎参倚之间,而无一息之不存矣。"(陈建按:朱子初年之学,亦只说一个心,专说求心、见心,全与禅陆合。)①

此外,陈建指出程敏政、王阳明所引《朱子答何叔京书》("熹奉亲遣日如昔")一书判定其为朱子晚合象山或朱子晚年定论是颠倒早晚,是书当在朱子年犹未四十,即宋孝宗乾道四年(1168)朱子三十九岁之时;此判定基本确然,据今人考订当为朱子三十八岁时书②。又陈建谓《朱子答何叔京书》("今年不谓饥歉至此")一书亦当在乾道四年,以及《答何叔京》("示喻温习之益")、《答何叔京》("熹孤陋如昨")两书又在此前(前书所判确然,后两书分别在乾道三年、二年③,亦为确判),而此三书亦被王阳明引为其"朱子晚年定论"之依据④。详读《朱子答何叔京》此四书,大意在于朱子深觉因守书册泥言语、窃好章句训诂之习,反求未得个安稳处而始知此未免支离,故而有莫若默会诸心,以立其本,于日用间察之,知此则知仁之意。陈建认为朱子此时言论(与前引其言旨趣同一),学专说心而谓与书册言语无交涉,是朱子早年未定之说,此正与象山初年"宇宙"字义之悟,亦即禅学"顿悟"之机所见不约而合。陈建所判以及程敏政、王阳明所依之由

---

①〔明〕陈建:《学蔀通辨·前编》卷上,第116—117页。
② 这一封书信应为宋孝宗乾道三年(1167),参考陈来,《朱子书信编年考证》,北京:生活 读书 新知三联书店,2007,第44页。
③ 陈来:《朱子书信编年考证》,第44、37页。
④〔明〕王守仁:《王阳明全集》卷三,《朱子晚年定论》,第154—155页。

何以可能？这就涉及朱子早年学术旨趣趋向之问题。

陈建以朱子四十岁以前所论为未定之说，其所谓的朱、陆不约而合，所合在"学专说心"，而且是合于禅学之"安心觅心"之说。陈建引朱子《困学诗》云："旧喜安心苦觅心，捐书绝学费追寻。困横此日安无地，始觉从前枉寸阴。"陆子《与邓文范书》云："得仓台书，谓别后稍弃旧而图新，了然未有所得。殆似觅心了不可得者，此乃欲有所得之心耶？（'初信欲归，此意极佳，但能不忘此意，更使深厚，则虽不归犹归也。'注：此陈建未引之接续文）"王阳明诗云："同来问我安心法，还解将心与汝安。"①陈建认为朱子早年"喜安心苦觅心"与陆子、王阳明所言皆本于《传灯录》所载，"二祖谓达摩曰：'我心未安，请师安心。'师曰：'将心来与汝安。'二祖良久曰：'觅心了不可得。'师曰：'与汝安心。'"②陈建所谓的朱、陆"早同"一说，且将二者专说"心"归之于禅，仅从语言表述及其一般理趣上来看有相通之处，但将朱、陆二学（即便是二者早期之学）视为合于佛禅则是不恰当的。陆学与释老有契合处而非禅，朱子早年出入释老亦非禅。陈建在辨朱、陆"早同"之始就已"前定"陆学为"禅"，且谓之终身守其说而不变。陆子亦曾涉猎过佛老书，其"吾心即宇宙，宇宙即吾心"以及崇尚为学先立乎其大，发明本心的简易学风与禅学不立文字、直指人心、见性成佛颇为近似；但陆子自始有"佛老高一世人，只是道偏，不是"③之于儒佛根本区别之自觉（兹不详论，见下章陈建之陆、王"禅老"辨）。仅观陈建前引陆子"安心"之说，陆子意在批评"欲有所得之心"而强调"但能不忘此意（本心），更使深厚，则虽不归犹归也"；究其意应在挺立其所谓"立乎其大、发明本心"之道德本体的自觉（有此自觉，则虽不归犹归矣），并非有如禅学光明寂照、明心见性而终究归空寂之义理。至于陈建说朱子早年"学专说心"而同禅陆，一如前说陆学为禅学，皆有断章取义、因名类比之嫌；朱、陆说"心"宗旨相通但分疏义相异，尽管二人都曾熟稔释老之学，但与佛禅在心之本体义上有着根本性的差异，即便儒释在"形而上"之境界上有可能相契之处。关于这一点，在程敏政、王阳明处亦有体现，二人所取朱子部分书信颠倒早晚实属确然，此外所拣取书信材料亦明显有断章取义之处，仅选取朱子论"心"学方面材料；如前引《朱子答何叔京》四书，而其实朱子所言多是相对于佛

---

① 〔明〕陈建：《学蔀通辨·前编》卷上，第120—121页。
② 〔明〕陈建：《学蔀通辨·前编》卷上，第121页。
③ 〔宋〕陆九渊：《陆九渊集》卷三十五，《语录》下，第467页。

禅而谈其归儒"主敬以立其本"之旨,且在此过程中已发展出不同陆学之为学进路。这种矛盾体现出,强立朱、陆"早同"或者"晚异"都存在理论缺陷,实则朱、陆"不可合""不可无"之同异是始终"共在"的。

再接上述就朱子早年为学而言,事实上,朱子在宋高宗绍兴二十三年癸酉(二十四岁)始见延平(李侗,1039—1163)后两年就已觉异学之非,且其学不断渐进、历久弥熟。据清人王懋竑(白田,1667—1741)《朱子年谱》考证,认为"朱子少即有为己之学,其学禅正是从心地著工夫,而于《论孟》经史及周、张诸家之说,考订讲贯,盖无一日不用其功,内外两进,自幼已然。此所谓生知安行,无积累之渐者也。同安归后(朱子二十二岁授左迪功郎、泉州同安县主簿),再见延平(二十九岁),尽弃异学,而于求中未发之旨未达,与南轩(张栻,1133—1180)讲论,逾四五年。迄己丑(四十岁)始定其说,至庚寅(四十一岁)拈出程子'涵养'二语,生平学问,大指定于此"①。王白田对朱子为学进路考证精详,较之陈建则显为客观、理智。

陈建引:

> 庚寅,乾道六年,朱子四十一岁。朱子答《薛士龙书》云:"熹自少愚钝,事事不能及人。顾尝侧闻先生君子之余教,粗知有志于学,而求之不得其术,盖舍近求远,处下窥高,驰心空妙之域者,二十余年。比乃困而自悔,始复退而求之于句读、文义之间,谨之于视听言动之际,庶几铢积丝累,分寸跻攀,以幸其粗知义理之实,不为小人之归,而岁月侵寻,齿发遽如许矣。"
>
> 又按:《语类》廖德明录癸巳所闻云:"先生言二三年前,见得此事尚鹘突,为他佛说的相似,近年来方看得分晓。"按癸巳,朱子四十四岁,言二三年前,则正是四十岁前,而近年看得分晓,则正是四十岁以后,尤可证也。②

据此,陈建概说朱子四十岁前为未定之说,"驰心二十余年"之后才返归于

---

① 〔清〕王懋竑:《朱子年谱》(附后之《朱子年谱考异》卷一),见吴长庚主编,《朱陆学术考辨五种》,第865页。王懋竑指出,朱子自庚寅(1170,时年四十一岁)拈出程子"涵养须用敬,进学则在致知"二语,学问大指定于此(同前,第864页);且于《朱子年谱》卷一:乾道六年庚寅,四十一岁条载,朱子《答吕伯恭》("窃承进学之意")、《答刘子澄》("来书深以异学侵畔为忧")、《答陈师德》("熹愚不肖")三书,皆为朱子讲论"二语"之要。(同前,第651页),另参陈来,《朱子书信编年考证》,第73、75、82页(三书信亦列于:乾道六年庚寅,朱子四十一岁条)。

② 〔明〕陈建:《学蔀通辨·前编》卷上,第119页。

儒学之门;此论,实则一意以谈"心"为仿佛而断朱、陆"早同",即皆同于禅学。王懋竑指出,《答薛士龙书》当在朱子四十三岁时(乾道八年,壬辰)①;又指出,"'侧闻先生君子之余教'自指延平。此书在壬辰,以癸酉(朱子二十四岁)见延平计之,适二十年矣,概言之故曰二十余年也。旧以为二字衍文,非是。然谓兼指佛老亦未然也"②。引据王懋竑前后所论可知,除却陈建强立朱、陆"早同"且"前定"陆学为禅而一意以仿佛老为断外,陈建对朱子早年"已觉异学之非""尽弃异学""始定其说"以至"大指定于此"的进学历程缺乏客观之了解,所涉考证亦甚少精慎;故而,但见一"心"字即以佛禅论。实则朱子所谓"舍近求远,处下窥高,驰心空妙之域者",乃意在言及其重为己之学、心地工夫的积久通贯的历程;此一过程,亦即已觉异学之非至"再见延平,尽弃异学,而于求中未发之旨未达,与南轩讲论,逾四五年。迄己丑始定其说,至庚寅拈出程子'涵养'二语,生平学问,大指定于此"。"驰心空妙之域"即谓朱子苦于参心之未发之旨,"己丑始定其说"即确认了心有未发已发,已发须要省察(用),未发当须涵养(本),体用赅备,敬贯动静;于此,亦可得证于《朱子语类》:"李先生当时说学,已有许多意思。只为说'敬'字不分明,所以许多时无捉摸处","又云:旧失了此物多时,今收来,尚未便入腔窠,但当尽此生之力而后已"③。从朱子早年进学历程来看,尽管曾学禅著心地工夫,但早觉异学之非而究心未发之旨;由此,足见陈建此说实不妥。此外,陈来亦认为,朱子四十岁之前就坚决反对心即理的主张,朱子与陆子也根本不是"未会而同",相反,朱子早已走上了一条与陆学完全相反的为学道路。④ 陈建所引朱子四十岁之前书信只能批驳程敏政、王阳明指早为晚之说的不实,并不能有力地证实朱、陆在学术志趣上皆早同于佛禅。实则,朱、陆未会之前为学道路已见不同,如宋孝宗乾道五年乙丑(1169),朱子(四十岁)《答张钦夫书》("蒙示及答胡彪二书")⑤亦能说明这一点,兹录如下:

---

① 〔清〕王懋竑:《朱子年谱》卷一,见吴长庚主编,《朱陆学术考辨五种》,第660页。另见,陈来,《朱子书信编年考证》,第111页,认为《年谱》以此书在壬辰不为无据,再考之当作于壬辰癸巳之交。
② 〔清〕王懋竑:《白田杂著》(八卷)之卷七,《文渊阁四库全书》册859。(见,"朱子《答江元适书》《薛士龙书》考")
③ 《朱子语类》卷一百三、一百四(杨方);此两条,王懋竑列于乾道六年庚寅,朱子四十一岁条下(《朱子年谱》卷一,见吴长庚主编,《朱陆学术考辨五种》,第651页),同列于"涵养须用敬,进学则在致知",亦能说明朱子确立其说之前用力所在。
④ 陈来:《朱子哲学研究》,北京:生活 读书 新知三联书店,2010,第343—351页。
⑤ 参看《朱子全书·晦庵先生朱文公集》卷三十。

> 儒者之学，大要以穷理为先。盖凡一物有一理，须先明此，然后心之所发，轻重长短，各有准则。……若不于此先致其知，但见其所以为心者如此，识其所以为心者如此，泛然而无所准则，则其所存所发，亦何自而中于理乎？且如释氏擎拳竖拂、运水搬柴之说，岂不见此心？岂不识此心？而卒不可与入尧舜之道者，正为不见天理，而专认此心以为主宰，故不免流于自私耳。前辈有言，圣人本天，释氏本心，盖谓此也。来示又谓心无时不虚，熹以为心之本体固无时不虚，然而人欲己私汩没久矣，安得一旦遽见此境界乎？故圣人必曰正其心，而正心必先诚意，诚意必先致知，其用力次第如此，然后可以得心之正而复其本体之虚，亦非一日之力矣。

书中所论与禅学识心见性以及陆氏发明本心之说相对立，而"涵养、致知"并重的为学进路之认识亦当为庚寅确立其说之前论。这亦说明陈建为驳程、王诸"早异"之说在选材和阐释中亦是以一己之私意而度之，视朱、陆二学早有之异而不见。陈建引朱子《答薛士龙书》及诸书信，除却要证明朱子四十岁前的学说未定而与陆禅相同之际外，亦意在由此而立论朱、陆"早同晚异"进而能说明朱子中年能觉其非而亟反之，象山则终身守其说而不变。经由上述即可知此判之误，亦可从朱、陆相会及其后之论学中得以明证。

二、中年：朱、陆"疑信相半"

陈建以朱子四十岁之后至五十六七岁为"中年"时间段。认为"朱子中年方识象山，其说多去短集长，疑信相半。至晚岁始觉其弊，而攻之力也"，是朱子之学渐趋成熟的时期。

陈建认为朱子对陆学，"自甲辰、乙巳（朱子五十六岁）以前，每去短集长，时称其善，疑信相半"[①]。仍依朱子书信佐证之：

> 甲午，孝宗淳熙元年（1174），朱子四十五岁，陆子三十六岁。朱子《答吕子约书》云："陆子静之贤，闻之盖久，然似闻有说脱略文字、直趋本根之意。不知其与《中庸》'学问思辨，然后笃行'之旨，又何如

---

① 〔明〕陈建：《学蔀通辨·前编》卷中，第133页。

耳?"又《答吕子约书》云:"近闻陆子静言论风旨之一二,全是禅学,但变其名号耳。竟相祖习,恐误后生。恨不识之,不得深扣其说,因献所疑也。然恐其说方行,亦为必肯听此老生常谈,徒窃忧叹而已。"①

这两书信在朱、陆鹅湖之会前夕。此时的陆学正当风头益盛、影响扩大之际,朱子闻其言论风旨,臆断为禅学,因恐贻误后生而有恨不能识之以深扣其说之意,言语间的确似有"疑信相半"意味。

宋孝宗淳熙二年乙未(1175),朱、陆于鹅湖之会不欢而散,二人在为学工夫上的分歧至为鲜明。此时的朱子对己学及陆学的基本看法,大致如其鹅湖会后写给张栻书信中所言:

"熹于文字之间,觉向来病痛不少。盖平日解经,最为守章句者,然亦多是推衍文义,自作一篇文字,非惟屋下架屋,说得意味淡薄,且是使人看者,将注与经作两项工夫做了,下稍看得支离,至于本旨,全不相照。以此方知汉儒可谓善说经者,不过只说训诂,使人以此训诂,经文不相离异,只坐一道看了,直是意味深长也。"(接上书)又曰:"《大学》、《中庸》章句缘此略修一过,再录上呈。然觉期间更有合删处,《论语》亦如此,草定一本,未暇脱稿。《孟子》则方欲为之,而日力未及也。子寿兄弟气象甚好,其病却是尽废讲学,而专务践履,却于践履之中,要人提撕省察,悟得本心,此为病之大者。要其操持谨质,表里不二,实有以过人者。惜其自信太过,规模窄狭,不复取人之善,将流于异学而不自知耳。"②

对于此书,王阳明择其前段编为朱子晚年定论,而定朱子淳熙四年成《论孟集注》为中年未定之说,颠倒早晚确属事实;据此亦显见阳明称陆学处则录,讥陆学处则删之曲意弥缝之误,陈建于此指认甚为客观。再观此书,朱子对陆子为学进路由未会前的"疑"而至"信",确"信"陆学将流于异学而不自知。尽管朱子对陆子之道德践履深为肯定,但于此处足见朱、陆二人在为学方式上仍不能苟同,进而朱子于"疑信相半"间担心其将流于异学。

---

① 〔明〕陈建:《学蔀通辨·前编》卷中,第123页。
② 〔明〕陈建:《学蔀通辨·前编》卷中,第124页。另见《朱子全书·晦庵先生朱文公文集》卷三十一,《答张敬夫》(熹穷居如昨)。

朱子虽于鹅湖会后对为学工夫之"支离"深有反省,意在为学不仅说训诂,更在深味本旨,仍是"进学则在致知"之进路;其对陆子尽废讲学之极端则极为反对,且对其专务践履、悟得本心之工夫深以为病。朱子此"疑信相半"是于正面接触陆学之后对其利弊有了清楚的认识,此"疑"即是"信",亦即对陆学的为学工夫不能苟同("异"),且这种认识大体上自始至终未有改变。兼之朱、陆之争更多是在"不可合"之为学工夫层面,并未深及"不可无"之学理宗旨之同异层面,且陈建所辨朱、陆异同亦是就为学工夫层面出发。故而,陈建于此概以"去短集长、疑信相半"含混之说论朱、陆实不妥,亦似有认为朱、陆在为学工夫之本质上有相半之"信"而有相半之"同"。然就朱、陆二人为学工夫之实而言,表面上虽皆有"尊德性""道问学"之条目而有相通处,实则二人为学之进路自始不能苟同,这与二人在"性""心"之本体立论视域上的根本差异相关。

先看陈建所论:

> 癸卯,淳熙十年,朱子五十四岁,陆子四十五岁。朱子《答项平夫书》云:"所喻曲折及陆国正语,三复爽然,所警于昏惰者为厚矣。大抵子思以来,教人之法,惟以尊德性,道问学两事为用力之要。今子静所说,专是尊德性事,为某平日所论,却是道问学上多了。所以为彼学者,多持守可观,而看得义理全不仔细,又别说一种杜撰道理遮盖,不肯放下,而某自觉虽于义理上不敢乱说,却于紧要为己为人上,多不得力。今当反身用力,去短集长,庶几不坠一边耳。"(陈建按语:据此书,正是中年疑信相半未定之际,后此所以排象山之失者方日深。《道一编》乃指此书为朱子晚年信取象山,辅车相倚,误矣。)[1]

又:

> 朱子《答诸葛诚之书》云:"示喻竞辨之端,三复悯然。愚意比来深欲劝同志者兼取两家之长,不可轻相诋訾。就有未合,亦且置勿论,而故勉力于吾之所急。不谓乃以曹表之故,反有所激,如来喻之云也。不敏之故,深以自咎。子静平日所以自任,正欲身率学者一于天理,而不以一毫人欲杂于其间,恐决不至如贤者之多疑也。义理天下之公,而人之所见有未能尽同者。正当虚心平气,相与熟讲而徐究之,以归于是,乃是吾党之责。而向来讲论之际,见诸贤往往皆有立我自是之

---

[1] 〔明〕陈建:《学蔀通辨·前编》卷中,第128—129页。

意,厉色忿词,如对仇敌,无复少长之序,礼逊之容,至今怀不满。"(陈建按:朱子因门人竞辨之过,故作此书以解之。而言犹是疑信相半之说也。)①

逐年编次,据实考察朱、陆为学之演进固然重要,但要切实把握朱、陆学理上的差异,重要是能于整体上就其学术思想之内容内涵作考究。否则,一味于以辟"早异晚同"为目的则必然导致望文生义之误读。陈建据此两书仍以"疑信相半"之说来说明朱学与陆学在为学方式上有异有同,此般仅留恋于表象之误读无法真正地揭示朱、陆二学的"同异"。

鹅湖会后,朱子对己学有反省,陆子亦有所转变。诸如,淳熙七年庚子朱子(五十一岁)《答吴茂实书》所指,"陆子寿兄弟近日议论与前大不同,却方要理会讲学。其徒有曹立之、万正淳者来相见,气象皆尽好。却是先于情性持守上用力,此意自好。但不合自主张太过,又要省发觉悟,故流于怪异耳。若去其所短,集其所长,自不害为入德之门也"②。又同年,《答林择之书》云:"陆子寿兄弟近日议论却肯向讲学上理会,其门人有相访者气象皆好,但期间亦有旧病。此间学者却是与渠相反。初谓只如此学,渐涵自能入德,不为末流之弊只成说话。至于人伦日用最亲切处亦都不得毫毛力气,此不可不深惩而痛警也。"③这皆能说明陆子及其门人在为学方式上有汲取朱子所长之倾向,但其立基于提撕本心及先于情性持守之学仍在。再如同年,朱子《答吕伯恭书》中谓:"子寿兄弟得书,子静约秋凉来游庐阜,但恐此时已换却主人耳。渠兄弟今日岂易得,但子静似有些旧来意思。闻其门人说,子寿言其'虽已转步而未曾转身',然其势久之亦必自转回。思鹅湖讲论时是甚气势,今何止什去七、八耶?"④从此书来看,朱子对陆子"虽已转步而未曾转身"抱有极大冀望和信心,认为陆子"势久之亦必自转回";然观陆子一生讲学,虽经由不成熟至成熟而亦重读书讲学,但于其为学工夫之根本终无放弃。朱子对陆学之为学工夫虽有肯定处,但多是侧重对其道德操守气象之敬服,至于为学工夫自始多有提醒和批评并冀望其能有所修正乃至"移步转身";故而,并没有陈建所谓的"疑信相半"之"同"与否的意味。这在朱、陆二人对待经典的态度和方式上也能充分体现说明,

---

① 〔明〕陈建:《学蔀通辨·前编》卷中,第129—130页。
② 《朱子全书·晦庵先生朱文公文集》,卷四十四。
③ 《朱子全书·晦庵先生朱文公文集》,卷四十三。
④ 《朱子全书·晦庵先生朱文公文集》,卷三十四。

朱子倾一生心力结撰相对其他著述篇幅并不是很长的《四书章句集注》，经由揭示原典精神底蕴而致学达本；反之，陆子则无一部经学著述之作，轻视文字工夫以"六经注我"式生命践履而直指学苟知本。

简言之，朱子与陆子虽皆遵从"尊德性""道问学"之条目，但二人于此认识大不同。关于这一点前节已论及，再略分疏之。陆以尊德性即是存心、明心，是认识真理的根本途径，道问学只是起到一种辅助巩固的作用；意即经由切己观省而证得真我之"心即理"，并非是外在于主体之认知对象，语言文字以及概念的推演并不能寻得此心之理，其作用仅是于自证得后做相应之描述和阐发。质言之，陆九渊讲"心即理"直就道德本能而升格至道德本体，心不作上下、体用之分，直就"大本"处直接体知和践履，工夫简明易捷而疏于积渐转进。在朱熹看来，尊德性一方面要以主敬养得心地清明，以为致知提供一个主体的条件；另一方面对致知的结果加以涵泳，所谓"涵泳于所已知"（《中庸》）。朱子之主敬工夫贯通于"涵养、致知"二径，使二者如车之两轮、鸟之两翼，内外兼顾而以免陷于癫狂粗率之流弊。质言之，朱熹讲"性即理"，合宇宙本体与道德本体于一统，既重道德本心之理性自觉，亦重经验之心的知觉，于本来性与现实性的乖离处用功，故而于心有体用、上下之别，工夫严密质实而疏于明快易简。因而，尽管朱、陆二人在交游中于"尊德性""道问学"皆各自有所适当之修正，然亦皆是在己学范围内所做的调整，并未在为学方式之根本上达到同一。所以仅能说二人为学有相通之处，但不能以"同"言之；故而，陈建所谓的"疑、信"也仅是在相通与否层面上论说，这无法达到其为二学在学理上立"早同晚异"说之目的。

基于上述，再看朱子时常所论"去短集长"或时常称道陆学之善皆是有针对性而发，并非意味着朱子有"私嗜象山"之意。从上所引诸书信及朱子这一阶段活动前后之贯通上来看，朱子对陆学批评眼光并没有变化，但也未竭力去争论是非曲直，更多的是从理学全局角度出发来避免内部矛盾的扩大化。反之，陆子虽亦有所调整但始终持守己学而未有所放弃。故而，这一阶段朱子之书信多是劝学者或各学派弟子要兼采两家之长而避其所短，这也仅是就相通处做一调和，深层的目的自然更多是冀望他学能于"移步"之际而终得"转身"。诚如，淳熙十二年乙巳朱子（五十六岁）《答周叔谨书》中说，"进来吕陆门人互相排斥，此由各徇所见之偏而不能以公天之心以观天下之理，甚觉不满人意。……熹近日已觉向来说话有太支离处，反身以求，正坐自己用功亦未切耳。因此减去文字工夫，觉得闲中气象甚适,每劝学者亦且看《孟子》道性善、求放心两章,着实体察收拾为要"①。朱子不仅力戒诸学所见之偏,且以身作则而能勇力正视己学短长而反省之;但朱子这般调和亦是有限度的,在为学根本路径上仍是力批陆学之非。譬如,淳熙八年辛丑朱子《答吕伯恭书》就已有所讲明:"子静旧日规模终在,其论为学之病多说'如此即只是意见','如此即只是议论','如此即只是定本'。熹因与说:'既是思索却不容无意见,既是讲学却不容议论,统论为学规模亦岂容无定本。但随人之材质病痛而救药之,即不可有定本耳',渠却云:'正为多是邪意见、闲议论,故为学者之病。'熹云:'如此即是自家呵斥亦过分了,须着邪字闲字方始分明,不教人作禅会耳。又教人恐须先立定本,却就上面整顿,方始说得无定本底道理,今如此一概挥斥,其不为禅学者几希矣。'渠虽唯唯,然终亦无竟穷也。"②观此书,朱子对读书讲论所引发的所谓"议论""定本"的辩证看法是比较客观和科学的,这亦是读书讲学不可能不出现和面对的问题;"邪意见""闲议论"讲明方不会被臆作禅会,"定本"亦随人之材质病痛而救药之即是"无定本"。朱子如此之论恰是说明了陆子讲学虽有"移步"而终未"转身",二人在为学工夫之本质基点上亦确然存在着根本差异。此时之朱子持守自己为学进路且尚未直斥陆学之非,其"去短集长",对陆学既非"疑信相半",更非"私嗜象山",陈建所言所论并不符合事实。而通过此一阶段论学言论亦能说明,朱、陆二学原非如陈建所言的"早同"。

这里既然提到了"定本"一说,现就陈建对王阳明"定本"之辨略作分析。据前引朱子《答吕伯恭书》中文意推演,书中所谓"定本"当为圈定或修订书册而使学者有所依本言之。陆子本不重视书册,故有"如此只是定本"之讥;朱子则重视经训并重贯通,而有相对"定本"以进学致知之说。王阳明编《朱子晚年定论》首篇引宋光宗绍熙二年辛亥朱子(六十二岁)《答黄直卿书》云:"为学直是先要立本,文义却可且与说出正意,令其宽心玩味,未可便令考校同异,研究纤密,恐其意思促迫,难得长进,将来见得大意,略举一二节目,渐次理会,盖未晚也。此是向来定本之误,今幸见得,却烦勇革,不可苟避讥笑,却误人也。"③陈建指出王阳明编定其为首篇,是为

---

① 《朱子全书·晦庵先生朱文公文集》,卷五十四。陈来认为此书似作于癸卯至乙巳之间,见《朱子书信编年考证》第241页。
② 《朱子全书·晦庵先生朱文公文集》,卷三十四。
③ 《朱子续文集》卷一。另见:王阳明:《王阳明全集》卷三,《朱子晚年定论》,第145—146页。

序文张本；即指阳明于《定论》序文中言，朱子"晚岁固已大悟旧说之非，痛悔极艾，至以为自诳诳人之罪，不可胜赎。世之所传《集注》《或问》之类，乃其中年未定之说，自咎以为旧本之误，思改正而未及"①。陈建指出王阳明意在朱子所言"向来定本之误"即其"自咎以为旧本之误"，亦即专就朱子著书而论以作为其晚年悔《集注》诸书之证；实则朱子此书旨在论教人之事，说教人有定本。②陈建所辨确然至当，王阳明引此书作为朱、陆"晚同"实则大误，曲意弥缝之意至为明显，盖朱子此书正在说教人当有"定本"。朱子所言"为学直是先要立本"即是要"定本"，此"定本"即是不苟避讥笑、勇革"向来定本之误"以免误人；朱子此般反省"向来定本之误"以及"有定本、无定本"之辩证关系仍是在己学范围内的调整，且在鹅湖会后与张拭的书信中就有体现。前引淳熙二年乙未朱子（四十六岁）《答张敬夫书》（"熹穷居如昨"）中，有朱子对向来将经注"惟屋下架屋"作成两项工夫而求一贯之反省，有致力修订《集注》本之宏意，更有批评陆学尽废讲学、自信太过（悟得本心）之语；观此两书，虽相隔时间颇久但取意相近，恰能说明朱、陆为学工夫本质上终不同，朱子对己学工夫之反省而能达至精微纯熟不可避免有受他学刺激之因素，但后学中人若将此自我调适、反省视作倾向于或者同于陆学则大非。

陈建进而指出，自宋孝宗淳熙十三年丙午（1186）、十四年丁未，朱子（五十七八岁）以后则与象山鲜复称其善，而专斥其非，绝口不复为集长之说。他认为朱、陆二家冰炭，实始于此。主要依据是：

> 淳熙十三年丙午：
> 朱子《答程正思书》云："所论皆正当确实，而卫道之意又甚严，深慰！深慰！祝汀州见责之意，敢不承敬。盖源旧日曾学禅宗，故于彼说虽知其非，而未免有私嗜之意，亦是被渠说得遮前掩后，未尽见其底蕴，譬如杨、墨，但能知其为我兼爱，而不知其至于无父无君，虽知其无父无君，亦不知其便是禽兽也。去冬，因其徒来此，狂妄凶狠，手足尽露，自此乃始显然鸣鼓攻之，不复为前日之唯阿矣。"
> 朱子《答赵几道书》云："所论时学之弊甚善，但所谓冷淡生活者，亦恐反迟而祸大耳。孟子所以舍申、商而据杨、墨者，为此也。向来正

---

① 〔明〕王守仁：《王阳明全集》卷三，《朱子晚年定论》，第144—145页。
② 〔明〕陈建：《学蔀通辨·前编》卷中，第126—127页。

以吾党孤弱,不欲于中自为矛盾,亦厌缴竞辩若可羞者,故一切容忍,不能极论。近乃深觉其弊,全然不曾略见天理仿佛,一味只将私意东作西捺,做出许多诐淫邪遁之说。又且空腹高心,妄自尊大,俯视圣贤,蔑弃礼法,只此一节,尤为学者心术之害。故不免直截与之说破,渠辈家计已成,决不肯舍。然此说既明,庶几后来者免坠邪见坑中,亦是一事耳。"①

陈建据上书以及朱子《答刘公度书》("建昌士子过此者多")②,认为朱子"显然鸣鼓攻之""直截与之说破"而至朱、陆二家冰炭,实始于此。建昌,即傅子渊,陆子颇为称道的高足;陈建还以朱子于淳熙十二年乙巳(七月,见王懋竑《朱子年谱》③)深辟傅子渊为据作为朱、陆二家冰炭之起端④。清人王懋竑考傅子渊之见朱子,在乙巳冬,丙午朱子《答陆子书》("昨闻尝有丐外之请"⑤)又力攻子渊,因而于《朱子年谱》淳熙十二年乙巳朱子五十六岁条下设"辨陆学之非"之目,⑥似有认定朱子自乙巳开始直截鸣鼓攻陆之意。陈建认为朱、陆冰炭发端于乙巳,激化于丙午、丁未,之后则显然力排陆学之非。诚如,陈建有引淳熙十四年丁未朱子《答陆子书》云:"税驾已久,诸况益佳。学徒四来,所以及人者在此而不在彼矣。区区所忧,一种轻为高论,妄生内外精粗之别,以良心日用,分为两截,谓圣贤之言不必尽信,而容貌词气之间,不必深查者。此其为说乖戾狠悖,大为吾道之害,不待他时末流之弊矣。此事不比寻常小小文义异同,恨相去远,无由面论,

---

① 〔明〕陈建:《学蔀通辨·前编》卷中,第132页。另,《朱子全书·晦庵先生朱文公文集》卷五十、五十四。
② 〔明〕陈建:《学蔀通辨·前编》卷中,第132页。另,《朱子全书·晦庵先生朱文公文集》卷五十三,书云:"建昌士子过此者多,方究得彼中道理,端的是异端误人不少。"是书作于淳熙十三年丙午,陈来《朱子书信编年考证》亦作如是断,第255页。
③ 〔清〕王懋竑:《朱子年谱考异》卷三,见吴长庚主编,《朱陆学术考辨五种》,第923页。
④ 〔明〕陈建:《学蔀通辨·前编》卷中,第130页。朱子《答刘子澄书》("诸після今岁都修得一过"):"近日,建昌说得地,撑眉努眼,百怪具出,甚可忧惧。渠亦本是好意,但不合只以私意为主,更不讲学涵养,只做得如此狂妄。世俗滔滔,无话可说,有志于学者,又为此说引去,真吾道之不幸也。"《朱子全书·晦庵先生朱文公文集》卷三十五。
⑤ 〔明〕陈建:《学蔀通辨·前编》卷中,第131页。另,《朱子全书·晦庵先生朱文公文集》卷三十六,有曰:"子渊去冬相见,气质刚毅,极不易得。但其偏处,亦甚害事,虽尝苦口,恐未必以为然。道理虽极精微,然初不在耳目闻见之外,是非黑白,只在面前,此而不察,乃欲别求玄妙于意虑之表,亦已误矣。"
⑥ 〔清〕王懋竑:《朱子年谱考异》卷三,见吴长庚主编,《朱陆学术考辨五种》,第923、924页。

徒增耿耿耳。"①陈建认为朱子此论是其晚年攻陆切要之言,与前引答程正思、赵几道书意思相近,皆为朱、陆冰炭之确证;至于程敏政、王阳明编其为朱、陆早年冰炭("早异"),抑或删选其言为朱子晚年定说,其说之谬不论则已显见。

陈建对朱、陆论学激化过程此问题颇为重视,其考述亦大致切近实际状况。今经陈来考辨,指出朱熹对陆学的认识从"虽知其非"而"未尽见其底蕴"到"深觉其弊",从而对陆学的态度经历了一个先是兼取两长,勿相诋訾,而后直截与之说破,显然鸣鼓攻之的变化过程。② 陈来认为前引朱子答程正思、赵几道两书必作于淳熙丁未十四年为近③,朱子对陆学直接说破而鸣鼓攻之是在丁未,另指出前引朱子丁未答陆子书之时间、内容与前两书相合,皆体现出朱子显为说破之意;故而,陈来认为,王懋竑《朱子年谱》以"辨陆学之非"系于乙巳实属未当;若云朱子以陆学为非正,则自乾道以来朱子之辨初未尝止;若云鸣鼓而击,显然说破在乙巳,则实误矣。④ 较陈建所论而言,考证则更为精详。此外,《宋明理学史》著者则认为朱、陆公开化的争论是从淳熙二年(1175)的"鹅湖之会"就开始了。⑤ 这是一"显而易见"的说法,尽管有其显而易见的客观实际性,但易妨碍从深层揭示朱、陆学术内在"不可无""不可合"之同异。实则朱、陆始终有同有异,而此"同异"体现在二学的不同论域的不同层面。陈建此论之所以有不妥处,是在预设朱、陆"早同晚异"立说前提下进行,尽管在一定程度上揭示了朱、陆学术的某些特点,但其谋求的结论亦模糊了二学的共性;且朱子辨陆学之非的基本立场,自乾道以来就没有改变过,只是态度上有个轻重缓急之变化过程而已。

在此过程中,陈建这种逐年编次辨析朱、陆早晚异同之法,一方面因门户之偏见而望文取义,不能从学理上细加辨析而有强造朱、陆"早同晚异"说之弊端;但另一方面又能历时考辨朱、陆为学进程而纠程敏政、王阳明颠倒早晚、断章取义之弊病。陈建指出王阳明断章取义,不惜删节书信内容而将朱子谦让之词作为其晚年定论。如淳熙二年十二月,朱子《答张敬夫

---

① 〔明〕陈建:《学蔀通辨·前编》卷下,第135页。《朱子全书·晦庵先生朱文公文集》卷三十六。
② 陈来:《朱子哲学研究》,第385页。
③ 陈来:《朱子书信编年考证》,第269页。
④ 陈来:《朱子书信编年考证》,第448页。关于陈来此论详参其著《朱子哲学研究》第二十六章"朱陆之争",第445—451页。此不赘述。
⑤ 侯外庐等:《宋明理学史》,第540页。

书》一书,王阳明只取朱子自谦之语而不提及朱子在信中批评陆氏兄弟的言论;陈建批评其为"权诈阴谋,不合用之于讲学"。①再者如,淳熙七年朱子《答林择之书》有"陆子寿兄弟,近日却肯向讲学上理会"之语,王阳明采为晚年定论;朱子《祭陆子寿文》有"道合志同,降心从善"之语,《道一编·序》首以证朱、陆晚同。陈建深感程、王其弊不独以早为晚,尤加子寿以遮盖象山也,蔀障多端,辨不能尽。②又如,陈建指出朱、陆辨"无极"岁(淳熙戊申十五年,时朱子五十九岁,陆子五十岁),载二家年谱并同,而《道一编》列于《鹅湖三诗》前,定为卷首,谓以著其异同之始,早年未定之论;王阳明之定论,则效尤附和,③其谬误是显而易见的。陈建还指出,"《道一编》犹并取二家言语,比较异同,阳明编《定论》,则单取朱子所自言,而不及象山一语;篁墩盖明以朱、陆为同,而阳明则变为阳朱而阴陆耳"④。尽管程、王二人编著之方法不同,但实质上都是,"娇假推援,阴谋取胜,皆是借朱子之言,以形朱子平日之非,以著象山之是,以显后学之当从"⑤。陈建特意分析了王阳明《定论》之手法极为高明、动机益甚隐晦,"虽取朱子之言,而实则主象山之说也,阳若取朱子,而实抑朱子也。此意盖以朱子初年不悟而疑象山,晚年乃悔而从象山,则朱子不如象山明也,则后学不可不早从象山明也。此其为谋甚工,为说甚巧。一则即朱子以攻朱子,一则借朱子以誉象山,一则挟朱子以令后学。正朱子所谓'离合出入之际,务在愚一世之耳目,而使之恬不觉悟以入于禅也。'呜呼!敝也久矣"⑥。这一揭示在形式上是很有道理和相当深刻的,实际情况亦如此。《定论》于明中叶后之王学兴盛时,影响很大以致"自此说既成,后人不复暇考,一切据信";至于《道一编》,"近年,各省试录,每有策问朱、陆者,皆全据《道一编》以答矣"⑦。于此足见其影响之深,不能不说亦有其弊端流布,陈建此辨固有其不能克服之痼疾,然亦有一定积极意义的。陈建对"早异晚同"说的批判,从佐证的时间考辨,论证的方法及其特点等的揭示和批判是相当深刻和有鉴取意义的;此外,陈建对这种失实和曲意断章做法的揭示和批评基本上亦符合事实,且在一定程度上有利于匡正学术规范和风气。

---

① 〔明〕陈建:《学蔀通辨·前编》卷中,第124页。
② 〔明〕陈建:《学蔀通辨·前编》卷中,第127页。
③ 〔明〕陈建:《学蔀通辨·前编》卷中,第139页。
④ 〔明〕陈建:《学蔀通辨·前编》卷下,第147页。
⑤ 〔明〕陈建:《学蔀通辨·前编》卷上,第121页。
⑥ 〔明〕陈建:《学蔀通辨·前编》卷上,第121页。
⑦ 〔明〕陈建:《学蔀通辨·前编》卷下,第139页。

三、晚年：朱、陆"晚异"

经由前述，亦可大略见得陈建所谓的朱、陆"早晚异同"之论，旨归要证得朱、陆二学"晚异"。陈建指出，"朱、陆晚年冰炭之甚，而象山既殁之后，朱子所以排之者尤明"①。作为儒家内部的分化，尽管对一些核心范畴的厘定仍存在精微差异，但朱、陆学术对立的根源不在本体问题以及宗旨价值取向上，主要体现在方法论、人性论、伦理学诸表象层面上；朱、陆在这些方面之异是始终存在的，也是学术争鸣中至为重要的，有关此方面之研究论著颇多，兹不再详细论述。在这个层面上，陈建所谓的朱、陆晚年冰炭之甚，以及朱子排陆尤明的判断基本是符合事实的，毋庸赘言。这里主要强调的是，陈建持朱、陆"晚异"，是站在捍卫朱学的立场上，"以吁考亭之冤，申儒释之辨，明朱、陆之实"②，将朱、陆之辨等同于儒释之辨，即将陆、王心学视之为不单异于朱子而且异于圣贤之学，在本质上将其定为是"专务养神一路"而溺陷于佛禅之学；佛禅于朱、陆皆有影响，朱、陆之同异亦是共在，然陈建以儒释之别论朱、陆之异则不恰当。对于陈建视陆、王为"释老"之学及其儒释之辨待后论，此处就其朱、陆"晚异"所辨涉及的几个点择其一二略做分疏。

首先，讨论下"荆公祠记"之辨。淳熙十五年戊申，陆子作《荆国王文公祠堂记》。朱子《答刘公度书》中言，"近日亦为异论渐染，自私自利，作此见解邪？临川（王安石）近说愈肆，《荆舒祠记》曾见之否？此等议论皆是学问偏枯，见识昏昧之故，私意又从而激之"③。陈建认为，王安石为相，首变法度，引用凶邪，实一人可以丧邦；而其"三不足"之说，则又一言可以丧邦者。④ 进而继朱子批评陆子之所以盛称王安石，是曲为庇乡人之计，亦为其"晚异"立论。陈建引陆子之说，见《荆国王文公祠堂记》：

> 公英特迈往，不屑于流俗，声色利达之习，介然无毫毛得以入于其心，洁白之操，寒于冰霜，公之质也。扫俗学之凡陋，振弊法之因循，道术必为孔孟，勋绩必为伊周，公之志也。不蕲人之知，而声光烨奕，一

---

① 〔明〕陈建：《学蔀通辨·前编》卷中，第135页。
② 〔明〕陈建：《学蔀通辨·前编》卷下，第149页。
③ 《朱子全书·晦庵先生朱文公文集》卷五十三，宋孝宗淳熙十五年戊申，《答刘公度》（"所喻世岂能人人同己"）。
④ 〔明〕陈建：《学蔀通辨·前编》卷下，第136—137页。

时巨公名贤为之左次,公之得此,岂偶然哉?用逢其时,君不世出,学焉而后臣之,无愧成汤高宗。君或致疑,谢病求去,君为责躬,始复视事,公之得君,可谓专矣。新法之议,举朝謹哗,行之未几,天下汹汹,公方秉执《周礼》精白言之,自信所学,确乎不疑。君子力争,继之以去,小人投机,密赞其决,忠朴屏伏,憸狡得志,曾不为悟,公之蔽也。熙宁排公者,大抵极诋訾之言,而不折之以至理,平者未一二,而激者居八九。上不足以取信于裕陵,下不足以解公之蔽,反以固其意,成其事,新法之罪,诸君子固分之矣。公以盖世之英,绝俗之操,山川炳灵,殆不世有。其庙貌弗严,邦人无所致敬,郡侯钱公慨然撤而新之,以时祠焉,余窃所敬叹。①

程敏政指此为朱、陆初年冰炭,显而易见为颠倒早晚,此误毋庸置疑;然陈建据此片段之言而论朱、陆"晚异",亦是局限于表象之争而未触及二学内里。朱子批评陆子,是基于自认王安石之变革乃急功近利,其失败之根由在于本末倒置;故而,一概视陆子于王安石之赏识、敬颂为见识昏昧、学问偏枯。其实不然,朱、陆二人尽管对王安石之评价态度在某些层面有别,但在根本认识上还是一致的。上引陆子所作《荆公祠记》片段中,已见陆子对王安石的评价相对客观、公允,且多肯定之辞;但考较陆子该记全文意及相关言论,可知陆子对王安石之失败认识和朱子是完全一致的。陆子在《与薛向先书》中言及,"荆公之学,未得其正,而才宏志笃,适足以败天下"②。陆子所谓王安石之学未得其正,此在《荆国王文公祠堂记》文中亦有详论,兹检录如下:

> 为政在人,取人以身,修身以道,修道以仁。仁,人心也,人者,政之本也,身者,人之本也,心者,身之本也,不造其本而从事其末,末不可得而治矣。大学不传,古道榛塞,其来已久,随世而就功名者,渊源又类出于老氏。世之君子,天常之厚,师尊载籍以辅其质者,行于天下,随其分量,有所补益,然而不究其义,不能大有所为,其于当时之弊,有不能正,则依违其间,稍加润饰,以幸无祸。公方耻斯世不为唐

---

① 〔明〕陈建:《学蔀通辨·前编》卷下,第135—146页。另,陆九渊,《陆九渊集》卷十九,《荆国王文公祠堂记》,第231—234页。

② 〔宋〕陆九渊:《陆九渊集》卷十三,《与薛向先书》,第176—177页。

虞,其肯安于是乎。蔽于其末而不究其义,世之君子未始不与公同,而犯害则异者,彼依违其间,而公取必焉故也。

(注:此为陈建所未录)

陆子认为王安石之败亦在于舍本逐末,一味于"外王"之急功近利,而于"内圣"之根基未造,故而"不造其本而从事其末,末不可得而治"必在所难免。视"内圣"之教为"外王"治道之根本,是理学家之共识。朱子亦认为,"荆公之所以差者,以其见道理不透彻"①,即"天下万事有大根本,而每事之中又各有要切处。所谓大根本者,固无出于人主之心术,而所谓要切处者,则必大本既立,然后可推而见也。如论任贤相、杜私门,则立政之要也;择良吏、轻赋役,则养民之要也。公选将帅,不由近习,则治军之要也。乐闻警戒,不喜道谀,则听言用人之要也。推此数端,余皆可见。然未有大本不立而可以与此者。此古之欲平天下者所以汲汲于正心诚意以立其本也"②。在朱子看来,王安石之败即在于"内圣"之学不立;故而,批评王安石之所谓《周礼》是取其附于己意而非真有意于古者,是"大本不正,名是实非,先后之宜又皆倒置","独有得于刑名度数,而道德性命则为有所不足,是不知其于此既有不足,则于彼也,亦将何自而得其正耶?"③ 观朱、陆二人对王安石之失之本所论如出一辙,故陈建取"荆公祠记"此辨为其"晚异"立说亦是断章取义而失之偏颇,此正说明朱、陆之间的"同异"自始终共在。关于前论,亦可参看余英时在其《朱熹的历史世界》一书中经由朱、陆对王安石失败之辨而论其从"内圣"转出"外王"之同一性。④

其次,略述"曾点'舞雩'"之辨。兹录陈建所据⑤大略如下:

> 陆子尝以李白、杜甫、陶渊明皆有志于吾道,以伊川之言奚为与孔子、孟子之言不类。陆子论人,专尚曾点,以"咏归舞雩,自是吾夫子家

---

① 《朱子语类》卷一三〇,《本朝四》。
② 《朱子全书·晦庵先生朱文公文集》卷二十五,《答张敬夫》("奏草已得,窃观所论")。
③ 《朱子全书·晦庵先生朱文公文集》卷七十,《读两陈谏议遗墨》。
④ 余英时:《朱熹的历史世界》,北京:生活 读书 新知三联书店,2011,第407—421页。余英时认为,王安石变法本于经学,而不是理学;当时理学基本纲领虽已建立,但尚未进入政治文化的主流之中。理学在南宋的政治文化中正式取代了北宋经学的地位,理学的直接目的虽在于成就个人的"内圣",但"内圣"的最重要的集体功用是为了实现"外王"的事业。朱陆二人通过对王安石之败的批评,在"治道必本于正心、修身"这一点上是完全一致的。
⑤ 〔明〕陈建:《学蔀通辨·前编》卷下,第137—138页。

风",类于曾点者,即以为通疏而取之;与曾点不类者,即以为蔽锢而不之取。又陆子以"'持敬'字乃后来杜撰"①,王阳明讥朱子主敬为"缀"、"画蛇添足"而谓"点也虽狂,得我情"②。而朱子谓,"学者当循下学上达之序,庶几不错,若一向先求曾点见解,未有不入于老、佛也"③。

陈建以此按,"曾点见得大意,而行不掩,卒终于狂。学者如何可学曾点之狂,流为庄周,庄周之变,遂为禅学矣"④。陈建所论自始皆承接朱子之说,但较之朱子,陈建则视陆、王之学即是"阳儒阴释"之禅学,并溯及其原乃经由假庄、列以饰佛,以至假儒书以饰佛,进而阳儒阴释之风渐兴(此论待后详述之)。尽管朱子在前书批评了曾点不可学,但亦是在认同其人格境界前提下之批评。诚如,同前引《答欧阳希逊》书中朱子谓,"尧舜之圣,只是一个循天理而已。点虽是见处如此,却无精微缜密工夫"。朱子肯定了曾点循天理下超然自得之道德理境,批评的是其缺乏"戒慎恐惧"、谨严笃实之为学工夫。陆子专尚曾点而视"持敬"为杜撰,亦在前引其《与曾宅之》书中有所指而论及,即"'存诚'字于古有考,'持敬'字乃后来杜撰。只'存'一字,自可使人明得此理。此理本于天所以与我,非由外铄。明得此理,即是主宰。真能为主,则外物不能移,邪说不能惑。所病于吾友者,正谓此理不明,内无所主;一向萦绊于浮论虚说,终日只依藉外说以为主,天之所与我者以为客。主客倒置,迷而不返,惑而不解"。朱、陆二人为学工夫迥异,"持"者贯通内外,"存"者即内即外,二字已见分晓。王阳明所谓朱子"敬"字是"缀",是因为他认为朱子将"居敬穷理"分作了两事。王阳明在答弟子梁日孚问"敬,只是主一,如何主一"中指出,"一者天理,主一是一心在天理上。若只知主一,不知一即是理,有事时便是逐物,无事时便是着空。惟其有事无事,一心皆在天理上用功,所以居敬亦即是穷理。就

---

① 〔宋〕陆九渊:《陆九渊集》卷一,《与曾宅之》,第3页。
② 〔明〕王守仁:《王阳明全集》,《年谱一》卷三十三,(刻古本《大学》)"格致本于诚意,原无缺传可补。以诚意为主,而为格物致知之功,故不必增一敬字。以良知指示至善之本体,故不必假于外闻"。第1381—1384页。又《外集二》卷二十,《月夜二首》("与诸生歌于天泉桥"之二)"处处中秋此月明,不知何处亦群英?须怜绝学经千载,莫负男儿过一生!影响尚疑朱仲晦,支离羞作郑康成。铿然舍瑟春风里,点也虽狂得我情"。第866页。
③ 《朱子全书·晦庵先生朱文公文集》卷六十一,《答欧阳希逊》("所示卷子已悉疏其后矣")。
④ 〔明〕陈建:《学蔀通辨·前编》卷下,第138页。

穷理专一处说,便谓之居敬;就居敬精密处说,便谓之穷理;却不是居敬了别有个心穷理,穷理时别有个心居敬:名虽不同,工夫只是一事"①。王阳明"居敬穷理"工夫只是一事,亦即其"致良知"之一说;概言之,此工夫近陆远朱而成一家之言。此外,详究之,王阳明之"点也虽狂得我情"之"狂者胸次"(即"洒落")亦是于天理常存下不断"戒慎恐惧"(即"敬畏")而来自的。于此,可参陈来一说,"在阳明看来,敬畏与洒落并不是各自独立的,洒落产生于常存天理,天理常存则来自不断的戒慎恐惧。因此,根本工夫仍是戒慎恐惧。戒慎恐惧的工夫愈详密,愈有助于洒落境界的实现"②。由此,在阳明而言,洒落境界是人心本然之体,亦是圣贤之理想境界,并不与"戒慎恐惧"(即主敬)之工夫矛盾且因其而成就之。较之朱子,王阳明因而有所谓"影响尚疑朱仲晦、点也虽狂得我情"之语。经前略论,陈建是论虽看到了朱、陆(王)在为学工夫上意见之不同,在一定程度上可以为其"晚异"立论,但截然以儒释判教而论陆、王则体现出其"通辨"的理论缺乏和偏颇,因而终不能深及朱、陆之学"同异"的内核。

再者,略说"孟子'集义'"③之辨。陈建所引朱子辩"集义"而立朱、陆"晚异"之依据大略如下:

> 朱子《答项平父书》云:"孟子之意,须从上文看其意,盖曰'此气乃集义而自生于中,非行义而袭取之于外'云尔,非谓义不是外袭也。"④朱子曰:"'告子只是将义屏除去,只就心上理会',因举陆子静云:'读书讲求义理,正是告子义外工夫',某曰不然。如子静不读书,不求义理,只静坐澄心,却是告子外义。"朱子曰:"告子此说,固不是。然近年有破其说者,又更不是。谓义专在内,只发于我之先见者,便是,如夏日饮水,冬日饮汤之类是已。若在外面商量,如此便不是义,乃是义袭。其说如此,乃与佛氏不得拟议,不得思量,当下便是之说相似,此大害理。"朱子因与万正淳论"集义"云:"谓如人心,知此义理,行之得宜,固自内发。人性质不同,或有鲁钝,一时见未到得,别人说

---

① 〔明〕王守仁:《王阳明全集》卷一,《语录一·传习录上》,第38页。
② 陈来:《朱子研究》,第278页。
③ 〔宋〕朱熹:《四书章句集注》,北京:中华书局,1983,第231—232页。(孟子"集义"说原文择录,"其为气也,配义与道;无是,馁也。是集义所生者,非义袭而取之也。行有不慊于心,则馁也。我故曰,告子未尝知义,以其外之也。必有事焉,而勿正;心勿忘,勿助长也"。)
④ 《朱子全书·晦庵先生朱文公文集》卷五十四,朱子《答项平父》("所喻已悉")。

出来反之于心,见得为是而行之,是亦内也。今陆氏只要自渠心里见得底方谓之内,若别人说底一句也不是,才自别人说出,便指为义外。如是乃告子之说。"(并《朱子语类》)①

经由上述朱子之论可概判,朱、陆二人在根本上都反对告子"义外"之说,都认同"义内"之义。诚如,朱子有言,"集义"犹言积善,盖欲事事皆合于义也②;陆子亦有言,"集义"只是积善,若行事不当于心,如何得浩然?③因而,朱、陆二人所不同者,在于"集义"之方式方法,即仍在二人为学的工夫论上。朱子"行义而袭取之于外"与"非谓义不是外袭"之分析不谓不当,在朱子看来,"义"虽在内但人有"性质"不同,故而"外袭"而反之于心亦是内;朱子更多是看到了人性(即"气质之性")之现实性和复杂性,因而重视后天的学习和积累,但这种"外袭"是否"合义"仍取诸于"心见得与否"。此一"集义"之进路可简言为,下学而上达,他律而自律。但在陆子而言,其本诸"心之体甚大,若能尽我之心,便与天同。为学只是理会此'诚者自成也,而道自道也'"④,认为孟子出于子思,则是涵养成就者,故曰'是集义所生者',集义只是积善。因而,陆子亦批评告子"不得于言,勿求于心"是外面硬把捉的;陆子强调的是心之"自立","集义"便是涵养此心此理,便是诚者自成而道自道的。较之朱子重视人性之现实性而言,陆子则重在人性先验性之道德自律,是从"集义"之究竟义上而言的。陆子之说形式上与佛氏"当下便是"有相似处,但其非告子屏除义于外而"不动心",亦显然不同于佛氏"观空"之"不动心",实则朱、陆二人在"义内"(人之本有的德性价值)为"实理"之根本性的认识上是共通的。至于朱子视陆子"义专在内,只发于我之先见者"之"集义"近似佛氏而实是告子之说则误。由上已可略知陆子深谙孟子、告子之别,此亦与王阳明对此一问题之认识相通,二人皆主"集义"之"涵养"说。谨引王阳明之说旁证之,王阳明指出,"孟子不动心与告子不动心所异只在毫厘间,告子只在不动心上着功,孟子便直从心源发动处分晓。心之本体原是不动的,只为所行有不合义便动了。孟子不论心之动与不动,只是集义,所行无不是义,此心自然无可动处。告子只是此心不动,便是把捉此心,将他生生不息之心反阻挠了,

---

① 〔明〕陈建:《学蔀通辨·前编》卷下,第144—145页。
② 〔宋〕朱熹:《四书章句集注》,《孟子集注》卷三,第232页。
③ 〔宋〕陆九渊:《陆九渊集》卷三十五,《语录下》,第445页。
④ 〔宋〕陆九渊:《陆九渊集》卷三十五,《语录下》,第444页。

此非徒无益而又害之。孟子集义工夫自是养得充满,并无馁歉,自是纵横自在,活泼泼地,此便是浩然之气"①。王阳明"集义"之论,关注了心(良知)之本体与工夫的统一,所谓"集义工夫自是养得充满",既有表现为从"不动心"(本体:先天的道德本原)走向现实的德性(工夫:集义),亦有意味着化本原之良知为对良知的自觉意识,而非仅仅限于把捉"不动心"此一自在的形态。经由上述之辨,可见陈建征引朱子批评陆子于"集义"之言而定朱、陆"晚异"说实难成立,其因预设之"晚异"而立异之偏颇及意气之情势亦是显而易见的。

除却前述三个阶段之辨,陈建亦从整体上指出,"朱子之学,有二关焉、有三节焉、有三实焉"②。结合上述,据此分疏亦可见得陈建所辨得失。所谓"二关",一是"逃禅返正关",一是"朱、陆始同终异关";所谓"三节",即指朱子早年驰心于禅学,中年私嗜于象山,晚年并排禅陆而一意正学;所谓"三实",则是指朱子晚年排禅、排陆,明正学之实。这一说法只是一种基于表象上的笼统说法,实不恰当,更主要的是有不实之处。说朱子早年"逃禅返正"自是无疑,说朱、陆"始同"则不实,前面已述及。至于说"中年私嗜于象山,晚岁始觉其弊",则大误。事实上,朱子在未见象山之前,就已从为学趋向上断其为倾向于禅,故鹅湖之会双方都未改变自己的立场,三四天后不欢而散。对于朱子之学的演进考究学界多有论及,基本上趋于定说。认为自宋孝宗乾道己丑五年(1169)至乾道壬辰八年,朱子(四十岁至四十三岁)朱熹心性哲学的体系已全面形成并日趋成熟,他的心为知觉、心具众理、人心道心说及主敬穷理、涵养进学的方法的确立使他与稍后的陆学从根本上区别开来。③至于"三实"说定之于朱子晚岁则亦不属实,上节已提及朱子自见延平后两年至四十岁之前已经对释道有了清楚的判析而力排之,与陆学在诸层面始终有别而力辨之。

陈建立朱、陆"早同晚异"说旨在破程敏政、王阳明诸人之"早异晚同"说。较之程、王,陈建逐年编次、详加考证,尽管无程、王颠倒早晚、曲意弥缝之失,但其为朱、陆"早同晚异"之立说而论,亦有断章取义、不究内里之偏。陈建自始视陆(王)学为禅,尽管在逐年编次的考述中于一定程度上揭示了朱、陆之间的异同,但其"有我"之辨多流于意气而不能深究朱、陆

---

① 〔明〕王守仁:《王阳明全集》卷三,《语录三·传习录下》,第121页。
② 〔明〕陈建:《学蔀通辨·前编》卷中,第134页。
③ 参看陈来:《朱子哲学研究》,第350页。

二学本"不可无""不可合"之同异，此亦反映在其除却上述从"为学历程"辨朱、陆异同外之"义理之辨"上。

第三节 附 论

明代初至中期理学的发展与陈建"朱陆异同"问题

朱熹、陆九渊之学，确然是一千古"不可合"亦"不可无"之学；朱、陆之学，并秀平流，各得儒学之一端。朱、陆二人在世之时，二学虽时有往复之明辨攻讦，但皆能相对克己调停之。然南宋以后，理学在整体上则多处于"朱陆之分"的态势中。元代理学总体特征是"宗朱兼陆"，抑或"和会朱陆"，使得陆学在作为官学之朱学的发展中相随传延。朱、陆二学在显隐但并流的发展中使得二者之间"不可合"的问题亦愈加凸显，进而朱陆异同之辨在各个层面亦被"牛毛茧丝，无不辨析"之。有明一代理学盛于前代，争流竞秀，儒者争辩亦最多，前期是朱子学复兴及其发展的时代，自中期始则无疑是以王阳明及其学派为代表之心学的发展时代。陈建《学蔀通辨》揭橥"朱陆异同"问题之考辨正是应明初以来朱子学复兴而王阳明之学兴起且有大行其道之时的大背景下展开的。

前面章节中亦对"朱陆异同"问题演变已大略论及。元代学者吴澄主张"朱陆二师之为教一也"，"以心而学"于朱陆同然，是极有影响的"和会朱陆"的代表人物；至明初有宋濂"调和"朱陆，有吴与弼"兼采"朱陆之长，亦有诸学者于阐发己学中多有讨论朱陆二学之异同。此亦能说明朱陆二学"不可无""不可合"之同异问题自始则成为理学发展中一不得不应对的论域。明初以来以朱陆"早异晚同"和会之说颇有影响，诸如程敏政的《道一编》；尤其是王阳明的《朱子晚年定论》，在"范围朱、陆而进退之"中谋求己学之发展，其影响更甚。陈建《学蔀通辨》正是针对理学发展处于此种转势而对"朱陆异同"问题予以通辨之。

不意近世一种造为早晚之说，乃谓朱子初年所见未定，误疑象山，而晚年始悔悟，而与象山合。其说盖萌于赵东山之《对江右六君子策》，而成于程篁墩之《道一编》，至近日王阳明因之又集为《朱子晚年定论》，自此说既成，后人不复眼考，一切据信，而不知其颠倒早晚、矫诬朱子以弥缝陆学也。其为蛊益以甚矣。①

陈建《学蔀通辨》所论辩不仅限于梳理和讨论朱陆二学异同问题,核心是针对整个"心学"运动的批判,包括陆九渊、陈白沙,尤为是王阳明;陈建正是深切看到了王阳明之学由朱子学转而别立宗旨,显与朱子背驰,"忧道统将移,学脉日紊,乃发愤著《学蔀通辨》,以破王氏所编《朱子晚年定论》"②。在这个意义上来说,陈建《学蔀通辨》虽多是就"朱陆异同"问题展开,旨在辩明陆学之非,实则是重在辩明王学之非之误。陈建作此通辨,也是基于对明初以降之理学发展及其趋势有着较为清楚的认识。

> 愚尝因杨方震所录《理学名臣》而并论之,我朝理学之士,薛文清瑄、陈克庵选为最,胡敬斋居仁、罗一峰伦、章枫山懋亚之。盖一峰、枫山偏于退隐为高矣!陈白沙献章只一味禅会,庄定山昶只是一个诗人,与黄未轩仲昭言行皆未见灼灼。定山晚年出处一节,虽白沙亦讥之。陈剩夫只是一个狷介之士,其学识比胡敬斋犹未及。邹吉士智,忠鲠名臣,不必厕于道学。余非末学所敢议矣!杨方震录所遗,前有曹月川端,后有何椒丘乔新、邵二泉宝、罗整庵钦顺,皆当续入。③

陈建恪守程朱理学宗旨,"愚尝窃论之,三代而下,人物而至于程朱,亦可以无讥矣;讲学而至于程朱,亦可以无议矣。其言亦尽精尽密、尽美尽备矣,今之学者所急惟一行字耳。诚能实循其言,亦足以造道而成德矣"④。依此,陈建推崇薛瑄、陈选(刘宗周亦肯认陈建推许陈选,"《通纪》评理学未必尽当,而推许老先生也至矣"⑤。),肯定胡居仁为学之正("近年乃得余干胡敬斋所为《居业录》,其言精确简当,亦粹然出于正者。《读书录》之外,所见惟此耳。"⑥),前后分别续入曹端、罗钦顺皆能体现其颇具理学思想史之眼光。陈建评定陈白沙只是一味禅会,尤为指出"近年一种学术议论,类渊源于老、佛,其失尤深而尤显也"⑦,所指即为王阳明之学。故而,陈建所

---

① 〔明〕陈建:《学蔀通辨·总序》。
② 〔清〕张夏:《雒闽源流录》(十九卷)卷九,清康熙二十一年黄昌衢彝叙堂刻本。
③ 〔明〕陈建:《皇明通纪》下,第 773 页。
④ 〔明〕陈建:《学蔀通辨·终编》,第 271 页。
⑤ 〔清〕黄宗羲:《明儒学案》,第 5 页。
⑥ 〔明〕陈建:《皇明通纪》,第 914 页。(《读书录》,明薛瑄所著。)
⑦ 〔明〕陈建:《学蔀通辨·续编》,第 237 页。

要力辨者有朱陆异同,更在陆王与禅,亦必然涉及儒释之别等。

明初以来株守朱学门户者,虽对朱子学有所修正,但大多皆"矩矱秩然"而注重于实际践履。《明史》载:"原夫明初诸儒,皆朱子门人之支流余裔,师承有自,矩矱秩然。曹端、胡居仁笃践履,谨绳墨,守儒先之正传,无敢改错。学术之分,则自陈献章、王守仁始。"[1]黄宗羲亦曾说:"有明儒者,不失其矩矱者亦多有之,而作圣之功,至先生(陈白沙)而始明,至文成(王阳明)而始大。"[2]自南宋陆九渊始,心学就一直在与朱子学派的论辩和冲突的关联中发展着。究实而论,心学本亦居儒学一端而有纠理学偏失之意义,有明一代亦是如此。明代学术之分,自陈白沙始,而于王阳明成其大,遂成有明一代理学思想之主流。考察明初宗奉朱子之学者确然多"矩矱秩然",如薛瑄曾言,"自考亭以还,斯道已大明,无烦著述,直须躬行耳"[3],至陈建亦如是说。明代心学伊始,有"明代初期的朱学之秀"[4]之称的胡居仁与陈白沙同门,批评陈白沙之学流于佛道并极力明辨儒释之别;至明中叶被称之为"朱学的后劲"的罗钦顺与王阳明同时代,修正朱子理本论而发展为气本论,亦对王阳明及整个心学给予强烈的批判。陈建通辨朱陆(王)及儒释之别多肯认并征引胡居仁、罗钦顺之说,但亦指出:

> 胡敬斋之《居业录》详于辨禅,而辨陆则略。于象山是非得失,尤多未究也。罗整庵、霍渭厓目击阳明之事,故所论著专攻陆学,其言切,其辨详矣。然象山养神底蕴,与夫近日颠倒早晚之弊,亦未暇究竟,观者犹未免有冤陆之疑也。[5]

前已提及,陈建肯认胡居仁《居业录》之学粹然纯正而与薛瑄《读书录》并称之,但认为胡居仁之功在于辨儒释而疏于辨陆学之非。陈建亦肯认罗钦顺《困知记》之学"深明性命之理,及古今学术、儒释、朱陆之辨"[6],但认为罗钦顺之论未能揭示陆学为禅之究竟及未暇辨及阳明《朱子晚年定论》颠倒朱子学早晚之弊。

---

[1] 〔清〕张廷玉:《明史》卷二百八十二,第7222页。
[2] 〔清〕黄宗羲:《明儒学案》,第80页。
[3] 〔清〕张廷玉:《明史》卷二百八十二,第7222页。
[4] 容肇祖:《明代思想史》,台北:台湾开明书店,1982,第23、183页。
[5] 〔明〕陈建:《学蔀通辨·终编》下,第280页。
[6] 〔明〕陈建:《皇明通纪》下,第1173页。

此处仅以胡居仁、罗钦顺为例略见陈建《学蔀通辨》所涉问题之时代论阈。实则,胡居仁虽疏于辨陆学之非,但对心学之属的陈白沙则予以极力批判;明代学术之分始自陈白沙,即明代心学运动肇始自陈白沙,胡居仁站在朱子学的立场上批判了白沙之学。胡居仁指出:

> 释氏是认精魂为性,专一守此,以此为超脱轮回。陈公甫说"物有尽而我无尽",亦是此意。程子言"至忙者无如禅客",又言"其如负版之虫,如抱石投河"。朱子谓其只是"作弄精神"。此真见他所造,只是如此模样。缘他当初,只是去习静坐、屏思虑,静久了,精神光彩,其中了无一物,遂以为真空。言道理,只有这个极玄极妙,天地万物都是这个做出来,得此,则天地万物虽坏,这物事不坏,幻身虽亡,此不亡,所以其妄愈甚。①

胡居仁认为陈白沙(字公甫)所谓"我无尽"之心体同于佛氏以精魂为性,只是"作弄精神",一如后来陈建批评陆九渊之学,即"养神一路,象山禅学之实"。这里所谓佛氏之"精魂"抑或"养神",无疑皆是就心之活动义上来讲的,自然与佛禅抑或心学之本体义上来讲旨趣相殊。因而,胡居仁极力反对陈白沙主静的修养方法。

> 陈公甫云:"静中养出端倪。"又云:"藏而后发。"是将此道理来安排作弄,都不是顺其自然。
> 陈公甫亦窥见些道理本原,因下面无循序工夫,故遂成见空。②

在胡居仁而言,陈白沙所能窥见些的道理是在安排中得来,亦意味着其所谓"静"实不静,无所操持,心无主宰,自然是作弄精神,亦意味其没有循序工夫加持,定入空无。故而,胡居仁指出:

> 陈公甫说"物有尽而我无尽",即释氏见性之说。他妄想出一个不生不灭底物事,在天地间,是我之真性,谓他人不能见、不能觉,我独能觉,故曰:"我大,物小,物有尽而我无尽。"殊不知物我一理,但有偏

---

① 〔清〕黄宗羲:《明儒学案》,第42页。
② 〔清〕黄宗羲:《明儒学案》,第35页。

正清浊之异。以形气论之,生必有死,始必有终,安得我独无尽哉！以理论之,则生生不穷,人与物皆然。①

在胡居仁而言,陈白沙所谓独能觉"我无尽"之真性即佛氏见性之说,是心之虚灵知觉作用活动,所见成空,意即其"我无尽"之真性实是"作弄精神"之妄想,自然相悖于生生不穷之实存之性理。胡居仁认为:"'有此理则有此气,气乃理之所为'是反说了。有此气则有此理,理乃气之所为。"②意即理气不二,理在气中,理即是气之所为;物我之一理亦即一阴阳,分殊论之有生死、始终,不二论之,则是生生不穷。

然则究实而论,陈白沙所谓"我无尽"之真性应是就"心体"之本然性而言的,也可从精神境界之体验上来讲,而就其实然性处看即是"惟在静坐。久之,然后见吾此心之体隐然呈露,常若有物",亦是教人"为学须从静中坐养出个端倪来,方有商量处"③。陈白沙所谓"我无尽"之心体能独觉,即是在静中隐然呈露而常若有物亦即是从静中坐养出个端倪来,自然于人伦日常中有了意识活动的主宰;实则在陈白沙而言,此"端倪"亦即"善端",亦即孟子所言的"四端",亦是从道德本心上立说。但在胡居仁看来,陈白沙主静的修养工夫屏绝思虑,专意静坐,多流于禅;故而,胡居仁指出:"今人屏绝思虑以求静,圣贤无此法,圣贤只是戒慎恐惧,自无许多邪思妄念。不求静,未尝不静也"④。胡居仁在修养工夫上秉持程朱之学,主张静中操持,即是静中须保持戒慎恐惧的意识活动,亦即是"主敬";诚如,胡居仁所谓:"不知操字是持守之意,即静时敬也。若无个操字,是中无主,悠悠茫茫,无所归著,若不外驰,定入空无。"⑤胡居仁认为"静"只是一种心体之状态,不是一种修养的方法,以"戒慎恐惧"之"操"存心未尝不静,这也是儒释之重要区别。陈白沙则是直就心体之本然处做工夫,只要有严明儒禅分际,主静正是儒者求道求理之基本进路。较之前述陈建《学蔀通辨》对陈白沙之批驳,显见胡居仁之说理论性、针对性更强,亦多能直接切中其经要处,陈建则实多受其影响,然仅简单以陈白沙一味禅会处理之。

陈建极为肯定罗钦顺理学成就,且其论学亦极为贴近罗钦顺。罗钦顺

---

① 〔清〕黄宗羲:《明儒学案》,第35页。
② 〔清〕黄宗羲:《明儒学案》,第35页。
③ 〔明〕陈献章:《陈献章全集》,《复赵提学佥宪一》,《与贺克恭黄门二》,第195、180页。
④ 〔清〕黄宗羲:《明儒学案》,第41页。
⑤ 〔清〕黄宗羲:《明儒学案》,第33页。

与王阳明同时代人,二人之间当时即有学术争辩。陈建称道罗钦顺详于辨陆学(亦包括王学),只是认为罗钦顺没有揭示陆学"养神一路"之本来面目,也没深究王阳明颠倒朱陆异同问题。这里就罗钦顺辨朱陆(王)方面尝作简述,亦作为考究陈建立说之参照。

　　罗钦顺与王阳明之间在"格物"问题上有着重要往来论辩。以下征引多出自罗钦顺《与王阳明书》①和王阳明《答罗整庵少宰书》②。罗钦顺认为,王阳明所谓"物者意之用也,格者正也,正其不正,以归于正也"以"正"训"格"是"格心"之论,是以反观内省为务而遗弃讲习讨论之功,困于"格物"一段工夫而沉溺于枯槁虚寂之偏。罗钦顺亦指出,王阳明所谓"物者意之用",即其"意在于事亲,即事亲是一物,意在于事君,即事君是一物,诸如此类,不妨说得行矣。有如川上之叹,鸢飞鱼跃之旨,试以吾意著于川之流,鸢之飞,鱼之跃,若之何正其不正,以归于正邪"③。在罗钦顺而言,王阳明之学工夫"居于内而遗其外",不能究物之理,自然心、物之理亦不能互通。就"格物"之论而言,罗钦顺认为"格物之格,正是通彻无间之意。盖工夫至到,则通彻无间,物即我,我即物,浑然一致,虽合字亦不必用矣"④。罗钦顺以"通彻无间"释"格",所谓"通彻无间"即工夫至到之处,也就是心之理、物之理互通不二;于此而言,罗钦顺所谓"通彻无间"之"格"实则是物格之境界,而非格物之工夫,也就是工夫至到的境界。诚如,罗钦顺所言,"是故察之于身,宜莫先于性情,即有见焉,推之于物而不通,非至理也;察之于物,固无分于鸟兽草木,即有见焉,反之于心而不合,非至理也。必灼然有见乎一致之妙,了无彼此之殊,而其分之殊者,自森然其不可乱,斯为格致之极功"⑤。在具体为学工夫上,罗钦顺是肯定程子九条和朱子的"格物"论,兹不赘述。故而,罗钦顺对王阳明之学的基本看法是,"局于内而遗其外",专事反观内省虽有补于俗学粗糙支离之功,但不尽物理人事则有流于禅学枯槁虚寂之弊;诚如,罗钦顺所指,"溺于外而遗其内,俗学是已;局于内而遗其外,禅学是已",而王阳明之学"今欲援俗学之溺,而未有以深杜禅学之萌,使夫有志于学圣贤者,将或昧于所从,恐不

---

① 〔明〕罗钦顺:《困知记》附录,第108—113页。
② 〔明〕王守仁:《王阳明全集》卷二,第84—89页。
③ 〔明〕罗钦顺:《困知记》附录,《与王阳明书》(戊子冬),第113页。
④ 〔明〕罗钦顺:《困知记》,第4页。
⑤ 〔明〕罗钦顺:《困知记》,第3页。

可不过为之虑也"①。

回应罗钦顺的质疑,王阳明认为"格物"工夫彻首彻尾,并非为学入门的一段工夫,实则自始学至圣人只此工夫而已。王阳明指出:"夫正心、诚意、致知、格物,皆所以修身,而格物者,其所用力日可见之地。故格物者,格其心之物也,格其意之物也,格其知之物也;正心者,正其物之心也;诚意者,诚其物之意也;致知者,致其物之知也;此岂有内外彼此之分哉?理一而已。"②在王阳明而言,工夫虽详密,而要之只是一事,皆所以修身,亦皆所谓穷理以尽性。"物"即"意之所在",所指应即是主体的人及其本心意识活动所构建的"一"意义性世界,在王阳明而言,心物不二,工夫只是个格物;所谓穷理尽性,尽性亦是尽心,"无心外之理,无心外之物"③,抑或"天下无性外之理,无性外之物"④,王阳明皆是直就纲领本原处立说。故而,在王阳明而言其学并不存在"局于内而遗其外";反之,王阳明分析了真正的有内、有外之学。

> 夫理无内外,性无内外,故学无内外;讲习讨论,未尝非内也;反观内省,未尝遗外也;夫谓学必资于外求,是以己性为有外也,是义外也,用智者也;谓反观内省为求之于内,是以己性为有内也,是有我也,自私者也;是皆不知性之无内外也。⑤

就王阳明而言,所谓格物工夫,在方法上确然是"求心""求内",而非"求物""求外",是内在的而非外在的;就其内而言,所指即心、意、知,实是一而指"正念头"(正其不正以归于正),就其外而言,所指即心之物、意之物、知之物,实是一物而指"意之所在"(亦即心、意、知之所在)。所以王阳明所谓的格物工夫只是一事,重心所指在于正人的意识而不是正人的行为。也就是直从本原处做工夫,则"致吾心良知之天理于事事物物,则事事物物皆得其理",无有内外之分。譬如,讲学讨论则是就事上正心,并没有逐外而非内;反观内省者即意之所在,亦未尝遗外。比较而言,罗钦顺是通过详密的工夫而达至"通彻无间"之物格境界,亦即达至心之理、物之理互证相

---

① 〔明〕罗钦顺:《困知记》附录,《与王阳明书》(庚辰夏),第109页。
② 〔明〕王守仁:《王阳明全集》卷二,《答罗整庵少宰书》,第86页。
③ 〔明〕王守仁:《王阳明全集》卷一,第7页。
④ 〔明〕王守仁:《王阳明全集》卷二,《答罗整庵少宰书》,第87页。
⑤ 〔明〕王守仁:《王阳明全集》卷二,《答罗整庵少宰书》,第86页。

通之浑然一体；王阳明则是只此"格物"工夫而合内外之道，物是意之所在，意乃心之所发，"格"即是正心之不正以归于正，无有内外，心物不二。

此外，罗钦顺亦提及王阳明《朱子晚年定论》之弊，批评其有选择性择取朱子有倾向于反观内省的材料而断其为晚年之定论，"窃恐考之欠详，而立论之太果也"①。据《答罗整庵少宰书》②，王阳明亦直言某些材料确有所未考，但认为大多数是出自朱子晚年，大意能说明朱子晚年定说，有与朱子抵牾处也是直道而行，不得已而然。

罗钦顺对陈白沙之学整体看法是"近禅"，不合圣人之道。罗钦顺于《困知记》中论及：

> 陈白沙谓林缉熙曰："斯理无一处不道，无一息不运，得此把柄入手，更有何事？"其说甚详，末乃云："自兹以往，更有分殊处，合要理会。"夫犹未尝理会分殊，而先已得此把柄，愚恐其未免于笼统颟顸也。况其理会分殊工夫，求之所以自学，所以教人，皆无实事，可见得非欲稍自别于禅学，而姑为是言耶？③

罗钦顺对于儒释之别持有一种观点，即儒家讲"理一"是从"分殊"上见得来的，真切实际；佛家则始终不知分殊以事理无障为至道，笼统颟顸。故而，罗钦顺认为陈白沙之学局于理一而遗其分殊，求之分殊却无实事，非仅稍自别于禅学，实者近于禅。罗钦顺进而指认陈白沙是"一悟之后，万法皆空"，"今乃欲于静中养出端倪，既一味静坐，事物不交，善端何缘发见？遏伏之久，或者忽然有见，不过虚灵之光景耳"，意即其之所以有见乃虚灵知觉作用而已，所见虚灵之光景亦即"作弄精神"；而其"才觉便我大而物小，物有尽而我无尽"，正是佛氏"唯我独尊"之说。④ 陈白沙之学，在罗钦顺看来，可自成一家，但难合于儒家圣人之道。

罗钦顺早年曾留意研磨佛禅，四十岁前后开始有志于儒学，自谓六十岁后"有见乎心性之真，而确乎有以自信。朱、陆之学，于是乎仅能辨之，良亦钝矣"⑤。罗钦顺认为，陆九渊之学大抵皆明心之说，无疑而谓之禅学。

---

① 〔明〕罗钦顺：《困知记》附录，《与王阳明书》（庚辰夏），第110页。
② 〔明〕王守仁：《王阳明全集》卷二，《答罗整庵少宰书》，第88页。
③ 〔明〕罗钦顺：《困知记》，第41—42页。
④ 〔明〕罗钦顺：《困知记》，第42页。
⑤ 〔明〕罗钦顺：《困知记》，第34—35页。

罗钦顺对陆九渊之学的批评大致凸显在三个方面,简论如下:

一、"心即理"之辨。罗钦顺指出:"尝考其有言云:'心即理也。'然则性果何物耶?又云:'在天者为性,在人者为心。'然则性果不在人耶?既不知性之为性,舍灵觉即无以为道矣。谓之禅学,夫复何疑?"①在罗钦顺而言,陆九渊之学绝少言及性,亦不识性,而其所言心亦只是虚灵知觉,故而为禅。简言之,在罗钦顺思想中,性之在人,即道心即体,天、地、人各有其性(分殊之性),亦有其类统一性(理一之性);而人心是情即用,是人的意识活动作用(灵觉妙用),陆氏之学被罗钦顺归属于此,即其以用为体,分明禅学。实则,在陆九渊而言,"心即理"所指是本心即理,此心亦非指一般的思虑知觉之心,是直就"体"抑或"性"上而言的,人的本心之理与宇宙之理是同一的;因而,"在天者为性"之"性"亦在人,即"在人者为心",反之亦然,实是皆"理一而已"。

二、孟子"先立乎其大者"之辨。陆九渊曾谓己之所学是因读《孟子》而自得之,罗钦顺则认为孟子之学与陆九渊之学有别。罗钦顺认同时人评价陆九渊之学除了"先立乎其大者"一句,全无伎俩。罗钦顺具体分析了孟子之"先立乎其大者"与陆九渊之别,如其所谓:

> 孟子云:"耳目之官不思而蔽于物,物交物则引之而已矣。心之官则思,思则得之,不思则不得也。此天之所以与我者,先立乎其大者,则其小者不能夺也。"一段言语,甚是分明,所贵乎先立其大者何?以其能思也。能思者心,所思而得者性之理也。是则孟子吃紧为人处,不出乎思之一言。故他日又云:"仁义礼智非由外铄我也,我固有之也,弗思耳矣。"而象山之教学者,顾以为"此心但存,则此理自明,当恻隐处自恻隐,当羞恶处自羞恶,当辞逊处自辞逊,是非在前,自能辨之"。又云:"当宽裕温柔自宽裕温柔,当发强刚毅自发强刚毅。"若然,则无所用乎思矣,非孟子先立乎其大者之本旨也。夫不思而得,乃圣人分上事,所谓生而知之者,岂学者之所及哉?苟学而不思,此理终无由而得。凡此当如此自如此者,虽或有出于灵觉之妙,而轻重长短,类皆无所取中,非过焉,斯不及矣。遂乃执灵觉以为至道,谓非禅学而何?盖心性至为难明,象山之误,正在于此。②

---

① 〔明〕罗钦顺:《困知记》,第35页。
② 〔明〕罗钦顺:《困知记》,第35页。

罗钦顺认为孟子"先立乎其大者"所指即是心之"思",是能思与所思的统通合一,亦即是心、性之形而下上、不二合一之所以然;在罗钦顺而言,所思之性(道心)与能思之心(人心)实是"一"体的,亦如其所谓"道心性也,性者道之体。人心情也,情者道之用。其体一而已矣"①。罗钦顺批评陆九渊学而无思,所谓能自辨之心也只是个虚灵知觉的认识心,所能见者亦只是个光景之奇特,而忽于义理之精微。故而,于此处亦判陆九渊之学为禅。

三、陆学"阳儒阴释"之辨。罗钦顺认为陆九渊对待佛氏的态度是"阳避其名,而阴用其实"。罗钦顺指出:"盖书中但言两家之教,所从起者不同,初未尝显言其道之有异,岂非以儒释无二道?惟其主于经世,则遂为公为义为儒者之学乎?所谓阴用其实者此也。"②罗钦顺认为不能仅以陆九渊主张经世一方面就认其是儒者之学,而据其书在涉及儒释两家之教时并未明言二者有异,有默认二教"道一"之意。此外,罗钦顺亦指出陆九渊虽然也言及致思、格物、穷理,但皆是"言虽是而所指则非","如云格物致知者,格此物,致此知也;穷理者,穷此理也;思则得之,得此者也;先立乎其大者,立此者也。皆本之经传。然以'立此者也'语证之,则凡所谓此者,皆指心而言也。圣经之所谓格物穷理,果指心乎?故其广征博引,无非以曲成其明心之说,求之圣贤本旨,竟乖戾不合也"③。罗钦顺认为陆九渊所言虽皆本之经传,但其言所指皆是明心之说,与儒家本旨乖戾不合,亦是"阳儒阴释"。

罗钦顺被后人称之为"朱学后劲",亦确然是至当之论。明初至中叶,朱子学发展至罗钦顺时有一大转折,明显地经由"理学"向"气学"发展;当此之时,正是心学远动大行之时,罗钦顺亦是当时极少数能挑战王阳明之人。陈建极为推崇罗钦顺之学,其评罗钦顺之《困知记》"深明性命之理,及古今学术、儒释、朱陆之辩"亦为至当之论;较之《学蔀通辨》所论,陈建大多观点皆承罗钦顺而发,所论之力亦难出其右。

明初以降至中叶,是朱子学发展的时期,但总体情势趋于"笃践履,谨绳墨,守儒先之正传,无敢改错",虽仍为官方思想,但渐次于理学发展中居

---

① 〔明〕罗钦顺:《困知记》附录,《答黄筠谿亚卿》,第115页。
② 〔明〕罗钦顺:《困知记》,第36页。
③ 〔明〕罗钦顺:《困知记》,第36页。

于次要地位。启自陈白沙,而成其大于王阳明之"心学"则在朱子学中转身而出,"宗守仁者曰姚江之学,别立宗旨,显与朱子背驰,门徒遍天下,流传愈百年",使明代思想由理学转为心学,成为发展的主流。明初以降之"朱陆问题"亦发展为"朱王问题",陈建《学蔀通辨》即是承接明初以来而力辨佛学、陆学、王学,其意亦在为后世所虑而欲挽狂澜于既倒。明清之际学者张履祥对这一情势亦有着较清醒的认识。张履祥指出:

> 曹月川先生盛德之士,其学粹然一出于正。国初中原气盛,所以与河东夫子先后并生,以昌明此学。未几而康斋,敬斋继作,不可谓天之无意斯文也。乃白沙、甘泉随于其时争鸣,则已为姚江先后奔走之资矣。若夫克庵不得善其终,将疑后死者不得与于斯文。势之所重,整庵、泾野不能回狂澜于既倒。区区清澜,欲障百川而东之,宜其难矣。①

张履祥指出明初有曹端、薛瑄,继之有吴与弼、胡居仁诸儒皆有功于朱学复兴和推动了明初理学的发展;于其时,以陈白沙、湛甘泉为代表则成为继之后王阳明心学大行于世之先声。面对理学转向心学之发展趋势,张履祥认为即使有着如罗钦顺、吕柟这样的实力学者亦不能阻挡心学之发展,至于陈建(清澜)欲逆转这一趋势则更难了。对于明初以至中叶理学之发展趋势及诸儒之衡定,张履祥与陈建的观点颇为相近,实者陈建之《学蔀通辨》亦深刻影响了如张履祥等后世之儒者。

陈建之《学蔀通辨》正值有明学术嬗变之际,较之胡居仁、罗钦顺诸儒确有理论上分量不足之欠缺,但却凸显了有明学术发展中须辨儒释、朱陆,尤其是朱王之学的问题;亦因这一层面之价值,陈建《学蔀通辨》确实深刻地影响了明中后期及清初诸"宗朱"之学者。张履祥(称杨园先生)是清初"尊朱辟王"的代表人物,梁启超在《中国近三百年学术史》中指出:"其专标程朱宗旨以树一学派,而品格亦岳然可尊者,最初有张杨园、陆桴亭,继起则陆稼书、王白田。……杨园因为是清儒中辟王学的第一人,后来朱学家极推崇他,认为道学正统"②。张履祥颇为赏识陈建《学蔀通辨》,认为此

---

① 〔清〕张履祥:《杨园先生全集》,《备忘四》,第1169页。
② 梁启超:《中国近三百年学术史》,第110—111页。

书"救世之书也,亦放龙蛇、驱虎豹之意"①,在与友人书信中谓之"《学蔀通辨》笔舌不得和平,是诚有之。但方此人心胥溺,虽大声疾呼犹苦聋聩,不直则道不见,彼虽动于意气,在我则视为十朋之锡可耳"②。在"尊朱辟王"方面,二人可谓同声相应,同气相求。亦如清初著名理学家陆陇其在《答徐健庵先生书》中说:"陈清澜立传,最足为考亭干城。"③《陆稼书先生年谱》中载录陆陇其回复范彪西信中说,"嘉靖中广东陈清澜先生有《学蔀通辨》一书,备言其弊,不识先生曾见之否? 近有舍亲刊其书,谨以呈览"④。陆陇其亦说,"陆、王之学,不必多辩,已有《学蔀通辨》在也"⑤。有关陈建《学蔀通辨》及其价值衡定,后面有关章节会有较多论述。这里仅简论之,亦可见后之学者宗承程朱之学者对陈建《学蔀通辨》所涉及的问题及其价值之肯定,亦可大略见得是书确然于明中晚期及其后之学术思想之发展有一定深远之影响。

---

① 〔清〕张履祥:《杨园先生全集》,《备忘二》,第 1094 页。
② 〔清〕张履祥:《杨园先生全集》,《答徐敬可二十六》,第 236 页。
③ 〔清〕陆陇其:《三鱼堂文集》卷五,《文渊阁四库全书》册 1325—60 页。
④ 吴光西、郭麟、周梁:《陆陇其年谱》,第 161 页。
⑤ 吴光西、郭麟、周梁:《陆陇其年谱》,第 190 页。

第二章　有史之辨:陈建与"异端之辨"

陈建逐年编次辨析朱、陆"早异晚同"之非,其旨在以此为契机而明"朱子有朱子之定论,象山有象山之定论,不可强同"。"主敬涵养以立其本,读书穷理以致其知,身体力行以践其实,三者交修并尽",这是朱子的定论。至于象山之定论,陈建认为是"专务虚静,完养精神"①。继前所述可知,陈建所辨不仅限在朱、陆之异同,亦关涉儒释之辨,尤为将朱、陆异同问题扩及至儒释之辨的范畴中来考察。陈建于此视域下视陆、王近释老,皆同为"异端"。以下循陈建所论陆、王学"近释老"之本体论和工夫论,涉及陆、王学渊源传承,以及其所谓的"儒释之辨"之角度分别予以梳理。

第一节　陆、王"释老"之辨

陈建在"儒释之辨"的框架下直陈陆九渊、王阳明之学皆是"阳儒阴释",旨归近于释老,皆为禅学。陈建从本体论、工夫论诸层面具体批驳了陆、王之学,尽管在一定程度上揭示了二学的一些偏颇,然限于既定的成见则其所批评多有不实之处。

一、陆学与禅学

陈建认为,"养神一路,象山禅学之实也,异于圣贤,异于朱子之实也"②。陈建所谓"养神一路"之说,是认为"象山师弟作弄精神,分明禅学,而假借儒书以遮掩之也。此为勘破禅、陆根本"③。"养神",即"作弄精神",亦即为禅学。这是从儒释异同角度欲进一步说明朱、陆的不同,并欲从根本上辨明陆学之本质。其主要依据在于:

> 陆子曰:"精神全要在内,不要在外,若在外,一生无是处。"

---

① 〔明〕陈建:《学蔀通辨·提纲》,第113页。
② 〔明〕陈建:《学蔀通辨·后编》叙,第151页。
③ 〔明〕陈建:《学蔀通辨·后编》卷上,第152页。

> 人精神在外,至死也劳攘,须收拾做主宰。收得精神在内时,当恻隐即恻隐,当羞恶即羞恶,谁欺得你?谁瞒得你?见得端的,后常涵养,是甚次第。①

然则,"养神一路"如何能辨明朱、陆之异同和儒释之别呢?陈建认为陆学来历本假佛老,必先识佛老学而后陆学可辨。就佛学而言,陈建引朱子说,"佛学只是作弄精神"以及合《汉书》论佛氏之旨云:"所贵修炼精神,以至为佛"②等语,认为佛学所谓识心见性只是作弄精神。就老学(实指庄学)而言,陈建指出《孔丛子》有云:"心之精神是谓圣",陆学宗祖,全在此一语;又庄子曰:"神全者,圣人之道","精神,圣人之心",观此则作《孔丛子》当是庄、列者流③。陈建进而指出:

> "精神即心也,心者,精神之舍,而虚灵知觉作用运动,则皆精神之发也。故禅学之始也,绝利欲、遗事物、屏思虑、专虚静、无非为修炼精神计。及其积久也,精神凝聚澄莹,豁然顿悟,则自以为明心见性,光明寂照,神通妙用,广大无边,一皆精神之为也。《汉书》之言,朱子之论,得其要矣。象山之学,何莫非源于此。"④

无疑,陈建在这里将陆子之"精神"在定义上直接认为是"心",收拾精神自然即是佛氏之明心见性,就是作用是性,亦即作弄精神;实则陆子不论言"心即理"抑或"收拾精神"皆从德性实践方面出发,强调主体"心"之自立,其于客观之理则、气质之精神所论偏少但亦未否认。陆子讲学重立本、尚易简,自有不可置否之"粗处";于此王阳明有确论,"又问:'陆子之学如何?'先生(阳明)曰:'濂溪、明道之后,还是象山,只是粗些。'……'然他心上用过功夫,与揣摩依仿,求之文义,自不同。但细看有粗处,用功久当见之。'"⑤陈建则未细看陆子粗处而臆断其"粗处"为释老之学,更视《孔丛子》之"心之精神是谓圣",张子韶之"觉之一字,众妙之门",杨慈湖之"鉴中万象",陈白沙之"一片虚灵万象存",王阳明之"心之良知是谓圣"皆是

---

① 〔明〕陈建:《学蔀通辨·后编》卷上,第153、154页。
② 〔明〕陈建:《学蔀通辨·后编》卷上,第153页。
③ 〔明〕陈建:《学蔀通辨·后编》卷上,第154页。
④ 〔明〕陈建:《学蔀通辨·后编》卷上,第153页。
⑤ 〔明〕王守仁:《王阳明全集》卷三,《语录三》,第104—105页。

以知觉精神言心①。这里须对陈建所持的"精神"之意略做疏解。

陈建以"虚灵知觉作用运动"来解释"精神",此即"心"之活动义,更多侧重的是心作为意识认知活动之总体、主体义,意即侧重了"心"在认识论范畴内之功用及意义,而将内在的道德本质的"心"称之为"性",此种解释接近朱子学旨。在陈建而言,"性,即道心也;知觉,人心也。此论心之的也"②;又,"心含理与气,理形而上,气形而下,心也者,形而上下之间"③。这里需说明的是陈建道心、人心之形而上下之分不合朱子之论而近于罗钦顺之说。在朱子看来,道心、人心是人"心"的知觉于不同层面上的意识活动,"只是一个心,知觉从耳目之欲上去,便是人心;知觉从义理上去,便是道心"④。而罗钦顺则言,"道心,性也;人心,情也。心一也,而两言之者,动静之分,体用之别也"⑤。据上述,相对于道心—义理—德性—性—理之"形而上",陈建之"精神"显属于人心—气禀—精神—知觉—气之"形而下"。然则"精神"所指究竟为何?陈建进而认为,"精神即心也。心者,精神之舍,而虚灵知觉作用运动,则皆精神之发也"⑥。陈建此处所言之心实指"人心",视心与精神皆形而下为气,精神之发即虚灵知觉运动,亦意即是人"心"所具有的"知"能。陈建之思想根基自谓承孔孟、程朱一脉之正学,其言论亦自然本于朱子学立场而多采其说。至于"精神"之解于朱子而言确也归于"形而下"之属,如其谓之:

> 万事须是有精神,方做得。
> 阳气发处,金石亦透。精神一到,何事不成!
> 凡做事,须着精神。这个物事自是刚,有锋刃。如阳气发生,虽金石也透过!
> 人气须是刚,方做得事。⑦

如上朱子言,精神属于气,而强调了人之刚气,亦即阳气。实则,精神即阴阳二气之良能,诚如朱子所言:

---

① 〔明〕陈建:《学蔀通辨·终编》卷上,第252页。
② 《学蔀通辨·终编》上,第251页。
③ 《学蔀通辨·终编》上,第255页。
④ 《朱子语类》卷七十八,北京:中华书局,1986。
⑤ 〔明〕罗钦顺:《困知记》卷上,阎韬点校,北京:中华书局,1990,第2页。
⑥ 《学蔀通辨·后编》叙,第151页。
⑦ 《朱子语类》卷八。

>鬼者,阴也;神者,阳也。气之屈者谓之鬼,气之只管恁地来者谓之神。"洋洋然如在其上","煮蒿凄怆,此百物之精也,神之着也",这便是那发生之精神。神者是生底,以至长大,故见其显,便是气之伸者。道夫问:"横渠所谓'二气之良能',良能便是那会屈伸底否?"曰:"然。"①

然就心与精神关系而言,可概言心为精神之舍,精神为心之体。试看朱子之论:

>(黄幹)又问:"神是心之至妙处,所以管摄动静。十年前,曾闻先生说,神亦只是形而下者。"贺孙问:"神既是管摄此身,则心又安在?"曰:"神即是心之至妙处,滚在气里说,又只是气,然神又是气之精妙处,到得气,又是粗了。精又粗,形又粗。至于说魂,说魄,皆是说到粗处。"贺孙(叶贺孙录)。(下附)寓(徐寓)录云:"直卿(黄幹)云:看来'神'字本不专说气,也可就理上说。先生只就形而下者说。先生曰:所以某就形而下说,毕竟就气处多,发出光彩便是神。味道问:神如此说,心又在那里?曰:神便在心里,凝在里面为精,发出光彩为神。精属阴,神属阳。说到魂魄鬼神,又是说到大段粗处。"②

朱子视心、精、神以及精神皆属于气,意即俱是形而下者;朱子多就形而下处言,主要考量的是于现实性之乖离处用功,此亦是朱子为学之质实处。然就心之体处言,如黄幹所问"神"字本不专说气,也可就理上说;所谓就理上说,即是就"神"(精神)的精妙处言,亦即是就心之体上言。此亦可从朱子言论中得之:

>所觉者,心之理也;能觉者,气之灵也。
>心者,气之精爽。
>心官至灵,藏往知来。③

---

① 《朱子语类》卷十八。
② 《朱子语类》卷九十五。
③ 《朱子语类》卷五。

虚灵自是心之本体,非我所能虚也。耳目之视听,所以视听者即其心也,岂有形象。然有耳目以视听之,则犹有形象也。若心之虚灵,何尝有物!①

在朱子而言,虚灵知觉(亦即"精神")是心之本体,亦是心之发用,这皆是就实于心之自性上说,而非心之所以然之体性上说。心是气之精爽,从能觉即能以知处而言属于气,但就所觉即所以知处言"不专是气,是先有知觉之理。理未知觉,气聚成形,理与气合,便能知觉"②。可见,朱子虽多就形而下处言精神等,但亦不失对其体处的关照;能所、理气、心性即是形而上下,又是不二合一的。

比较而言,朱子就形而下处言心之虚灵知觉(即心官之"精神")之至灵是兼具人心之知识(从耳目之欲)与道心之智识(从义理),此亦是"心统性情"之所以然者。基于此种认知,朱子自是不乏"收拾精神"之说而合二于一,譬如其言"敬"之工夫:

敬,莫把做一件事看,只是收拾自家精神,专一在此。今看来诸公所以不进,缘是但知说道格物,却于自家根骨上煞欠阙,精神意思都恁地不专一,所以工夫都恁地不精锐。

若论为学,则自有个大要。所以程子推出一个"敬"字与学者说,要且将个"敬"字收敛个身心,放在模匣子里面,不走作了,然后逐事逐物看道理。

敬有死敬,有活敬。若只守着主一之敬,遇事不济之以义,辨其是非,则不活。若熟后,敬便有义,义便有敬。静则察其敬与不敬,动则察其义与不义。

敬、义只是一事。

敬,只是此心自做主宰处。③

朱子所言"敬"的工夫即此心之合内外之体即用的工夫,亦即是其所言此心"收拾精神"、"自做主宰"之义。故于朱子而言,心之虚灵知觉(亦即"精

---

① 《朱子语类》卷五。
② 《朱子语类》卷五。
③ 《朱子语类》卷十二。

神")活动大要在"敬以直内、义以方外",所谓知识即识得个好恶,所谓智识即辨得个是非。朱子所言"敬"的合内外之工夫皆是就心体上而言,相对于其"性即理"之性体而言则有形而上下之别;然亦是即形而上下者,如其言:

> 理在人心,是之谓性。性如心之田地,充此中虚,莫非是理而已。心是神明之舍,为一身之主宰。性便是许多道理,得之于天而具于心者。发于智识念虑处,皆是情,故曰"心统性情"也。①

此处亦需说明的是,朱子之心性学论说直就伦理道德上而发,自是于佛学之存有论的本体学有己意之诠释,故而其辨异亦应于根本处。至于陈建论心之虚灵知觉即"精神"亦是自"形而下"处言,但较之朱子则有人心、道心形而上下之别。故而,陈建之学不言"收拾精神",亦鲜引朱子"收拾精神、自做主宰"之说。于陈建而言,其所谓心之"精神"作用即虚灵知觉活动皆气而落于形迹之间,因之无朱子所言心之收拾精神、自做主宰之统摄性情之义。精神作用失却了于义理活动上的智识,在陈建而言其所言之"精神"作用之属亦只能是"作弄精神",所识者亦无非皆是形迹影像;诚如其言:

> 或曰:"精神灵觉,自老庄禅陆皆以为至妙之理,而《朱子语类》乃谓神只是形而下者。《文集·释氏论》曰:'其所指为识心见性者,实在精神魂魄之聚,而吾儒所谓形而下者耳。'何耶?"(陈建)曰:"以其属于气也。精神灵觉皆气之妙用也,气则犹有形迹也。故陆学曰'镜中观花',曰'鉴中万象'。形迹显矣,影象著矣,其为形而下也宜矣。盖形而上谓之道,道即仁义礼智。如何有形影?若以精神知觉为形而上,则仁义礼智谓何?其为形而下,无疑矣。"②

陈建在心论上持截然二分的观点,认为道心即性,亦即为心之德性之体;人心即知觉,亦即为心之精神之用。故而,陈建认为:

---

① 《朱子语类》卷九十八。
② 《学蔀通辨·终编》上,第256—257页。

第二章 有史之辨:陈建与"异端之辨"

儒释不同,枢要只此。愚尝究而论之,圣贤之学,心学也。禅学、陆学亦皆自谓心学也。殊不知心之名同,而所以言心则异也。心图具,而同异之辨明矣。是故孔孟皆以义理言心,至禅学则以知觉言心。①

陈建抛却"精神"不专说气亦可就理上说,而概认之为气之妙用,因之视禅、陆皆以知觉言心,亦即是作弄精神而颠倒了体用。

因而,陈建所谓禅、陆之作弄精神、颠倒体用即是认其以"神识"为体而作鉴象、形迹之用,如其论:

杨慈湖《训语》曰:子曰"朝闻道,夕死可矣。""心之精神是谓圣。"精神虚明无体,未尝生,未尝死,人患不自觉耳。一日洞觉,则知生死之非二矣,则为不虚生矣。(慈湖遗书)

慈湖此语,即佛氏"形有死生,真性常在",即以神识为不生不灭。象山谓"人与宇宙皆在无穷之中",陈白沙谓"神理为天地万物主,本长在不灭"即此也。……禅学作弄精神,至此极矣。

在陈建而言,无论是陆学及至其后学,乃至陈白沙之学皆是以"神识"为体,即是以陈建所谓的形而下之气的精神灵觉为体,故而所为皆是未能脱离形迹影像的精神作弄,而仁义礼智为形而上之道,是心之所以然知的体性,是无形迹影像的。再如,朱子有论:"佛氏则只认那能视、能听、能言、能思、能动底,便是性。视明也得,不明也得;听聪也得,不聪也得;言从也得,不从也得;思睿也得,不睿也得,它都不管,横来竖来,它都认做性。"②在朱子而言,此即是虚灵知觉之心自识自悟自己而已,亦即是禅宗之教。故而,曾祖道谈及象山于其论学,"目能视,耳能听,鼻能知香臭,口能知味,心能思,手足能运动,如何更要甚存诚持敬,硬要将一物去治一物?须要如此做甚?咏归舞雩,自是吾子家风",而"先生(朱子)曰:陆子静所学,分明是禅"③。陈建继之,引述杨慈湖《训语》云:"吾目视、耳听、鼻嗅、口尝、手执、足运,无非大道之用",谓象山师弟分明佛氏作用之旨④。于此之辨,亦可

---

① 《学蔀通辨·终编》上,第252页。
② 《朱子语类》卷一百二十六。
③ 《朱子语类》卷一百一十六。
④ 《学蔀通辨·续编》卷上,第207页。

参看唐君毅之论:

> 象山之学则实自始以即心即理之心为本,而非只自耳目知觉以见性。即其"耳自聪、目自明"之言,亦非只为一知觉。因聪、明乃美誉之辞,即知觉之合理者也。象山实亦未尝如朱子以虚灵知觉说心。其言本心皆已连理说,故可单提发明本心为说耳。然朱子盖即由象山之多有单提本心为说之言,而学生如祖道所传述之象山言心之旨,亦正有同朱子所谓禅宗之言心者,故朱子即迳断陆子之学为禅也。此虽不合于陆子所言之实,然亦盖唯由朱子之所谓禅家之心,原为如此,然后方以此而断陆子是禅也。朱子盖由是而于象山一切其他之言如上述及之重上达、重一贯、重识心,与其论颜子之言等等,皆一凭此意而理解之;然后方于陆子之学,随处见得是禅,而有晚年大辟陆子之论。后罗整庵、陈清澜,亦皆承朱子之此意,以观象山之学,乃有以其只知心而不知性,以养神为本而为禅之论。①

唐君毅直就象山之学主旨处判说了朱子及陈建诸人之误解。比较而言,朱子所谓的心乃指知觉精神活动,有"道心""人心"两种不同层面的活动,朱子是在心之知觉精神活动之自性层面上指斥禅、陆之学的,如其言:

> 释氏弃了道心,却取人心之危者而作用之;遗其精者,取其粗者以为道。如以仁义礼智为非性,而以眼前作用为性是也。此只是源头处错了。②

陈建的批判指向与之相近,但因对"心"之认识与朱子有很大区别,即对道心、人心从体用处截然二分,在理论及态度上也就缺乏了朱子为学"尽精微而致广大"的辩证性和包容性。仅从体用角度看,朱子更多倾向于从"用"即人心知觉活动层面揭橥禅、陆无视本来性之于现实性间的乖离而从源头处错了,然陈建则从一元论的思维模式直就"体"即本原处指斥陆学为外道。在陈建而言,陆学即是以人心之知觉精神活动为体(以用为体),而放

---

① 唐君毅:《中国哲学原论·原教篇》,《唐君毅先全集》卷十九,台北:台湾学生书局,1984,第254页。
② 《朱子语类》卷一百二十六。

弃了道心为体的智识精神活动（无体之原），分明是作弄精神而为之禅学。

陆象山自始即以"本心"为说，虽有如唐君毅所言"象山实亦未尝如朱子以虚灵知觉说心"，然象山为学实亦未尝脱得言虚灵知觉之心，亦即所谓精神灵觉之心；于此，亦应就象山所言关涉到的知觉主体的心及其"精神"辞说之义做相应的疏解。陆象山循《孟子》"心之官则思，思则得之，不思则不得也"，肯认"人非木石，安得无心"，"心于五官最尊大"①。此即是就人心之知觉主体上言，故而有"学者问：'荆门之政何先？'对曰：'必也正人心乎。'"②在陆象山而言，何谓人心、道心？如其言：

> 天理人欲之言，亦不是至论。若天是理，人是欲，则天人不同矣。此其原盖出于老氏。《乐记》曰："人生而静，天之性也；感物而动，性之欲也。物至知之，而后好恶形焉。不能反躬，天理灭矣。"天理人欲之言盖出于此。《乐记》之言亦根于老氏，且如专言静是天性，则动独不是天性耶？《书》云："人心惟危，道心惟微。"解者多指人心为人欲，道心为天理，此说非是。心一也，人安有二心？自人而言，则曰惟危；自道而言，则曰惟微。罔念作狂，克念作圣，非危乎？无声无臭，无形无体，非微乎？③

"心一也"，人心、道心之于人欲、天理皆一"心"之即体即用，动、静、危、微亦皆人"心"之天性，亦即皆一"心"之体性，陆象山此论皆是就所以然上即其"本心"之体用处肯认了天理、人欲，人心、道心之当然。陈来指出，"在陆九渊的学说中，'本心'与'心'是有区别的。在以本心为道德主体方面他继承了孟子，而在以心为一般知觉主体的意义上，与朱熹是一致的"④。然较之朱子将心之于性而多凸显其形而下处言说，陆象山言说一般知觉主体之"心"则往往是联在"本心"之意义上的；此亦可于陆象山解"人心惟危，道心惟微；惟精惟一，允执厥中"中得之，如其言：

> 知所可畏而后能致力于中，知所可必而后能收效于中。夫大中之道，固人君之所当执也。然人心之危，？念克念，为狂为圣，由是而分。

---

① 《陆九渊集》卷十一，《与李宰书》，北京：中华书局，1980，第149页。
② 《陆九渊集》卷三十四，《语录上》。
③ 《陆九渊集》卷三十四，《语录上》。
④ 陈来：《宋明理学》，上海：华东师范大学出版社，2003，第150页。

道心之?,无声无臭,其得其失,莫不自我。曰危,曰微,此亦难乎其能执厥中矣,是所谓可畏者也。苟知夫危、微之可畏也如此,则亦安得而不致力于中乎?毫厘之差,非所以为中也,知之苟精,斯不差矣。须臾之离,非所以为中也,守之苟一,斯不离矣。惟精惟一,亦信乎其能执厥中矣,是所谓可必者也。苟知夫精一之可必也如此,则亦安得而不收效于中乎?知所可畏而致力于中,知所可必而收效于中,则舜禹之所以相授受者岂苟而已哉?①

陆象山所谓的知所可畏者之危、微,知所可必者之惟精惟一,而后致力于、收效于中则即是就"心"之体性之实然处联着"本心"之所以然处言说,可谓之不专就气上而亦联着理上说,含蕴着"心"识的两个层面。这亦体现在陆象山有关"精神"之说上,尽管未严格区分(抑或有意为之不作区分)本心与心之别,亦未尝如朱子以虚灵知觉言心,但其"精神"之说实亦即是在"心"之实然体性意义上言说着一般知觉主体的意义。在陆象山而言,其所谓"精神"亦实与朱子是一致的,所不同者二人在心上做工夫的"心"有偏重形而上下之别。尝就陆象山"精神"一说的蕴意疏解如下:

> 有一段血气,便有一段精神。有此精神,却不能用,反以害之。非是精神能害之,但以此精神,居广居,立正位,行大道。
> 人之精爽,负于血气,其发露于五官者安得皆正?不得明师良友剖剥,如何得去其浮伪而归于真实?又如何得能自省、自觉、自剥落?
> 精神不运则愚,血气不运则病。
> 人精神千种万般,夫道一而已矣。②

据此可知,陆象山所言"精神"亦如朱子所谓"心者,气之精爽"诸说皆是依着形而下之气而说的。陆象山言"人气禀清浊不同,只自完养,不逐物,即随清明。才一逐物,便昏眩了"③,人之精神自是有千种万般,发露于五官者亦非皆正,此肯认了人在一般知觉主体上的"罔念克念"之"危";又,"古者风俗醇厚,人虽有虚底精神,自然消了。后世风俗不如古,故被此一段精

---

① 《陆九渊集》卷三十二,《拾遗》,第378—379页。
② 《陆九渊集》卷三十五,《语录下》,第451、464、473、451页。
③ 《陆九渊集》卷三十五,《语录下》,第458页。

神为害,难遇语道"①,陆象山亦从"精神"之虚、实处言说了一般知觉主体于其得其失、莫不自我之"微"。故而,于精神为一般知觉主体之活动,即心之虚灵知觉活动意义上,朱、陆二者是一致的。然于朱子而言,"心以性为体",心以气言为形而下,性以理言为形而上,"收敛精神、自做主宰"即是于此心上做工夫,亦即以此"心统性情";牟宗三谓之,"心是认知地统摄性而具有之,行动地统摄情而敷施发用之","在此,性体未能实践地、自我做主地、道德自觉地挺立起(提携起)以为道德实践之先天根据,道德创造之超越实体"②意即朱子更多的是从一般知觉主体之活动意义上统摄心之形而下上。比较而言,陆象山之"收拾精神、自做主宰"则就"知所可畏而后能致力于中","知所可必而后能收效于中"处,亦即皆是直截了当地就"心即理"之"本心"(道德主体)处立言。

陆象山言:"人心有病,须是剥落,剥落得一番,即一番清明,后随起来,又剥落,又清明,须是剥落得净尽方是。"③所谓"人心有病",即其指"夫所以害吾心者何也?欲也"④之"欲",此处所指非人之天性之欲,而是指精神逐外之实然作用,亦即指"人性本善,其有不善者迁于物也"⑤之"欲",如"汩没于声色富贵间,良心善性都蒙蔽了"⑥。精神逐外之实然作用即人的虚的精神之用,也就是"精神"体性(自性)之虚用。故而,陆象山强调,"精神全要在内,不要在外,若在外,一生无是处","只与理会实处,就心上理会"⑦。此"理会"即是"知物之为害而能自反,则知善者乃吾性之固有。循吾固有而进德,则沛然无他适也"⑧,而这一活动之所以然即是"本心"之体之活动性。而就此一"活动性"之实然处具体而言,即"须是剥落",此"剥落"即是暂时推开经验之知,返识生命先验实存的此心此理之正本清源的工作⑨;亦即是"收拾精神,自做主宰"。如陆象山所言:

人精神在外,至死也劳攘,须收拾做主宰。收得精神在内时,当恻

---

① 《陆九渊集》卷三十四,《语录上》,第404页。
② 牟宗三:《心体与性体》下册,上海:上海古籍出版社,1999,第431、434页。
③ 《陆九渊集》卷三十五,《语录下》,第458页。
④ 《陆九渊集》卷三十二,《拾遗》,第380页。
⑤ 《陆九渊集》卷三十四,《语录上》,第416页。
⑥ 《陆九渊集》卷三十五,《语录下》,第450页。
⑦ 《陆九渊集》卷三十五,《语录下》第468、444页。
⑧ 《陆九渊集》卷三十四,《语录上》,第416—417页。
⑨ 曾春海:《陆象山》,台北:东大图书公司印行,1988,第155页。

隐即恻隐,当羞恶即羞恶,谁欺得你? 谁瞒得你?

请尊兄即今自立,正坐拱手,收拾精神,自做主宰,万物皆备于我,有何欠阙! 当恻隐时自然恻隐,当羞恶时自然羞恶。①

陆象山的"收拾精神"即是不让精神逐物在外而虚用,"自作主宰"即是反求诸己而直接从精神体性之道德主体上做工夫。至于"收拾精神,自做主宰"何以可能,则亦可据陆象山对"谦"说之诠释得其大略:

谦则精神浑收聚于内,不谦则精神浑流散于外。惟能辨得吾一身所以在天地间举措动作之由,而敛藏其精神,使之在内而不在外,则此心斯可得而复矣。②

据其意,可知"谦"之能即"知物之为害而能自反,则知善者乃吾性之固有"之"知",亦即是前述"知所可畏而后能致力于中,知所可必而后能收效于中"之"知";故而,此"知"即是心之虚灵知觉之体性,精神之实处,即是能自"剥落"而正本清源,亦即是"收拾精神,自做主宰"可能之所以然。就"谦"之实蕴而言,陆象山亦指出:

"谦,德之柄也",有而不居为谦,谦者,不盈也。盈则其德丧矣。常执不盈之心,则德乃日积,故曰"德之柄"。既能谦然后能复,复者阳复,为复善之义。③

"谦者,不盈也",意即是指其为"心之体"(本心)之用。常执不盈之心,就实处说则须是剥落,则须是收拾精神,此即是能复其失而可得之心,亦即是能自立之本心;反之,此心之所以能可得而复之,亦只能是本心自立之所以然。诚如陆象山所言:

诚者自诚也,而道自道也。君子以自昭明德。人之有是四端,而自谓不能者,自贼者也。

---

① 《陆九渊集》卷三十五,《语录下》,第454,455页。
② 《陆九渊集》卷三十六,《年谱》,第490页。
③ 《陆九渊集》卷三十四,《语录上》,第416页。

第二章　有史之辨：陈建与"异端之辨"　　91

　　　　苟此心之存，则此理自明，当恻隐处自恻隐，当羞恶，当辞逊，是非在前，自能辨之。①

故而，前述朱子、陈建诸人视陆象山之"目能视，耳能听"诸语是佛氏之"作用是性""作弄精神"自是难以成立。于此，亦可参陈来所论，如其谓之在陆九渊的思想体系中"自能"要体现为真正的道德实践，是以"自立"为前提的，即要以自己的本心作为判断和实践的准则。② 比较而言，陆象山"精神"之论皆是循着将朱子形而下之虚灵知觉之心逐次升格进致于自立自能之心体（即本心）之活动义；故而，如其谓之，"本无欠阙，不比他求，在自立而已"③，"是非当前，自能辨之"，"心之体甚大，若能尽我之心，便与天同，为学只是理会此"④。陈建谨循朱子"涵养、致知、力行"三者一以贯之、相须互发，而重在致知力行间，其特色在于平易、切实，不带任何玄虚的色彩；至于陈建"精神"之论，径直认其为虚灵知觉活动皆气而落于形迹之间，其所能所识无非气之妙用，以此为判则必然视陆、禅皆是作鉴象、形影之用，即作弄精神。

　　故而，陈建概以"心之精神是谓圣"为陆学宗祖之断语，亦是难以成立的。以"心之精神是谓圣"为心学宗旨者当属杨慈湖，前述陈建亦于此多有揭示和批驳，但将之视作陆学宗旨则很成问题，实则杨慈湖所言"精神"之于陆象山却大有不同。于此，已有学者赵灿鹏专文⑤予以疏解，兹作参论。赵文中指出，在慈湖的心学里，"心"、"神"、"精神"，名称不同，意谓则一，并与"易"（易体）相等，具有本体的地位；神，精神以心为表征，是形而上的超越的存在，也是人的本质。意即在杨慈湖心学中，"精神"即心，属于形而上之体的层面，肯认了人道德实体的普遍性，在这种意义上慈湖"心之精神"与陆象山"本心"同义；然赵文中引蒙文通先生"心敬，则精神整肃收拾，生意盎然"，"心之精神就是心力"⑥之说为陆象山"收拾精神"一语的谛解，此则仅限于对陆象山"精神"之实然性认识，缺乏对其"精神"之于"本心"活动性应然之理解。据前述此种差异亦可见陆象山之心学虽单体

---

① 《陆九渊集》卷三十四，《语录上》，第427、396页。
② 陈来：《宋明理学》，第159—160页。
③ 《陆九渊集》卷三十四，《语录上》，第399页。
④ 《陆九渊集》卷三十五，《语录下》，第444页。
⑤ 赵灿鹏："'心之精神是谓圣'：杨慈湖心学宗旨疏解"，《孔子研究》，2013（2），第76—86页。
⑥ 蒙文通：《古学甄微·理学札记》，成都：巴蜀书社，1987，第107页。

"本心"之说,但不乏对心之虚灵知觉实然性之肯认进而取升格发抒为圆满之心体,虽异于朱子然近于朱子,而较之慈湖心学则颇远。就杨慈湖"心之精神是谓圣"整体而言,赵文中认为,"圣"是"无所不通"之义,"心之精神是谓圣"就是"道心""心即道""心即理"的另一种表述;心体之"神"为能(主),而"圣"(无所不通)为所(从),道心因应事变,事变无穷,道心之因应亦无穷。凡敬、哀、欢、……孝、悌、忠、……皆此心之为,"一以贯之,无所不通"。就此而言,亦较之陆象山,杨慈湖"心之精神是谓圣"是径直升格"精神"为心体,直就陆象山所立"本心"处施教,其心学之"心之精神"即象山之"本心",皆具有超越性而与天道直贯,具有道德普遍性即涵纳仁义之人之本质性,亦作用无穷而自由无碍。于此处,则知杨慈湖之心学近于陆象山而远于朱子,但在"心即理"之于"性即理"之肯定此道德的实体之普遍性上则是一致的,故而陈建据己意之"精神"说判象山、慈湖诸学为外道之"作弄精神"则显为不实。

此外,较之陈建所解,陆子言"精神"多从道德本心立说,侧重在伦理的善价值意义上。陆子之"精神"多是从"本心"意念之内在本原上立说,就其外延之实质内容而言则体现于陆子"辨志"立说上。试看陆子如下言:

> 学者须是有志。读书只理会文义,便是无志。①
> "志个甚底?须是有智识,然后有志愿。""人要有大志。常人汩没于声色富贵间,良心善性都蒙蔽了。今人如何便解有志,须是先有智识始得。""有一段血气,便有一段精神。有此精神,却不能用,反以害之。非是精神能害之,但以此精神,居广居,立正位,行大道。②

细辨陆子此言,可推知此处所言"精神"实指人所本具之"智识";"智识"不直接定义为"志",但"须是有智识,然后有志愿",二者又是相依的。故而,陆子所谓的"志"即有人之生命意志之义,是人之所以具有意向性行为的作用者;所谓"辨志"就是要人在内在的根源上"但以此精神"抑或"智识"自我批判、自我觉醒,剥落"声色富贵"而使"良心善性"得以呈现。此亦如陆子于"义利之辨"中所言,"窃谓学者于此,当辨其志。人之所喻,由其所

---

① 〔宋〕陆九渊:《陆九渊集》卷三十五,《语录》,第432页。
② 〔宋〕陆九渊:《陆九渊集》卷三十五,《语录》,第450—451页。

习;所习由其所志。志乎义,则所习者必在于义;所习在义,斯喻于义矣!志乎利,则所习者必在于利;所习在利,斯喻于利矣。故学者之志,不可不辨也"①。相关联而言,陆子之"志之所在"与"精神所在"有对等义,"当辨其志"即有当辨"有此精神,却不能用,反以害之"之义。统言之,陆子讲"精神"尽管有不同含义,但皆从"本心"抑或"立本心"之角度立说,既非仅限陈建所言之"精神"虚灵知觉活动义,亦于本质上非同于佛老之旨,虽有粗处但其精神旨趣实则乃儒家原汁。

当然,不能完全置佛老于影响陆、王之外。陈建认为陆、王之学宗《孔丛子》而假庄、列,流变而为禅,此处先就《孔丛子》《列子》二书略说。就《孔丛子》而言,日本学者冢田虎《注孔丛子》序言说:

"此书之所编,自首篇至第十篇,记仲尼、子思遗言,而末附《小尔雅》者,则是似孔氏所旧藏焉。第十二篇以下,则其家往往有所录,而孔鲋没后,其弟子之所追纂与?而以虎观之,自首篇至第五篇,其圣人之遗言也,则懿训邵义,固不可以间然矣。自第六篇至第十篇,其子思之言行,亦克负荷其圣业而与道进退。……第十二篇以下,子高、子顺、子鱼,皆父子相承,善继其志,善述其事……而晦庵视此书如土芥者,虎太疑焉。此何事而鄙陋之甚?何理而无足取?何词而不足观?"②

冢田虎肯定了《孔丛子》为儒家学说之言,可以为信而不伪。陈建依从朱子之判亦视其为伪书,且认为其内容近庄、列者流。就《列子》而言,这里取吕思勉所考为说,"此书中除思想与佛经相同,非中国所固有者外,仍可认为古书也。……此书大旨与《庄子》相类。精义不逮《庄子》之多,而其文较《庄子》易解,殊足与《庄子》相参证"③。此书中有佛教思想掺杂,但除之则多为庄学之脉,不可以此即视之为庄禅合流。陈建仅取"心之精神""神全者"诸语词相近之义而不加详究便强溯陆、王之学源自所出,则显见是曲意弥缝而为"有我"之见;陈建看到了陆子与庄、禅之同(同工),

---

① 〔宋〕陆九渊:《陆九渊集》卷二十三,《讲义》,《白鹿洞书院论语讲义》,第275页。
② 转引自傅亚庶:《孔丛子的成书年代与真伪》,《孔丛子校释》,北京:中华书局,2011,第613—614页。该书作者亦认为《孔丛子》不是伪书,此书历代流传,经久不没,实为一部思想内容丰富且具有较高史料价值的传世文献。
③ 吕思勉:《中国文化思想史九种》上,上海:上海古籍出版社,2009,第180—181页。

然未能识得陆子与二学之异（异趣）。陆子之学受道家、禅学之影响是不可否认的,实则陆子本人亦未尝深讳此种影响。诚如,陆子答章仲至言："家有壬癸神,能供千湖水"①;此意在养得如道家所谓之元精、元神或元气以应对万事,非徒劳精神逐物于外而受其所牵累,亦即其所言"收拾精神、自做主宰"之义。陆子对佛老思想有认同亦有所吸收,但在根本关怀上则旨趣不一;陆子认为,"佛老高一世人,只是道偏,不是"②。陈建经由语词之"类同"法认为陆学同于庄、禅,陆学之"收拾精神"与禅学之"明心见性"皆是"作弄精神"。实则二者有根本立场之异,此处谨参曾春海如下说佐之：

> 象山的本心与禅家的真心之作用迥然不同。盖象山的本心是肯定其在人伦日用的经验界之发用,其发用所成就的是德性价值,本心感应孺子将入井而起怵惕恻隐者,系因恻隐之理在本心自身内,其由活动的特殊定向所成就者乃是仁德。因此象山的本心生意盎然,生生不息地发用出具种种德行价值的德性。心与理虽是超验的实有,其作用则落实于经验界的人情物事。禅宗明心见性,其心体虽有正面活动,却只限于超经验意,与象山立场殊异。再者,禅宗真心的作用在亲证心体常净,换言之,观空所悟得的是缘起性空,因而否定一切,悟得"我空"与"法空"才可以解脱烦恼。因此禅宗所悟得的为空理与象山本心所悟得的德性实理大异其趣。③

由此可见,陆、禅二学"作弄精神"有"实理"之于"空理"之别,实则二学于本旨上大异其趣。上述仅多从本体论的角度尝做分析,至于陈建认为陆、禅"作弄精神"之具体特点及工夫论方面亦须循其所辨再做分疏。

陈建认为陆子所说的"收拾精神"（本心）同于禅佛所说的"明心见性"（真心）,皆流于心之虚灵知觉之作用;即言二学虽谓收拾精神、自做主宰,抑或识心见性,皆是在作弄精神,禅陆实则同于一辙。如陆子谓"元来无穷,人与宇宙皆在无穷之中","宇宙便是吾心,吾心便是宇宙"等语,正同此禅机。只是象山引而不发,不着一禅字。陈建进而从陆子"宇宙"之说

---

① 〔宋〕陆九渊：《陆九渊集》卷三十六,《年谱》,第503页。
② 〔宋〕陆九渊：《陆九渊集》卷三十五,《语录》,第467页。
③ 曾春海：《陆象山》,台北：东大图书公司印行,1988,第180页。

和禅学"佛性"之说上就其所"作弄精神"的特点,做了具体的比较说明:

> 象山讲学,好说"宇宙"字。盖此二字,尽上下四方,往来古今,至大至久,包括无穷也。如佛说性周法界,十方世界是全身之类,是以至大无穷言也。若说法身常住不灭,觉性与太虚同寿之类,是以至久无穷言也。此象山宇宙无穷之说。宇宙吾心之说,一言而该禅学之全也。①

陈建据此,认为陆、禅二学以神识(即在陆为"吾心",在禅为"觉性")之不生不灭(即"无穷")为其共有之特征。陈建引朱子言,"儒者以理为不生不灭,释氏以神识为不生不灭"②,为据做儒释之别,亦据此指斥象山宇宙吾心之说非儒之实蕴。陈建亦认同胡敬斋所曰:"儒者养得一个道理,释老只养得一个精神。儒者养得一身之正气,释老养得一身之私气"③;依此指出陆子宇宙无穷之说只是愚弄欺诳,卒归自私,与佛老相同。实则前论中已提及,陆子讲学易简求本且气象高远,在超验之境界上难说不与佛老有同趣,但陆子亦指出佛老道偏不是。所谓佛老道偏,在陆子多是从其如前述"辨志"立说中辨之,而所谓"辨志"亦即"义利之辨"④。试看陆子批评佛教"道偏"之言:

> 释氏立教,本欲脱离生死,惟主于成其私耳,此其病根也。⑤
> 释氏谓此一物,非他物故也,然与吾儒不同。吾儒无不该备,无不管摄。释氏了此一身,皆无余事。公私义利于此而分矣。⑥
> 《与王顺伯书》云:"兄前两与家兄书,大概谓儒释同。……某尝以义利二字判儒释,又曰公私,其实即义利也。……惟义惟公,故经世;惟利惟私,故出世。儒者虽至于无声、无臭、无方、无体,皆主于经

---

① 〔明〕陈建:《学蔀通辨·后编》卷上,161页。
② 〔明〕陈建:《学蔀通辨·续编》卷上,第209页。另见《朱子语类》卷第一百二十六,《释氏》。
③ 〔明〕陈建:《学蔀通辨·后编》卷上,第166页。
④ 陆子此说前已论及,另参《语录》条:"傅子渊自此归其家,陈正己问之曰:'陆先生教人何先?'对曰:'辨志。'正己复问曰:'何辨?'对曰:'义利之辨。'若子渊之对,可谓切要。"见《陆九渊集》卷三十四,第398页。
⑤ 〔宋〕陆九渊:《陆九渊集》卷三十四,《语录》,第399页。
⑥ 〔宋〕陆九渊:《陆九渊集》卷三十五,《语录》,第474页。

世;佛氏虽尽未来际普度之,皆主于出世。……从其教之所由起者观之,则儒释之辨,公私义利之别,判然截然,有不可同者矣。"①

仅此数则材料即可知,陆子于儒释之辨自有确论,恰养得"一个道理""一身之正气",批判释者仅养得"一个精神""一身之私气"。据此亦可略窥陆子在儒者之"无"的超验界与释者之"空"的证悟境上有相应意义之认同,当然这并不妨碍陆子对释氏的批判,但仅据此而视陆、禅同辙则显是以偏概全。前面虽已提及陆子"本心"与释氏"真心"于本体上有"实理"之于"空理"之差异,但陆子于此方面则甚少予以理论性探究,多是直截从"义与利","经世与出世"之角度予以判说,此亦是其学之粗处。然朱子于此则有深入探究,曰:

> 陆子静从初亦学佛,尝言"儒佛差处,只是义利之间"。某应曰:"此尤是第二着,只他根本处便不是。当初释迦为太子时,出游,见生老病死苦,遂厌恶之,入雪山修行,从上一念,便一切做空看。惟恐割弃之不猛,屏除之不尽。吾儒却不然,盖见得无一物不具此理,无一理可违于物。佛说万理俱空,吾儒说万理俱实,从此一差方有公私义利之不同。今学佛者云,识心见性,不知是识何心?是见何性?"(德明)②

朱子虽言佛氏万理俱空,但亦不作佛氏以"空"为体,如有"问:'彼(佛氏)大概欲以空为体,他言天地万物万事,皆归于空。这个空便是他体?'曰:'他也不是欲以空为体,他只是说这个物事里面本空,着一物不得'";又曰:"便只是弄精魂。只是他摩擦得来精细,有光彩,不如此粗糙尔";即其言,"儒者以理为不生不灭,释氏以神识为不生不灭"③。观此,朱子强调的是释氏割弃、屏除物事之实理的弊病,尽管在释氏自有其"识心见性"之"不空"法性之理,但在儒者看来只是作弄精神而已;由此亦可见,朱子虽于释氏有颇深探究,但在批判的立脚点上仍与陆子不二。然就释氏"空"观而言,所重视的是真心观空之作用。此处再引曾春海之说以作申述之:

---

① 〔宋〕陆九渊:《陆九渊集》卷二,《书》,第17页。
② 《朱子语类》卷十七,《大学四或问上》。
③ 《朱子语类》卷一百二十六,《释氏》。

第二章 有史之辨：陈建与"异端之辨"

真心的观空作用有两个方面：一方面在消解无明烦恼所形成的执着；另一方面消解的同时就是显体，即将真实的存有显现出来。……因此，"空"之义，一方面是由观空而"离念"，荡相遗执，无相无待；另一方面由观空而亲证心体常净而名"不空"，盖作为主体性的心体非被思的对象，"无有相可取"，此即法性，也就是诸法存在的本尔状态（真如）。①

儒释间相互影响不容置否，实异中亦颇有同，然在根本价值立场上终有别，故非能仅据"无""空"之辞说即可判教。

鉴于上述可知，陈建虽尊朱子然多盲从，且于陆学、禅学理解不深，故而对陆学之批判实难深及内里，亦难使其辨说成立而多流于意气判教。细究陈建对陆学质疑和误读之由，既有其自身盲尊朱子且"前定"象山为禅之偏颇，亦有陆学自身不严谨而轻于理论体系构建之疏失。譬如，之所以在陆学中会将精神（虚灵知觉之作用）与心作等同看，是由于陆子并未严格区分"心"和"本心"的概念以及在其运用上。作为知觉主体的"心"和作为先天具有先验的道德理性的"本心"的混用，势必造成一切知觉活动都有合乎理之认识的可能性。事实上，陆子之"收拾精神，自做主宰"正是基于其"心即理"，是强调不要把精神虚耗于外部事物之上，而应反身内求，明得本心，树立起道德主体性，即自做主宰，而自能应之所当然。陆子之"宇宙便是吾心，吾心便是宇宙"说心即理，实质上和朱子言性即理是一脉相承的，陆子之所以直接言心即理，旨在使人们明白道德之理就在心的发用之中，同时这种道德之心亦有化解人心不合理意念之能。正如唐君毅指出："象山之言心即理，则又特意在使人有自觉其理之在心，而直下先有一自信自立，为其德性工夫之所据，以使其工夫更易于得力。"②陈建视之与佛氏识心见性同且指斥陆子只守此心之精神而不外用，这无疑是对陆子存在很大的误解，亦是此种"有我"之偏见使得其不能正视陆子"辨志"及经世诸儒家真义。再者，陆子是说基于人内心的道德准则和宇宙的普遍之理同一性上而强调、凸显本心的普遍性和永恒性，此与儒家传统的道德理想，即"天人合一"道德境界是契合的；尽管可以谓儒家在"无"之超验境界上与佛氏在"空"之证悟境界上有某种契应，但尚易简、喜境界、重立本之陆

---

① 曾春海：《陆象山》，第178—179页。
② 唐君毅：《中国哲学原论·原教篇》，北京：中国社会科学出版社，2006，第141页。

子终非陈建所认为的同于释老而仅养得"一个精神"抑或"一身之私气"。

陈建还有针对性地从工夫论角度猛烈抨击陆学为禅。陈建称陆学工夫"在于遗物弃事,屏思黜虑,专务虚静,以完养精神,其为禅显然也"①。陈建博采《象山语录》之言而略于采纳其《文集》《书疏》诸方面之材料来表达其观点,认为《语录》是象山与门人口传私授之言,于此才能真正识破其所谓"养神一路"之工夫。主要引文如下:

> 陆子曰:"心不可泊一事,只自立心。人心本来无事,胡乱被事物牵将去,若是有精神,即时便出便好,若一向去,便坏了。"
>
> 既知自立此心,无事时须要涵养,不可便去理会事,人不肯心闲无事,居天下之广居,须要去逐外着一事、印一说,方有精神。
>
> 内无所累,外无所累,自然自在,有一些子意,便沉重了。
>
> 人资性长短虽不同,然同进一步则皆失,同退一步则皆得。
>
> 人能退步自省,自然与道像入。(并《象山语录》)②

陈建指出这是陆学"遗物弃事"养神一路之要诀,既合于佛氏以事为障之旨,又归根本于庄子;陈建引《庄子·刻意篇》"纯粹而不杂,静一而不变,淡而无为,动而以天行"等语与释氏《息心铭》"无多虑,无多智",《安心偈》"人法双静,善恶两忘,自心真实,菩提道场"③等语以证之。前面已经就陆学本体实旨做了分析,要谈陆、禅有同亦毋庸讳言,二学本有相近处。从工夫论角度言,再分析陈建所引则可知陆子是在强调"立心"(亦即"主体性"之挺立)之根本的前提下,直就重伦理德性践履之层面而言内外无累、自然自在,退步(亦即"收拾精神")自省、涵养之,自有与庄、禅会通处。但此种会通处仅限在工夫之形式上,而于工夫所至之内容上则背道而驰。诚如张君劢指出:

> 我认为陆九渊可以说是一个仅在方法上的禅家思想信奉者。陆九渊生当禅宗盛行之时,而禅宗又的确不重读书和文字工夫,只重内心的顿悟。陆九渊不得不受这种观念的影响。不过,他弃绝禅宗的出

---

① 〔明〕陈建:《学蔀通辨·后编》卷中,第171页。
② 〔明〕陈建:《学蔀通辨·后编》卷中,第171、172、173页。
③ 〔明〕陈建:《学蔀通辨·后编》卷中,第174页。

世态度,只保持其内求本心的方法。他在方法上应用禅家的技巧,在道德生活的完成与儒家思想的展开上直接诉诸本心。①

较之朱子,细看陆子言论非不知人有资性(气质之性)长短不同,但陆子为学直指人心,且多运用庄、禅学不苟形式之机锋启示,确有"一是即皆是,一明即皆明"②,"无思无为,寂然不动,感而遂通天下之故"③之"顿悟"风格。

陈建正是假陆学"遗物弃事""专务虚静"只就心上说去,推论其皆是完养个精神,经由"顿悟"而"作弄精神"又皆合同于庄、禅之学。就论"心"而言,陈建认为陆学捐书绝学,遗物弃事,屏思黜虑,闭眉合眼,专一澄心,即是同于禅而皆以顿悟为宗,这是陆学骨髓所在,亦是勘破陆学工夫根本之处。陆子曰:"某观人不在言行上,不在功过上,直截雕出心肝"④;然陈建认为陆学虽言直承自孟子,但其只就心上说之"论心"则与孟子有毫厘、千里之别。陈建指出,"《孟子》七篇说心始详,然究其旨,皆是以良心对利欲而言。若象山之言心,乃对事而言。一主于寡欲存心,一主于弃事澄心,二者言似而指殊,正儒、释毫厘千里之判";又说:"夫孟子之先立其大也,道心为主,而不使欲得以害心。陆氏则养神为主,而唯恐事之害心,唯恐善之害心。天渊之别,若何而同也。"⑤详究之,陈建此说不能成立,究其因在陆子言心直就"本心"之绝对义,亦即于德性何以可能之究竟义上"辨志"(即"义利之辨");换言之,从人之为人的精神世界的价值上而言,即是于具足的、自主的"本心"上"直截是雕出心肝",并无有与物事相对义处立说。再者,陆子言"收拾精神""先立乎其大"亦合孟子本旨,实是挺立"本心"之主体性(即道心为主),意即人的自我德性的实现不是得自外在的环境和后天的经验,而是实源自"诚者自诚也,而道自道也。君子以自昭明德"⑥之"本心"发明。就陈建而言,对理之于欲、道心之于人心皆相对而论,既肯认了"道心"(即"良心")本有之先验的天赋的道德原则,但亦强调了须经由对外在事物直接的、经验的过程认识而渐积至"豁然贯通"之"飞

---

① 张君劢:《新儒家思想史》,北京:中国人民大学出版社,2006,第 206 页。
② 〔宋〕陆九渊:《陆九渊集》卷三十五,《语录》,第 469 页。
③ 〔宋〕陆九渊:《陆九渊集》卷三十五,《语录》,第 456 页。
④ 〔明〕陈建:《学蔀通辨·后编》卷中,第 174、176 页。
⑤ 〔明〕陈建:《学蔀通辨·后编》卷中,第 176 页。
⑥ 〔宋〕陆九渊:《陆九渊集》卷三十四,《语录上》,第 396 页。

跃"以彰显之。

陈建对陆子为学工夫理解之不相契应,亦多因循而固限于一尊朱子"涵养须用敬,进学在致知"内外相兼之工夫径路。此处再举"四勿"说之辨,以见陈建对陆子为学工夫之误读。

> 陆子曰:"学有本末,颜子闻夫子三转语,其纲既明,然后请问其目。夫子对以非礼勿视、勿听、勿言、勿动。颜子于此洞然无疑,故曰'回虽不敏,请事斯语矣'。本末之序盖如此。今世论学者,本末先后,一时颠倒错乱,曾不知详细处未可遽责于人。如非礼勿视、听、言、动,颜子已知道,夫子乃语之以此。今先以此责人,正是躐等。(注:陈建截引于此)视、听、言、动勿非礼,不可于这上面看颜子,须看'请事斯语',直是承当得过。"

陈建认为,"四勿"之训,即克己切要工夫,原非两截事,学者修身入道,莫急于此;象山分先后本末,盖其禅见不在言行功过,而直截说心,以克己为明心根本之功,而"四勿"为粗迹事,为之末,妄生分别,乱道误人也;象山专欲学者明心,而视、听、言、动非礼不恤,正佛氏"直取无上菩提",一切是非莫管也。① 陈建于"四勿"是论自有合理之处,内外相济、原非两截,以为修身入道之要。然陆子虽言"学有本末",但未有妄分本末先后之意;陆子意在纲举目张、内外相即,内的工夫即外的工夫;其纲即闻夫子"三转语"(亦即"问仁")②,其目即是"四勿"之说,立体显用,直是承当而已。陆子所重视者是德性践履之究竟工夫,即内外相即、体用不二,侧重在德性实践之"自律";而陈建所遵行者多是从德性践履之现实性出发,强调内外兼济、知行并尽,凸显德性实践之"他律"。于此亦可见,陈建确于陆子之为学工夫不相契,且亦多断章取义而以己之成见曲意弥缝陆子于禅学。

从上述来看,陈建基于儒释之辨,对陆学工夫之批判由于简单化的比照而导致了绝对化的处理,无疑是难得学蔀通辨之要领。自唐宋以来,儒释道三教就有融汇之趋势,而儒释之辨自始亦是一重大论题。陆学受禅佛之影响是难以避免的,其为学近禅以至工夫亦似与禅学无二,然其学术在

---

① 〔明〕陈建:《学蔀通辨·后编》卷中,第175页。
② 所谓"三转语",即"逮至问仁之时,夫子语之,尤下克己二字,曰'克己复礼为仁。'又发露其旨,曰'一日克己复礼,天下归仁焉。'既又复告之曰'为仁由己,而由人乎哉?'吾尝谓此三节,乃三鞭也。"见《陆九渊集》卷三十四,《语录》,第397页。

本质上及根本目的论上自能做到儒释分明。于此,王阳明有论:

> 夫禅之说,弃人伦,遗物理,而要其归极,不可以为天下国家。苟陆氏之学而果若如是也,乃所以为禅也。今禅之说与陆氏之说、孟氏之说,其书具存,学者苟取而观之,其是非同异,当有不待于辩说者。……夫是非同异,每起于人持胜心,便旧习,而是己见。故胜心旧习之为患,贤者不能免焉。①

陆学不同于禅学之经世价值取向,此点是显而易见的;王阳明此论亦仅限于为学之迹之分判,尚未能深及禅、陆二学理论内涵之不同,终不能说服于人。但陈建于陆子此处尚不能正视,谓陆学"则欲主之以经世,本同(即指:近世异学,同主养神)而末异,皆非天理之自然,一出于私智之安排作弄"②,且批之为禅多在不究其学内涵而仅论于形式,胜心、己见之偏颇至为显明。再者,反省、体验式的觉解亦是儒家应有之意,朱子之学亦不排斥内向性体验。陆子为学重道德生活之证成及德性境界之实现,其为学工夫是基于"本心"之自信、自立,故其求放心、存心就须是"遗物弃事"乃至不需要读书穷理,"学苟知本,《六经》皆我注脚"③。然陆学过分强调主体性道德意识之自立而有被将一切知觉活动误解为伦理本能之可能,视读书穷理为末而直指本心之顿悟工夫亦易于被视之为佛氏"作用是性"之说。因陆学为学工夫尚"易简",此正是极易被误解为近禅之处,但陈建将之视作儒释截然之分别势必有"喧宾夺主"之嫌,此番过度诠释亦将禅、陆以至朱、陆之分别形式化、绝对化。

陈建辨陆学固然存在难以克服和避免之偏见,以致其立说多偏颇不实,但在一定程度上揭示了陆学之于庄、禅的一些特点及其所受之影响,亦在一定程度上触及了陆学粗疏之处及可能性之流弊。就其粗疏、流弊概言之,诸如捐书绝学,屏物弃事;不察气禀偏杂,而率意妄行,所以至于颠倒错乱;豁然顿悟,用心过当,何尝倚靠得?诸如此类,陈建于此立说固有不合陆学自身之逻辑处,但这些问题亦是陆学自身固有之粗疏处,渐行之流弊亦是层出不穷,此亦不可否认。日本学者荒木见悟指出:

---

① 〔宋〕陆九渊:《陆九渊集》,《附录一》,《王守仁序》,第538页。
② 〔明〕陈建:《学蔀通辨·后编》卷下,第186页。
③ 〔宋〕陆九渊:《陆九渊集》卷三十四,《语录》,第395页。

陆象山所谓"无心外之理"的表达方式从确立人的根源性主体这点上来看并没有意义,但是假如他认为内外相即,所以内的工夫即外的工夫,从而忽略了外界事象具有的独自形势,那么内的工夫也就适得其反地丧失了线索,理化作空漠一物,最终陷入佛者式的出世间主义之中,否定读书凌驾古今之上,沦为过激的现实超跃派。……它忽视了理气彼我的分歧和循序渐进的台阶,随心所欲地天马行空,现实界各种曲折精微的问题在其眼里不过是鸡零狗碎的东西而已。……因此所谓存心、识心者并非让人徒劳无益地领略此心的精灵知觉,而是让人领略此心的义理的精微。若想领略其义理的精微,原本必须穷尽天下之理才能指望。①

荒木见悟基于此论,认为须将朱子所谓的豁然贯通与禅家、陆子所谓的豁然顿悟严格地区分开来。荒木见悟是论肯定了陆学在挺立根源性主体(即"立本")上之意义,同时指出陆学因忽视外界事象而有使之理化作空漠一物以致陷入佛氏出世间主义中之流弊。荒木见悟视禅、陆豁然顿悟同辙有是有不是处,从二学皆主即体即用,即本体即工夫来看,是处二学工夫上确有相近,不是处则二学本体上终不同。然则尽管在陆子自身不肯认抑或无"理化作空漠一物"之可能,但其理论上不重外界事象而轻知识论之倾向于后学则显有流弊渐行。

二、王学与禅学

继陆学之辨,陈建亦在儒释、朱、陆异同之视野下就王阳明学近释老给予批驳;其言称,"近年一种学术议论,类渊源于老、佛,其失尤深而尤显也"②。按陈建引述辩驳之观点,大旨认为阳明学总体特点是,学杂儒、释、道三教,而本归释、老二学,以"良知"为体,以"悟"为则,继陆子亦成一部禅学。至于陈建所据、所辨是否妥当,尝需依其立论、辩说以究其实。

试看陈建所论:

(一)《传习录》问:"佛以出离生死诱人入道,仙以长生久视诱人

---

① 〔日〕荒木见悟:《佛教与儒教》,杜勤、舒志田等译,郑州:中州古籍出版社,2006,第248—249页。
② 〔明〕陈建:《学蔀通辨·续编》卷下,第237页。

入道。究其极至,亦是见得圣人上一截,后世儒者又只得圣人下一截? 阳明先生曰:"所论上一截下一截,亦是人见偏了如此。若论圣人大中至正之道,彻上彻下,只是一贯。更有甚上一截下一截!"①

(二)王阳明《答人问神仙书》云:"吾儒亦自有神仙之道,颜子三十二而卒,至今未亡也。足下能信之乎?后世上阳子之流,盖方外技术之士,未可以为道。若达摩、慧能之徒,则庶几近之矣,然而未易言也。足下欲闻其说,须退处山林三十年,全耳目,一心志,胸中洒洒不挂一尘,而后可以言此。"②

陈建据此而论阳明讲学,既有通仙、佛、儒,上下而兼包之,谓为圣人中正一贯之道,诚驳且杂之弊病,又只是尊信达摩、慧能,只是欲合三教为一,无他伎俩。就陈建所引二则材料而言,断章弥缝之意至为显明;就其所辨立说而论,望文生义、不究其实亦甚不当。考较陈建所引二材料原文即可知,陈建所截引专取阳明言与释、老近者,而于阳明之于问答所阐发之主旨则盲然不顾。就上述材料(一)而言,阳明所答重在为学方式上须彻上彻下、只是一贯;在为学内涵上则主"圣人大中至正之道",即阳明所继答之,"'一阴一阳之谓道',但仁者见之便谓之仁,知者见之便谓之智,百姓又日用而不知,故君子之道鲜矣。仁智岂可不谓之道? 但见得偏了,便有弊病"(注:此陈建所未引)③。所谓见得偏了,就是妄分上下二截,且不究大中至正一贯之道之实。阳明曾言:

> 仁、义、礼、智也是表德。性一而已:自其形体也谓之天,主宰也谓之帝,流行也谓之命,赋于人也谓之性,主于身也谓之心。心之发也,遇父便谓之孝,遇君便谓之忠,自此以往,名至于无穷,只一性而已。犹一人而已:对父谓之子,对子谓之父,自此以往,至于无穷,只一人而已。人只要在性上用功,看得一性字分明,即万理灿然。④

于此亦可见,阳明所谓一贯之道,既未悖于儒亦非杂于老、佛。材料(二)

---

① 〔明〕陈建:《学蔀通辨·续编》卷下,第239页。
② 〔明〕陈建:《学蔀通辨·续编》卷下,第239页。
③ 〔明〕王守仁:《王阳明全集》卷一,《语录一》,第21页。
④ 〔明〕王守仁:《王阳明全集》卷一,《语录一》,第17—18页。

是有关阳明《答人问神仙》①一事，阳明自言神仙事本无可答，不得已而强为妄言之；所谓颜子"三十二而卒，至今未亡也"之言，须参看阳明另言可知，即：

> 见圣道之全者惟颜子。观"喟然一叹"可见，其谓"夫子循循然善诱人，博我以文，约我以礼"，是见破后如此说。如何是善诱人？学者须思之。道之全体，圣人亦难以语人，须是学者自修自悟。颜子"虽欲从之，未由也已"，即文王"望道未见"意。望道未见乃是真见。②

陈建批评阳明，"谓颜子至今未亡，此语尤可骇，岂即佛氏所谓'形有生死，真性常有'者邪？"③阳明谓颜子之不亡者，乃就其见道全者处而言，强调求道贵自修自悟，在方式上退处山林三十年未尝不可；"真性常有"与"圣道恒存"在存有义之形式上未尝不可谓之"庶几近之矣"，（参前引王阳明《答人问神仙书》）但陈建将二者在内涵上等同则至为不当。前述亦已表明，阳明之"道"实非如禅家之观空、离念而亲证得常存"不空"之本尔状态（即"真如"）。

阳明非特少与禅师、仙道者接触，甚而在仙佛之一些方式、方法上亦有所汲取和运用，但这和是否于本旨内涵上认同仙佛则是两回事。且阳明于学仙佛及退处体验之进学路径并不讳言，曾自谓青年时期泛滥辞章、出入释道，虽稍知从事于正学而苦于众说纷扰疲病，尝因"庭前格竹"七日而累倒，其后被贬官龙场，居夷处困、动心忍性之余，恍若有悟，体验探求，再更寒暑，证诸《五经》《四子》，沛然若江河而放诸海也④。阳明龙场悟道，揭橥其心即理、心外无理之说，亦是其立"良知"说之关节点，据《年谱》所载阳明五十岁后正式以"良知"为宗旨教授门人。

陈建认为，阳明"良知"之学，本于佛氏之"本来面目"，而合于仙家之元精、元气、元神，其所见无非形影之物，所主亦无非自私自利也；"良知"之说，其为杂为舛，学术根源骨髓不在真圣学⑤。试看陈建引证：

---

① 〔明〕王守仁：《王阳明全集》卷二十一，《外集三》，第 887 页。
② 〔明〕王守仁：《王阳明全集》卷一，《语录一》，第 27 页。
③ 〔明〕陈建：《学蔀通辨·续编》卷下，第 240 页。
④ 〔明〕王守仁：《王阳明全集》卷三，《朱子晚年定论》，第 144 页。
⑤ 〔明〕陈建：《学蔀通辨·续编》卷下，第 238、239 页。

第二章 有史之辨:陈建与"异端之辨"

《传习录》问:"仙家元气、元精、元神。"阳明先生曰:"只是一件,流行为气,凝聚为精,妙用为神。"

王阳明《答人书》云:"精一之精,以理言;精神之精,以气言。理者气之条理,气者理之运用,原非有二事也。但后世儒者之说,与养生之说各滞于一偏,是以不相为用。前日精一之论,虽为爱养精神而发,然而作圣之功,实亦不外是矣。"又曰:"夫良知一也,以其妙用而言,谓之神;以其流行而言,谓之气;以其凝聚而言,谓之精。安可以形象方所求哉!真阴之精,即真阳之气之母;真阳之气,即真阴真精之父。阴根阳,阳根阴,亦非有二也。苟吾良知之说明,则凡若此类,皆可以不言而喻。不然,则如来书所谓,三关、七返、九还之喻,尚有无穷可疑也。"

王阳明《答人书》云:"养德、养身只是一事,果能戒惧不睹,恐惧不闻,而专志于是,则神住、气住、精住,而仙家所谓长生久视之说,亦在其中矣。"①

陈建据此认为阳明将"良知"之说归于养生"三住",合于仙家之"三元",无非即是自私自利,即是视仙家与圣人同。又引阳明之言:

王阳明《答人书》云:"'不思善不思恶时认本来面目'此佛氏为未识本来面目者设此方便。'本来面目',即我圣门所谓'良知','随物而格,是致知之功',即佛氏之'常惺惺',亦是常存他本来面目。体段工夫,大略相似,但佛氏有个自私自利之心,所以始有不同耳。"②

陈建指出阳明虽言佛是有个自私自利之心,但其"良知"之说既然归于养生"三住",亦必本于佛氏之"本来面目",且其体段工夫杂糅仙佛,皆有悖于圣学。尽管阳明显然有比照仙佛而为其"良知"论说之辞,但陈建此番立说仅限于表象之辨自然不当。细究之,阳明虽有援引仙佛之辞,但其旨在论理气、心物皆原非二事,心之"良知"即体即用,只是个"一",既不可以形象方所求之,亦不可有将迎意必之意,若此即是自私自利之心。此于陈建前引阳明书中已有论及而未被提及:

---

① 〔明〕陈建:《学蔀通辨·续编》卷下,第237、238页。
② 〔明〕陈建:《学蔀通辨·续编》卷下,第237页。

王阳明《答人书》云:"……欲求宁静,欲念无生,此正是自私自利、将迎意必之病,是以念愈生而愈不宁静。良知只是一个良知,而善恶自辨,更有何善何恶可思?……只是一念良知,彻头彻尾,无始无终,即是前念不灭,后念不生。"①

在阳明而言,所谓良知"善恶自辨"即是"知善知恶是良知",实就良知之实然自性上而言;所谓"更有何善何恶可思?"即是"无善无恶心之体",则是就良知之所以然之体性上而言。因而,良知只是一个,即"无善无恶"即"知善知恶"。

阳明自谓体段工夫与佛氏大略相似,但其所言只是"一"的"良知"之"本来面目"究竟为何?尚需再加疏解之。

细究之,阳明假仙、佛之"三元""本来面目"之辞皆旨在阐发"理"之求不在形象方所(抑或谓之"物"),亦不可有将迎意必之执泥,工夫便只在心上。有如阳明所言,"在物为理,在字上当添得一心字,此心在物则为理。如此心在事父则为孝,在事君则为忠之类。故我说个心即理,要使知心理是一个,便来心上做工夫,不去袭义于义,便是王道之真。此我立言宗旨"②。陈建则认为王阳明所谓心上工夫实则乃杂糅儒、释、道,自谓是彻上彻下的圣人中正一贯之道,实质上根髓在于仙佛。又陈建引阳明《答人书》云:"夫学者贵得之心,求之于心而非也,虽其言之出于孔子,不敢以为是也;求之于心而是也,虽其言之出于庸人,不敢以为非也。"③陈建据此指出:

惟求心一言,正是阳明学术病根。自古众言淆乱折诸圣,未闻言之是非折诸心,虽孔子之言不敢以为是者也。其陷于师心自用,猖狂自恣甚矣!夫自古圣贤,皆主义理,不任心。……惟释氏乃不说义理,而只说心,惟释氏自谓了心、照心,应无所住,以生其心,而猖狂自恣。呜呼!此儒、释之所以分,而阳明之所以为阳明与。④

---

① 〔明〕王守仁:《王阳明全集》卷二,《语录二》,第76页。
② 〔明〕王守仁:《王阳明全集》卷三,《语录三》,第137—138页。
③ 〔明〕陈建:《学蔀通辨·续编》卷下,第244页。
④ 〔明〕陈建:《学蔀通辨·续编》卷下,第244页。

第二章 有史之辨:陈建与"异端之辨"

陈建对于王阳明的批评亦仅是取自文意之表象,而未深入阳明"良知"学之本质去探讨辨析,仍然将阳明言心即理及良知说等同于释老而谓之"完养精神"。王阳明所谓的心与理事实上只是一个,即心即理;在物事之理亦即是此心之理,也就是此心在物事则为理。只说心,凸显了主体自主自觉地道德践履的主体性和能动性,也就是此心须是在物事,而实现物事之理则须是在心上做工夫;只说义理,也就是此心之性理即是物事之理,凸显的是物事之理的绝对性和心之性理的抽象性,而实现物事之理则多是在物事上磨。其间的"同异"(前章节也论及)虽显见然亦精微,而陈建"有我"之偏见,则显见而不待辨已明。

实则,阳明所主就心上说,即就"良知"上说,所谓"良知"即为人人所固有的、完全相同的先验的道德理性。诚如阳明所言:

> 良知者,孟子所谓"是非之心,人皆有之"者也。是非之心,不待虑而知,不待学而能,是故谓之良知。是乃天命之性,吾心之本体,自然灵昭明觉者也。①
>
> 孟子云"是非之心,知也","是非之心,人皆有之",即所谓良知也。②
>
> 知是心之本体。心自然会知:见父自然知孝,见孺子入井自然知恻隐,此便是良知,不假外求。③
>
> 然心之本体则性也。性无不善,则心之本体无不正也。④
>
> 性无不善,故知无不良。良知即是未发之中,即是廓然大公,寂然不动之本体,人人之所同具者也。体即良知之体,用即良知之用,宁复有超然于体用之外者乎?⑤

阳明言心、性、良知,究其实而言皆即"理",辞异旨同,皆指至善至正之实理。然"良知只是一个天理自然明觉发见处,只是一个真诚恻怛,便是他本体"⑥,"心者身之主也,而心之虚灵明觉,即所谓本然之良知也"⑦等语,即

---

① 〔明〕王守仁:《王阳明全集》卷二十六,《续编一》,《大学问》,第1070页。
② 〔明〕王守仁:《王阳明全集》卷五,《文录二》,《与陆元静》,第211页。
③ 〔明〕王守仁:《王阳明全集》卷一,《语录一》,第7页。
④ 〔明〕王守仁:《王阳明全集》卷二十六,《续编一》,《大学问》,第1070页。
⑤ 〔明〕王守仁:《王阳明全集》卷二,《语录二》,第71页。
⑥ 〔明〕王守仁:《王阳明全集》卷二,《语录二》,《答聂文蔚二》,第95页。
⑦ 〔明〕王守仁:《王阳明全集》卷二,《语录二》,《答顾东桥书》,第53页。

言所谓良知是"天理自然明觉"亦是"心之虚灵明觉",二者是同一的。这里的"明觉"皆是从伦理道德义上讲的,即说"明觉"皆是就良知自身之自然灵昭而言,亦指良知本身,并非除却良知另有个自然明觉处。所谓"自然明觉",即是"不虑而知,不学而能"的是非自辨的"心",亦即"良知",如言"良知只是个是非之心。是非只是个好恶,只好恶就尽了是非,只是非就尽了万事万变"①。究其内涵而言,良知则是主体之先验道德体性与主体之自性价值认知的统一,即体即用而为人人所本有,皆是就道德上言。故而,阳明虽毋庸置疑吸纳了释道二学颇为可取之思想资源,但其思想本旨内涵则仍是儒家本有之义,因而是儒家之"本来面目"。这在阳明晚年所揭橥的"致良知"一说上则深有阐发。

王阳明言,"良知之外,别无知矣。故'致良知'是学问大头脑,是圣人教人第一义"②。然何谓"致良知"? 又"在孟子言'必有事焉',则君子之学终身只是'集义'一事。义者宜也。心得其宜之谓义。能致良知,则心得其宜矣,故'集义'亦只是致良知。"③详言之,则为:

> 夫"必有事焉",只是"集义"。"集义"只是"致良知"。说"集义"则一时未见头脑,说"致良知"即当下便有实地步可用功。故区区专说"致良知",随时就事上致其良知,便是"格物";著实去致良知,便是"诚意";著实致其良知而无一毫意必固我,便是"正心"。著实致良知,则自无忘之病;无一毫意必固我,则自无助之病;故说格、致、诚、正则不必更说个忘助。孟子说忘助,亦就告子得病处立方。告子强制其心,是助的病痛,故孟子专说助长之害。告子助长,亦是他以义为外,不知就自心上"集义",在"必有事焉"上用功,是以如此。若时时刻刻就自心上"集义",则良知之体洞然明白,自然是是非非纤毫莫遁,又焉有"不得于言,勿求于心;不得于心,勿求于气"之弊乎? 孟子"集义"、"养气"之说,固大有功于后学,然亦是因病立方,说得大段,不若《大学》格、致、诚、正之功,尤极精一简易,为彻上彻下,万世无弊者也。④

---

① 〔明〕王守仁:《王阳明全集》卷三,《语录三》,第126页。
② 〔明〕王守仁:《王阳明全集》卷二,《语录二》,《答欧阳崇一》,第80页。
③ 〔明〕王守仁:《王阳明全集》卷二,《语录二》,《答欧阳崇一》,第82页。
④ 〔明〕王守仁:《王阳明全集》卷二,《语录二》,《答聂文蔚》,第94—95页。

第二章 有史之辨:陈建与"异端之辨"

观此,则阳明所论"良知"实义已至为详备,又云:"吾心之良知,即所谓天理也。致吾心良知之天理于事事物物,则事事物物皆得其理矣。致吾心之良知者,致知也。事事物物皆得其理者,格物也。是合心与理而为一者也。"①阳明论"良知"自始在道德义上,亦自始旨归儒家本义;所谓"良知",即本体即工夫,即存有即活动,自始凸显的是于道德实践的即内即外之活动义,就是要将良知从内外"扩充到底",即合吾心之天理与物事之理而为一,亦即是致知与格物的统一。阳明较之陆子之学更为圆熟,而集心学之大成。诚如,唐君毅先生所论:

> 阳明之言心即理,乃即心之良知之是是非非以见理。心之良知之是是非非,乃对事物而见。事物皆具体之事物,而良知天理之表现,即皆连于此具体之事物。具体之事事物物,固一一分别,而良知天理之是是非非,亦即显一分别义。故"良知天理"之不能视为一包括项目件数之总体之名,而惟所以言一切良知天理之表现,皆同原而共本,即较象山之言本心者,更显然易见,无烦多论矣。②

由此皆可确证,陆、王学之"本来面目"仍在儒学本义。陈建所谓陆、王杂糅儒、释、道三教,本归释、老二学,所谓陆、王"本心"、"良知"说皆是"阳儒阴释"、"屏物弃事"而仅"作弄精神"之论实为不当。

接着前节"精神"之论考察,陈建之所以视王阳明"良知"说仍是"作弄精神",乃是径直将阳明之"良知"作"精神"之虚灵知觉作用而形而下解之。然考王阳明所论:

> "精一"之"精"以理言,"精神"之"精"以气言。理者,气之条理;气者,理之运用。无条理则不能运用;无运用则亦无以见其所谓条理者矣。精则精,精则明,精则一,精则神,精则诚,一则精,一则明,一则神,一则诚,原非有二事也。
>
> 夫良知一也,以其妙用而言,谓之神;以其流行而言,谓之气;以其凝聚而言,谓之精。安可以形象方所求哉!真阴之精,即真阳之气之母;真阳之气,即真阴真精之父。阴根阳,阳根阴,亦非有二也。苟吾

---
① 〔明〕王守仁:《王阳明全集》卷二,《语录二》《答顾东桥书》,第51页。
② 唐君毅:《中国哲学原论·原教篇》,北京:中国社会科学出版社,2006,第144页。

良知之说明，则凡若此类，皆可以不言而喻。①

就王阳明而言，"神""气""精"皆是从不同维度说明了"良知"，而"良知"则是理气不二的"一"，理是气之条理、气是理之运用。王阳明所谓的"精神"虽亦是依着"气"而言说的，即说明妙用流行，但其之所以然者则是"理"，理气不二即良知一也；故而，在王阳明而言，流行妙用之"精神"即良知之妙用流行，原非有二亦非有二事。前述朱子所言，"神即是心之至妙处，滚在气里说，又只是气，然神又是气之精妙处，到得气，又是粗了"。神，即心之虚灵知觉作用，于朱子而言属气多做形而下解之（道心、人心）；然神（虚灵知觉）亦是气之精妙处即心之实然自性，能认知地统摄理，不专就气上说。于此，可参牟宗三所论：

> "虚灵是心之体"意即心之当体自己，亦涵心之本质（体性）如此。但此本质（体性）却不是心之所以然之理之性。此只是实然地说其自性是如此。
>
> 此"心与理一"是认知地摄具之一，不是本体论地自发自具之一。②

较之朱子，王阳明所谓良知之妙用（即"精神"）所指亦是"心之虚灵明觉"。然王阳明所言心之虚灵知觉不是认知地摄具理，而是本体论地自发自具理。一如前论及王阳明所言，"心者身之主也，而心之虚灵明觉，即所谓本然之良知也"③，而"良知只是一个天理自然明觉发见处，只是一个真诚恻怛，便是他本体"④。所谓"天理自然明觉"亦即是"心之虚灵明觉"，二者是同一的。"自然明觉"皆是就良知自身之自然灵昭而言，亦指良知本身，并非除却良知另有个自然明觉处。所谓"自然明觉"，即是"不虑而知，不学而能"的是非自辨的"心"（亦即"良知"），如言"良知只是个是非之心。是非只是个好恶，只好恶就尽了是非，只是非就尽了万事万变"⑤。究其内涵而言，良知则是主体之先验道德本性与主体之自性价值认知的统一，即

---

① 〔明〕王守仁：《王阳明全集》卷二，《语录二》《答陆原静书》，第70页。
② 牟宗三：《心体与性体》下册，第427、426页。
③ 〔明〕王守仁：《王阳明全集》卷二，《语录二》《答顾东桥书》，第53页。
④ 〔明〕王守仁：《王阳明全集》卷二，《语录二》《答聂文蔚二》，第95页。
⑤ 〔明〕王守仁：《王阳明全集》卷三，《语录三》，第126页。

体即用而为人人所本有;至于王阳明所谓的"精神"虽以气言来说明之,但究其实亦即是本体论地自发自具之"良知"之妙用流行("精一""精神"虽分而论之,但就实处讲"精神"则是"精一"之"精神")。于此根本处即可见,陈建所谓继陆子"阳明亦成一部禅矣"①,实是多出门户偏狭而误释之。

就儒释(老)关系而言,实则阳明于释老亦有辨,亦可发见其"良知"非释老之本色:

> 先生曰:"仙家说到虚,圣人岂能虚上加得一毫实?佛氏说到无,圣人岂能无上加得一毫有?但仙家说虚,从养生上来;佛氏说无,从出离生死苦海上来:却于本上加却这些子意思在,便不是他虚无的本色了,便于本体有障碍。圣人只是还他良知的本色,更不着些子意在。良知之虚,便是天之太虚;良知之无,便是太虚之无形。日、月、风、雷、山、川、民、物,凡有貌象形色,皆在太虚无形中发用流行,未尝作得天的障碍。圣人只是顺其良知之发用,天地万物俱在我良知的发用流行中,何尝又有一物超于良知之外,能作得障碍?"
>
> 或问:"释氏亦务养心,然要之不可以治天下,何也?"先生曰:"吾儒养心,未尝离却事物,只顺其天则自然,就是功夫。释氏却要尽绝事物,把心看做幻相,渐入虚寂去了。与世间若无些子交涉,所以不可治天下。"②

据阳明此论,实已可大致见得儒与释道之同异。从本体论上而言,儒与释道实则异名同体,都承认心体之普遍性和绝对性。佛禅讲佛性在本质上即是"空性"亦即是"自性",也就是说世界本然虚空,因是虚空而含生"万法",万法依存于虚空,亦终归于虚空;"世人心空,亦复如是。自性能含万法是大,万法尽在诸人性中"(《坛经·般若品第二》),"是人性本清净,万法从自性生"(《坛经·忏悔品第六》),也是说万事万物本性不有(空),皆依自性而生,故而佛氏言心生则万法生,心灭则万法灭。道家讲道体在本质上即是玄虚之"自性",在老子而言,道是非有非无亦有亦无的玄,道取法于自性,无为而无不为;在庄子而言,道是超越了时空间的虚无,"自本自根,未有天地,自古以固存"(《庄子·大宗师》)。就庄子所谓之"道"之

---

① 〔明〕陈建:《学蔀通辨·续编》卷下,第241页。
② 〔明〕王守仁:《王阳明全集》卷三,《语录三》,第121页。

"体"处言,"夫恬淡寂寞,虚无无为,此天地之平而道德之质也";就其"用"处言,"纯粹而不杂,精一而不变,淡而无为,动而以天行,此养神之道也。"(《庄子·外篇·刻意》)王阳明讲儒家道德本体之"良知"在本质上亦是虚无之"自性",即"虚明灵觉"之天理,亦即"无善无恶"之心体;王阳明"范围朱陆而进退之"将心、性、理、道、天等贯通一体而以"良知"言之,如其谓"心之体性也,性即理也","心之体,性也;性之原,天也"①,"心即道,道即天","这心之本体,原只是个天理"②,"天理之昭明灵觉,所谓良知也"③,"良知者,心之本体"④。就王阳明所谓之"良知"之"体"而言,"吾心之良知,即所谓天理也";就其"用"而言,"致吾心良知之天理于事事物物,则事事物物皆得其理矣"⑤。诚如明儒吕坤所言,"夫阳明者,精粗巨细,何所不能? 艰大繁猥,何所不妙? 盖实实在事物上体察,闻见中打叠"⑥。由此可见,儒者与佛老在"本来面目"(本来性)虽有不同,但亦有相契合处。于此亦能大体见得王阳明或儒家之于佛禅及道各自在对待现实性上的不同所在。佛禅所谓"生死苦海"是在现实性上施教生死本无可得,故而能出离苦海,亦即是自行了脱这"无明心""自性迷"而"明心见性"直指本来性之"自性";道家所谓"养神",在现实性上即是依循本然自然、天真自由之性而行,亦即是在本来性之清净、虚无无为而无不为。而王阳明之"致良知"即体即用,现实性之日用常行、人伦物则之诚正亦即本来性之天理之昭然灵觉。故而,王阳明"良知"之论说虽于语词甚或为学方式上与佛老有相近乃至相通处,但于现实性之本质旨趣上二者之间却无甚干系。

然陈建未深入理论究竟而比附持论阳明之"良知"为近释、老之"本来面目",故而对阳明为学工夫亦做了激烈地批判。前已提及,陈建认为"惟求心一言,正是阳明学术病根",指斥阳明师心自用,学专说悟。略举其所引证,如下:

《无题诗》云:"同来问我安心法,还解将心与汝安。"
又云:"漫道六经皆注脚,凭谁一语悟真机。"

---

① 〔明〕王守仁:《王阳明全集》卷二,《语录二》,《答顾东桥书》,第48、49页。
② 〔明〕王守仁:《王阳明全集》卷三,《语录一》,第24、41页。
③ 〔明〕王守仁:《王阳明全集》卷五,《文录二》,《答舒国用》,第212页。
④ 〔明〕王守仁:《王阳明全集》卷二,《语录二》,《答陆原静书》,第69页。
⑤ 〔明〕王守仁:《王阳明全集》卷二,《语录二》,《答顾东桥书》,第51页。
⑥ 〔明〕吕坤:《吕坤全集》,《去伪斋集》卷四,《书启·别尔瞻书》,北京:中华书局,2008,第200页。

第二章 有史之辨:陈建与"异端之辨"

又云:"悟到鸢鱼飞跃处,工夫原不在陈编。"

《示门人诗》云:"无声无臭独知时,此是乾坤万里基。抛却自家无尽藏,沿门持钵效贫儿。"①

陈建此论,旨在说明阳明学专说心,视《六经》为故纸陈编,一以"悟"为则,此与禅学不立文字、识心顿悟之说同辙。陈建此说除却禅会之意,用之于阳明亦未尝不可。就阳明所揭櫫之"良知之外更无知"的为学宗旨而言,《六经》未尝不是故纸陈编,但此非意味着阳明就不讲求读书。就读书不明而言,阳明有己之确论:

> 此只是在文义上穿求,故不明。如此,又不如为旧时学问,他到看得多,解得去。只是他为学虽极解得明晓,亦终身无得,须于心体上用功。凡明不得,行不去,须反在自心上体当即可通。盖《四书》、《五经》不过说这心体,这心体即所谓道,心体明即是道明,更无二。此是为学头脑处。②

读书本身不是目的,故不可仅寻得个解得明晓;经书只是道的载体,终归须得求证于心体。故而,阳明强调"为学须有本原,须从本原上用力"③,这个本原即是"良知",亦即是"乾坤万里基""自家无尽藏"。陈建仅截取易被禅会之辞为己立说,实则阳明说心、说悟自始不离其"良知"之儒者本义。如阳明《答人问良知》二首:

> 良知即是独知时,此知之外更无知。谁人不有良知在,知得良知却是谁?
> 知得良知却是谁?自己痛痒自家知。若将痛痒从人问,痛痒何须更问为?④

又,阳明《示诸生》一首:

---

① 〔明〕陈建:《学蔀通辨·续编》卷下,第240、241页。
② 〔明〕王守仁:《王阳明全集》卷一,《语录一》,第16—17页。
③ 〔明〕王守仁:《王阳明全集》卷一,《语录一》,第16页。
④ 〔明〕王守仁:《王阳明全集》卷二十,《外集二》,第871页。

>　　尔身各各自天真，不用求人更问人。但致良知成德业，谩从故纸费精神。
>
>　　乾坤是易原非画，心性何形得有尘？莫道先生学禅语，此言端得为君陈。①

阳明于此已将学问本体、工夫说得分晓明白，此正可回应陈建所引之偏狭，及其所疑、所辨之失当。

此外，陈建还驳斥阳明之"格致"及"知行合一"论亦是求心说悟，有悖于朱子而惟是禅学之教。陈建对阳明"格物、致知"观的批驳：

>　　阳明之训格物，曰："物者，意之用也；格者，正也。正其不正，以归于正，而必尽乎天理也。"此其训，与正心诚意淆复窒碍，乖经意矣。又《传习录》云："吾心之良知，即所谓天理也。致吾心良知之天理于事事物物，则事事物物皆得其理矣。致吾心之良知者，致知也；事事物物皆得其理者，格物也。"如此言，则是先致知而后格物，益颠倒舛戾之甚矣。阳明乃以此议朱子，宁不颜汗？原其失由于认本来面目之说为良知，援儒入佛，所以致此。②

此处，陈建对阳明之"颠倒舛戾"以及"乖经意"之误读实出于教条地遵循朱子之言而不能领会其真意，更未能领会阳明对《大学》格、致、诚、正相融通之说。简言之，陈建之误读有二：一者，不得阳明之所以如此训格物之"问题意识"；二者，以先后论阳明之"致知、格物"不得其学之要。阳明学之于朱子学之"问题意识"前章有论及。再言之，诚如钱穆尝言，"守仁之说，始终未能摆脱尽朱熹的牢笼"③；陈荣捷亦曾言，"至善之心，良知，与明明德为阳明心学之三大宗旨，而皆借助于朱子"④，于此皆可见朱、王二学干系甚大。实则，明儒刘宗周于朱、王二学关系之说在此颇能说明问题。概言之，刘宗周认为阳明学乃"范围朱、陆而进退之"，并指出朱、王二学在工夫上似有分合之不同而不无抵牾，但在二学宗旨以进于圣人之道上则是一致的。此外，尚指出朱子之解《大学》先格致而后授之以诚意，阳明之解

---

① 〔明〕王守仁：《王阳明全集》卷二十，《外集二》，第870页。
② 〔明〕陈建：《学蔀通辨·续编》卷下，第245页。
③ 钱穆：《朱子新学案》（第一册），《提纲》，第210—211页。
④ 陈荣捷：《朱学论集》，上海：华东师范大学出版社，2007，第229—248页。

《大学》即格致为诚意;《大学》之教,一先一后,阶级较然,而实无先后之可言,故八目总是一事。① 基本事实亦然,阳明青年时期确曾因循朱子格物之法而有"格竹致病"之执着事,虽于朱子格物之法有所偏执但疑惑难消,故而其"龙场悟道"之"悟"将朱子之格物纳入其心学中来。阳明之"格致"说正是基于其"致良知"之心学本旨而立说,训"格者,正也",就是正人心意念之不正者,以归于正,而必尽乎天理,这就是格物,就是致知,亦即是正心,即是诚意。在阳明而言,所格者非实际的事事物物,而是格人心之不正以归正;故而,所谓事事物物是否皆得其理取决于心之正与否,此即是格物实义。然而,在阳明何为"物"?如阳明曰:

> 意之所在便是物。如意在于事亲,即事亲便是一物。意在于事君,即事君便是一物。意在于仁民爱物,即仁民爱物便是一物。意在于视听言动,即视听言动便是一物。所以某说无心外之理,无心外之物。中庸言"不诚无物",大学"明明德"之功,只是个诚意。诚意之功,只是个格物。②

阳明所答意在回应其弟子徐爱之问,"格物的'物'字即是'事'字,皆从心上说"③。阳明训"物"为"事",并非否认客观物质世界之"物"的本然自在性,而旨在经由"事"字凸显了心体意向之于"物"之活动义,亦由此活动义构建了个与人自身息息相关联的意义性世界;在这个意义性世界里,皆从心上说固然可以说无心外之理、无心外之物。阳明之"心物不二",关注的焦点不在本然世界之存在自身,而在本然世界之于主体意向活动之存在意义,其伦理的、道德的意指显而有别于宇宙本体论之指向。阳明正是承因朱子之"问题意识"而将其正心诚意和格物致知二层相贯工夫归于一体贯通。唐君毅对阳明此论亦有精到阐释:

> 良知致其知善知恶之知,而好善恶恶,即诚意。由好善恶恶,而为善去恶,以正其意念之不正者,以归于正,即是格物也。格物乃本于良知之至善,以为善去恶之事。故格物即致此知之实事。然必致知,而

---

① 〔清〕黄宗羲:《明儒学案》,《师说》,第7页。
② 〔明〕王守仁:《王阳明全集》卷一,《语录一》,第6—7页。
③ 〔明〕王守仁:《王阳明全集》卷一,《语录一》,第6页。

后有好善恶恶之诚意之事。故曰致知为诚意之本,而格物为致知之实。是见三者不可相离。①

此亦可见,阳明"致良知"之为学工夫确有如刘宗周所言,"即体即用,即工夫即本体,即下即上,无之不一"②之特征;实亦未失朱子为学工夫之本意而更趋圆熟,至于陈建以先后颠倒、乖悖经意诸论责于阳明则固难成立。

接上述,陈建亦就阳明"知行"观做了一番批驳:

> 或曰:"阳明讲学,每谓'知行合一,行而后知。'深讥程、朱'先知后行'之说,如何?"(陈建)曰:"阳明莫非禅也,圣贤无此教也。圣贤经书,如曰'知之非艰,行之惟艰。'曰'知至至之'、曰'知及仁守,博文约礼'、'知天事天'之类,未易更仆数。而《中庸·哀公问政》章言知行尤详,何尝有'知行合一,行而后知'之说也? 惟禅学之教,然后存养在先,顿悟在后。求心在先,见性在后,磨练精神在先,镜中万象在后,故曰'行至山穷水尽处,那时方见本来真。'此阳明'知行合一,行而后知'之说之所从出也。"③

继前述陈建之于阳明"格致"即"致良知"批驳之辨析,亦可见陈建教条式批评痼疾于阳明"知行"观处之言辞无有差别,诚可见陈建所持之批评理据颇为有限。实际上,阳明知行观是在范围朱、陆之说而将之统一于致良知工夫之下,达到了体用如一、内外兼尽。于此,日本学者荒木见悟基于"本来性—现实性"④这一哲学性的命题范畴之设定,对儒佛之辨、阳明学与朱学以及与禅学之别做了一番阐释,可资为佐证。荒木见悟认为:

---

① 唐君毅:《中国哲学原论·原教篇》,北京:中国社会科学出版社,2006,第196页。
② 〔清〕黄宗羲:《明儒学案》,《师说》,第7页。
③ 〔明〕陈建:《学蔀通辨·续编》卷下,第245页。
④ 荒木见悟基于儒释之争之哲学性根源问题考究,提出二者在试图把握"人—世界"存在的本来性根基这点上却没有区别,均涉及这种源自人的内心世界,扎根于世界的根源处的最本来性事物的体现形式、把握方法和反思态度。本来性的事物正因为是本来性的,无论何时都是实际存在着的。同时,又正因为它是本来性的,它又常常蕴藏着被现实性的东西所掩盖的危机。即不存在脱离本来性的现实性,也不存在掐住本来性的咽喉使之窒息的现实性。"本来性—现实性"原来就是合二为一的概念,本来性并不是一成不变的一种层次,而是随着历史性的现实及其纷繁的机根而存在、流动的,因而不能不受到历史性、社会性、主体性的限定。仅此略述以见其"本来性—现实性"范畴之设定,详参荒木见悟,《佛教与儒教》《序论》。

朱子之知行学说原本是一种豁达的教学,不是说驻足于"本来性—现实性"一如的无分别、无障碍、直上直下的人类存在的原本位置,而是在本来性和现实性的乖离态中捕捉它,把这种多层次性作为一般性赋予的条件而树立了教学,所以声称积集工夫持久,就会豁然贯通,但是一旦在一如态上留下某种裂痕,便不会消失,而将永远地残留在时间的延长线上。朱子的格物论应该是以庸常的主体为标准而设定的,恰恰是对阳明而言,自叹"如今安得这等大力量"而望尘莫及,知行合一、致良知的方法才极其"简易、亲切"。阳明的知行合一论不是作为朱子学的知行论的直接继承发展而获得的,而是把它作为否定性跳台纵身跃入了不同层次的世界。阳明学摈弃中间者的立场,旨在极力树立本来人。所谓知行合一,是指知行两者都放弃中间性立场,彻底扎根于真实的土壤,无碍自在。对本来人而言,知的限定即是行的限定,行的限定即是知的限定,(这是因为本来人总是浑然一体地存在着,知行则是作为本来人的分相性限定显现出来)这恐怕才是阳明语意寄托的真正用意吧。①

荒木见悟是论在其设定范畴内将阳明学之于朱子学之问题及立场之转换路径给予了哲学性阐释。从其论亦可见,阳明知行合一实由朱子学而发,虽自叹无朱子之"大力量"于知行现实性之乖离处用力,但其放弃知行中间性立场并不意味着对知行分界处熟视无睹,亦非不于见闻、事物上体究(前已论及),故而与禅学顿悟主义之旨终有不同,但于方式上又未尝不与禅学亦本"本来性"之一如态相近。

试看阳明自论。阳明认为,"求理于吾心,此圣门知行合一之教"②,所言"吾心"实指"心之体",即性、即理、即良知上言;所言知行合一之教,则自是就本体上说工夫,工夫上见良知。阳明说:

> 未有知而不行者。知而不行,只是未知。圣贤教人知行,正是要复那本体。知是行的主意,行是知的工夫;知是行之始,行是知之成。若会得时,只说一个知,已自有行在;只说一个行,已自有知在。③

---

① 〔日〕荒木见悟:《佛教与儒教》,第268—273页。
② 〔明〕王守仁:《王阳明全集》卷二,《语录二》,第48页。
③ 〔明〕王守仁:《王阳明全集》卷一,《语录一》,第4、5页。

> 知之真切笃实处,即是行;行之明觉精察处,即是知:知行工夫本不可离。①
>
> 我今说个"知行合一",正是要人晓得一念发动处便即是行了。发动处有不善,就将这不善的念克倒了。须要彻根彻底,不使那一念不善潜伏在胸中。此是我立言宗旨。②

就阳明而言,"夫良知即是道,良知之在人心,不但圣贤,虽常人亦无不如此"③。故而,阳明学之知行论实就这个"本来人"处立教,于知行皆打破其中间性立场而直截扎根于良知本体之土壤,即其言之"知行本体,即是良知良能"④。阳明正是在这个"本来人",亦即"良知"本体之立场上,讲"知行合一",讲"一念发动处便即是行了"。念有正、妄之别,谓之"便只是行了"实亦即谓之"便只是知了"。一念发动处有善与不善,此即"行"之明觉精察处,亦即是知;然此"知"之真切笃实处,即是"将这不善的念克倒了",亦即是行。故而,知行工夫本之不可离,实际上亦是就其不能超然于"良知"之体、之用外而言。诚如,阳明言:

> 性无不善,故知无不良,良知即是未发之中,即是廓然大公,寂然不动之本体,人人之所同具者也。但不能不昏蔽于物欲,故须学以去其昏蔽,然于良知之本体,初不能有加损于毫末也。知无不良,而中、寂、大公未能全者,是昏蔽之未尽去,而存之未纯耳。体即良知之体,用即良知之用,宁复有超然于体用之外者乎?⑤

经由上述,大略可知阳明知行合一论侧重于就本体上说工夫。故而,其所言知行实就"本来人"之"良知"体用处立教,其言知言行之指归皆非为经验性的,但并不意味着其工夫不落在事事物物上,及其尝谓"致吾心良知之天理于事事物物,则事事物物皆得其理";尤为基于"良知"本体的知行合一之立教,疏解了道德践履中知与行分为二事间的紧张,凸显了德性之于德行的统一。于此,亦可见阳明知行合一论与其致良知说有着内在的逻辑

---

① 〔明〕王守仁:《王阳明全集》卷二,《语录二》,第47页。
② 〔明〕王守仁:《王阳明全集》卷三,《语录三》,第100—110页。
③ 〔明〕王守仁:《王阳明全集》卷二,《语录二》,第78页。
④ 〔明〕王守仁:《王阳明全集》卷二,《语录二》,第78页。
⑤ 〔明〕王守仁:《王阳明全集》卷二,《语录二》,第71页。

关系,其说既"范围朱、陆而进退之",又虽近似禅而名至实归于儒,非陈建所判又一部禅学之教。对于阳明此般立说源自及旨趣,亦可参证于唐君毅所作一哲学性分析:

> 由阳明之将朱子之致知之事摄诚意之事,而有其知行合一之致良知之说,一方将朱、陆所分为知与行者,打并归一;一方亦即将朱子所谓存天理、去人欲之事,摄在致良知之事中。盖所谓存天理,即存其所知之理,以为是非好恶之准则;并就其意念或事为,合乎此理者,而好之是之,以正面的积极的存天理之谓。所谓去人欲,则就其意念或事为,悖乎此理者,而恶之非之,使更无违此理之意念或事为之存在,以反面的消极的存此天理之谓。此中有正反两面之相辅为用,方合为人之自致其良知之事。则其终,亦无象山所病之天理与人欲之相对为二。由此而朱子所言存养与省察克治之工夫,亦即皆可统于一致良知之工夫之下,不必分说为二,而打并归一矣。此即阳明之义之不只进于朱子,亦更进于象山者。然此义又初不由象山之论天理人欲之言,引申以出。唯是由朱子之言诚意工夫,原有好善恶恶,是是非非之义,而阳明更以朱子之致知之义,摄朱子诚意之义,方有此将朱子所视为二者打并归一之说。则谓阳明之说归于合朱子所视为相对成二者,以为一,有类于象山之合天理人欲之二为一之旨,固可说;然阳明之所以能合此诸相对为二者以为一,则又正皆启自朱子,而非启自象山者也。①

唐君毅所论揭橥了阳明学正皆启自朱子而与之又有别之实。阳明以朱子之致知之事摄其诚意之事合二归一而有知行合一之致良知之说,此关节亦反映在阳明论《大学》工夫中。阳明谓之,"诚是心之本体,求复其本体,便是思诚的工夫"②,"《大学》工夫即是明明德,明明德只是个诚意,诚意的工夫只是格物致知。诚意之极便是至善"③。较之朱子,阳明正是以诚意为主,诚意的工夫即是格物致知,故不须再添个"敬"字做工夫,此亦即是阳明别与朱子的合知行二而一之致良知之说(在阳明而言,良知一也,致良知

---

① 唐君毅:《中国哲学原论·原教篇》,第196—197页。
② 〔明〕王守仁:《王阳明全集》卷一,《语录一》,第40页。
③ 〔明〕王守仁:《王阳明全集》卷一,《语录一》,第44页。

抑或知行合一亦是"一"的工夫,不必分说为二)。

经由上述,已可知阳明学之转成及其旨趣所在,概以禅教判之实为不得其要旨。简言之,陈建恪守朱子之为学进路,在探索事事物物规律的认知中以求达到道德意识充分实现的终极目的。然王阳明格物论的宗旨是正心之不正,而非是要去正人认知之事的不正。陈来认为,阳明训格为正,训物为事,对事采取了一个意向性的定义,从而把格物变为格心之不正;在这个意义下,朱子学中格物的认识功能和意义被干脆取消,代之以由简易直接的方式把格物解释为纠正和克服非道德的意识。在工夫上彻底否定在经典文意上穿求及在自然事物上考索,使"在心体上用功"统帅整个学问的工夫,在反对舍心逐物的口号下,完全转向了内向性的立场。① 再者,王阳明"知行合一"说,意在强调人要在任何时候都要不间断地进行意识的道德修养和从事伦理活动的实践,与其晚年所倡"致良知"说在工夫论上是一致的。王阳明说,"圣学只是一个工夫,知行不可分作两事"②。陈来解释所谓一个工夫,就是不论有事无事,常存天理,克除私欲。无事时念念存天理去人欲,既是知也是行;有事时亦常存天理去人欲,既是行也是知。在不间断地存天理去人欲中知行实现了合一,这个工夫就是圣学工夫。③ 至于陆、王之学无疑多有神秘主义式的顿悟、体验工夫,这亦无疑是释道所熟识的。事实上这种近似神秘或神秘主义式的体悟也是儒家固有的传统,可溯及孟子之"万物皆备于我,反身而诚,乐莫大焉",《中庸》之"喜怒哀乐之未发谓之中"等。但儒者其根源立基于主体道德意识之自立,抑或谓之良知之自觉,因而与释道在根本旨趣上始终不同。

三、小　结

清人说"是编虽攻象山,实为阳明发也"④,是不无道理的。陈建视朱、陆(王)截然为二,将陆、王之学等同于禅学而极力批判之。实则,陆、王虽于语辞、工夫上有近似禅处,但亦皆明辩禅佛与儒学之别。前面已就陆子与禅有所说明,概言之,陆子于儒释之争方面则甚少予以理论性探究,多是直截从"义与利","经世与出世"之角度予以判说,此亦是其学之粗处;朱子尝对陆子此处甚不满,譬如曾曰:"陆子静从初亦学佛,尝言'儒佛差处,

---

① 陈来:《有无之境——王阳明哲学的精神》,北京:北京大学出版社,2006,第124页。
② 〔明〕王守仁:《王阳明全集》卷一,第15页。
③ 陈来:《有无之境——王阳明哲学的精神》,第105页。
④ 陈伯陶:《学蔀通辨·跋》,转引侯外庐主编:《宋明理学史》,第534页。

只是义利之间。'某应曰:'此尤是第二着,只他根本处便不是。"①至于阳明对禅学之批评则有其独到之处,试看阳明所论:

> 圣人之学不出乎尽心。禅之学非不以心为说,然其意以为是达道也者,固吾之心也,吾惟不昧吾心于其中则亦已矣,而亦岂必屑屑于其外,其外有未当也,则亦岂必屑屑于其中。斯亦其所谓尽心者矣,而不知已陷于自私自利之偏。是以外人伦、遗事物,以之独善或能之,而要之不可以治家国天下。盖圣人之学无人己,无内外,一天地万物以为心;而禅之学起于自私自利,而未免于内外之分;斯其所以为异也。今之为心性之学者,而果外人伦、遗事物,则诚所谓禅矣;使其未尝外人伦、遗事物,而专以存心养性为事,则固圣门精一之学也,而可谓之禅乎哉?②

阳明良知说为心学,禅学固然亦为心学;但阳明此论已指出二学于"心"说之根源处有"分"与否之别,且于理论旨归上异辙殊途。再详究阳明与禅的问题,则近人陈荣捷有专文详论,亦能说明之。陈荣捷认为:

> 阳明之批评禅宗思想,在学理方面,比宋儒为尤甚。盖阳明专意攻击禅家关于心之见解,此其与程朱之所不同。朱子评佛,乃从社会、伦理、历史、哲学各方面着手。程颐亦侧重实际方面。惟阳明集其全力于禅家基本观念,指出禅家心说之无理与其"不著心"说之自相矛盾。如是阳明攻击禅宗之中心学说,视宋儒为进一步。阳明本人之根本思想亦在乎心,则其攻击禅家心说亦至自然。(陈氏总结阳明对禅之批评为四点,略举之)一、禅宗心说之不能成立;二、佛家云不著相,亦实著相;三、佛之顿悟与常惺惺,皆非心之全体大用;四、佛家养心之方,于事无补。③

除却对阳明批评禅学处阐述外,陈荣捷指出阳明亦不免门户之见,既有忽视禅家圣俗并重之处,亦有于禅家心说欠了解。但此并不妨碍说明阳明学

---

① 《朱子语类》卷十七,《大学四或问上》。
② 〔明〕王守仁:《王阳明全集》卷七,《文录四》,《重修山阴县学记》,第287页。
③ 陈荣捷:《王阳明与禅》,台北:台湾学生书局,1984,第77—80页。

确于禅学有根本不同处,此在阳明本人亦确有鲜明立说。仅此而论,陈建谓阳明又为一部禅学之说实难成立。

陈建批评陆九渊、王阳明近释老,为禅学,自始是在"前定"的"儒释之辨"中立论辩说的;在既定的成见下,其断章取义、望文生义、曲意弥缝之偏颇则显而易见。故而,陈建之批评陆、王二学处多不实处,尽管在一定程度上揭示了二学的一些偏弊。儒释之关系无异于文化思想史干系甚大,此处不宜妄论;就宋明理学与释家之关系而言,此处仅采钱穆之说以为论:

> 宋代的理学受了禅宗很大的影响,至少如宋代理学家的语录,便是从禅宗祖师们的语录转来。要讲二程的思想,最重大的材料,就是二人的语录了。周濂溪、张横渠还自己写书,但他们所写的也都是一条一条的。虽然多用文言写,其所写也就是语录的体裁。只不过由他们自己写下而已。而二程的语录,则显然是白话写的,又不是自己写,而由其门人弟子记下。这种语录,当然起于唐代的禅宗,所以我们绝不能说宋人的理学和唐五代的禅宗没有关系。但我们也不能换一句口气,说宋人的理学即是佛学,或即是禅宗;这话又根本不对。但我们也不能说理学是讲孔孟儒家思想的,和佛家禅宗绝无关系,可见一切学问不能粗讲,应该有个仔细的分别,此所谓"明辨"。①

钱穆此番概论即可说明宋儒与佛禅之关系,实则于明儒亦然;其所谓"明辨"之说,正可切中陈建固执儒释截然二分而对待之偏颇,亦可揭明陈建于不容置否之儒释关系茫然不顾,且未尝仔细分别而难免流于粗疏之弊。至于陈建基于儒释之辨而批评陆、王之由来,关涉陈建对儒释关系之整体认识,尚需另做说明之。

第二节 陈建与"儒释之辨"

通观陈建所论,其所谓"儒释之辨"中之"释",具体所指即是禅宗之学。在陈建看来,佛学变为禅学,所以近理乱真,能陷溺高明之士,故而为害益甚。陈建为辨儒释之别而特于禅学兴盛来历、体段工夫诸方面做了番

---

① 钱穆:《中国史学名著》,《钱宾四先生全集》第 033 册,台北:联经出版事业有限公司,1998,第 353—354 页。

考察,亦就唐宋以来优游于释老者多所评判。陈建此番考辨,意在揭示陆、王之学本不与朱子同而自有其源自。陈建认为,"夫象山之学,非无所因袭,而超然独见也,皆前人已有此规模,象山因窃取而增饰之翻誊而夸炫之尔"①,指出了陆、王之学渊源传承是:一是"达摩、慧能、宗杲、常总诸人之规模,而弃佛粗迹、而脱略经典、而专一求心、而借儒饰佛无一而非陆学之渊源也";二是"李习之(李翱)、苏子由(苏辙)、张子韶(张九成)、吕氏(吕希哲、吕本中)诸人之规模,而讥迹取心、而援儒入佛、而阳儒阴佛、而阳离阴合,无一而非陆学之渊源也";三是"近日王阳明诸人,不过又因象山而规模之、而渊源之耳"。② 于此,即可知陈建之于儒释关系认知的问题意识。现仅就陈建的禅学认识,及其对唐宋以来诸人士之品评略述,以冀大致了解其对儒释关系之掌握和理解。

一、禅学与理学

陈建之禅学演变认识。就禅学兴盛来历而言,陈建依从朱子诸言论,援引其说:

> 佛入中国,直至晋、宋间,其教渐盛。然当时文字亦只是将庄老之说来铺张,直至梁会通间,达磨入来,然后一切被他扫荡,不立文字,直指人心。盖当时儒者之学,既废绝不讲;老佛之说,又如此浅陋;被他窥见这个罅隙了。故横说竖说,如是张皇,没奈他何,人才聪明,便被他诱引将去。③

认为自达摩东来佛学变为禅学,禅学兴于达摩,盛于慧能,极于宗杲。陈建之儒释辨仍在为其朱、陆"终异"立说,他认为陆、王学尚曾点之狂,其流即为庄周,庄周之变遂为禅学,故而陆、王以及禅学皆根本庄子④。这无疑涉及老庄学(抑或"玄学")与禅学(宗)之关系。

佛教的勃兴与魏晋之际的玄学确有莫大关系,汤用彤指出:

> 魏晋佛学为玄学之支流,自亦与之("言意之辨")有关系,今请进

---

① 〔明〕陈建:《学蔀通辨·续编》叙,第199页。
② 〔明〕陈建:《学蔀通辨·续编》叙,第199页。
③ 〔明〕陈建:《学蔀通辨·续编》卷上,第200页。另见《朱子语类》卷一百二十六,《释氏》。
④ 〔明〕陈建:《学蔀通辨·后编》卷上,第174页。

而论之。玄学之发达乃中国学术自然演化之结果,佛学不但只为其助因,而且其入中国本依附于中华之文化思想以扩张其势力。其先比附,故有竺法雅之格义。及晋世教法昌明,则亦进而会通三教。于是法华权教,般若方便,涅槃维摩四依之义流行,而此诸义,盖深合于中土得意忘言之旨也。……(佛教玄学大师竺道生)深得维摩四依、法华方便之真谛,伏膺般若绝言、涅槃超象之玄旨。忽略形迹之筌蹄,而冥会本体于象外。虽未呵佛骂祖,全弃渐修,然其学不拘文字,直指心性,固虽上继什公亦且下接曹溪。虽居晋末宋初,而已后开唐宋之来学矣。①

此论阐明了佛教初兴时之于玄学之关系,尤为揭橥其于后之禅宗、理学皆有所开启。

就禅学而言,此处仅引相关研究略做说明。至于达摩其人,众说纷纭,聚讼颇多,或仅为一历史传说性人物;但中国禅宗于自身谱系内则奉其为始祖,作为一个学派兴起、源自的假施设(名义)未尝不可,此属历史考证问题非这里所要考量者,故亦不做考究。禅宗定祖大略,即达摩传慧可,可传僧璨,璨传道信,信传弘忍,忍传慧能,慧能世称为禅宗六祖,当慧能之时有"南能北秀"二宗并立;禅门传法定宗纷争中慧能最终得到了公认,无疑是其宗兴盛因由之一,然其宗实至菏泽神会之时始盛。② 就禅宗作为一正式学派形成而言,有学者认为中国禅宗到道信、弘忍于双峰山创立黄梅禅系而正式形成;他们继承了达摩禅学以来关于众生"心性"即是"佛性"的基本思路,在佛教内外的多种打击和排斥下,完成了以自信自立、自求解脱为中心教义的立宗工作,为长期流动的神僧们创造了一个相对稳定的据点,组成了生活上比较有保障的群体。③印顺认为,"达摩禅到(四祖)道信而隆盛起来。经道信、弘忍、慧能的先后弘扬,禅宗成为中国佛教的主流。道信、弘忍、慧能,都有卓越的方便,但这是继往开来,递嬗演化而来的。禅门的隆盛,引起了对立与分化。在发展与分化的过程中,又统一于江南曹溪流派,这就是'天下凡言禅,皆本曹溪'"④。禅宗之形成、兴盛,除却相关于社会历史的诸层面以及其他外在因素外,亦有其内在的根本理论动因,

---

① 汤用彤:《魏晋玄学论稿》,上海:上海古籍出版社,2001,第39、41页。
② 汤用彤:《隋唐佛教史稿》,北京:中华书局,1982,第189页。
③ 杜继文、魏道儒:《中国禅宗通史》,南京:江苏人民出版社,2008,第89页。
④ 印顺:《中国禅宗史》,《自序》,南昌:江西人民出版社,2007。

此即达摩以来关于众生"心性"即是"佛性"之基本思路,亦是印顺所谓的"卓越的方便"。诚如,印顺指出,"从达摩到慧能,方便虽不断变化,但实质为一贯的如来(藏)禅。慧能门下,发展在江南的逐渐地面目一新,成为中国禅,那是受到牛头禅(也就是老庄化、玄学化)的影响"①。这个不断变化之"方便",即指自达摩"理入"体悟的同一"真性",到慧能的"自性",继之其门下之诸如"无住之知""作用见性""见性成佛",亦即大乘经常谈之"即心即佛""无修无证"等。这在印顺看来皆尚保留着印度禅的特性,而终于中国化是在融摄了牛头禅学;简言之,牛头禅所标帜之"道本虚空"、"无心为道"深受江东老庄玄学之"道以虚无为本"之影响,然牛头禅衰落而为曹溪禅所融摄。印顺认为,曹溪禅融摄了牛头,也就融摄老庄而成为——绝对诃毁(分别)知识,不用造作,也就是专重自利,轻视利他事行的中国禅宗。② 慧能曹溪禅直示人人有佛性,见性成佛,"直指"而"顿入",其公开、简易、直截之特色,为禅宗中国化开辟了道路。冯友兰亦指出,禅宗后来循慧能的路线而发展,正是禅宗的发展使大乘空宗和道家思想的结合达到了顶峰。③

实则,不论是佛学初兴时之格义于玄学,抑或禅宗隆盛时之玄学化,必皆有所高妙近似处而融摄之;反之,理学之兴起作为佛学之反动,亦必兼采佛学之长而融会之。诚如,萧萐父认为理学(无论是程、朱,或者是陆、王)直接吸取了禅宗及华严宗(二者在宋以后基本合流)哲学体系中的主要思辨材料而改造之。④ 亦如任继愈说,宋儒不是打到二教,而是吸收了佛道两教的宗教心性修养理论以充实自己,变成儒教体系的一部分。⑤ 儒释道三教间此消彼长、融会含摄势所难免,但三教皆竭力维护着各自的门户体系。就禅宗中国化而言,较之儒道亦是于根本处"同中有异"。相较于印顺从"专重自利,轻视利他事行"角度看禅中国化,依据印顺所论:

> 《坛经》所说的"性",是一切法为性所化现(变化)的,而"性含万法","一切法在自性",不离自性向又不就是性的。所以性是超越的(离一切相,性体清净),又是内在的(一切法不异于此)。从当前一切

---

① 印顺:《中国禅宗史》,《自序》。
② 印顺:《中国禅宗史》,《自序》。
③ 冯友兰:《中国哲学简史》,北京:新世界出版社,2004,第222页。
④ 萧萐父:《吹沙集》,成都:巴蜀书社,1991,第280页。
⑤ 任继愈:《任继愈禅学论集》,北京:商务印书馆,2005,第174页。

而悟入超越的,还要不异一切,圆悟一切无非性之妙用的。这才能入能出,有体有用,理事一如,脚跟落地。在现实的世界中,性是生命的主体,宇宙的本源。性显现为一切,而以心为主的。心,不只是认识的,也是行为—运动的。知觉与运动,直接地表征着性—自性、真性、佛性的作用。"见性成佛",要向自己身心去体认,绝非向色身去体悟。如从色身,那为什么不向山河大地? 这虽可说"即事而真",而到底是心外觅佛。所以在说明上,不免有二元的倾向(其实,如不是二,就无可说明)。①

汤一介指出,中国禅宗之所以是中国式的思想而区别于印度佛教,正因其和中国的儒家、道家哲学一样也是以"内在超越"为特征的。它之所以深深影响宋明理学(特别是陆、王心学)正在于其思想的"内在超越性"。如果说以"内在超越"为特征的儒家学说所追求的是道德上的理想人格,超越"自我"而成"圣人";以"内在超越"为特征的道家学说所追求的则是精神上的绝对自由,超越"自我"而成"仙";那么,以"内在超越"为特征的中国禅宗所追求的是瞬间永恒的涅槃境界,超越"自我"而成"佛"。② 此论言简意赅地阐发了儒释道三者间的共同特征(此三教理论基点之互相含摄处),亦指出了三者间价值意义指向的不同处(此三教理论旨归之迥异独立处)。

亦如前引钱穆所论禅学之于理学之关系,概言之,谓之禅学和理学绝无关系则不可,谓之禅学即是理学抑或理学即是禅学则又根本不对。经由前述,亦可知禅宗之所以形成及其发展除却诸外缘因素外,更得益于其自身根性之独立及其发展。钱穆此种辩说用之于儒释道三者之间关系亦未尝不可,故而于三教关系须仔细分别方是明辨。陈建虽依循朱子立说,但于辩说三教同异处往往流于言辞比附,并未深究朱子之所以批禅之问题意识何在。故而陈建所谓陆、王之学即禅,陆禅根本在庄子之论极为武断而不实。此于以下相关辩论处亦有体现。

二、禅学与理学之"心性"辨

前面略述佛教之勃兴以及禅宗之有关方面,已可旁证陈建对禅学之认

---

① 印顺:《中国禅宗史》,第283页。
② 印顺:《中国禅宗史》,《序》(汤一介)。

识并未触及其理论内核。禅学和理学(尤为陆、王之学)在特定意义上皆可谓之心学,共同的"内在超越"特征使得皆为重心性之学。然于此处,陈建则批评禅学传心之要,为达摩不信因果,而说"净智妙圆,直指人心";慧能不会佛法,而说"本来面目,教人存养";宗杲不信看经念佛,而务"无事省缘,静坐体究";究其实,虽说得高妙如此而能陷溺高明,然皆是作弄精神①。陈建是说之具体指向即为:

"净智妙圆,体自空寂"此八字形容佛性之体段,开万世禅学之源。

"不思善,不思恶,时认本来面目"正六祖教人存养之工夫悟道识心之要诀。

宗杲"无事省缘,静坐体究",且用儒家言语,说向士大夫,视盖呵佛骂祖之机,转为改头换面之教矣。②

《神僧传》记载梁武帝迎菩提达摩至金陵:帝问:"如何是真功德?"师曰:"净智妙圆,体自空寂,如是功德,不以世求。"帝不省玄旨,师知机不契,遂去梁。③ 达摩禅之基本内容,是讲通过壁观安心、藉教悟宗,深信众生同一真性,谓之"理入";进而如理践行,实证禅观内证所得的"真性",谓之"行入"。就"行入"而言,印顺谓之"称法而行"而无所行,摄化众生而不取众生相,"三轮体空",从利他中消融自己的妄想习气,这样的处世修行,才是真正地自利、利他,才能庄严无上菩提,此是达摩传《楞伽经》如来禅之真面目;中国的禅者,虽秉承达摩的禅法,而专重"理入"终于形成了偏重理悟的中国禅宗④。然达摩禅亦受大乘般若、中观系统之影响,而有将"众生同一真性"的"真性"归结为"空性"处;故而,有谓之既无意于作恶,也不有意行善,超然于世俗道德和业报观念之外的境界。⑤ 至于慧能,所谓的"本来面目"就是"自性"(或谓之"如来藏""佛性""我"诸义),"见性成佛""即心是佛"是慧能曹溪禅系的核心问题。自性,就是人之身心中本

---

① 〔明〕陈建:《学蔀通辨·续编》上,第203页。
② 〔明〕陈建:《学蔀通辨·续编》卷上,第202、203页。
③ 〔明〕成祖朱棣撰:《神僧传》卷四,《大正新修大藏经本》。
④ 印顺:《中国禅宗史》,第9页。
⑤ 杨继文、魏道儒:《中国禅宗通史》,第63—67页。此处所据亦略引该书所论有关达摩禅之思想。

来具足的,一切皆自性;见性成佛,就是要人们从自我身心上去学法、求佛而使自己的本性呈现出来,而不是着相地向外寻觅。印顺指出:"'性'是本来清净,本来空寂,是超越于现象界的。善与恶,天堂与地狱,都是因'思量'而从自性中化现。一切法的现起,不能离却自性,如万物在虚空中一样。"①如《坛经》所载:

> 世人性本自净,万法在自性。思量一切(恶)事,即行于恶。思量一切善事,便修于善行。(知)如是一切法尽在自性,自性常清静。
> 不思量,性即空寂,思量即是自化。思量恶法,化为地狱。思量善法,化为天堂。……自性变化甚多,迷人自不知见。
> 一念恶,报却千年善亡;一念善,报却千年恶灭。
> 若解向中(心)除罪缘,各自性中真忏悔。若悟大乘真忏悔,除邪行正即无罪。②

如是,自性具足,学法、求佛自不外索,此即所谓"不思善,不思恶,时认本来面目"。此外据上所引,在道德意义上看,"这样一来,禅就变成了一种却恶向善、除邪行正的法门,与儒家以'正心'为根本教旨契合无间",有学者如是说,并指出:

> 《坛经》实现宗教崇拜由外向内转变的枢纽,是将宗教信仰道德化,将世俗道德宗教信仰化,它总结的是一种标准的道德化宗教。……但道德化原则在《坛经》中也并非完全贯彻到底。一方面以道德完善化为现实目标,自我驯化,努力成为十足的良民;另一方面又提倡无善恶是非,无爱憎荣辱,似乎是漠然超然于现实社会之外。它力图证明世界人生命运全部掌握在人自性手中,确实是提高了个人的地位;但由于让个人承担起对世界人生不可能承担的全部责任,其结果是抹杀了社会环境的决定性作用。③

此论在一定程度上揭示了禅学的特性及其局限:禅学之于道德的矛盾,禅

---

① 印顺:《中国禅宗史》,第267页。
② [唐]慧能:《坛经》,郭朋校释,北京:中华书局,1983,第39、40、62页。
③ 杨曾文、魏道儒:《中国禅宗通史》,第207—209页。

第二章 有史之辨:陈建与"异端之辨"

学专一自性的具足而疏于社会环境的制约。此论对进一步分析宋儒批禅之问题意识所在亦良有启示。

中唐以来,禅学之兴盛与士大夫喜禅就存在着相互影响;至宋代士大夫亦皆喜禅,除却两相影响之关系外,此尚与当时有着特殊的内外社会历史环境息息相关。理学作为佛学之反动而勃然兴起,也有这方面的原因;理学家出入佛老而相继批禅,亦因此而由表及里、愈趋精微。陈建谓之禅宗极于宗杲确属事实,明儒罗钦顺亦谓之,"宗杲擅名一代,禅林之冠。所以保护佛法者,皆无所不用其心,其不肯失言决矣"[1]。朱熹早年就曾出入释老,熟稔大慧宗杲语录,知其玄妙近理,颇能陷溺高明之士,如其谓之,"今之不为禅学者,只是未曾到那深处,才到那深处,定走入禅去也"[2]。禅学之影响如此深入,朱子所批之禅就其具体所指而言即为大慧宗杲之禅,这在其批禅语录引述中俯拾皆是。然陈建虽继之而批宗杲之禅为"无事省缘、静坐体究",但仅归结其特征为"作弄精神",旨在达到辨陆、王根本在禅;于此处,荒木见悟指出,陈建虽有是论,但是不知道大慧禅的特色,因此也不了解朱子和大慧思想的纠葛的中心问题[3]。

禅学之禅,不论采取何种方式,"悟"是其宗旨,可谓之禅即悟;禅宗倡见性成佛、识本来面目,就是要悟觉那本来性的人格而使之呈现之。陈建批评大慧宗杲之"无事省缘、静坐体究",意即批评其一悟即了,是在作弄精神而已。实则于此弊,亦正是大慧所反对的;如其言之,"可中顿悟正因,便是出尘阶渐。古人无枝叶,一悟则彻底去矣"[4]。因此,要想了解朱子与大慧宗杲纠葛的问题意识所在,就得明了二者的理论旨归的具体指向,而非简单地批评禅学务虚蹈空,蛊惑人心。对于这一点,本书拟结合荒木见悟之相关研究成果略做说明,以达到明证陈建为说不妥即可。荒木见悟指出,大慧宗杲禅强调离开了"日用应缘处",就无以致悟,逃避现实独自躲进孤高寂灭的一层,重新设立玄妙的世界,那么这只是无视生死的事实,逃避作为文化承传者的责任;大慧的看话禅原本就不是单设在"禅"这个玄妙的一层,以求成为此领域中干练的机略家,其终极目的在于扎根于日用

---

[1] 〔明〕罗钦顺:《困知记》续卷上,北京:中华书局,1990,第62页。
[2] 《朱子语类》卷十八,《大学五或问下》。
[3] 〔日〕荒木见悟:《佛教与儒教》,第133页。
[4] 《大慧普说》卷二,《卍正藏》第059册,No.1540。

应缘处,转变承担着维护文化、社会重任的士大夫意识的心术。① 大慧宗杲确然有此高度和广度的,如其谓之:

> 儒即释释即儒,僧即俗俗即僧,凡即圣圣即凡,我即尔尔即我,天即地地即天,波即水水即波,酥酪醍醐搅成一味,瓶盘钗钏镕成一金;在我不在人,得到这个田地,由我指挥。
>
> 赵州狗子无佛性话,左右如人捕贼已知窝盘处但未捉着耳。请快着精彩,不得有少间断,时时向行住坐卧处看,读书史处,修仁义礼智信处,侍奉尊长处,提诲学者处,吃粥吃饭处,与之厮崖。②
>
> 予虽学佛者,然爱君忧国之心,与忠义士大夫等。但力所不能,而年运往矣。喜正恶邪,与生俱生。③

仅此而观,大慧宗杲不仅有着"在我不在人"的任性超拔,亦有着融世间法与出世间法混一之放旷豁达,此或许正是其使得众多高明之士大夫陷溺其中之由吧。朱子对此有着清醒认识,诚如:

> 问:"士大夫末年多溺于释氏之说者,如何?"曰:"缘不曾理会得自家底原头,但看得些小文字,不过要做些文章,务行些故事,为取爵禄之具而已。却见得他底高,直是玄妙,又且省得气力,自家反不及他,反为他所鄙陋,所以便溺于他之说,被他引入去。"④

然朱子较之大慧宗杲引发之问题而欲批判超越之的理路何在?据荒木见悟之研究,大意如下:

> 朱子批禅并不是单纯憎恨排斥禅,通过与佛教的绝缘来维护思想上的健全性而产生的,恰恰相反,它是在朱子包容吸收佛教,进而创造出符合历史现状的士大夫意识而产生的;禅的本质即便有历来压倒儒家的独自的体验和据点,然而却不具备立即改变日常性社会性伦理并

---

① 〔日〕荒木见悟:《佛教与儒教》,第143、157页。(对于大慧宗杲此一立场之详情,可参是著"大慧宗杲的立场"一节之论述,第132—158页。)
② 《大慧语录》卷二十八,《答汪状元》(圣锡),《大正藏》第047册,No,1998A。
③ 《大慧语录》卷二十四,《示成机宜》(季恭)。
④ 《朱子语类》卷一百二十六,《释氏》。

设定具体规范的效果和方策,不得不搬弄"改头换面"的手段援用儒教的教说,其无规范性乃至改头换面的倾向虽大声疾呼要密切结合日用应缘处,可最终还是误用了处理日常性的方途;朱子强调圣人创建教义的根本宗旨绝非设置一种直接根本的计谋引导人们在日用间别寻找一物,而在于引导人们想方设法去应对细枝末节、七零八碎的事情,从而揭示出儒释两家在日常性把握模式上的差异;这是因为如果日常的多样性不依靠某种形式和工夫被本来性所证实,放射出异彩,就不会产生真正的主体性自由;作为其本来性的根基,就禅而言是一心,就儒家而言是天,其中自然存在人性观、世界观上的明显差异,但是其于本来性的两种体验却不可抗拒地能够迎来极其接近的局面。①

禅与儒在"本来性"上仅是"毫忽之争",此即是朱子之所以极力批禅,亦是其超越禅而又深怀历史现实性之寻求真正符合士大夫意识之立场所在处。较之朱子与大慧宗杲纠葛之核心问题,则知陈建于朱子和大慧宗杲之问题意识皆有不相契处,虽征引朱子批禅语,然其批禅之肤浅、简单化倾向至为显明。

尽管陈建基于批驳陆、王之学而对释老之认识多存偏颇及不相应处,但陈建本诸朱子学而辨儒释亦成其一家之言,有着极为现实性的学术关怀和价值取向之立场。

在陈建看来,释氏专一说心,万理归空,一意在"作用是性"。如征引朱子话说儒释根本不同在于:

儒者以理为不生不灭,释氏以神识为不生不灭。

佛说万理俱空,吾儒说万理俱实。②

又引述朱子批释氏作用为性,"在目曰见、在耳曰闻、在鼻嗅香、在口谈论、在手执捉、在足运奔、遍现俱该法界,收摄在一微尘,识者知是佛性,不识唤作精魂"③。进而批驳:象山与曾祖道言,"目能视,耳能听,鼻能知香臭,口能知味,心能思,手足能运用。如何更要甚存诚持敬";《传习录》王阳明谓门人曰,"所谓汝心,却是那能视、听、言、动底,这个便是性,便是天理";皆是一旨相承,分明是佛氏作用为性之旨,亦正是告子所谓"生之谓

---

① 〔日〕荒木见悟:《佛教与儒教》,第159—173页。(详参是著"现实性把握模式的转换"一节。)
② 〔明〕陈建:《学蔀通辨·续编》卷上,第209、210页。
③ 〔明〕陈建:《学蔀通辨·续编》卷上,第206、207页。

性"之说。①

陈建征引朱子批评释氏"作用是性",意在批评陆、王之学即认个视、听、言、动便是性,正合佛氏作用是性,亦如告子生之谓性;陈建将陆、王与释氏之"性"作自然本性解,亦如运水搬柴仅是个运水搬柴,并不具有任何道德意义上的规范性和制约性。朱子确有于此批评陆学以至释氏之流弊,诚如所言:

> 《答陆子静》:"道理虽极精微,然初不在耳目见闻之外。是非黑白即在眼前,不察于此,乃欲别求玄妙于意虑之表,亦已误矣。"②

> 饥而食,渴而饮,"日出而作,日入而息",其所以饮食作息者,皆道之所在也。若便谓食饮作息者是道,则不可,与庞居士"神通妙用,运水搬柴"之颂一般,亦是此病。如"徐行后长"与"疾行先长",都一般是行。只是徐行后长方是道,若疾行先长便不是道,岂可说只认行底便是道!"神通妙用,运水搬柴",须是运得水,搬得柴是,方是神通妙用。若运得不是,搬得不是,如何是神通妙用!佛家所谓"作用是性",便是如此。他都不理会是和非,只认得那衣食作息,视听举履,便是道。说我这个会说话底,会作用底,叫着便应底,便是神通妙用,更不问道理如何。儒家则须是就这上寻讨个道理方是道。③

观此则知于朱子而言,儒家于日用常行中之洒扫应对皆有个道理在其中,且以这个道理为先导,而不是原封不动地仅是个洒扫应对而已;因为儒家的洒扫应对乃是教人于日用常行中求个进退有礼,居处恭,执事敬,与事父、事君、使民之道相贯通的,是治国平天下之道的基础,有此则可达到如其谓之"一旦豁然贯通,则众物表里精粗无不到,吾心全体大用无不明"。陆、王之学固然有此流弊之可能,然陆、王所言饮食作息是道皆本于其"心即理"的"本来性"立场。譬如,王阳明所言:

> 所谓汝心,却是那能视听言动的,这个便是性,便是天理。有这个性,才能生这性之生理,便谓之仁。这性之生理发在目便会视,发在耳

---

① 〔明〕陈建:《学蔀通辨·续编》卷上,第207、208页。
② 《朱子全书·晦庵先生朱文公文集》卷三十六,《答陆子静》。
③ 《朱子语类》卷六十二,《中庸一》。

便会听,发在口便会言,发在四肢便会动。都只是那天理发生,以其主宰一身,故谓之心。这心之本体,原只是个天理,原无非礼,这个便是汝之真己。①

陆、王皆是从"心之本体"上言"性",这个性是生理之性所以如此之义理准则;就心而言,相对于身则为其精神本体且不离于身。此皆于朱子言心、言性之旨趣无甚差别。因此,陈建据"作用是性"视陆、王为禅则不妥,无疑是对"性在作用"之认识过于肤浅,且为了批判而批判导致处理方式流于简单化。关于这一点,荒木见悟指出:

> 如果把禅的"作用是性"解释为缺乏本体的把持,而只在用处的末端拈弄,并以此作为禅家致命的缺陷,那么这只能说明对禅的认识过于浅薄。如果认为朱子的对"作用是性"的批判言辞极端地痛斥了禅风所带来的流弊,朱子对禅的观察仅局限于此,那么说明对朱子学的整体的理解也是一知半解。②

荒木见悟这一揭示用之于对陈建"作用是性"批判之批判甚为妥帖,乃至可作为考察陈建"通辨"之参照。实则,简单地将释氏"作用是性"视之为作弄精神,专一说心,蹈空务虚,都在认识上存在一定程度的误区。于此,仅据印顺考述做一说明:

> 达摩的"真性"禅,是《楞伽经》的如来藏说。道信以《楞伽经》的"佛心",融合于《文殊说般若经》的"念佛心是佛"。到了曹溪慧能,更融合了盛行南方的《大般涅槃经》的"佛性"——"见性成佛",内涵更广大了,而实质还是一脉相传的如来藏说。不过曹溪禅融合了"佛性"(即是"我"),更通俗、更简易,更适合多数人心,更富于"真我"的特色。
> 《坛经》始终没有明白点出"性在作用"。洪州门下所传的"性在作用",与南阳慧忠所见的南方禅相结合。这是曹溪门下,更明白地、更直接地用来接引学人了!"识者知是佛性,不识唤作精魂(神我)",

---

① 〔明〕王守仁:《王阳明全集》卷一,《语录一》,第41页。
② 〔日〕荒木见悟:《佛教与儒教》,第191—192页。

神我与佛性,洪州门下是看作同一事实的(只是识与不识的差别)。……人人有佛性,见性成佛,也就是人人有我,见我得解脱。这对一般人来说,实在是简易、直接不过,容易为人所接受、所体验。①

禅宗谈"性"本空寂,是就其超越性上言的(离一切相,性体本清净);言"性在作用",是就其内在性上谈的(一切法不异于此)。"见性成佛"就是要反身内求,自本心上体认。因而在禅宗而言,视听言动,搬柴运水无非本心之知觉与运动,也就是所谓自性、真性、佛性之作用,即"作用是性"。鉴于此,确然不能简单地斥其为"神识""空理";禅宗虽言观"空",但经由此而亲证心体常净则有"不空"义;质言之,心体觉的作用因观空而恒常有个真如实相呈现。

前已提及,作为一宗教的禅宗虽言不离日用应缘处,但本质上仍是于"不思善、不思恶,时认本来面目"之"本来性"上将世俗道德信仰化。朱子于此指出:

> 吾儒心虽虚,而理则实,若释氏则一向归空寂去了。
> 释氏欲驱除物累,至不分善恶,皆欲扫尽,云凡圣情尽,即如知佛,然后来往自由。②

禅宗基于心之本体,即"本来性"之"本来无一物,何处惹尘埃"之理境,将所有的工夫皆收摄于心体之内观、呵护上了。较之朱子而言,荒木见悟指出,"禅门不容丝毫地接纳区分主客内外的思念情想,之所以说理障,是因为担心追求物理,最终会扼杀了物的生命,然而朱子认为把物理与虚灵结合起来,借此消除这种顾虑,同时心只有通过物理才能尽物之用,发挥出社会性、历史性的创造作用,这是因为,本来性总是以一定的秩序和形式把自己限制在现实性中"③。理解朱子理论于诸层面之所以批禅、陆,在工夫论上之所以绵密细致甚至有所谓的"支离",不能不考虑其所自赋承当的深厚的基于"现实性"之社会的、历史的责任意识。陈建继朱子而批禅及陆、王,于朱子理论之认识固然未深及内核,但在其显而易见重"现实性"之社

---

① 印顺:《中国禅宗史》,第361、365页。
② 《朱子语类》卷一百二十六,《释氏》。
③ 〔日〕荒木见悟:《佛教与儒教》,第244—245页。

正是在这个现实层面及价值取向上,陈建追寻朱子而批驳"释氏不分是非善恶,皆欲扫尽,一归空寂,所以害道"①,他引张载言:

> 横渠张子曰:"自其说炽传中国,儒者未容窥圣学门墙,已为引取,沦胥其间,指为大道,乃其俗达天下。致善恶知愚,男女臧获,人人著信,使英才间气。生则溺耳目恬习之事,长则师世儒宗尚之言,遂冥然被驱,因为圣人可不修而至,大道可不学而知。故未识圣人心,已谓不必求其迹,未见君子志已谓不必事其文。此人伦所以不察,庶物所以不明,治所以忽,德所以乱,异言满耳,上无礼以防其伪,下无学以稽其弊。自古诐淫邪遁之辨,翕然并兴,一出于佛氏之门者,千五百年。向非独立不惧,精一自信,有大过人之才,何以正立其间,与之较是非、计得失也哉。"②

又引程颢言:

> 明道程子曰:"昨日之会,大率谈禅,使人情思不乐,归而怅恨者久之。此谈天下已成风,其何能救?古亦有释氏,盛时,只是崇设象教,其害甚小,今日之风,便先言性命道德,先驱了智者,才愈高明,则陷溺愈深,然据今日此弟,便有数孟子,亦无如之何。只看孟子时,杨、墨之害,能有甚?况之今日,殊不足言。此事亦系时之隆污,清谈盛而晋室衰。然清谈为害,却是闲言语,又岂若今日之害道!"③

据此,陈建认为:"异端之害,不独系圣道之明晦,尤关系世道之盛衰",因而慨叹"清谈盛而晋室衰,五胡乱华矣。禅谈盛而宋室不竞,女真入据中国矣。二代之祸如出一辙。然后知程子之忧深而虑切矣,岂非后世之永鉴乎?"④观陈建是论,则知其辨学术不纯在学术,亦关乎世道之盛衰。"天下莫大于学术",是因为学术关乎人心之正邪之分;究心学术正邪之分,即是辨剥"学术之患莫大于蔀障"。陈建的学术通辨旨在扶人心、正世道,学术

---

① 〔明〕陈建:《学蔀通辨·续编》卷上,第211页。
② 〔明〕陈建:《学蔀通辨·续编》卷上,第219页。
③ 〔明〕陈建:《学蔀通辨·续编》卷中,第235页。
④ 〔明〕陈建:《学蔀通辨·续编》卷中,第235页。

关乎经世,在这层意义上即可谓之"学术经世"。亦正是基于此层面之价值取向,陈建对汉、唐、宋以来诸学者、士人多所批判,以彰显其所辨老佛外道陷溺人心、贻祸世道之论。

三、诸学"阳儒阴释"之辨

陈建纵向追溯,指出自孔孟没,汉、晋学者,皆宗老庄,唐宋则宗禅佛,然皆不外养神一路也。[①]（以下凡所述陈建语皆出《学蔀通辨·续编》卷中,以彰显其一家之判言,兹不赘注）陈建本诸朱子判言,认为汉时扬雄为学陷入老、庄窠臼,只是说得养生的工夫,及晋时陶渊明之学亦归庄、老。至唐时,陈建指出文学如二三子,韩愈、柳宗元、李翱,一代宗工,然皆只知病禅粗迹而不免为其微言所惑;韩愈批禅仅在粗处而亦多交僧,柳宗元论佛往往与《易》《论语》合,李翱著《复性》三篇而以灭情为言,皆近佛或同佛旨。宋时,陈建亦依从朱子判语,将批驳指向：

> 游酢(定夫)"克己"与"四勿"无干涉,正与象山同。谢良佐(显道,上蔡先生)以知觉言仁,犹佛氏以知觉言性;精神之说,尤陷释氏,与象山吾心宇宙之说正同。吕公著(晦叔)为学取法亦是上一截,其子吕希哲(原明)见佛之道与圣人合。吕大防(微仲)尊横渠(张载),然不讲其学,而溺于释氏。苏辙(子由)《老子解》弥缝释老于儒,其所见正与契嵩(宋时禅师)合。张九成(子韶)学于龟山(杨时)之门,而逃儒以归于禅,即自以为有得矣。

基于此认识,陈建指出,有宋一代,禅学盛行,然汴宋以前,苏子由诸人,明以儒释为同。南渡以后,张子韶辈,始阳儒而阴佛。以儒佛为同,其好佛也直;阳儒而阴佛,其好佛也诡。此世道升降之机,所关非细故。进而,陈建认为后世学术,阳儒阴释之祸,实起于宗杲教张公(张九成)之一语(即,"左右既得把柄入手,开导之际,当改头换面,随宜说法,使殊途同归,则世出世间,两无遗恨矣"[②]),宗杲一语,遗祸无穷。

继至陆九渊及其诸门人而言,则是陈建直言批评的对象,谓之"有宋象山陆氏者出,假其似以乱吾儒之真,援儒言以掩佛学之实,于是改头换面,

---

① 〔明〕陈建:《学蔀通辨·续编》卷中,第221页。
② 《朱子全书·晦庵先生朱文公文集》卷七十二,《张无垢中庸解》。

第二章　有史之辨：陈建与"异端之辨"　　137

阳儒阴释之蓓炽矣"①。于明儒除却力驳王阳明外,对陈献章(公甫,白沙先生)亦多所批评。《明儒学案·师说》谓之,"先生学宗自然,而要归于自得。自得故资深逢源,与鸢鱼同一活泼,而还以握造之枢机,可谓独开门户,超然不凡";又黄宗羲于《白沙学案》中谓之,"有明之学,至白沙始入精微。其吃紧工夫,全在涵养。喜怒未发而非空,万感交集而不动。至阳明而后大。"②然陈建谓之,陈白沙倡"吾心内自得,糟粕安用邪"之说正与象山(六经)注脚之说相唱和;其"为学须从静中坐,养出个端倪,方有商量处,未可便靠书册",即说镜像之见,质直无隐于禅;其"耳目无交不展书,此身如在太清居"所见亦同于象山,不出神悟范围。③

观陈建循朱子而历数以往诸学之得与失,所涉时间跨度之长、人物之多及关涉儒释道三教之关系问题皆造成于此做具体分析之不可能。故而,此处不欲做正面逐一之分析,仅围绕"阳儒阴释"一说简略申述以做说明。

结合前章节之分析,陈建虽依循朱子言论,然其所谓始自张九成而至陆九渊之"阳儒阴释"之论,实则是将二者及相关之学根本归为禅学。现在一些学者亦据朱子言论,诸如：

> 陆子静之学,自是胸中无奈许多禅何。看是甚文字,不过假借以说其胸中所见者耳。据其所见,本不须圣人文字得。他却须要以圣人文字说者,此正如贩盐者,上面须得数片鲞鱼遮盖,方过得关津,不被人捉了耳。④

诸如此类之论,认为所谓"阳儒阴释"就是指张九成之学、陆象山之学的核心内容是佛禅、表面内容是儒学,或曰儒表佛里。此外,亦有一些学者则将"阳儒阴释"理解为是佛教思维方式与儒学内容二者的结合。二者虽各有所理据,然皆似有未从儒释融会的根本处做"其所以如此之义"的分疏,所判限于粗处而流于非此即彼之断论,故而不能充分体现其应有的思想史上的问题意义。简言之,作为"考亭干城"⑤的陈建之"阳儒阴释"论并不能代

---

① 〔明〕陈建：《学蔀通辨·总序》,第 110 页。
② 〔清〕黄宗羲：《明儒学案》,《师说》《白沙学案》,第 4、79 页。
③ 〔明〕陈建：《学蔀通辨·后编》卷中,第 178—179 页。
④ 《朱子语类》卷一百二十四,《陆氏》。
⑤ 〔清〕陆陇其：《三鱼堂文集》卷五,《文渊阁四库全书》册 1325—60 页。陆陇其有《答徐健庵先生书》云："陈清澜立传,最足为考亭干城。"

表朱子所论主旨。质言之,陈建之"阳儒阴释"即是判张九成、陆九渊诸学根本为禅,然将朱子之于儒、释作"鱼、盐"之喻及诸论即视为朱子亦将张、陆一概与佛氏画等号则不妥。

前面有关论述已提及,朱子批判佛教但不纯粹绝缘性地排斥之,而是有相当程度上的包容和吸收。亦如有学者所言,"一般认为,两宋士人多受理学熏陶,这里要补充的是,他们还受禅学熏陶,理学性格加禅学性格,才是宋士人的全面性格"①。朱、陆于此同然,然朱、陆对佛教之态度及批判则有程度上的区别。就朱子而言,视批判佛教与陆学同等重要和急迫。诸如论佛氏:

> 他(佛教)虽是说空理,然真个见得那空理流行。自家虽是说实理,然却只是说耳,初不曾真个见得那实理流行也。释氏空底,却做得实;自家实底,却做得空,紧要处只争这些子。②

又如论陆氏:

> 子静一味是禅,却无许多功利术数,目下收敛得学者身心,不为无力。然其下稍,无所依据,恐亦未免害事也。③
> 语圆意活,浑浩流转,有以见所造之深,所养之厚,益加叹服。但向上一路,未曾拨转处,未免使人疑著,恐是葱岭带来耳。④

仅据此即可知,朱子并不是视佛氏一味向空寂去了而谓之"作弄精神",此即与陈建有别。至于陆氏,朱子对其收敛工夫、身心涵养多所称服,所批者在其"向上一路"近禅;较之"释氏空底,却做得实"之吸引力而言,朱子所患所忧者在于"释老之书极有高妙者,句句与自家个同。但不可将来比方,煞误人事"⑤。在朱子看来,陆学向上一路不从圣人文字上得来,却以圣人文字说者,正是"阳儒阴释",且失却读书讲学之笃实工夫势必易致误人害事。至于陆九渊方面而言(前节论及,此处仅简述之),陆氏虽认为佛老高

---

① 杜继文、魏道儒:《中国禅宗通史》,第398页。
② 《朱子语类》卷六十三,《中庸二》。
③ 《朱子全书·晦庵先生朱文公文集》卷三十五,《与刘子澄》。
④ 《朱子全书·晦庵先生朱文公文集》卷三十六,《寄陆子静》。
⑤ 《朱子语类》卷一百二十六,《释氏》。

一世人,但在"理"上亦从"辨志"角度批驳了其偏失;关键在于陆氏之学实则直承孟学,其"心即理""先立乎其大"从人的根源性上确立了人的主体性地位,较之朱子欲创造符合历史现状的承担着维护文化、社会重任的士大夫意识之理路而言,陆学简易、直指于人之为人之德性根性上立说之理论意义和现实意义相对于释氏而言更不容忽视。显而易见,不可粗率地视陆学为"阳儒阴释",于此朱子立说与陈建亦自是不同。

至此,即可略知陈建于儒释辨之基本认识及其立场基点之所在。固然陈建是论有其不可克服的偏狭之处,但是在己之立论范围内,陈建之所以做如是通辨,其旨在明体达用、穷变通久,即置朱、陆早晚异同之辨于朱、陆之辨这一传统学术视野之中,进而又置朱、陆之辨于儒释之辨这一悠久的传统问题域之中,并将这一学术鸣辨置之于夷夏之辨的历史境遇的关怀中,这是将当下关怀(时风)、传统关怀(世风)、历史关怀(世道之变)三重视域融合。这亦是陈建是著及其相继之著的一大特点,也彰显了其著所倡"天下莫大于学术,学术之患莫大于蔀障"之宗旨。亦即于陈建而言,通辨学术蔀障,旨在明学术之正;究心学术正邪之分,则在为当世借箸之筹。陈建不纯为了学术而学术,其极具社会的、现实的基于"学术经世"之务实考量亦应给予充分的肯定。

第三节　附　论

明代初至中期理学的发展与陈建"儒释之辨"问题

明代理学的发展是以王阳明及其学派为代表的心学运动为主流,但从有明学术整体而言朱子学始终在有明一代各个方面有着重要影响。就有明学术的特点而言,亦如黄宗羲曾评价,"有明文章事功,皆不及前代,独于理学,前代之所未及也,牛毛茧丝,无不辨析,真能发先儒之所未发"[1]。实则,这种"牛毛茧丝,无不辨析"而能发先儒之所未发,不仅是限于理学已身的明辨(譬如朱子学的修正和发展),亦是在所关涉的诸问题论域中展开来的,诸如朱陆之辨、儒释之辨,乃至心学大行之后的朱王之辨等。

"朱陆问题"及其发展之"朱王问题"前面多有论及,兹不赘述。儒释之辨问题在有明一代亦是"牛毛茧丝、不无辨析",且之于前代亦有其所未

---

[1]〔清〕黄宗羲:《明儒学案》,《发凡》,第14页。

发处。然禅宗在明代初至中叶总体情势趋于落寂。一方面是,明初朱元璋制定的佛教政策着重打击的是禅宗,这时的禅师大都乐于讲经、注经或主持法会,皆有悖于禅宗的传统风尚,对明代禅宗的发展产生了深刻而持久的影响;另一方面,及至明中叶禅宗的学风转向,乏善可陈,亦致使其归于落寂。据《中国禅宗通史》载论:"禅宗之所以不景气,从学风上讲,是由于禅僧对义学的攀附。有明一代,讲经注经受到国家重视,义学相对发达。禅僧们竞上京城,听习经典,作为修行的必经阶段。"亦论及,"明末曹洞宗僧人元贤指出:'国朝嘉、隆以前,治经者类胶古注,不敢旁视,如生盲依杖,一步难舍,甚陋不足观也。'这种株守古注的作风,在有独立性的禅师看来是很可笑的"[①]。于此看见,禅宗在这一时期几处于委屈自安之状态。故而,儒释之辨在有明一代之学术中大体上是理学自身发展中所要面对的问题,而明代禅宗能于落寂中复振,一定程度上亦得益于诸儒对禅宗的批判抑或阐扬。

自唐宋以来,诸多名臣硕儒便尚禅学,乃至亦多参禅且多受用;比较而言,明代知识分子则多研究注释佛教经典,参禅者较少但亦皆工于注释佛经。诸如明初重臣宋濂、后期李贽等少数者较喜好参禅,而诸如袁宏道、焦竑等则皆深谙佛典,亦注释佛典;王阳明亦曾谓自幼笃志于佛老之学,与其同时代的罗钦顺早年亦笃意于禅学,四十岁前后始慨然有志于儒学。有着"朱学的后劲"之称的罗钦顺曾论及这一情势之影响,如其言:

> 唐宋诸名臣,多尚禅学。学之至者,亦尽得受用。盖其生质既美,心地复缘此虚静,兼有稽古之功,则其运用酬酢,虽不中,不远矣。且凡此学者,皆不隐其名,不讳其实,初无害其为忠信也,故其学虽误,其人往往有足称焉。后世乃有儒其名而禅其实,讳其实而侈其名者,吾不知其反之于心,果何如也?[②]

唐宋之时的学者之于佛老之学并不讳实隐名,而近世学者则多"阳儒阴释",于罗钦顺而言,既难安其心亦不得不为此深虑之。儒释之辨在有明一代之学术中不仅限于儒和释(老)之间的争鸣辨析,更多指向的是理学和心学之辨,具体而言即是朱陆,尤为是朱王之辨。这里仅以胡居仁、罗钦

---

① 杜继文、魏道儒:《中国禅宗通史》,第539、540页。
② 〔明〕罗钦顺:《困知记》,第17页。

顺、王阳明为例,大略论述以见得明初至中叶儒释之辨之基本情势,亦以为衡定陈建《学蔀通辨》所涉问题之时代论阈。

胡居仁对朱子学之所修正,提示他是明代理学薛瑄到罗钦顺之间的一个重要环节。① 前已述及,胡居仁对同门陈白沙之学批评其结果不是流于佛道,便是猖狂放任,都是异端。陈建评价胡居仁《居业录》"详于辨禅",黄宗羲亦称"先生(胡居仁)之辨释氏尤力"②。胡居仁辨儒释大致在于以下几点:

一、儒释"性理"之辨。据《居业录》载:

> 释氏误认情识为理,故以作用是性。殊不知神识是气之英灵,所以妙是理者,就以神识为理则不可。性是吾身之理,作用是吾身之气,认气为理,以形而下者作形而上者。
>
> 释氏以知觉运动为性,是气之灵处。
>
> 释氏不识性,妄指气之灵者为性。③

胡居仁认为释氏以虚灵知觉运动为性,即以情识亦即神识为性,皆是认气为理、颠倒体用;亦即是视形而下之气作形而上之理,其妙用是理者即气之虚灵知觉作用,亦即是"作弄精神"。"理乃气之所为","仁义理也,居于气质之内"④,就胡居仁思想而言,其所谓吾身之性理即吾身气之作用,理气不二,体用不二。胡居仁虽认为理是形而上者,但非指理是气之外而存的一个实体,实是寓于气之内,即所谓理是"气之所为",亦即理是气之理。胡居仁所谓释氏不识性,所指即释氏心性不分,在人亦然,即以人心形气之私(即心之灵觉)为性,而不识性命之正(道心)。故而,胡居仁批评"禅家不知以理养心,只捉住一个死法"⑤;即言心具是理,而释氏所谓存心实只捉住气之灵处,失之于偏而不得其正。

二、儒释"工夫"之辨。以下仅拟从两个角度予以简要阐述。

禅家"存心"与孟子"求放心"之辨。据《居业录》载:

---

① 陈来:《宋明理学》,第184页。
② 〔清〕黄宗羲:《明儒学案》,《崇仁学案二》,第30页。
③ 〔清〕黄宗羲:《明儒学案》,《崇仁学案二》,第36、40页。
④ 〔清〕黄宗羲:《明儒学案》,《崇仁学案二》,第35、38页。
⑤ 〔清〕黄宗羲:《明儒学案》,《崇仁学案二》,第35页。

> 禅家存心，虽于孟子求放心、操则存相似，而实不同。孟子只是不敢放纵其心，所谓操者，只约束收敛，使内有主而已，岂如释氏常看官一个心，光光明明如有一物在此？夫既收敛有主，则心体昭然，遇事时，鉴察必精；若守着一个光明底心，则只了与此心打搅，内自相持既熟，割舍不去，人伦世事都不管。①
>
> 异教所谓存心，有二也：一是照观此心，如有一物，常在这里；一是屏除思虑，绝灭事物，使其心空豁无所外交。②

胡居仁认为释氏存心之法是：一者观心以体验心中呈现出来的物（心体的呈现），一者是屏除思虑与外界隔绝，绝灭事物而空其心。简言之，释氏存心之法即"明心见性"，然在胡居仁看来则是把捉此心而静观之，"是将此道理来安排作弄，都不是顺其自然"③。于此，存心之法在胡居仁看来不是"静"而应是"敬"，"真能主敬，自无杂虑；欲屏思虑者，皆是敬不至也"；"只致其恭敬，则心肃然自存，非是捉住一个心，来存放这里"，胡居仁强调"敬"以存心，"敬便是操，非敬之外，别有个操存工夫"。④ 故而，释氏存心之要在"静"，与孟子引孔子论心之语"操则存，舍则亡，出入无时，莫知其乡"，即与儒家存心之要在"操"相悖。在修养方式上，胡居仁坚持"主敬"，抑或即使在静时也须有个约束收敛、戒慎恐惧的操存工夫，反对屏息绝念、静默照观的"主静"方式。

儒释"主静"之辨。据《居业录》载：

> 心无主宰，静也不是工夫，动也不是工夫。静而无主，不是空了天性，便是昏了天性，此大本所以不立也。动而无主，若不猖狂妄动，便是逐物徇私，此达道所以不行也。
>
> 故古人于静时，只下个操存涵养字，便是静中工夫。思索省察，是动上工夫。……今世又有一等学问，言静中不可著个操字，若操时又不是静，以何思何虑为主，息屏思虑，以为静中工夫只是如此，所以流于老、佛。不知操字是持守之意，即静时敬也。若无个操字，是中无

---

① 〔清〕黄宗羲：《明儒学案》，《崇仁学案二》，第34页。
② 〔清〕黄宗羲：《明儒学案》，《崇仁学案二》，第36页。
③ 〔清〕黄宗羲：《明儒学案》，《崇仁学案二》，第35页。
④ 〔清〕黄宗羲：《明儒学案》，《崇仁学案二》，第34、36、35页。

主，悠悠茫茫，若不外驰，定入空无。①

胡居仁站在朱子学的立场，亦持有"心主性情"之义，动静之为工夫，则在心有主宰；意即"敬义夹持"，已发（动）之情则以理性主导之，未发（静）之性则以主敬涵养、主宰之。故而，胡居仁批评释氏之言心，是心无主宰则会空了天性、昏了天性而不识性，于其内者则大本不立，于其外者则达道不行。释氏之失，在胡居仁而言，是将"静"状态化、方法化，即是一种为了达至静之状态而以静之方法安排之；实者，"静"在胡居仁这里是一心体未发之时之时态，即是在未发（静）之时本有的一种持守之意，亦即是未发之时本有的戒慎恐惧（敬），而非悠茫无主之静态。诚如，胡居仁指出，"今人屏绝思虑以求静，圣贤无此法，圣贤只是戒慎恐惧，自无许多邪思妄念。不求静，未尝不静也"，"心只是一个心，所谓操存，乃自操而自存耳；敬，是心自敬耳"②；意即，心有主宰，自操而自存即自敬而自静，大本之立、达道之行亦未尝不静，而不是刻意以静求之，抑或刻意去谋求静时之空无的体验。胡居仁之论，对"静"之工夫的认识，亦确然为辨别儒释之重要区别处。

三、儒释"虚实"之辨。据《居业录》载：

> 儒者养得一个道理，释、老养得一个精神。儒者养得一身正气，故与天地无间；释、老养得一身私气，故逆天背理。
> 释氏见道，只是如汉武帝见李夫人，非真见也，只想象这道理，故劳而无功。儒者便即事物上穷究。③
> 其（异教）所谓道，亦有二也：一是想象摸索此道，如一个物事在前；一是以知觉运动为性，谓凡所动作，无不是道，常不能离，故猖狂妄行。
> 读书论事，皆推究到底，即是穷理，非是悬空寻得一个理来看。④

大体上来看，胡居仁认为儒释在"道理"上有"虚实"之别。释氏于"静"中想象个"道理"（物），脱离事事物物而非真实的道理；此外，释氏误认形而下气之知觉运动为性，作弄精神而猖狂妄行。儒家则存心尽性、即物穷理，

---

① 〔清〕黄宗羲：《明儒学案》，《崇仁学案二》，第33页。
② 〔清〕黄宗羲：《明儒学案》，《崇仁学案二》，第41,36页。
③ 〔清〕黄宗羲：《明儒学案》，《崇仁学案二》，第33页。
④ 〔清〕黄宗羲：《明儒学案》，《崇仁学案二》，第36页。

性理无间、本相流通,所立大本、所行达道真实无妄,而不容想象安排,亦不可以私意作弄。

质言之,胡居仁认为:

> 禅家存心有两三样,一是要无心,空其心,一是羁制其心,一是照观其心;儒家则内存诚敬,外尽义理,而心存。故儒者心存万理,森然具备,禅家心存而寂灭无理;儒者心存而有主,禅家心存而无主;儒家心存而活,异教心存而死。然则禅家非是能存其心,乃是空其心、死其心、制其心、作弄其心也。①

禅家所谓空其心、制其心、观其心,一体而言即是屏绝情感思虑而集中意念于"如有一物"之对象上以体验内心的本然状态。儒家则是敬义夹持、内外无间而心存,即是"静"时则须涵养本有的道德意识(敬与不敬),"动"时则须履行社会的道德义务(义与不义),敬、义相须互发,只是一事。简言之,儒家心存有主(诚敬持守之意),具存万理;释氏心存无主(安排作弄之意),寂灭无理。固然,释氏之教自有其精微广大之处,兹不赘言;仅从儒者角度看,黄宗羲虽称道胡居仁"辨释氏尤力",然亦曾谓之"皆不足以服释氏之心"②。黄宗羲所持观点大要为,释氏未尝无真见,但其所见只是流行之体,其心亦未尝死,即以知觉运动为性,作用见性,其所谓不生不灭者,即流行之体之至变;进而,黄宗羲指出:

> 释氏既以至变为体,自不得不随流鼓荡,其猖狂妄行,亦自然之理也。当其静坐枯槁,一切降伏,原非为存心养性也,不过欲求见此流行之体耳。见既真见,儒者谓其所见非真,只得形似,所以遏之而愈涨其焰也。③

比较而言,胡居仁之于黄宗羲于释氏之辨虽有否定、肯定之不同进路,但于释氏立论之基之研判则无别。仅此而论,以见胡居仁辨禅之义,亦以为衡定陈建儒释辨之参照。

---

① 〔清〕黄宗羲:《明儒学案》,《崇仁学案二》,第41页。
② 〔清〕黄宗羲:《明儒学案》,《崇仁学案二》,第30页。
③ 〔清〕黄宗羲:《明儒学案》,《崇仁学案二》,第30页。

第二章 有史之辨：陈建与"异端之辨"

罗钦顺之于明代理学发展无疑是一很关键性的人物。于朱子学之发展而言，罗钦顺虽论心性大略同于朱子，但论理气不同于朱子理本论而有气本论之取向，明初以来此种取向亦为后之气本论者所继承和发展；于阳明学之发展而言，依黄宗羲评析为据，大意是罗钦顺在理气论上持理气一元，在心性论上则析之为二元，其格物工夫于实际践履则毫无受用，由其说益难优入圣域，至是而程朱之学弊端愈甚，此亦是阳明学畅行之所以然。①从明代理学发展的比较视域中来看，罗钦顺所得处亦是其所失处，虽其有如陈建所谓"深明性命之理，及古今学术、儒释、朱陆之辨"亦不能挽狂澜于既倒。前已述及，罗钦顺于王阳明、陈白沙及陆九渊"心学"一脉之批判，皆归之于禅学；至于佛禅，罗钦顺所辨尤深，其著《困知记》亦专卷讨论。黄宗羲站在心学立场上对罗钦顺之学的批判自有其所局限，但其为称道罗钦顺辨佛禅之功；诚如，其在《明儒学案》所引述："高景逸先生曰'先生（罗钦顺）于禅学尤极探讨，发其所以不同之故，自唐以来排斥佛氏，未有若是之明且悉者。'呜呼！先生之功伟矣！"②

前面提及，黄宗羲评析胡居仁辨佛禅不足以服其心，此观点罗钦顺先已提及：

> 胡敬斋力攻禅学，但于禅学本末未尝深究，动以想象二字断之，安能得其心服耶？盖吾儒之有得者，固是实见，禅学之有得者，亦是实见，但所见有不同，是非得失，遂于此乎判尔。彼之所见，乃虚灵知觉之妙，亦自分明脱洒，未可以想象疑之。然其一见之余，万事皆毕，舒卷作用，无不自由，是以猖狂妄行，而终不可与入尧舜之道也。愚所谓有见于心，无见于性，当为不易之论。③

罗钦顺认为禅学所见也是实见，不同儒者之处是其所见乃虚灵知觉之妙，亦是黄宗羲所谓的流行之体之至变，亦可谓之禅学之即体即用者一是心之虚灵知觉作用。罗钦顺认为禅学有见于心，无见于性，以心、性力辨儒释之别。罗钦顺对儒释之于心、性方面做了精要比较：

---

① 〔清〕黄宗羲：《明儒学案》，《师说》，第10页。
② 〔清〕黄宗羲：《明儒学案》，《诸儒学案中一》，第1108页。
③ 〔清〕黄宗羲：《明儒学案》，《诸儒学案中一》，第1118页。

道心,寂然不动者也,至精之体不可见,故微;人心,感而遂通者也,至变之用不可测,故危。道心,性也,人心,情也。心一也,而两言之者,动静之分,体用之别。

释氏之明心见性,与吾儒之尽心知性相似,而实不同。盖虚灵知觉,心之妙用也,精微纯一,性之真也。释氏之学,大抵有见于心,无见于性,故其为教,始则欲人尽离诸象,而求其所谓空,空即虚也。既则欲其即相即空,而契其所谓觉,即知觉也。觉性既得,则空相洞彻,神用无方,神即灵也。凡释氏之言性,穷其本末,要不出此三者。然此三者,皆心之妙,而岂性之谓哉?①

罗钦顺认为,道心是性,人心是情,二者是体用关系,这不同于朱子论道心人心皆属于"心"而不是"性"的看法。在罗钦顺而言,心只是一心,道心寓于人心,亦即"理一"(性)的普遍性寓于"分殊"(人心)的特殊性中,并非心之外别有个实体化了的性。罗钦顺指出:"夫人心虚灵之体,本无不该,惟其蔽于有我之私,是以明于近而暗于远,见其小而遗其大。凡所遗所暗,皆不诚之本也。然则知有未至,欲意之诚,其可得乎? 故《大学》之教,必始于格物,所以开其蔽也。"②人心虚灵之体,其体即道心人心之"体一","道心性也,性者道之体。人心情也,情者道之用。其体一而已矣"③。开其蔽于有我之私,则无远近、大小之别,此即是尽心,亦是知性,心性不二;在儒者而言,皆以穷理尽性至命为旨。

罗钦顺认为释氏只见于心的为教之法特点是空即虚、知即觉、神即灵,皆是指心之妙用,其虽言性而实非性。罗钦顺所谓释氏有见于心,即是指其以心为本,以觉为性;如其谓之,"《金刚经》所谓'心不住法而行布施,应无所住而生清净心',即其义也。然则佛氏之所谓性,不亦明矣乎? 彼明以知觉为性,始终不知性之为理"④。罗钦顺认为释氏以觉为性,并非是不见不闻、无知无觉,而是要人不执着于见闻知觉,亦即是以知觉作用为性;如其谓之,"婆罗提尝言作用是性,有偈云'在胎为身,处世为人。在眼曰见,在耳曰闻。在鼻辨香,在口谈论。在手执捉,在足运奔。遍现俱该沙界,收

---

① 〔明〕罗钦顺:《困知记》,第 1—2 页。
② 〔明〕罗钦顺:《困知记》,第 2 页。
③ 〔明〕罗钦顺:《困知记》附录,《答黄筠谿亚卿》,第 158 页。
④ 〔明〕罗钦顺:《困知记》,第 48—49 页。

摄在一微尘。识者知是佛性，不识唤作精魂'。识与不识，即迷悟之谓也"①。罗钦顺亦认同此偈语真实话，但亦指出有出自利心者捏造出些鬼怪玄妙、诐淫邪遁之辞，危害尤甚。罗钦顺亦指出，达摩告梁武帝之"净智妙圆，体自空寂"，只此八字，已尽佛性之形容，继而有神会"湛然常寂，应用无方"发挥之，此皆与《系辞传》所谓"寂然不动，感而遂通天下之故"似无异，实则差异亦正在此：

  夫《易》之神，即人之心。程子尝言："心一也，有指体而言者，寂然不动是也；有指用而言者，感而遂通是也。"盖吾儒以寂感言心，而佛氏以寂感为性，此其所为甚异也。良由彼不知性为至精之理，而以所谓神者当之，故其应用无方虽亦识圆通之妙，而高下无所准，轻重无所权，卒归于冥行妄作而已矣，与吾儒之道，安可同年而语哉！②

罗钦顺认为释氏所持之性即是儒家所谓的心，亦因此称之为有见于明觉自然之心，而不识天地万物之理之性。于此，黄宗羲曾谓之，"羲以为，释氏亲亲仁民爱物，无有差等，是无恻隐之心也；取与不辨，而行乞布施，是无羞恶之心也；天上天下，唯我独尊，是无辞让之心也；无善无恶，是无是非之心也。其不知性者，由于不知心尔。然则其所知者，亦心之光影，而非实也"③。黄宗羲是站在心学的立场评析罗钦顺此说，自是二人学术立场之异，然亦可说明儒者对释氏的基本判教。简言之，释氏以寂感之心言性，以知觉作用为性，以人心之神明而应用无方，罗钦顺认为，所谓体自空寂、应用无方及知觉作用，此三者于释氏而言皆是心之妙用，与性无涉。

  释氏既然不识性，则儒释必有真妄之别。罗钦顺指出：

  凡其所当然者，即其自然之不可违者，故曰真也；所不当然者，则往往出于情欲之使然，故曰妄也。真者存之，妄者去之，以此治其身心，以此达诸家国天下，此吾儒所以立人极之道，而内外本末无非一贯也。若如佛氏之说，则方其未悟之先，凡视听言动，不问其当然与不当然，一切皆谓之妄，及其既悟，又不问其当然与不当然，一切皆谓之真。

---

① 〔明〕罗钦顺：《困知记》，第49页。
② 〔明〕罗钦顺：《困知记》，第55页。
③ 〔清〕黄宗羲：《明儒学案》《诸儒学案中一》，第1108页。

吾不知何者在所当存乎？何者在所当去乎？当去者不去，当存者必不能存，人欲肆而天理灭矣。①

儒家讲格、致、诚、正，旨在去妄存真以治其身心，身心得修而达家齐、国治、天下平，一是皆以修身为本，内外本末自是一以贯之。罗钦顺认为佛氏一是皆以悟为本，未悟之先，一切皆妄，既悟之后，一切皆真，始终无高下、轻重所当然之则，看似有圆通之妙，实则是一任心之虚灵知觉作用，局于至变流行之体而亦陷于冥行妄作之流患。然则佛氏所悟为何？据《居业录》载：

> 昔有儒生悟禅者，尝作一颂云："断除烦恼重增病，趣向真如亦是邪。随顺世缘无罣碍，涅槃生死是空华。"宗杲取之。尝见宗杲示人有"水上葫芦"一言，凡屡出。此颂第三句即"水上葫芦"之谓也。佛家道理真是如此。《论语》有云："君子之于天下也，无适也，无莫也，义之与比。"使吾夫子当时若欠却"义之与比"一语，则所谓"无适无莫"者，何以异于"水上葫芦"也哉！②

昔有儒者此颂，大意说的是禅悟之道即是在心地自然无碍、随顺世缘中实现超越，不应执着于断除烦恼，即使趣向真如、涅槃生死。宗杲的"水上葫芦"亦是此意，自然而然，一切现成。罗钦顺认为佛氏道理确实是如此，结合前引文而论，否定的一切即肯定的一切，而"一切现成"，随顺世缘而亦无挂碍于世缘，即其理是无当然之则之作弄精神，其行则是应用无方之冥行妄作。罗钦顺亦指出宗杲之"水上葫芦"一语近理于孔子之"无适无莫"，而儒家有"义与之比"一语为其所当然之则，儒释理似近而实不同。

此外，罗钦顺亦指出儒家之辟佛氏有三：有真知其说之非而痛辟之者，两程子、张子、朱子是也；有未能深知其说而常喜辟之者，笃信程、张数子者也；有阴实尊用其说而阳辟之者，盖用禅家呵佛骂祖之机者也。③ 以见辟佛之难，罗钦顺于此简论了韩愈、程颐、程颢，张载、朱子等辟佛主张，亦于

---

① 〔明〕罗钦顺：《困知记》，第53—54页。
② 〔明〕罗钦顺：《困知记》，第63页。
③ 〔明〕罗钦顺：《困知记》，第63页。

道家思想略有所论。简言之,罗钦顺认为,"老子外仁义礼而言道德,徒言道德而不及性,与圣门绝不相似,自不足以乱真。所谓弥近理而大乱真,惟佛氏耳"①。在罗钦顺而言,尤其是鉴于其所处时代之各种异说纷起,儒释之辨攸关世道之盛衰,不能不为之远虑。由是观之,陈建确然至为推崇罗钦顺,其《学蔀通辨》有关朱陆、儒释之辨之理论大要皆在罗氏所论范围之内,且其理论之论证亦难出罗氏之右。备罗钦顺所论,亦仅为考衡陈建思想之参照。

王阳明无疑是明代理学中极有影响的思想家,以其为代表的"心学"运动成为明中后期思想的主流,影响深远。王阳明在学术上,早年泛滥于辞章,继之在朱熹的影响下探究格物穷理的工夫,后又久出入于佛、老;黄宗羲谓之,"其学凡三变而始得其门"②。王阳明之学应说启自朱熹而与之有别,表彰陆九渊而益较之深切著明,亦如黄宗羲谓之,"先生且遂优入圣域,范围朱、陆而进退之,又不待言矣"③。王阳明"心学"是对朱子学的反动,亦是对明初以降程朱理学渐趋僵化现实之反动;其心学极其张扬了主体在建立道德自觉的能动性,亦是对客观高居于上的、官方意识形态的"理"的反动;其心学亦以极为开放的态度融会(扬弃)释、老,亦有助于此后三教合一之趋势。

王阳明对待各种学术的态度颇为开明,不因被视为异端而力攻之。诚如,王阳明所言,"今世学者,皆知宗孔、孟,贱杨、墨,摒释、老,圣人之道若大明于世。然吾从而求之,圣人不得而见之矣。岂能有若墨氏之兼爱者乎?岂能有若杨氏之为我者乎?若能有若老氏之清净自守,释氏之究心性命者乎?吾何以杨、墨、老、释之思哉?彼与圣人之道异,然犹有自得也"④。于此,在王阳明而言,其他学术亦有其自得之处,即有其可鉴取之处,然更重要的不是知此是彼非,而是要致力于昌明圣学,不辨自得之。王阳明在昌明圣学,理论创新上既是如此。王阳明曾久出于佛、老,其学亦深受佛、老思想之影响。有人曾求教于阳明,"问于阳明子曰:释与儒孰异乎?曰:子无求其异同与儒、释,求其是者而学焉可矣。曰:是与非孰异乎?曰:子无求其是非于讲学,求诸心而安焉者是矣"⑤。王阳明以"求其是者"和

---

① 〔明〕罗钦顺:《困知记》,第66页。
② 〔清〕黄宗羲:《明儒学案》,《姚江学案》,第180页。
③ 〔清〕黄宗羲:《明儒学案》,《师说》,第7页。
④ 〔明〕王守仁:《王阳明全集》卷七,《文录四》,《别湛甘泉序》,第257页。
⑤ 〔明〕王守仁:《王阳明全集》卷七,《文录四》,《赠郑德夫归省序》,第266页。

"求诸心而安焉者"回应,其前提即是儒释之道本来不同,便不应纠缠于儒释之不同处;而于王阳明之学立场看,所谓求诸心即是求其是者,亦即是"致良知"。王阳明对释老是以一种开放的态度对待之,即是一种扬弃的态度。

王阳明之学的禅味确然较浓,攻之者亦烈。前述陈建《学蔀通辨》之终旨就是针对王阳明之学而发的,认为王阳明之学是及陆九渊之后又一部禅学,继其后辟王者亦为不少(后章节会述及)。王学的禅味浓,不仅是其前述及其对待禅学态度上的异中求是,亦体现在王阳明多用禅语及其故事,抑或采用禅家方术施教,但重心在王阳明心学与禅学皆学专说心。前章节亦论及,陈建正是基于"说心"而集中攻王阳明之学实是"阳儒阴释"的又一部禅学,认为其学"惟求一心",其"良知"即佛氏"不思善不思恶"时之本来面目,皆是师心自用,作弄精神。但事实是,王阳明之学虽深受禅学影响,但其于儒释(禅)之辨亦最深切著明。诚如,王阳明所言:

> 圣人之学不出乎尽心。禅之学非不以心为说,然其意以为是达道也者,固吾之心也,吾惟不昧吾心于其中则亦已矣,而亦岂必屑屑于其外,其外有未当也,则亦岂必屑屑于其中。斯亦其所谓尽心者矣,而不知已陷于自私自利之偏。是以外人伦、遗事物,以之独善或能之,而要之不可以治家国天下。盖圣人之学无人己,无内外,一天地万物以为心;而禅之学起于自私自利,而未免于内外之分;斯其所以为异也。今之为心性之学者,而果外人伦、遗事物,则诚所谓禅矣;使其未尝外人伦、遗事物,而专以存心养性为事,则固圣门精一之学也,而可谓之禅乎哉?①

王阳明认为儒、禅之学皆可谓之"心学",儒者尽心意以为是达道,即是尽心知性穷理至命,亦即是达诸家国天下之道。而释氏亦以心为说则陷于自私自利之偏,只或能于存心养性以求独善为事,而其外人伦、遗事物,不可以治家国天下。于王阳明而言,儒学无内外之分,禅学则"居于内而遗其外"。王阳明此论既说明二学于"心"说之根源处有"分"与否之别,又于理论旨归上异辙殊途。针对学之内外问题,王阳明亦有确论:

---

① 〔明〕王守仁:《王阳明全集》卷七,《文录四》《重修山阴县学记》,第287页。

第二章　有史之辨：陈建与"异端之辨"　　151

> 夫理无内外，性无内外，故学无内外；讲习讨论，未尝非内也；反观内省，未尝遗外也；夫谓学必资于外求，是以己性为有外也，是义外也，用智者也；谓反观内省为求之于内，是以己性为有内也，是有我也，自私者也；是皆不知性之无内外也。①

罗钦顺曾批驳王阳明之学亦有"局于内而遗其外"之弊，意即亦近禅学，此处所引即王阳明回复之文。对学之内外问题，王阳明有着明晰的判别，其辟禅学亦是据此而论，故而视禅学是"局于内而遗其外"之自私自利之学。至于王阳明辟禅学之处，再引前述陈荣捷之言：

> 阳明之批评禅宗思想，在学理方面，比宋儒为尤甚。盖阳明专意攻击禅家关于心之见解，此其与程朱之所不同。朱子评佛，乃从社会、伦理、历史、哲学各方面着手。程颐亦侧重实际方面。惟阳明集其全力于禅家基本观念，指出禅家心说之无理与其"不著心"说之自相矛盾。如是阳明攻击禅宗之中心学说，视宋儒为进一步。阳明本人之根本思想亦在乎心，则其攻击禅家心说亦至自然。②

除却对阳明批评禅学处阐述外，陈荣捷指出阳明亦不免门户之见，既有忽视禅家圣俗并重之处，亦有于禅家心说欠了解。但并不妨碍说明阳明学确于禅学有根本不同处。亦因王阳明之学为陈建《学蔀通辨》主要批判之对象，前面已多述及，这里仅简要介绍王阳明之于禅学的态度和基本判别。

明初至中叶以来，禅宗的发展大体情势是委屈自安而趋于落寞，然儒释之辨的问题却没有随之落寞，反之愈益凸显，亟待辨别明晰。明初以来朱子学有复兴之势，但大体上皆谨绳墨、笃践履，兼之为官方意识形态之限而渐趋僵化，缺乏生气。与此同时，自陈白沙开启心学先声，至王阳明成其大而畅行于世，其间皆是经由批判朱子学而转出，使得心学运动在明中叶达至高峰。统言之，不论致力于复兴朱子学发展理学者，抑或是批判朱子学发展心学者，都于禅学有着千丝万缕的牵连，理学本是扬弃释老而成其为理学，心学亦是于其三者间转身而出者。儒释之辨自始即是理学（包括

---

① 〔明〕王守仁：《王阳明全集》卷二，《答罗整庵少宰书》，第86页。
② 陈荣捷：《王阳明与禅》，第77—80页。

心学)发展中的内在问题,随着心学运动的发展,心学之于理学之辨亦多被置之于儒释之辨的框架下展开。明初以降至中叶,随着理学向心学的转向,大体而言朱陆之辨即转换为朱王之辨,而其间亦自始终皆牵涉着儒释之辨。随着心学运动的发展,批判心学者亦多在儒释之辨的框架下予以批判之。诸如,有"明代初期的朱子学之秀"之称的胡居仁之于同门的陈白沙,亦有"朱子学的后劲"之称的罗钦顺之于同时代的王阳明,皆尽如此;继之不久,而至陈建《学蔀通辨》于此特征上则更为突出。结合前述,大略可知陈建《学蔀通辨》之于"儒释之辨"的基本时代论阈,亦可见得陈建辟佛思想多取于胡居仁、罗钦顺之论,然在理论上却无二氏之深切著明,但其于禅学抑或王学流弊遗祸之昭示则应有可鉴戒之处。

第三章　朱学后劲:陈建理学及其《通辨》之衡定

陈建通辨陆象山、王阳明为释老,辨佛禅、老庄为外道,即是要明正学"不可妄议"之实,亦即要明孔孟、程朱圣贤为一脉相承之正学,不可肆意妄议。陈建《学蔀通辨》通编序列即是"抉三蔀,明一实"。前编明朱、陆早同晚异之实,后编明陆象山阳儒阴释之实,续编明佛学近似惑人之实(兼辨王阳明学亦宗释老),而以圣贤正学(即朱学)不可妄议之实终焉。陈建这一排列自有其旨意,"前、后、续三编,辟异说也。终一编,明正学也;前、后、续三编,撤蔀障也,终一编,著归宿也;前、后、续三编,外攘也,终一编,内修自治之实也"①。至于陈建所谓的辟异说、撤蔀障,究其实是否妥当与否前已详辨之。然陈建是论后人有谓之有功于正学,有功于世道人心;亦有人谓之是巧狗政府之意、阿附阁臣,排陆陷王。经由此而起之门户之争无所不及,争讦不休(此引发之争鸣待后略述)。就陈建个人而言,其著书立说自有坚守之立场,亦是在这种意义上,肯定其说者谓之"最足为考亭干城"②,"至建书出,世称为东莞之学"③;近人容肇祖认为若无成见地看待陈建,其思想应在有明一代对朱学贡献颇大,故而纳陈建入其"补明儒东莞学案"中,称其为"朱学后劲"④。本章亦循陈建是著序列对其理学思想及其《通辨》之得失、影响再做正面之考述、衡定。

第一节　陈建与明代前期理学

通过前面章节有关陈建《通辨》问题由来之考述,以及陈建力辨陆象山、王阳明为释老诸问题之分疏,已于一定程度上了解了陈建理学的立场以及相应的理学认知。陈建持守朱子学立场,于一定程度上本依朱子学旨

---

① 〔明〕陈建:《学蔀通辨·终编叙》,第250页。
② 〔清〕陆陇其:《三鱼堂文集》卷五,(陆陇其有《答徐健庵先生书》云:"陈清澜立传,最足为考亭干成。")
③ 〔清〕陈伯陶:《东莞县志》卷五十八,第2196—2197页。
④ 容肇祖:《容肇祖集》,济南:齐鲁书社,1989,第235—245页。

对陆、王学之可能性弊病有所揭示,但亦存在于陆、王学不究其实,乃至于朱子亦不相应处。简言之,陈建对释老,以至陆、王之学的批驳,是将之置于对象化的、对立的地位而极力排斥,从而失去了对释老形上理论的体究,因而于朱子学本体之超越性多有弱化、肢解处;同时,经由前章节陈建所辨亦可略见其多注重朱子学笃实致用处,确于朱子学形而上的本体性、超越性多被消解之。前已提及,朱子辟佛非置之于绝缘性地位而实吸纳再创造之;此点阳明亦然,如对儒释之态度乃是"求其是者而学""求诸心而安"①,于释老亦非绝缘性对待之。陈建立说之辟陆、王及佛老,实则于朱子视批陆学与佛禅同等重要之纠葛问题域不甚相应,亦实则有偏离朱子处;然陈建主要旨趣落实在下达之学,即为学指归于日用、力行、实践与德性之务实致用精神上,此则却有为朱子学之扎根于日常性、现实性处多有伸张,但偏离朱子"本来性—现实性"理论视域则确有"支离"处。故而,欲了解陈建理学思想之取向,尚须置之于有明初以来之理学(朱子学)脉络中考察;经由此,或亦可知陈建于阳明学之问题源自有不契应处,以及批驳阳明学为禅确有其理论上之不尽相应处。

有明一代,作为主流的理学总体上侧重于心性论的取向,尤为阳明心学之兴盛推动了宋明理学更进一层地发展,也使学术鸣辨更甚。明自嘉靖、隆庆而后正是阳明心学思潮渐趋隆盛之时,及至清人张履祥谓之时有谓"又百余年来,承姚江横流之后,程朱之书鲜行于世"②。陈建正身处嘉、隆之间,其著《学蔀通辨》直接针对阳明《朱子晚年定论》而发,清人亦谓之"是编虽攻象山,实为阳明发也"③,陈著于当时未得刊行、流布抑或有此因。于有明一代理学之此种情形,亦可参《明史》所论:

> 原夫明初诸儒,皆朱子门人之支流余裔,师承有自,矩矱秩然。曹端、胡居仁笃践履,谨绳墨,守儒先之正传,无敢改错。学术之分,则自陈献章、王守仁始。宗献章者曰江门之学,孤行独诣,其传不远。宗守仁者曰姚江之学,别立宗旨,显与朱子背驰,门徒遍天下,流传逾百年,其教大行,其弊滋甚。嘉、隆而后,笃信程、朱,不迁异说者,无复几人

---

① 〔明〕王守仁:《王阳明全集》卷七,《文录四》《赠郑德夫归省序》,第266页。("问于阳明子曰:释与儒孰异乎?曰:子无求其同异于儒、释,求其是者而学焉可矣。曰:是与非孰异乎?曰:子无求其是非于讲学,求诸心而安焉者是矣。")
② 〔清〕张履祥:《杨园先生全集》卷四,《答丁子式》,北京:中华书局,2002,第98页。
③ 陈伯陶:《学蔀通辨·跋》,转引侯外庐主编,《宋明理学史》,第534页。

矣。要之，有明诸儒，衍伊、洛之绪言，探性命之奥旨，锱铢或爽，遂启岐趋，袭谬承讹，指归弥远。至专门经训授受源流，则二百七十余年间，未闻以此名家者。经学非汉、唐之精专，性理袭宋、元之糟粕，论者谓科举盛而儒术微，殆其然乎？①

此论虽不尽然，然涉及有明一代学术尚待详析之诸多问题，此处仅就相关方面略述。兴起于北宋的理学，至南宋朱熹集其大成。然程朱学派在南宋被统治者视为"伪学"，遭禁锢而不许传布。南宋末开禁，经真德秀、魏了翁的努力弘扬才取得了较优越的地位。从元仁宗延祐二年（1315）正式推行以朱子学著作为主的科举，到明成祖永乐十三年（1415）编纂成以朱子学为主的《四书大全》《五经大全》《性理大全》，使程朱理学定为一尊，奠定了它作为封建统治阶级的统治思想的地位。并通过教育措施，从中央国子学到地方的书院，以至乡村的社学，使朱子学深刻地影响及于家庭里、社会上，成为人们言行的规范准则。朱子学的一尊，自是有汉武帝时"独尊儒术、罢黜百家"的同等政治作用，然对学术的争鸣发展亦有所不利。顾炎武站在古文经学家的立场批评说，"自八股行而古学弃，《大全》出而经说亡，洪武、永乐之间，亦世道升降之一会"②。《明史》多从政治意识上论有明儒学未有以经训授受名家者以及于性理上遂启岐趋之意，亦颇有合顾氏于经世致用上有此说处。"儒术微"在一定意义上确近事实，然非仅科举盛所致。程朱学在明代竟至"笃信程、朱，不迁异说者，无复几人矣"。这里有三部《大全》的编撰和"科举盛"而思想僵化的外缘，但更主要的是，正是在这种体制下朱子学的普及使得朱子学理论在原方向上经由"牛毛茧丝、无不辨析"而有"遂启岐趋，袭谬承讹，指归弥远"地被误读、分化之改变乃至新诠释之动向。黄宗羲曾给予一定程度上的肯认："有明文章事功，皆不及前代，独于理学，前代之所不及也，牛毛茧丝，无不辨析，真能发先儒之所未发。"③这种牛毛茧丝、无不辨析之功虽胜于前代，但亦有其二重性。或流于枝节而趋平实，或至精微而辟新方向。

历史性是人类存在的基本事实。因此，真正的理解就不是去克服这一

---

① 〔清〕张廷玉：《明史》卷二百八十二，列传一百七十，儒林一，北京：中华书局，1974，第7222页。
② 〔清〕顾炎武：《日知录集释》卷十八，"四书五经大全"条，长沙：岳麓书社，1994，第651—652页。
③ 〔清〕黄宗羲：《明儒学案》，《发凡》，第14页。

历史性,而是要正确地评估和适应这一历史性。明代儒者对朱子学无论是误解抑或是新的诠释都具有一定的创造性,对这一历程做一清楚考察,才能在其视野中给予各种立说一客观公允的把握和定位。事实上,明初以降诸理学家亦非"谨绳墨,守儒先之正传,无敢改错"。他们更多是从不同角度以一种所谓的"体认"的方式议论或发挥朱学于"矩矱秩然"之外,从而使朱学分流迁变,在偏离中趋向新的向度。明初以降之理学渐有重务实、贵存养而趋内在化之倾向,虽也关乎宋儒于理论上之形而上关怀,但问题意识的核心已有所变化;儒学与佛老的关系因基于儒学本体形上理论的确立以至烂熟而更多倾向于将佛老对象化处理。故而,尽管辟释老亦为明儒理学之显著特色,然明儒更侧重在理学内部,尤其是于朱子学之关系上,进而将理学在"范围朱、陆而进退之"中推向一新阶段;陈建身处的时代既有如王阳明"心学"思潮大行天下之形势,亦有隐约其间如罗钦顺扬弃理学、走出理学之"气学"进路。理学在明代能达到所谓"前代之所不及也""真能发先儒之所未发",主要是在对于朱子学的继承与诠释中展开。

就明初朱子学流衍而言,钱穆于《明初朱子学流衍考》中指出:

> 明初理学家,与康斋(吴与弼)敬斋(胡居仁)同时,北方尚有曹月川(曹端)薛敬轩(薛瑄)。虽亦与康斋敬斋同一尊朱,同尚践履,而双方学问路径似有不同。康斋敬斋似是从朱子上窥二程,近似于所谓程朱之正传。而月川敬轩则从朱子上窥濂溪康节横渠,应与程朱正传有不同。故康斋敬斋喜言心,而月川敬轩更喜言天。换言之,康斋敬斋为学,偏重日常人生以至治平教化,而月川敬轩则多纵论及于宇宙自然理气问题。①

据钱氏此论,明初四先生之学,虽同尊朱子然皆有所偏重,亦且于此而更趋精微,较之宋儒而言于理论创发上不甚用力而多侧重践履和实证。钱氏所论至要简当,尽管月川敬轩多论及宇宙自然理气诸问题,然据陈来考究谓之,明代理学的理气说更多的是把理气作为身心修养论的范畴,而不是把理气仅仅作为本体论的范畴来讨论。② 此外,陈荣捷亦曾就此四先生言明初理学发展之进路之于白沙、阳明心学之兴起关系做了探究。陈氏批驳了

---

① 钱穆:《中国学术思想史论丛》卷七,北京:三联书店,2009,第21页。
② 陈来:《宋明理学》,上海:华东师范大学出版社,2003,第184页。

第三章 朱学后劲：陈建理学及其《通辨》之衡定

前引《明史·儒林传》所谓"学术之分,则自陈献章、王守仁始",以及于此前之黄宗羲所谓"有明学术,白沙开其端,至姚江而大明。盖从前习熟先儒之成说,未尝反身理会,推见至隐。所谓此亦一述朱,彼亦一述朱耳"①,认为此种欲求思想独立发展之意念、轻忽之结果,以致大多数明代思想之史家,竟抹杀此四位早期明代之新儒家或其与心学一派之关系;陈氏认为早期明代新儒家,虽仍守程朱旧统,但已趋于新方向,对形而上学及格物穷理诸论题之知性方面较少兴趣,而于心之存养与居敬诸工夫,则较多关注,其时趋于存养之一般趋势,已必为后期明代新儒学之发展确定其方向而预为之所。② 仅此以观明代儒学之沿袭及趋向,结合前述朱、陆异同之脉络,亦可知明代儒学既难脱宋学范围且又多收缩,似更精微,亦更单纯;诚如钱穆所指,"实际明代学术,只好说沿袭着朱、陆异同的一问题。他们对此问题之贡献,可说已超过了朱、陆,但亦仅此而止"③。这里仅择明初至中期以来数儒者做一简述,以冀于陈建理学所以然之可能性背景有一相应之揭示。

就明初朱学大儒曹端（月川,1376—1434）而言,黄宗羲说"先生之言理气不同于朱子"④。朱子讲"未有天地之先,毕竟也只是理",同时强调"理又非别为一物,即存乎是气之中"⑤。这是就本体论和宇宙论角度对理气关系做的说明,表达了理之于气的逻辑在先及其先验性;又从理气动静关系给予说明,"太极理也,动静气也。气行则理亦行,二者常相依而未尝离也。太极犹人,动静犹马;马所以载人,人所以乘马,马之一出一入,人亦与之一出一入,盖一动一静,而太极之妙未尝不在焉"⑥。以人乘马之喻指动静的主体是气,动静的根据是理;既蕴含了理与气形上形下性质之别,又显示了理气不离不杂之"体用一源,显微无间"的关系。理的超越性、在先性是价值和逻辑上的,彰显了朱子哲学最高范畴的绝对性以及朱子学的理论张力。但曹端认为朱子"人乘马"此说之"理"是一死理,失去了理可尊的绝对意义。"若然,则人为死人,而不足以为万物之源;理为死理,而不足以为万物之源。理何足尚,而人何足贵哉？今使活人骑马,则其出入行止

---

① 〔清〕黄宗羲：《明儒学案》卷十，《姚江学案》，第178页。
② 陈荣捷：《朱学论集》，《早期明代之程朱学派》，上海：华东师范大学出版社，2007，第215—227页。
③ 钱穆：《宋明理学概述》，北京：九州出版社，2010，第194页。
④ 〔清〕黄宗羲：《明儒学案》卷四十七，《诸儒学案》中一，第1108页。
⑤ 《朱子语类》卷一，第1页。
⑥ 《朱子语类》卷九十四，第2374页。

疾徐,一由乎人驭之如何尔,活理亦然。"①曹端虽然固守朱子理的绝对性,但其"活理"变"理乘气"为"以理驭气"的讲法更具细腻性、合理性,强调了理主导、发用的能动属性。当然,曹端于"理"此番解读更有出于一定现实性的价值取向;钱穆大略指出,曹月川论理气,一承朱子,本可相悦而解,其苦心亦有在明"吾儒之虚虚而有,老氏之虚虚而无;吾儒之寂寂而感,佛氏之寂疾而灭"处②。刘宗周曾指出:"薛文清(薛瑄)亦闻先生(曹端)之风而起者。"③薛瑄(1392—1464)认为不存在理气先后的问题,"理只在气中,决不可分先后,如太极动而生阳,动前便是静,静便是气,岂可说理先而气后"④。且直承曹端理气一体之说,进而认为"天下无无理之物,亦无无物之理"⑤,实际上是弱化了朱子学的本体论的指向和形而上的超越性。正是在这样的解读中,薛瑄进一步提出,"圣人应物,虽以此理应之,其实理只在彼物上,彼此原不移也","圣人治人,不是将自己道理分散与人,只是物各付物"⑥。这是一种笃实的重日用言行践履的下学工夫,只求行为的当然,忽视了其所以然,与朱子下学而上达、格物而致知的融贯工夫有所偏,难免失去理论的张力而似有"多困于流俗"⑦之嫌。但这种理气关系的讨论,无疑会导致朱子学本体—宇宙论(抑或宇宙—本体论)统一的削弱而倾向于宇宙自然论之可能。于此处,亦如钱穆所揭橥月川敬轩从朱子上窥濂溪、康节、横渠而多纵论及宇宙自然理气之意。然则,曹月川、薛敬轩亦皆于人生日用常行间主力行、重践履。黄宗羲谓之,"先生以力行为主,守之甚确,一事不容假借,然非徒事于外者。盖立基于敬,体验于无欲,其言'事事都于心上做工夫,是入孔门之大路'⑧。诚哉! 谓有本之学也"⑨。"人能恭敬,则心便开明"⑩,主敬、事心为曹端所重。曹端强调"穷理反躬之学",其所谓"先立乎其大者"即指"一诚足以消万伪,一敬足以敌千邪"⑪;曹氏以诚、敬立心,反对偏枯于"主静",谓之"外不躁则内静,外不妄

---

① 〔清〕黄宗羲:《明儒学案》卷四十四,《诸儒学案》上二,第1061页。
② 钱穆:《中国学术思想史论丛》(七),《明初朱子学流衍考》,第34、35页。
③ 〔清〕黄宗羲:《明儒学案》,《师说》,第2页。
④ 〔清〕黄宗羲:《明儒学案》卷七,《河东学案》上,第119页。
⑤ 〔清〕黄宗羲:《明儒学案》卷七,《河东学案》上,第125页。
⑥ 〔清〕黄宗羲:《明儒学案》卷七,《河东学案》上,第120页。
⑦ 〔清〕黄宗羲:《明儒学案》,《师说》,第4页。见刘宗周语:"薛文清多困于流俗……"
⑧ 〔明〕曹端:《曹端集》卷七,《曹月川先生录粹》,北京:中华书局,2003,第239页。
⑨ 〔清〕黄宗羲:《明儒学案》卷四十四,《诸儒学案》上二,第1061页。
⑩ 〔明〕曹端:《曹端集》卷七,《曹月川先生录粹》,第246页。
⑪ 〔明〕曹端:《曹端集》卷七,《曹月川先生录粹》,第241、240页。

则内专,此是事心关要处","不是不动便是静,不妄动方是静","非礼勿视,则心自静"①。此处颇合程朱论主敬之思想,故虽有偏离程朱学处然亦难出其范围。薛瑄尝言,"自考亭以还,斯道已大明,无烦著作,直须躬行耳"②,亦重主敬、存心之践履工夫;如其谓之,"人不持敬,则心无安顿处","人不主敬,则此心一息之间,驰骛出入,莫知所止也"③;故而,薛氏谓之"才收敛身心,便是居敬","敬则中虚无物",相较于其言静则相须互发,"静坐中觉有杂念者,不诚之本也。惟圣人之心,自然真一虚静,无一毫之杂念"④。较之主敬、事心于静之方面,薛氏亦强调谨严地动的工夫,如其谓之"为学时时处处是做工夫处,虽至陋至鄙处,皆当存谨畏之心而不可忽,且如就枕时,手足不敢妄动,心不敢乱想,这便是睡时做工夫,以至无时无事不然"⑤。仅此而论,亦可见薛氏承曹月川对宋学做了更细化的调整。虽于理论上并无独到之创发,然曹、薛二氏皆是重实践、实行之儒。陈建亦如薛瑄所言,"愚尝窃论之,三代而下,人物而至于程朱,亦可以无讥矣;讲学而至于程朱,亦可以无议矣。其言亦尽精尽密、尽美尽备矣,今之学者所急惟一行字耳。诚能实循其言,亦足以造道而成德矣"⑥。此点亦可于陈建评述其所处时代之理学诸儒得证,如其谓之:

  愚尝因杨方震所录《理学名臣》而并论之,我朝理学之士,薛文清瑄、陈克庵选为最,胡敬斋居仁、罗一峰伦、章枫山懋亚之。盖一峰、枫山偏于退隐为高矣!陈白沙献章只一味禅会,庄定山昶只是一个诗人,与黄未轩仲昭言行皆未见灼灼。定山晚年出处一节,虽白沙亦讥之。陈剩夫只是一个狷介之士,其学识比胡敬斋犹未及。邹吉士智,忠鲠名臣,不必厕于道学。余非末学所敢议矣!杨方震录所遗,前有曹月川端,后有何椒丘乔新、邵二泉宝、罗整庵钦顺,皆当续入。⑦

刘宗周(蕺山)指出,"先生(陈选)躬行粹洁,卓然圣人之徒无疑。其平生

---

① 〔明〕曹端:《曹端集》卷七,《曹月川先生录粹》,第 240 页。
② 〔清〕张廷玉:《明史》卷二百八十二,列传一百七十,儒林一,北京:中华书局,1974,第 7222 页。
③ 〔清〕黄宗羲:《明儒学案》卷七,《河东学案》上,第 118 页。
④ 〔清〕黄宗羲:《明儒学案》卷七,《河东学案》上,第 118、115、123 页。
⑤ 〔清〕黄宗羲:《明儒学案》卷七,《河东学案》上,第 119 页。
⑥ 〔明〕陈建:《学蔀通辨·终编》卷中,第 271 页。
⑦ 〔明〕陈建:《皇明通纪》下,第 773 页。

学力,尽见于张裴一疏,至诚而不动者,未之有也。《通纪》评理学未必尽当,而推许老先生也至矣"①。刘蕺山虽不认同陈建《通纪》置陈选于明初理学之最,但以"至诚"论认同陈建对陈选刚正耿介、务实力行的品性之高度肯定。黄宗羲亦称道陈选"读书不资为文辞,手录格言为力行之助",叹服"吾有以见先生存诚之学矣"②。尽管陈建乃至刘宗周、黄宗羲于有明之理学认识深有有门户之偏私,然亦有所共识,且不可否认的是陈建推重薛瑄为最,补曹端于前,续罗钦顺于后皆能体现出其极具一定思想史之历史眼光。

陈建认为,"曹月川学行,犹在吴康斋与弼之右"③,这与刘蕺山所谓"惟先生(吴康斋)醇乎醇"④,以及黄宗羲所谓"微康斋,焉得有后世之盛哉"⑤所重不同;陈建依循程朱之下达笃实、务实进取学旨而判之,刘、黄二人则有因其与白沙系、阳明系之心学关系而推崇之。据前引钱穆之言,认为明初吴与弼(康斋,1391—1469)其学近似于所谓程朱之正传,然依陈建判说之标准则康斋之学已离朱子学"规矩"相去甚远。黄宗羲说:"康斋倡道小陂,一禀宋人成说。言心,则以知觉而与理为二,言工夫,则静时存养,动时省察。故必敬义夹持,明诚两进,而后为学问之全功。"⑥其实吴与弼之学已非原汁原味的朱子之学,刘宗周指出其为学特点是"多从五更枕上汗流泪下得来","独得圣贤之心精"的"孔、颜寻向上工夫"。⑦ 吴与弼不同于薛瑄重下达而是偏于上达"反求吾心"之主敬与心之存养工夫,"一事少含容,盖一事差,则当痛加克己复礼之功,务使此心湛然虚明,则应事可以无失"⑧。他所谓的刻苦工夫"唯在一敬字",具体阐释为"人须整理心下,使教莹静,常惺惺地方好,此敬以直内工夫也"⑨。这种"直内工夫"重视"静中演绎"、枕上"冥悟",其论读书等渐进集义工夫亦是与直内的"敬"贯通而一味向心上说了。诚如他说:"心是活物,涵养不熟,不免动摇,只常

---

① 〔清〕黄宗羲:《明儒学案》,《师说》,第5页。
② 〔清〕黄宗羲:《明儒学案》,《诸儒学案》上三,第1085页。(另:陈选学行事迹可互参《明儒学案》卷四十五《布政陈克庵先生选》与《明史·列传》第四十九,兹不详录。)
③ 〔明〕陈建:《皇明通纪》下,第593页。
④ 〔清〕黄宗羲:《明儒学案》,《师说》,第4页。
⑤ 〔清〕黄宗羲:《明儒学案》,《师说》,第14页。
⑥ 〔清〕黄宗羲:《明儒学案》卷一,《崇仁学案一》,第14页。
⑦ 〔清〕黄宗羲:《明儒学案》,《师说》,第3页。
⑧ 〔清〕黄宗羲:《明儒学案》卷一,《崇仁学案一》,第20页。
⑨ 〔清〕黄宗羲:《明儒学案》卷一,《崇仁学案一》,第23页。

第三章 朱学后劲:陈建理学及其《通辨》之衡定

常安顿在书上,庶不为外物所胜","应事后,即须看书,不使此心顷刻走作"①。吴与弼理学重于身心修养论,使朱子读书等下学渐进工夫融于向内求于心的上达工夫之中,显然不同于朱子的动静结合、内外兼尽的先验的体验和经验的认知二而一、一而二的工夫。事实上他将暗合陆子学上达之本心论和会于朱子学之工夫论中了。刘宗周正是在心学立场上推崇之,"唯先生(吴与弼)醇乎醇"②。然则陈建认同罗钦顺的看法,即罗氏"亦言其(与弼)学未有得"③;陈建认为,吴与弼在学术上"则观其文集序记诸作,与夫疏陈十事,皆枯浅寂寥,草率粗略,无所发明,有目所共睹。至于《日录》所记,每多说梦"④。就理学史角度而言,吴与弼之学实在理论上无多发明,因其弟子中朱学代表胡居仁之"余干之学"、有明心学开创者陈献章"白沙之学"而使之于理学史上地位显为提高。吴与弼所"疏陈十事",内仅多以往"圣贤格言",亦确无所发明,因而陈建对吴与弼理学认识在一定程度上有合理之处。然从节行、操守上言,陈建就吴与弼以"宫僚,侍太子讲学"一职小而不屑为,认为其"殆犹未免于盛名之下,其实难副也";转述时人所论吴与弼为权臣石亨作年谱序时自称"门下士",以及因"弟讼"而"裭冠囚首,跪讼于庭府"之事,亦认为世俗多徇名,务循名而责实⑤,对吴与弼节操多所诟病。至于有关吴与弼"节操"争议之事,刘蕺山、黄宗羲于《明儒学案》中《师说》《崇仁学案》都有辩说。黄宗羲指斥"陈建之《通纪》,拾世俗无根之谤而为此,固不足惜",认为康斋所行"已有不得已者"⑥;刘蕺山认为康斋以不能喻道其弟而罪服跪官,于石亨之行亦然。⑦此处意不在解决双方之辩难是否,旨在通过这种互辩论述陈建学术之立场和承续,亦在揭橥其对前明理学脉络之把握和相应的学术"史观"。

前述诸儒于朱子学虽有越"规矩"之处,然他们的根子仍在朱子学的立场上和框架内。吴与弼本依朱子而暗合陆子之学则已有分化朱学之端倪,黄宗羲指出"微康斋,焉得有后世之盛哉!"⑧清代四库馆臣于此亦有

---

① 〔清〕黄宗羲:《明儒学案》卷一,《崇仁学案一》,第23页。
② 〔清〕黄宗羲:《明儒学案》,《师说》,第4页。
③ 〔明〕陈建:《皇明通纪》下,第772页。
④ 〔明〕陈建:《皇明通纪》下,第771页。
⑤ 〔明〕陈建:《皇明通纪》下,第771—772页。(关于吴与弼"节操"多遭非议之事。另参《明史·儒林》卷二百八十二;侯外庐等著,《宋明理学史》下,第136页。以及相关资料,兹不赘述。)
⑥ 〔清〕黄宗羲:《明儒学案》,《师说》,第14—17页。
⑦ 〔清〕黄宗羲:《明儒学案》,《师说》,第3页。
⑧ 〔清〕黄宗羲:《明儒学案》卷一,《崇仁学案一》,第14页。

评说：

> 与弼之学，实能兼采朱、陆之长，而刻苦自立。其及门陈献章得其静观涵养，遂开白沙之宗；胡居仁得其笃志力行，遂启余干之学。有明一代，两派递传，皆自与弼倡之，其功未可尽没也。①

吴与弼开创的"崇仁之学"开启了两个学派，一个是陈献章的"白沙之宗"，另一个是胡居仁、娄谅的"余干之学"。学有分派，各有所得，然皆为康斋理学之传承和发挥。陈建于《通纪》评述，"陈白沙声名倾动一时，然其学专主静明心，而以经书为糟粕，与程朱异尚。以故，当时推尊之者固多，而致訾议者亦不少。……其能鼓动一世如此，诚豪杰之才矣。……（议之者）皆有明言，訾其为禅"②；陈建亦直谓，"陈白沙献章只一味禅会"③。于此前有提及，陈建在《通辨》中已多次批驳陈白沙亦近释老。实则，白沙学归于"自得"：于"主静"中见得心体，"为学须从静坐中养出个端倪来，方有商量处"④，亦即"虚其本也，致虚之所以立本也"⑤，静坐是为了致虚，立本即是见得心体，亦即是端倪；以"自然为宗"，"终日乾乾，只是收拾此而已。此理干涉至大，无内外，无始终。无一处不到，无一息不运。会此，则天地我立、万化我出，而宇宙在我矣"⑥，此自然之境界亦为自得，"自得者，不累于外，不累于耳目，不累于一切，鸢飞鱼跃在我，知此者谓之善，不知此者虽学无益也"⑦。白沙亦受吴与弼重涵养之影响，主静见体立本而直透入宇宙生化之妙机，其自得之理固不在书册里；刘蕺山谓之，"识趣近濂溪而穷理不逮，学术类康节而受用太早"⑧，此非一味禅会可判然。较之陈白沙，胡敬斋（居仁）则极为重视"敬"。《明史》称，"其学以主忠信为先，以求放心为要。操而勿失，莫大乎敬。因以敬名其斋"⑨；黄宗羲称之，"先生一生

---

① 〔明〕吴与弼：《康斋文集》十二卷，《四库全书总目提要》卷一百七十，集部二十三，别集类二十三，第4441页。
② 〔明〕陈建：《皇明通纪》下，第902—903页。
③ 〔明〕陈建：《皇明通纪》下，第773页。
④ 〔明〕陈献章：《陈献章集》卷二，《与贺克恭黄门二》，北京：中华书局，1987，第133页。
⑤ 〔明〕陈献章：《陈献章集》卷二，《复张东白内翰》，第131页。
⑥ 〔明〕陈献章：《陈献章集》卷二，《与林郡博七》，第217页。
⑦ 〔明〕陈献章：《陈献章集》，《陈白沙先生年谱》，第825页。
⑧ 〔清〕黄宗羲：《明儒学案》，《师说》，第5页。
⑨ 〔清〕张廷玉：《明史》卷二百八十二，列传一百七十，儒林一，《胡居仁传》，第7232页。

得力于敬,故其持守可观"①。陈建于此前已谓之,"其学以忠信为本,以力行为要,因以敬名斋。动静语默造次,未尝稍违"②;又陈建引述罗钦顺言,"胡敬斋大类尹和靖,皆是一'敬'字做成。《居业录》中言'敬'最详,盖所谓身有之,故言之亲切而有味也"③。至于胡居仁主要学旨,此处仅引陈荣捷之研究以做说明即可,陈氏大意谓之:

> 胡居仁主要学旨在心,以及存养之倚重于敬,已确切远离正统程朱之所守。此一传统之经典程式为程颐之言"涵养须用敬,进学则在致知"。坚主致知与涵养之均衡并重。胡居仁亦非轻忽致知,但确实以之置于次要地位。至少以敬为先,与朱子之立场相反。……换言之,涵养在时间为先,含有致知,而非致知在先,含有涵养。涵养终身以之,而非如致知之有时。④

据陈荣捷之论观之,陈建对胡居仁之学虽颇多推崇,称道其"敬"字乃"动静语默造次,未尝稍违"而笃志力行,然并未深察胡氏之学已确切远离正统程朱所守之致知与涵养并重,而偏重以"存敬"涵养为先之旨。于此,亦可见的陈建之学重于现实批判而轻于学理探究,终是一弊。大略而论。明初诸儒皆为程朱学派之后学;然经由前面有关朱、陆异同源自问题之考述,亦可知陆学虽在知识景观上渐趋消失却也于异同辨析之际和会潜隐于其间。前已提及,陈荣捷通过对明初理学不重形而上而趋于存养之一般趋势的衡定,指出其虽非为后世心学兴起之直接资源,然已必为后期明代新儒学之发展确定其方向而预为之所。

从思想史的角度看,可以说是通过这两个学派(即白沙之宗、余干之学)对王阳明心学的形成产生了一定的影响,当然阳明心学之博大、精细、圆融自有其决然自创处。近时侯外庐等认为,吴与弼的"崇仁之学"是王学的"启明"和"发端"。⑤ 主要持论是,白沙之学通过他的学生湛甘泉而与王阳明相切磋,明代心学自白沙始至阳明而大明具有一定的启发关系;又王阳明曾问学于"余干之学"的娄谅,而娄谅的朱学已是禅学化、心学化的

---

① 〔清〕黄宗羲:《明儒学案》卷二,《崇仁学案二》,第29页。
② 〔明〕陈建:《皇明通纪》下,第913页。
③ 〔明〕陈建:《皇明通纪》下,第914页。
④ 陈荣捷:《朱学论集》,《早期明代之程朱学派》,第224页。
⑤ 详参侯外庐等主编:《宋明理学史》下,第143—148页

朱学,故有"姚江(阳明)之学,先生(娄谅)为发端也"①之说。陈来亦主此说,并有详细考述。② 不可否认,阳明学与其所处的那个时期的思想相关联,当然启明、发端不全是直接承受,重要的是阳明学正是在面对当下朱学问题并于"范围朱、陆而进退之"③中形成的。阳明学虽与陆九渊之学契合,从上面的情况来看,阳明学并非是直承陆学而来的,而是在明初以来朱学于各向度被历史性地诠释而分化、动荡、衰退中兴起的。阳明出入于朱、陆之学中,不是折中、和会而是于兼容中形成非朱非陆自成一家的阳明学。至于阳明学非朱非陆的心学思想体系内容,学界研究良多且精详,就不再做赘述。这里主要是强调阳明学在臻于自成一家之说的历变中所应对的问题视野,也就是要说明阳明学是在与朱、陆之学,尤其是朱子学所呈的问题视野中通过对话而超越之的。关于这一点,明末大儒刘宗周给予了提纲挈领式的说明,概言之,阳明学极力表彰陆学本心之说而犹与之有毫厘之辨,与朱子为学工夫不无抵牾而以进于圣人之道则一也④;因而,才有阳明学乃"范围朱、陆而进退之"一说。王阳明之《朱子晚年定论》成书于明正德乙亥十年(1515),此时王阳明已历"龙场之悟"(明正德丙寅元年)挺立己学而有了自己特点,故在出入、范围朱、陆中曲意捡求朱子之书裒集之而成朱子晚年定说,实出于阳明忧"世之高明之士,厌此(孔孟圣学)而趋彼(释道)也,此岂二氏(释道)之罪哉"⑤以兼容朱、陆的苦衷。同时,此亦可证实王学确实是在明初以来朱子学的问题视野中出入、范围朱、陆而成一家之说。正是由于上述诸多缘由,以致明中期以降,朱子学虽为官学,然徒具形式,思想枯萎、不景气了,而王阳明之学兴盛并得到广泛的传播。也正是在这一新的视野下,基于固有的问题视野向度,求辨通久的学术争鸣仍不已矣。

王阳明之心学形成并广泛传播开来,成为明中后期一显学的时候,就不断遭到来自各方面的批判。前面章节已明晰陈建著《学蔀通辨》于当时,接着罗钦顺诸儒之说而坚守朱学立场以批判王阳明《朱子晚年定论》错编、颠倒朱、陆学旨一说为楔子,进而于历史与当下问题视野中究"陆、王

---

① 〔清〕黄宗羲:《明儒学案》卷二,《崇仁学案二》,第44页。
② 参看陈来:《有无之境——王阳明哲学的精神》,北京:北京大学出版社,2006,第294—310页。
③ 〔清〕黄宗羲:《明儒学案》,《师说》,第7页。
④ 〔清〕黄宗羲:《明儒学案》,《师说》,第6,7页
⑤ 〔明〕王守仁:《王阳明全集》卷三,《朱子晚年定论》,第144页。

第三章 朱学后劲：陈建理学及其《通辨》之衡定

心学"之本之源，驳之为"阳儒阴释"，实是一部禅学之得失。又陈建于《通纪》中谓之：

> 其学不宗程朱，而以致良知为说。
> 阳明讲学，全宗仙佛，而假儒书以文之。
> 阳明文章、功业尽足以名世，不消讲学。讲学亦不消宗信佛老而诋訾程朱。讲学宗佛老而诋程朱，反增一疣赘，而为文章、功业之累矣，卒来伪学之榜，削爵之命，惜夫！①

经由上述阳明学之于明初以降之理学思想脉络关系，亦可证得陈建是论所基于的学术立场，学术理念之层面以及价值判断之取向皆有所偏。实则非独陈建如是，于当时及其后之学术鸣辨中，此般局限于门户、径捷之判教立说并不鲜见。

前已提及就明初以来儒释关系而言，更多倾向置之于绝缘性、对象化处理。宋以来诸贤出入释道，融释道入儒，在构建理学形上体系中对释道尤其是佛教视为异端而极力排斥之，明初以降犹深排之，至明中期王阳明则采取了较客观态度对待之。诸如曹端对孔孟圣贤之学"以力行为主，守之甚确"，"朝夕以圣贤崇正辟邪之论"使以"勤行佛、老之善以为善"的父亲感悟乐闻。② 丘濬（琼山先生，1421—1495）就其危害严厉指出："秦汉以来异端之大者，在佛老。必欲天下之风俗皆同，而道德无不一，非绝去异端之教不可也。"③尤为胡居仁（称敬斋先生，1434—1484）则从其义理上批评："禅学绝灭物理，屏除思虑，以谓存心，是空其心，绝其理。内未尝有主，何以具天下之理哉？"④"杨墨老佛庄列，皆名异端，皆能害圣人之道。为害犹甚者，禅也。"⑤黄宗羲指出，"先生之辨释氏尤力，谓其'想象道理，所见非真'，又谓'是空其心、死其心、制其心'。此皆不足以服释氏之心"⑥。罗钦顺（整庵，1465—1547），早年曾致力于禅学研究，后于理学深有研究并批

---

① 〔明〕陈建：《皇明通纪》下，第 1166—1167 页。
② 〔清〕黄宗羲：《明儒学案》卷四十四，《诸儒学案上二》，第 1060 页。
③ 〔明〕丘濬：《大学衍义补》卷七十八，见《文渊阁四库全书》册 712，子部十八，第 884 页。
④ 〔明〕胡居仁：《居业录》卷七，见《丛书集成初编》第 0657 册，中华书局，1983，第 84 页。
⑤ 〔明〕胡居仁：《胡文敬集》卷二，《归儒峰记》，见《文渊阁四库全书》册 1260，集部一百九十九，第 40 页。
⑥ 〔清〕黄宗羲：《明儒学案》卷二，《崇仁学案二》，第 30 页。

评自己"前所见者乃此心虚灵之妙,而非性之理也"①。他从认识论的角度批判了禅学仅是虚而不实的人的主观意识而已,认为"有心必有意,是皆出于天命之自然,非人之所为也。……彼禅学者惟以顿悟为主,必欲扫除意见,屏绝思虑,将四面八方路一起塞住,使其心更无一线可通。牢关固闭,以冀其一旦忽然而有省,终其所见不过灵觉之光景而已,性命之理实未尝有见也,安得举比以吾儒穷理尽性之学哉?"②罗钦顺亦对陆、王心学以及白沙皆有批评,驳其皆重此心之虚灵妙用而忽视了外在的事事物物。前章节论及,陈建辟佛禅颇为推崇胡敬斋,视其所论"儒者养得一个道理,释老只养得一个精神;儒者养得一身之正气,释老养得一身之私气",此言见得分明,近世学术,真似、是非、同异之辨,决于此③。陈建继近世学人在学术上通辨儒释、陆、王之学,谓之"敬斋之《居业录》详于辨禅,而辨陆则略;于象山是非得失,尤多未究也。罗整庵、霍渭厓(韬)目击阳明之事,故所论著专攻陆学,其言切,其辨详矣;然于象山养神底蕴,与夫近日颠倒早晚之弊,亦未暇究竟,观者犹未免有冤陆之疑也"④。如前论述,陈建通辨儒释、陆、王,实则是将陆、王一同于释老而攻之,所辨愈详,所失愈远。

陈建推许明初以来重笃实、力行的实践之儒,甚是称许罗钦顺,其学亦与之相近。陈建称谓罗氏,其"所著《困知记》若干卷,深明性命之理,及古今学术、儒佛、朱、陆之辨"⑤。钱穆亦曾言,"整庵之学善辩心性。因以辨及象山、慈湖、阳明,以至释氏禅宗。此乃整庵在理学中之深有贡献于程朱传统者"⑥。实则,亦有"朱学后劲"之称的罗钦顺在心性论和工夫论诸方面对朱子学皆有所修正,但在本体论方面却使理学向气学迈出了决定的一步。罗钦顺提出,"仆从来认理气为一物"⑦。取消了朱子认为理的形而上的本体性、第一性、超越性,认为理只是气之运动的条理,罗钦顺说:"理只是气之理,当于气之转折处观之,往而来,来而往,便是转折处。夫往而不能不来,来而不能不往,有莫知其所以然而然,若有一物主宰乎其间,而使之然者,此理之所以名也。"⑧这意味着,理作为气之理,只是气之运动的根

---

① 〔明〕罗钦顺:《困知记》卷下,第 34 页。
② 〔明〕罗钦顺:《困知记》续卷下,第 81 页。
③ 〔明〕陈建:《学蔀通辨·后编》卷上,第 166 页。
④ 〔明〕陈建:《学蔀通辨·终篇》卷下,第 280 页。
⑤ 〔明〕陈建:《皇明通纪》下,第 1173 页。
⑥ 钱穆:《中国学术思想史论丛》(七),《罗整庵学述》,第 50 页。
⑦ 〔明〕罗钦顺:《困知记》附录,《与林次崖金宪》,第 151 页。
⑧ 〔明〕罗钦顺:《困知记》续卷上,第 68 页。

据和内在法则,是气这一实体的自身规定和固有的属性及条理,并不是与气性质不同而另为一不变的实体。罗钦顺气本论的"理气一物"的观点无疑解决了朱子理气论在理解上的紧张,但这种颇为明显地岐趋朱子理本气末而解构了朱子学体系(消解了本体论的超越性)的宇宙论倾向促使了理学向气学的转变,也蕴含了扬弃理学、走出理学的新诠释向度的可能性。就其为学工夫而言,刘宗周评说:

> 如先生者,真所谓困以格物一段工夫,不特在入门,且在终身者也。不然,以先生之质,早寻向上而进之,宜其优入圣域,而惜也仅止于是。虽其始之易悟者,不免有毫厘之差,而终之苦难一生,扰扰到底者,几乎千里之谬。盖至是程、朱之学亦弊矣。①

刘宗周是评,从其心学立场之角度看自是有合理之处,亦可据此间接反映出罗氏之学在形而上理路以至为学工夫层面确有其个性特色处。罗钦顺与阳明同时代,旗帜鲜明地反对阳明将格物解释为"格心"。罗钦顺谓之,"人之有心,固然亦是一物,然专以格物为格心则不可"②,"格物之格,正是通彻无间之意,盖工夫至到则通彻无间,物即我,我即物,浑然一致,虽合字亦不用矣"③。陈来指出,罗钦顺如此格物之说从经典皆是上来说并不恰当,他的格物说是融合了程颢与朱熹的格物说,"通彻无间"其实是物格的境界,而不是格物的工夫;但亦指出,罗钦顺除了格物外,也肯定了朱熹的"诚明两进"的原则,主张交物用思,不赞成完全依靠良知的直觉,强调要结合理性的思考,他的修养工夫的主张可以说是相当平实的。④ 但就当时而言,明初以降诸许多带有解构性的理解、诠释无疑亦是使原朱子学衰竭、失却生机的缘由之一。

纵观明初以降之理学变动及其取向,一者,有程朱理学形上体系的奠定而置释老于对象化极力排斥之缘由,从而疏于对释道形上理论的体究,因而于朱子学本体之超越性多有弱化、消解;二者,从极力排斥释道亦看出在理解诠释朱子学上于理论创造性的相对削弱,以及对理学内部传统问题之考辨既深受释道的影响,而又不得不应对来自这一理论视域的挑战。

---

① 〔清〕黄宗羲:《明儒学案》,《师说》,第10—11页。
② 〔明〕罗钦顺:《困知记》附录,《答允恕弟》,第114页。
③ 〔明〕罗钦顺:《困知记》卷上,第4页。
④ 陈来:《宋明理学》,第239—240页。(详参是著)

陈建通辨实则上是因阳明《朱子晚年定论》而起,其通辨矛头所向亦实直指阳明。王阳明与朱、陆之学关系前面已谈及,究其对释道而言亦并非视其为绝对化的异端,而是融二教于儒并不讳言之,在理学理论构建上独得其神妙。前章节亦论及,王阳明说:"今世学者,皆知宗孔、孟,贱杨、墨,摒释、老,圣人之道若大明于世。然吾从而求之,圣人不得而见之矣。岂能有若墨氏之兼爱者乎?岂能有若杨氏之为我者乎?若能有若老氏之清净自守,释氏之究心性命者乎?吾何以杨、墨、老、释之思哉?彼与圣人之道异,然犹有自得也。"① 阳明不以异端为异端,而是从一个新的视野(自得)肯定和兼容了释道,也对异端的判断自然形成了自己的标准。有人曾求教于阳明,"问于阳明子曰:释与儒孰异乎?曰:子无求其异同与儒、释,求其是者而学焉可矣。曰:是与非孰异乎?曰:子无求其是非于讲学,求诸心而安焉者是矣"②。阳明之"求其是者"和"求诸心而安焉者"实际上是扬长避短,融二氏之学于彻上彻下、一以贯之的圣人之道。阳明正是以一开放的态度于不同视野的融合中开拓了其理论上的巨大张力,这成就了王学体系的圆融和兴盛,以至引来了更多的误解和批判。

经由上述,大略可知陈建为学正是承继明初以来重实践之诸儒,一如罗钦顺之取向及其视角,以此立基通辨儒释、陆、王。以下仅具体阐述其于理学上之主要观点。

第二节　陈建的理学观

陈建为学仅可知有一定的家学惠泽,并无可查的师承授受。陈建亦非有明讲学中人,但经由前论亦可知其学术思想必为有明初以来程朱学风所影响。陈建之所以痛批陆、王,以至绝缘性地排斥释老,根源在于他推崇程朱之学实已尽精尽密、尽美尽备,所重仅在下达之学之一"行"字,并以反对蹈空务虚而力求笃实致用为其品评学术、判教立说之标准。此正是后人多称颂处。如明儒顾宪成,谓其"忧深虑远,盹恳迫切,如拯溺救焚"③。又如清儒张履祥给友人的信中说:"《学蔀通辨》笔舌不得和平,是诚有之。但方此人心胥溺,虽以大声疾呼犹苦聋聩,不直则道不见,彼虽动于意气,

---

① 〔明〕王守仁:《王阳明全集》卷七,《文录四》《别湛甘泉序》,第257页。
② 〔明〕王守仁:《王阳明全集》卷七,《文录四》《赠郑德夫归省序》,第266页。
③ 〔清〕陈伯陶:《东莞县志》卷五十八,第2195页。

在我则视为十朋锡可耳"①;且认为,是著乃"救时之书也,亦放龙蛇、驱虎豹之意"②。此皆鲜明地体现了陈建思想笃实致用之特点,其理学思想很大程度上亦是在与"心学"以及释老之辨中酝酿而形成的。本节拟就其理学思想之理论方面再作具体阐释。

一、明"心"之说

陈建的理学思想是从说"心"开始,经由明晰人心、道心之统同辨异来展开的。

陈建认为:

> 人与天不同。论天地之变化,气为主,而理在其中;论圣贤之学,理为主,而气听其命。盈天地间皆一元之气,未闻气之外,别有所谓元亨利贞,盖天地理气不相离,二之则不是。在人精神作用皆气也,所以主宰期间而使之不差者,理也。是理气在人不能无二,欲混之有不可。何也?盖天地无心,而人有欲故也。③

陈建于此,大旨是基于天、人之不同而非天、人相分来析论理、气之于天、之于人的二而一、一而二之别。"盈天地间皆一元之气",在陈建看来最高的实体只是气;"未闻气之外,别有所谓元亨利贞",则意味着理只是气之理,是气之运动的根据和内在法则,并非气之外另一悬存的实体。陈建此说与朱子之说稍有异处,如朱子谓之:

> 天地之间,有理有气。理也者,形而上之道也,生物之本也。气也者,形而下之器也,生物之具也。是以人物之生,必禀此理然后有性,必禀此气然后有形。④
>
> 所谓理与气,此绝是二物。但在物上看,则二物浑沦,不可分开各在一处,然不害二物之各为一物也。若在理上看,则虽未有物而已有

---

① 〔清〕张履祥:《杨园先生全集》陈祖武点校,《答徐敬可二十六》,北京:中华书局,2002,第236页。
② 〔清〕张履祥:《杨园先生全集》,《备忘二》,第1094页。
③ 〔明〕陈建:《学蔀通辨·终编》上,第255页。
④ 《朱子全书·晦庵先生朱文公文集》卷五十八,《答黄道夫》。

物之理,然亦但有其理而已,未尝实有是物也。①

在朱子而言,理具有先在性,是本、是体、是第一性的,气则是第二性的;其所谓理气"绝是二物"亦旨在申述理气之不同而非相分,但将理气看作二物则有视理为依附于气之另一实体,自然会有理气可分且并立之嫌。前节已有涉论,明儒罗钦顺提出:

> 盖通天地、亘古今,无非一气而已。气本一也,而一动一静,一往一来,一阖一辟,一升一降,循环无已。②
> 理只是气之理,当于气之转折处观之,往而来,来而往,便是转折处。夫往而不能不来,来而不能不往,有莫知其所以然而然,若有一物主宰乎其间,而使之然者,此理之所以名也。③
> 仆从来认理气为一物。④

罗钦顺提出的"理气为一物"之说,正是出于对朱子理气可能存在二分的担忧;在罗钦顺看来,不可将理气看作"二物",世间所存者仅一气而已,即言实体只是气,理只是这一实体的自身规定,是气之运动的根据和内在法则。前亦谈及,陈建颇为推崇罗钦顺,其学亦必深受罗氏之学的影响。陈建亦持理气一物之见,之所以谓之在天、在人有气主、理主之别,陈建归因于"盖天地无心,而人有欲故也"。专就在人而言,陈建谓之理气不能无二并不意味着理是相分于气之外的另一实体,所强调的是理之于气的主宰义。这一认识立基于陈建对人之别于天而有"心"的理解,试看其在《学蔀通辨·终编》卷首如下心图之说明:

$$\text{心}\begin{cases} \text{仁义礼智} \quad \text{德性} \quad \text{义理} \quad \text{道心} \\ \text{虚灵知觉} \quad \text{精神} \quad \text{气禀} \quad \text{人心} \end{cases}$$

陈建据此指出,"心含理与气,理形而上,气形而下,心也者,形而上下之间"⑤。在陈建而言,"心"形而上下,合体用于一,进而就实谓之,"性,即

---

① 《朱子全书·晦庵先生朱文公文集》卷四十六,《答刘叔文》。
② 〔明〕罗钦顺:《困知记》卷上,第4、5页。
③ 〔明〕罗钦顺:《困知记》续卷上,第68页。
④ 〔明〕罗钦顺:《困知记》附录,《与林次崖金宪》,第151页。
⑤ 〔明〕陈建:《学蔀通辨·终编》上,第255页。

道心也；知觉，人心也。此论心之的也"①；正因如此，陈建所谓"人有欲故也"之考虑实就"人心"而言。因而陈建所谓理气在人不能无二的分别，旨在说明理、或性、或道心之于人心的主宰义，此亦是其所谓人之不同于天处。

天人之辨、理气之别，是陈建"心说"立论的基础。理气在人不能不为二，关键就是在于人有"欲"，即指人心。人心与道心，气质之性与义理之性之别，皆在其天人之辨，根究在理与气之关系上。这一见解颇为深刻，基本上秉承了程朱的思想，而与同时代罗钦顺关于理与气、性与心之关系的见解相近。近人钱穆先生指出，"（陈建）此条辨天人极有见解，所以宋儒既辨人心道心，又必辨气质之性与义理之性，皆为此也"②。于此，亦体现在陈建对其"心图"的精细辨析：

> 析而言之，则仁义礼智为性，虚灵知觉为心。统而言之，则二者皆心也，亦皆性也。然虽皆心，而有道心、人心之别；虽皆性，而有义理之性、气质之性之殊。君子以统同辨异，须析之极为精而不乱。③

陈建是论亦颇为精当，大体上承继了明初以降对理气二元论思维模式倾向的自觉辨正。究其思维模式而言，陈建是论近于罗钦顺。据前述，在陈建看来，心（性）一也，然道心即性即体，人心即知觉即用；道心与人心是体与用的关系，"道心"代表的道德理性（即义理之性）对"人心"之感性情欲（气质之性）具有主宰义。陈建此论一如罗钦顺所言：

> 道心，性也；人心，情也。心一也，而两言之者，动静之分，体用之别也。④
> 道心性也，性者道之体。人心情也，情者道之用。其体一而已矣。⑤

罗钦顺视道心、人心之关系为体与用、性与情之关系。陈来指出，罗钦顺

---

① 〔明〕陈建：《学蔀通辨·终编》上，第251页。
② 钱穆：《读陈建〈学蔀通辨〉》，《中国学术思想史论丛》（七），第247页。
③ 〔明〕陈建：《学蔀通辨·终编》上，第256页。
④ 〔明〕罗钦顺：《困知记》卷上，第2页。
⑤ 〔明〕罗钦顺：《困知记》附录，《答黄筠谿亚卿》，第158页。

之所以把道心人心理解为体用性情关系,相当程度上是由于他总是从一元论的思维模式理解事物,而反对二元论的思维模式。① 这一点,于陈建亦然。

就道心与人心之辨,考究朱子而言,视其同者皆为"已发"之"心"之"用",而不是"性"、不属于"体";所不同者,在朱子而言:

> 此心之灵,其觉于理者,道心也;其觉于欲者,人心也。②
> 只是一个心,知觉从耳目之欲上去,便是人心;知觉从义理上去,便是道心。③

在朱子看来,道心、人心是人"心"的知觉于不同层面上的意识活动。究心之体用角度而言,朱子虽然视道心人心皆为"心"之发用,但"心"并不是用,而主张情是用,性是体。朱子谓之:

> 性是体,情是用,性情皆出于心,故心能统之。统如统兵之统,言有以主之也。④
> 性者心之理也,情者心之用也,心者性情之主也。⑤

朱子凸显了作为意识活动主体的"心"对其体之性、用之情的统摄义和主导义,意即"心统性情"。性作为心之理之体的支配作用能否得以实现即立基于主体心的修养,仅此而言朱子之学对"心"主体意识的重视不可能亚于"心学"。此为别论,兹不赘言。

于理论上比较而言,陈建虽在一定程度上近于罗钦顺,但远非罗氏精详而体系化;虽于朱子稍有偏出,但大致皆承袭朱子成说。于此,仅就与道心人心之问题相关联的天理人欲问题的理解以做说明。

在朱子而言,道心和人心"只是一心,合道理底是天理,徇情欲底是人欲"⑥,道心人心仅是"心"这一思维主体不同层面的意识活动。作为知觉

---

① 陈来:《宋明理学》,第237页。
② 《朱子全书·晦庵先生朱文公文集》卷五十六,《答郑子上八》。
③ 《朱子语类》卷七十八。
④ 《朱子语类》卷九十八。
⑤ 《朱子全书·晦庵先生朱文公文集》卷六十七,《元亨利贞说》。
⑥ 《朱子语类》卷七十八。

活动的人"心"之用自然有"欲",但人心之欲并非皆是恶,朱子特指出:

> 人心是知觉,口之于味,目之于色,耳之于声,未是不好,只是危。若便说作人欲,则属恶了,何用说危。①
>
> 有知觉嗜欲,然无所主宰,则流而忘返,不可据以为安,故曰危。道心是义理之心,可以为人心之主宰,而人心据以为准也。②

朱子肯定了人心有欲的自然性和正当性,亦揭橥了人欲是"徇情欲底"即"私欲",人心之欲则不全等于人欲,故而不可概谓之恶,但人心之欲无所主宰有流于"徇情欲底"而忘返之"危",故须据以"道心"即义理之心以为准。"圣人"之理想人格是孔孟以来儒家哲学的自觉诉求,朱子之学亦极为重视以理节情、以理节欲对道德人格的培育。于此,陈来研究指出:

> 朱熹虽然并不一概排斥或否定人的自然欲望,但他的思想总的倾向是强调把个人的欲望尽可能降低以服从社会的道德要求,表现出一种从封建等级制度出发对个体情欲的压抑,与近代以来资本主义要求打破等级、追求个人利益不受等级和封建道德原则限制的思想有很大不同,反映出理学作为前近代社会思想形态的性格。③

朱子所谈人"欲"是就"人心"之知觉活动上而言,且确有强调把个人欲望尽可能降低到以服从道德理性主宰的要求。罗钦顺于此则有所不同,罗氏从其一元论的思维模式出发,就心之理之体即"性"上谈人之"欲":

> 夫性必有欲,非人也,天也。既曰天矣,其可去乎!欲之有节无节,非天也,人也。既曰人矣,其可纵乎!④
>
> 夫人之有欲,固出于天,盖有必然而不容已,且有当然而不可易者。于其所不容已者而皆合乎当然之则,夫安往而非善乎?惟其恣情纵欲而不知返,斯为恶尔。先儒多以去人欲、遏人欲为言,盖所以防其

---

① 《朱子语类》卷七十八。
② 《朱子语类》卷六十二。
③ 陈来:《宋明理学》,第 143—144 页。
④ 〔明〕罗钦顺:《困知记》三续,第 90 页。

流者不得不严,但语意似乎偏重。①

罗钦顺较之朱子则从人性本体上肯定了人之有欲的必然性和合理性,其所谓"去人欲"侧重的是去人"欲"中的不合当然之则的"恣情纵欲",即指流而忘返、无所主宰的"私欲",此亦即是恶。罗钦顺之于朱子对"道心"定性的提升,亦使得其在人之为人的本体上肯定了人之"欲"乃人性所固有;故而,罗氏反对将天理、人欲截然对立,去人欲固然有其必要性,但反对"偏重"于"去"人欲。所谓"存天理、灭人欲"截然二分的话语乃至衍生的社会效应,确然有压抑个体的自然欲望以至一概排斥或否定个体的自然情欲的流弊。

陈建尽管在道心人心问题之理解上与罗钦顺相同,但对与之相关联的天理人欲问题则承袭朱子且语意较之愈重,其意旨所失亦远。陈建于理学理论上之所失前面章节已有所论及,亦与其极力欲辨朱、陆(王)、儒释之异关系甚大。笼统地看,陈建的天人、理气之辨甚是确当,但其缺乏精详分梳且不成体系,在学术鸣辨中强化了对立,故而对朱、陆(王)以至儒释之辨的问题意识缺乏深层透视,亦势必造成对陆、王、释道相应的问题视域缺乏同情之了解。

陈建强调了天之于人的不同在于"人有欲故也",提出在人而言因以"理为主,而气听其命",理气不能无二而不可混同,体现了理之于气的绝对性、主导性。陈建是论自有其合逻辑处,但强化了道心之于人心、天理之于人欲、义理之于知觉的分别和对立;并将此种截然二分式的思维模式应用于其所谓的"学蔀"通辨之中。

陈建认为,"儒者以义理为主,佛以知觉为主,学术真似同异,是非邪正,皆判于此"②。此种看法即源自其"心图",尽管陈建是在"心"一的统摄下看待道心人心、天理人欲、义理知觉的二分,如其从圣人、学者之分殊中言:

> 夫惟圣人其始一之者乎,何也? 圣人者,性焉安焉,其所知觉者,无非义理,理与知觉浑融为一,所谓从心所欲,不逾矩矣。所谓动容周旋中礼矣。若夫学者,不能无气禀之拘,而虚灵为之所累,义理因之以

---

① 〔明〕罗钦顺:《困知记》卷下,第28页。
② 〔明〕陈建:《学蔀通辨·终编》上,第252页。

第三章 朱学后劲:陈建理学及其《通辨》之衡定

敝,其所知觉者,未免多从于形气之私,而未能中礼而不逾矩。故必格物致知,穷乎义理,以为虚灵知觉之主。所谓道心为主,而人心每听命也,故夫学者,其始未能一,而欲求一之者也。圣人者,自然而一之者也。①

这自然有其合理处,但陈建之于"一"的看法是寄之于对圣人的理想人格的诉求,其侧重于揭橥现实个体之"自限"而强化了相应关系之不能无二,其思维模式受限于朱子问题视域,相较于陆子之"先立乎其大"、阳明之"个个人心有仲尼"②、禅家之"即心是佛"所强调对现实个体之主体性自觉所关涉的问题视域则不能深有契入。(此处仅笼统揭橥陈建思维模式之趋向,至于朱子之于陆、王及禅的异同,相应于陈建的论断,前面有关章节已评述,兹不赘述。)故而,陈建在具体立论及判教中强化了道心人心及其他相对应关系之间的对立,疏失了统一。陈建据此指出:

> 儒释不同,枢要只此。愚尝究而论之,圣贤之学,心学也。禅学、陆学亦皆自谓心学也。殊不知心之名同,而所以言心则异也。心图具,而同异之辨明矣。是故孔孟皆以义理言心,至禅学则以知觉言心。③

陈建将禅学、陆(王)学皆归之于以"知觉"言心。据陈建"心图"而言,知觉即精神,亦即人心之虚灵。前面章节论及,陈建认为朱子辟禅陆之功居大,但仍未从究竟处说破;所谓禅陆(王)之学的实质,于陈建而言,即"养神一路,象山禅学之实也,异于圣贤,异于朱子之实也"④。陈建在心性论上持道心即性,亦即为心之德性之体;人心即知觉,亦即为心之精神之用。故而,陈建认为禅陆(王)"养神一路"是作弄精神,颠倒体用,自然异于圣贤、朱子之实。陈建基于道心之于人心即体之于用的分判,从本体论的层面对禅陆(王)予以了绝缘性的、武断性的排斥,一概视之为异端。此与前面已论及的朱子与禅陆所纠葛的中心问题意域亦相去甚远。大略而言,从"本来

---

① 〔明〕陈建:《学蔀通辨·终编》上,第253页。
② 〔明〕王守仁:《王阳明全集》(中)卷二十,第870页。(《咏良知四首示诸生》之一,"个个人心有仲尼,自将闻见苦遮迷。而今指与真头面,只是良知更莫疑"。)
③ 〔明〕陈建:《学蔀通辨·终编》上,第252页。
④ 〔明〕陈建:《学蔀通辨·后编》叙,第151页。

性"立场看,朱子"性即理"与陆子"心即理"实质上并不矛盾,亦不存在终极价值冲突;朱子亦不绝缘性地排斥禅家,认为儒释深处(即于"本来性"上)只是毫忽之争,即在"是否承认人伦的积极性价值,以及是否建立尽善尽美的条理作为性的必备道德"①。从"本来性—现实性"立场看,禅陆乃至阳明的立场是把本来性和现实性极端地等同起来,着眼于"本来性"的确立直入,强调在其支配下的本根源头上的德性实践,此亦是朱子所忧所辟之处,不同的是朱子更多强调的是在本来性和现实性的乖离态中捕捉这一无分别、直上直下的一如本原态,故而重视把现实的多层性作为一般性赋予的条件而树立教学,"至于用力之久,而一旦豁然贯通焉,则众物之表里精粗无不到,而吾心之全体大用无不明矣"②。仅此可见,陈建由于理论上的粗疏在很大程度上不仅于朱子有所偏,更偏激的是于禅陆(王)做了绝缘性批判。

陈建认为,"胡敬斋所谓'儒家养得一个道理,释老只养得一个精神',对儒释剖判极为直截分明"③;陈建此是从本原性上予以解读胡氏所言的,并具体指出:

> 禅学出,而后精神知觉之说兴。曰"知之一字,众妙之门",曰"觉则无所不了",曰"识心见性","净智妙圆",曰"神通妙用",曰"光明寂照",皆是以精神知觉言心也。《孔丛子》曰:"心之精神是谓圣",张子韶曰:"觉之一字,众妙之门",陆象山曰:"收拾精神,万物皆备",杨慈湖曰:"鉴中万象",陈白沙曰:"一片虚灵万象存",王阳明之"心之良知是谓圣",皆是以知觉精神言心。④

陈建概以知觉精神即"人心"判为禅陆(王)学旨之本,此与朱子所谓人心内涵不同;朱子所谓的人心亦指知觉精神活动,但有"道心""人心"两种不同层面的活动,朱子是在知觉活动层面上指斥禅学的,如其言:

> 释氏弃了道心,却取人心之危者而作用之;遗其精者,取其粗者以为道。如以仁义礼智为非性,而以眼前作用为性是也。此只是源头处

---

① 〔日〕荒木见悟:《佛教与儒教》,第214页。
② 〔宋〕朱熹:《四书章句集注》,《大学章句》,第7页。
③ 〔明〕陈建:《学蔀通辨·终编》上,第253、254页。
④ 〔明〕陈建:《学蔀通辨·终编》卷上,第252页。

错了。①

较之朱子,陈建批判指向与之相近,但在理论及态度上缺乏朱子为学"尽精微而致广大"的包容性。仅从体用角度看,朱子更多倾向于从"用"即人心知觉活动层面揭橥禅陆无视本来性之于现实性间的乖离而从源头处错了,然陈建则从一元论的思维模式直就"体"即本原处指斥禅陆(王)学为外道,更将朱子本就道心、人心乃是之于人心知觉活动层面的意识分判纳入其"心"之体之用的思维模式中。以下再仅就陈建"心"说及通辨禅陆(王)学略做简述以明之。

从人心的知觉活动看,朱子曰:

> 人心者,气质之心也,可为善,可为不善。道心者,兼得理在里面。人心是知觉,口之于味,目之于色,耳之于声底,未是不好,只是危。若便说做人欲,则属恶了,何用说危?道心是知觉义理底。②

分言之,"人心是个无拣择底心,道心是个有拣择底心"③,人心指人知觉的感性欲念活动,可为善可为不善;道心指人知觉的道德意识活动,兼得个理在而合于道德原则。合言之,"自人心而收之,则是道心;自道心而放之,便是人心"④;亦即,在人的总体知觉活动中,有拣择的道心可以为人心之主宰,而人心可据以为准则。从体用角度看,强调道心在知觉活动中的主宰作用,经由穷理而居敬相辅工夫对心的修养,在一定程度上决定了心之体"性"作为意识活动本质的支配作用得以正常发挥,此亦即对心的涵养、主敬保证了"性"体本质作用的实现。于陈建而言,人心虚灵知觉是个无拣择的心,"此即告子生之为性,未分善恶;仁义礼智,人心所具之理也。非混然一物也,非判然二物也。大抵心也性也,一而二,二而一者也"⑤。于道心人心作形上形下之殊别,故而,其提倡"言心性,每相随说"⑥,而此"性与心"每相随说,亦是直就性之主宰和心之妙用上说二者统同辨异、相即不离

---

① 《朱子语类》卷一百二十六。
② 《朱子语类》卷七十八。
③ 《朱子语类》卷十二。
④ 《朱子语类》卷七十八。
⑤ 〔明〕陈建:《学蔀通辨·终编》上,第256页。
⑥ 〔明〕陈建:《学蔀通辨·终编》上,第256页。

的,并指出释氏说心见性,亦是每相随说,但其所指与儒者不同。陈建认为,"吾儒之学,主敬而穷理;异端之学,主静而完养精神","吾儒唯恐义理不明,不能为知觉之主,故必欲格物穷理以致其知。禅家唯恐事理纷扰,为精神知觉之累,故不欲心泊一事、思一理"①。陈建立说重于判教而疏于教学,较之朱子显而易见有貌合神离处。

基于上述之见,陈建认为儒家是以义理之性或道心为体,一而统之,然人有欲之故,理气在人不能无二,故必二而析之。而禅陆之学一味就心上说,识心见性,虽说心,然与孟子言心名同实异;虽见性,然所见无非悬空见出一个假物事。这毫厘千里之处,正是正学与异端之学的看破紧要之地。对于陈建这一判论,可求证于其说。陈建认为:

> 《孟子》一书言心,皆是以义理之心为主,不使为利欲陷溺,而丧失其良心。……若陆氏乃以静坐收拾精神,不令散逸,为求放心,失之远矣。《孟子·告子章句上》说"存乎人者,其仁义之心哉!其所以放其良心者,亦犹斧斤之于木也"。观此,则求放心正是指仁义之心,而不可指为精神之心,尤明矣。或曰:"然则《集注》求放心之说,与陆子将无同邪?"曰:"不同。程朱是将求放心做主敬看,以为学问基本。陆子教人求放心,则是主静,以收拾精神,不使心泊一事,不复以言语文字为意。二者恶得同?"②

陈建认为禅陆之"即心是佛"与"即心是道"同出一辙,皆是以精神灵觉言心,未能识得心之为何,故浑说心即是道。他辨析了其谬:

> 《孟子》曰:"仁,人心也。"言仁者人之所以为心也,不可谓仁即心,心即仁。义,人路也,言义者人之所当由行也,不可谓义即路,路即义。若谓仁即是心,心即是仁,则其他"以仁存心","其心三月不违仁"等语,皆窒碍而不通矣。③

同时亦指出,孔孟正学所见,是理而无形影;禅陆所见之性,皆是著形影而

---

① 〔明〕陈建:《学蔀通辨·终编》上,第254页。
② 〔明〕陈建:《学蔀通辨·终编》上,第258—259页。
③ 〔明〕陈建:《学蔀通辨·终编》上,第257页。

作弄精神。陈建认为其主要缘由是禅陆颠倒错乱了精神知觉与仁义礼智形上形下之分,辨析说:

> 或曰:"精神灵觉,自老庄禅陆皆以为至妙之理,而《朱子语类》乃谓神只是形而下者。《文集·释氏论》曰:'其所指为识心见性者,实在精神魂魄之聚,而吾儒所谓形而下者耳。'何耶?"曰:"以其属于气也。精神灵觉皆气之妙用也,气则犹有形迹也。故陆学曰'镜中观花',曰'鉴中万象'。形迹显矣,影象著矣,其为形而下也宜矣。盖形而上谓之道,道即仁义礼智。如何有形影?若以精神知觉为形而上,则仁义礼智谓何?其为形而下,无疑矣。"①

由此可见,陈建之思想根基自谓承孔孟、程朱一脉之正学,更多是立于朱子学立场而采其说。然其于立说之基就将朱、陆之学截然判为二,并直将禅陆(王)合为一说而对待之,这种对象化处理势必缺失对陆(王)学本质认识。再者其"心说"更多倾向于析而为二,亦是为直接批判禅陆而来,又未尝不对朱子学之内向体验缺乏相应的了解。前面已作分析,陈建的"心说",是将义理言心和知觉言心相对处理,认为道心是义理之性,人心是知觉精神,将道心人心作体用之分、形上形下之别。这种理解是否合乎朱子的思想可以继续商榷。朱子曰:

> 心之虚灵知觉,一而已矣。而以为有人心道心之异者,则以其或生于形气之私,或原于性命之正,而所以为知觉者不同,是以或危殆而不安,或微妙而难见耳。②
> 心者人之知觉,主于身而应事物者也。指其生于形气之私而言,则谓之人心,指其发于义理之公者而言,则谓之道心。③

前面已作分析,据此亦可知朱子是以虚灵知觉言心的,心乃是人的一切思维活动的所知所觉。亦如陈来所说,"道心与人心都属于已发之心,并不是性。道心发于仁义礼智之性,但不是性。人心发于血气形体,但不是血气,

---

① [明]陈建:《学蔀通辨·终编》上,第256—257页。
② [宋]朱熹:《四书章句集注》,《中庸章句序》,第14页。
③ 《朱子文集》卷六十五,《大禹谟解》,第15页。

道心人心都是神明不测的知觉之心,都不是形而下者。朱熹也未把道心人心规定为体用关系。可以说'人心者气质之心','道心者义理之心',但不能说人心即是血气之性、道心即是义理之性,否则就是心性不分"①。由此可见,陈建立说深受明初诸儒尤为罗钦顺之影响,于朱子理论则多有不相契应处。至于禅学之"作用是性"、陆学之"收拾精神,自做主宰",阳明之"心之良知是谓圣"诸立说自然各有异处,然皆基于本来性、现实性一如态的立场,自是与朱子旨趣不同,然更非陈建以精神灵觉能判之。此于前章节有详论,兹不赘述。

二、明"工夫"之说

陈建于工夫论方面仍是立基于对禅陆(王)学之批判,承述了朱子学的基本观点,自身并无任何创见和特色。以下仅作述评,以彰显其于工夫论方面批判禅陆(学)的特点。

陈建认为朱子的为学工夫完全而曲尽者在于"涵养、致知、力行"三者一以贯之、相须互发,其特点就是"敬义交修,知行兼尽"②,"诚能主敬以立其本,穷理以致其知,反躬以践其实,过则圣,及则贤,不及则亦不失于令名矣"③。陈建于朱子为学工夫的认识确为至当,其力持的为学工夫即是直承朱子教人之法,其特色在于平易、切实,不带任何玄虚的色彩,这亦有陈建志于辟异学乱道误人而极力反对其所谓偏弊浮虚之法的缘由。

就为学工夫完全而曲尽者而言,陈建认同朱子所言:

> 涵养、致知、力行三者,便是以涵养做头,致知次之,力行次之。不涵养则无主宰。既涵养,又须致知;既致知,又须力行。若致知而不力行,与不知同。亦须一时并了,非谓今日涵养,明日致知,后日力行也。要当皆以敬为本,敬却不是将来做一个事。今人多先安一个"敬"字在这里,如何做得?敬只是提起这心,莫教放散,怎地则心便自明,这里便穷理、格物。见得当如此,便是;不当如此,便不是。既是了,便行将去。④

---

① 陈来:《朱子哲学研究》,第267页。
② 〔明〕陈建:《学蔀通辨·终编》中,第260页。
③ 〔明〕陈建:《学蔀通辨·终编》中,第271页。
④ 《朱子语类》卷一百一十五。

朱子所谓的涵养、致知、力行三者是相须互发、一时并了的工夫。朱子主张主敬而穷理,主敬与穷理的工夫是相关联并浑然一体而发挥价值的,并非意味着主敬即是包含穷理的浑然之体;主"敬"只是涵养此心(即"求放心")以为问学之基本前提,穷理、格物才是工夫的切实处。故而,于朱子而言,之所以强调了"以涵养做头""以敬为本",凸显了个体之"心"作为意识活动主体对其体与用的主导义和统摄义,此正和其"心统性情"之旨;然此强调并非指在为学程序上即须有个如此先后主次的顺序,涵养之于致知和力行只是指逻辑上的在先,而不是在时间上有个这般先后关系。但一味侧重于朱子的主敬之学则势必淡化朱子学的力行特色而会同于陆学,此亦正是和会朱、陆者以及持"朱子晚年定论"者所主张的意旨之趋。于此,陈建颇有所洞察,且又做了较为切实的批驳和揭示;至于主敬与学问之间关系,陈建所持意见尚有异于朱子处。

诚如,陈建就"学问、求放心"问题指出:

> 《四书大全》注中有一说:"谓仁,人心也。是指义理之心而言,若将求放心做收拾精神,不令背放,则只说从知觉上去,与仁、人心也不相接了。盖求放心,即是求仁;学问,即是求仁之方。如学问思辨,持守践行,涵养省察,扩充克治,凡此学问之道,无非所以求吾既失之仁也。"愚谓此说似得《孟子》之意,与《集注》、程朱小异。程朱说求放心,乃是先立个基本,而后从事于学问,寻向上去。玩《孟子》文意,学问即所以求放心;程朱之意,则学问在求放心之后。鄙意所疑如此,明者观之如何?①

陈建所主张的为学工夫侧重在穷理、在问学,二者是相须互发的;穷理即是求仁,学问即所以求放心,亦即是求仁。较之有异于朱子处而言,陈建则是从理气一元论的思维模式出发,视"求放心"(是指义理之心而言)与"学问"为体与用之关系,而在朱子则视二者皆为"心"之用,所谓"求放心"即是实现心之体的支配作用须要个逻辑在先的"主敬以涵养"。简言之,陈建与朱子之异者乃是对"道心"为体与为用之认识不同。此外,陈建指出偏持朱子以敬为本而主张提起此心即"求放心"而后道问学,乃至"陆学专

---

① 〔明〕陈建:《学蔀通辨·终编》上,第258页。

主收拾精神一路,以为求放心,不复以言语文字为意,非是真入不二法门耶"①,皆流于外道之"一乘法"。至于程朱与陆子"求放心"又有何不同?陈建谓之,"程朱是将求放心做主敬看,以为学问基本;陆子教人求放心,则是主静以收拾精神,不使心泊一事,不复以言语文字为意。二者恶得同?"②在陈建看来,朱子讲"求放心"即是以"主敬"来修养此心以为问学之基本,虽小异于孟子但不失于外道;至于陆子讲"求放心",陈建认为则是从人心之虚灵知觉上去的,只是脱离文字而作弄精神了,将之归于外道之"一乘法"。

故而,陈建强调,存心与致知相须互发,正所以示人入道之要,而不致陷于异学之失。他引朱子话说:

> 人之所以为学,心与理而已。心虽主乎一身,而其体之虚灵,足以管乎天下之理;理虽散在万物,而其用之微妙,实不外乎一人之心,初不可以内外精粗而论也。然或不知此心之灵,而无以存之,则昏昧杂扰,而无以穷众理之妙;不知众理之妙,而无以穷之,则偏狭固滞,而无以尽此心之全。此其理势之相须,盖亦有必然者。是以圣人设教,使人默视此心之灵,而存之于端庄静一之中,以为穷理之本,使人知有众理之妙,而穷之于学问思辨之际,以致尽心之功。巨细相涵,动静交养,初未尝有内外精粗之择,及其真积力久,而豁然贯通焉,则亦有以知其浑然一致,而果无内外精粗之可言矣。今必以是为浅近支离,而欲藏形匿影,别为一种幽深恍惚艰难荒绝之论。务使学者莽然措其心于言语文字之外,而曰道必如此,然后有以得之,则是近世佛学诐淫邪遁之犹者,而欲移之以乱古人明德新民之实学,其亦误矣。③

朱子立教重在"本来性—现实性"之合一处,更强调了于现实性之乖离处用功,具有旗帜鲜明的针对性和批判性。陈建虽于心之体用处有异于朱子,但在批判异学失教处则直陈朱子之言,至于儒释以致朱、陆学理之异处则往往未触及其内核而存而不论或含混置之,在理论论证上难免颇为粗疏。正是基于力拒异学的立场,陈建从不同角度强调了存心、致知不可偏

---

① 〔明〕陈建:《学蔀通辨·后编》上,第155页。
② 〔明〕陈建:《学蔀通辨·终编》上,第258—259页。
③ 〔明〕陈建:《学蔀通辨·终编》中,第260页。

废的必要性,亦凸显了其重视问学方面之求实中正的特点。陈建指出:

> 不可偏于存心,而缺于致知,其弊将流于禅学。
> 不可偏于致知,而缺于持敬,其弊亦流于禅学。
> 不穷理而务识心,不主敬而欲存心,其弊皆流于禅学也。
> 为学工夫,当致其博,不可偏于约也,偏约则流于禅矣。
> 为学工夫,当主于敬,不可偏于静也。偏静,则流于禅矣。①

此外,陈建还从为学之未发、已发工夫论中阐释了其"存心、致知"相须互发、一以贯之的主张。他指出,"《朱子文集》有《中庸首章》说,以致中为敬以直内,以致和为义以方外,以涵养省察为敬义夹持"②,这是内外兼该,动静毕举,于未发、已发工夫不可有毫厘之偏;又指出,"近时陆学一派,惑于佛氏本来面目之说,谓合于《中庸》未发之中,于是只说未发,不说已发,只说涵养,不说省察。陷于一偏,流于空寂,全非圣学之旨"③。就陈建而言,则于未发、已发中强调了已发工夫的重要性,如其所指:

> 夫孔子岂不知未发之旨哉?诚以为,未发工夫微妙无形影而易差,已发工夫则明显有迹而易力;未发难以捉摸,而已发有可辨别据依。与其以无形影示人而启学者务虚好高之弊,孰若就有形易见处求之,之为务实而无失也。④

陈建认为孔子教人未尝不曾言及未发,只是未发工夫微妙无形而难以捉摸,已发工夫则明显有迹而可辨别据依。陈建对于未发工夫缺乏相应的理论探究,对此亦相应地倾向于存而不论,反之偏重的是对已发工夫的重视,在为学上则显见得较为持重务实。至于静坐体认之说,在陈建而言则难入圣贤意旨,而指认其起于佛氏之说。故而,陈建对"主静"之说亦多所批驳,认为:

> 静坐体认之说,非圣贤意也,起于佛氏也。六祖所谓"不思善,不

---

① 〔明〕陈建:《学蔀通辨·终编》中,第262、263、264页。
② 〔明〕陈建:《学蔀通辨·终编》中,第267页。
③ 〔明〕陈建:《学蔀通辨·终编》中,第267页。
④ 〔明〕陈建:《学蔀通辨·终编》中,第267页。

思恶,认本来面目",宗旨正此也。宗杲所谓"无事省缘,静坐体究"亦此也。后世学者,做存心工夫,不得其真,多流于此也。在昔惟程伊川识破此弊,至门人吕舆叔、杨龟山辈,皆倍其师之说,而仍主此说,传之豫章、延平,以至朱子早年,亦主此说,以为入道指诀,迨晚年见道分明,始以为不然。①

陈建坚持为学工夫,当主于敬,不可偏于静,否则就会流于禅学。事实上,在朱子的思想中,于内向工夫中,亦认同主敬和主静是统一的,二者皆是主体自我修养的工夫,并没有反对静中体验。诚如朱子所言:

> 静坐,非是要做禅入定,断绝思虑,只收敛此心,莫令走作闲思虑,则此心湛然无事,自然专一,及其有事,则随事而应,事已则复湛然矣。
> 人也有静坐无思念时节,也有思量道理的时节,岂可画为两途?……当静坐涵养时,正要体察思绎道理,只此便是涵养。②

仅此而言,于朱子实则主敬与主静亦相须互发,所同者皆是"求放心",所不同者乃是所处的心理的、意识状态不同而已。实则,静中的体察,就是一种自我意识反思层面上直觉的体认,若只说持敬涵养而后体察,势必缺失了内心另一层面的"超越性体证"了,于此对待"心"的二状态,朱、陆二学只是有所轻重之属而已。于朱、陆而言,所主"敬"抑或"静",皆是涵养"心"体之"一"的稍微有差异的两面而已,并非有绝对的冲突。这一点上,陈建立说恰是偏于主敬,而失却了对"静"工夫的关涉。前章于此亦有论及,兹不赘述。

进而,陈建还批判了王阳明之"知行合一,行而后知",以及陆学亦主行而后知的观点,认为朱子之"知行常相须,如目无足不行,足无目不见。论先后,知为先;论轻重,行为重"一说是万世不易之论。③ 陈建认为,致知与力行既有所分又相须互发。"近日王阳明讲学,谓世儒不当分先知后行,谓朱子不当作《格致补传》,必待豁然贯通地位,然后诚意,则有白首不及为之患"④,陈建认为这是王阳明对朱子的知行观和格物论的不知而妄讥。

---

① 〔明〕陈建:《学蔀通辨·终编》中,第266页。
② 《朱子语类》卷十二,第419、421页。
③ 〔明〕陈建:《学蔀通辨·终编》中,第261页。
④ 〔明〕陈建:《学蔀通辨·终编》中,第269页。

第三章 朱学后劲:陈建理学及其《通辨》之衡定

他引朱子语给予说明:

> 朱子《答吴晦叔书》云:"大学之书,虽以格物致知为用力之始,然非谓初不涵养践履,而直从事于此也。又非谓物未格,知未至,则意可以不诚,心可以不正,身可以不修,家可以不齐也。但以为必知之至,然后所以治己治人者,始有以尽其道耳。若曰必俟知至而后可行,则夫事亲从兄,承上接下,乃人生之所不能一日废者,岂可谓吾知未至而暂辍以俟其至而后行哉!""程子谓今日格一件,明日又格一件,积习既多,然后脱然有贯通处。某谓他此语便是真实做工夫来,他也不是说格一件后便会通,也不是说尽格得天下物理后方始通,只是积习既多,然后脱然有个贯通处。"①

王阳明早岁确有"亭前格竹"以致劳神致疾,那也是其青少年时思想不成熟时的误解,不能以此段经历之挫折而为定说评判朱子之为学工夫失于"支离"。概言之,朱子与阳明为学工夫之别是对"理"的定位不同。王阳明是从"良知说"出发,良知即是灵明之觉,又是万物之理,理与心是一,因而不主张向外格物穷理;朱子所论心与理是一而二,二而一,其"格物"以吾心求物理的向外认知,正是为了"致知"以吾心向内反思以求心与理的合一。王阳明之知行观和格物论皆从其"致良知"说,"致吾心良知之天理于事事物物,则事事物物皆得其理矣",重是非而轻效验,具有浓厚的直觉主义特征和神秘主义倾向的顿悟色彩。在对王阳明的知行观评判上,亦彰显了陈建为学所重在问学上的特点。

简言之,陈建在为学工夫上强调穷理、问学相须互发自有其合理处,但更多则是针对其所谓禅陆(王)学之"养神一路"而发,语意过重,其失亦多。据上述从理论的角度而言,陈建于理学的创建甚少,多是承继朱子之主张而径引朱子言论用之;具体在工夫论上,陈建虽于理气二元倾向有所辨正,但于朱子所持工夫论认识亦有不足,重"敬"而失"静"且概以相对立分判之,进而对陆、王之学之工夫论亦必不加深究而批评之,如其概以禅论之则失之甚远。

---

① 〔明〕陈建:《学蔀通辨·终编》中,第269页。

第三节 《学蔀通辨》之衡定

陈建在《学蔀通辨·总序》中谓,近世学术之患有三:

> 有宋象山陆氏者出,假其似以乱吾儒之真,援儒言以掩佛学之实,于是改头换面,阳儒阴释之蔀炽矣。
>
> 不意近世一种造为早晚之说,乃谓朱子初年所见未定,误疑象山,而晚年始悔悟,而与象山合。其说盖萌于赵东山之《对江右六君子策》,而成于程篁墩之《道一编》,至近日王阳明因之又集为《朱子晚年定论》,自此说既成,后人不复覈考,一切据信,而不知其颠倒早晚、矫诬朱子以弥缝陆学也。其为蔀益以甚矣。
>
> 由佛学至今,三重蔀障,无惑乎朱、陆儒佛混淆而莫辨也。①

又于《学蔀通辨·后编》末附"总论"揭橥通辨之意,谓之:

> 古今天下,大都被一个丰蔀害。朝廷有朝廷之蔀,家庭有家庭之蔀,官府有官府之蔀,学者有学者之蔀。……蔀于家者害于而家,蔀于国者凶于而国,蔀于学术者乱天下万世学术,此丰蔀见斗之象。圣人所以著戒之深,是故一蔀除而天下治矣。蔀之所系大矣哉!②

陈建是说,既表明了其"通辨"所关涉的核心问题,亦阐明了其所以"通辨"的价值关怀。简言之,陈建"通辨"的核心,有所谓的颠倒早晚、调和会同朱、陆的"晚同"说,改头换面、阳儒阴释的陆(王)学,近理乱真、陷溺高明的释老学;于此期间,亦可见陈建对宋明以来长期的学术争论所导致的政治后果颇为敏感,字里行间渗透着对学术之于治世重要性的强烈价值关怀。概言之,陈建于学术的"通辨"有得有失,其《通辨》于思想史链条上的地位和影响亦需衡定。以下仅据前诸章节所论,再作一简述。

一、《通辨》之得失衡定

就陈建"通辨"诸问题之得失而言,前面诸章节在论述过程中已间或

---

① 〔明〕陈建:《学蔀通辨·总序》中,第110页。
② 〔明〕陈建:《学蔀通辨·终编》下,第281—282页。

有所涉及。以下仍依据其所关涉的诸问题,就其理论之得失再略做综述。

(一)朱、陆"异同"之争

就朱、陆而言,经由前论,实则朱、陆之间"不可无""不可合"的"同与异"是自始至终存在的,究其实皆是儒学内部的理路分歧而已。至于朱、陆"异同"之争,不论程敏政、王阳明诸人强立"早异晚同"合会朱、陆,抑或陈建反之立"早同晚异"以辨别朱、陆,固然有助于对二人思想的各自发展历程有相应的了解,但如此截然二分的方法显然有不合思维之逻辑处,亦势必造成对二人思想先入为见的不客观性。

陈建通过逐年编次、文本考证,指出了程敏政、王阳明于朱子书信的颠倒早晚、疏于考证的不实之处;同时亦指出,程敏政、王阳明于朱子文本断章取义,仅取言合陆处而删却批陆处。陈建于考证方面是成功的,考证程敏政、王阳明诸人所谓的朱、陆"早异晚同"方面有值得肯认和鉴取处,亦在一定程度上影响了继其后者于学术论辩中对考据的重视;然陈建相对之立论朱、陆"早同晚异"则亦陷入程、王诸人断章取义之窠臼。当然程敏政、王阳明诸人对朱、陆"晚同"事实在一定程度上的揭示亦是有意义的,阳明学亦正是在"范围朱、陆而进退之"中成熟的。

双方争论的焦点主要集中在朱、陆晚年的同异方面,至于朱、陆晚年"同"在何处、"异"在何处,于此双方皆无相应概念范畴的厘定。故而,尽管这种争论是一事实,但实质上却不成为一争论。王阳明之《定论》言朱、陆"晚同"多是从二人思想的主旨层面立论,疏失了朱、陆为学理路的差异而于诸多问题上至终有所不同。反之,陈建则可轻易从文本编年考证上立说朱、陆"晚异",而事实亦然;至于关涉到思想主旨层面,陈建则于朱、陆取二重标准,如"求放心"之说于朱子则是"求仁",于陆子则是"作弄精神"而归之于禅学。陈建视陆(王)学近于释老,一概归之于"养神一路"而置之于"儒释之辨"的框架里予以批判,此先入为见之偏失俯拾皆是,亦不可能与王阳明诸人达成一实质上的鸣辨。

(二)陆、王、释老"异端"之辨

陈建对陆(王)、儒释之辨的展开有两个基本的前提:一者,一依朱子批陆、批佛禅之成说;一者,视陆(王)根本为禅学而一概置之于否定性批判。在这两个前提下,陈建的"通辨"存在着严重的理论不足。这种理论上的不足主要体现在:一者,对朱子之所以批陆,尤为批禅的核心"问题意识"认识不足而多流于绝缘性的皮相之争,未能触及各方理论之所以"同异"争鸣的理论内核;一者,之所以出现前者偏失,在于陈建于朱子理论有歧出,尤为于陆(王)、于佛禅之学不能客观、公允地予以理解。譬如,从"本来性—现实性"的角度看,朱、陆(王)与佛禅学固然有着价值上的"不可合"处,然其在儒学内部而言则无本质上的对立。概言之,朱、陆(王)乃至禅学皆不否认"体用一源、显微无间",体用相须互发的"本来性—现实性"立场,然朱子学偏重于现实性的多样性处立教,强调积集力久之效验而进至豁然贯通的为学理路;陆(王)、禅学则直就"本来性—现实性"一如态切入,强调立本之是非践履而应之于多样化的现实性。陈建立论尽管受到了罗钦顺一元论的影响,但付之于现实的学术鸣辨中则于朱、陆取二重标准,于儒释取二元绝缘性对立之思维模式。故而,陈建对陆、王、佛禅之学各层面皆以其先入之见,即"养神一路、作弄精神"作分解判说,其失亦远。

然值得肯定的是,陈建于"通辨"之中亦不乏相对之卓见,如其"天人之辨";此外,批释老之学在一定程度上亦揭示了释老学之于理学理论建构的影响;如其言:

> 愚尝因此而通究之。达摩以前,中国文士,皆假庄列以文饰佛学。达摩慧能而后,中国文士,则假儒书以文饰佛学矣。假庄列以饰佛者,假儒书以饰佛之渐;假儒书以饰佛者,则阳儒阴佛之渐也。水心叶氏曰:"佛学至慧能自谓宗,此非佛之学然也。中国之学为佛者然也。"愚按:假庄列,假儒书,阳儒阴释三者,皆是以中国之人为非佛之学,以中国文字为非佛之书,诪张为幻也。①
>
> 今人只疑陆学根本于禅,不知禅、陆之学皆根本庄子。②

陈建此论在一定程度上、一定范围内有一定的道理,亦符合一些基本的事实,具有一定的思想史意义。诚如,钱穆先生指出:

> 清澜(陈建)此之所指,实为中国学术思想史上一绝大问题,最近一般学者,又好言宋代理学实渊源于禅宗。则清澜此编之意义价值,实远过于其辨朱、陆之早晚异同也。③

---

① 〔明〕陈建:《学蔀通辨·续编》中,第236页。
② 〔明〕陈建:《学蔀通辨·后编》中,第272页。
③ 钱穆:《中国学术思想史论丛》(七),第240页。

第三章　朱学后劲：陈建理学及其《通辨》之衡定

此外，仅就朱子学研究而言，陈建"通辨"陆（王），禅学之始终是通过再诠释朱子辟佛禅之言而进行的，此于了解朱子之佛学思想亦有一定的价值。这一点，钱穆先生亦有揭示：

> 清澜此书续编三卷，备引朱子辟佛语而详阐之，并盛推朱子之功在此。从来研朱学而专一在此发挥，则当推清澜此书。①

陈建批陆、王，一个基本的理论前提是"儒释之辨"，即将陆、王之学置之于儒学对立面而视之皆为一部禅。陈建此一前提的弊端显而易见，有学者指出，"反省《学蔀通辨》之后，认为陈建应以对方之明确失误来攻击，不应将焦点延伸至儒佛之辨"②；然陈建立论不仅限于为学术之辨而辨，其对学术之于政治的后果深有关怀，故而在"通辨"中更多地渗入了学术之于世道治衰的关怀。通过陈建之所以著《学蔀通辨》之初衷，亦可见其意：

> 近年，各省试录，每有策问朱、陆者，皆全据《道一编》以答矣。王阳明之《定论》，则效尤附和，又其甚者矣。③
>
> 至近日王阳明因之又集为《朱子晚年定论》，自此说既成，后人不暇复考，一切据信，而不知其颠倒早晚矣。④
>
> 嘉靖壬寅，朝议进宋儒陆九渊于孔庙。时清澜以进士令南闽，闻之，忧道统将移，学脉日紊，乃发愤著《学蔀通辨》，以破王氏所编《朱子晚年定论》。⑤

于此，亦可见学术"异同"之争鸣在科举考试诸方面的反响，显然会影响到学术派别的社会政治地位，亦势必会使学术之于政治的影响积久而发生其作用。在此意义上而言，陈建所据的"儒释之辨"的理论批判框架在当时自然有出自其现实关怀的合理性，不可脱离应有的历史界域而概以否定之。

---

① 钱穆：《中国学术思想史论丛》（七），第 240 页。
② 蔡龙九，《读陈建〈学蔀通辨〉之贡献与失误》，《国立台湾大学哲学评论》第三十六期，1997－10－07，第 188 页。
③ 〔明〕陈建：《学蔀通辨·前编》下，第 139—140 页。
④ 〔明〕陈建：《学蔀通辨·总序》，第 110 页。
⑤ 〔清〕张夏：《雒闽源流录》（十九卷）卷九，清康熙二十一年黄昌衢彝叙堂刻本。

(三)《通辨》之方法衡定

从考据学的方法角度而言,陈建于朱、陆之学的逐年编次,文本考订体现了一个学者应有的审慎和谨严,成功地反驳了程敏政、王阳明诸人的疏误,也引起了继其后学者们于学术思想演变之考证的重视。如清人王懋竑(1667—1741,号白田)著《朱子年谱》四卷、《考异》四卷、《论学切要语》二卷,《四库全书提要》谓之,"其大旨在辨别为学次序,以攻姚江《晚年定论》之说。故于学问特详,于政事颇略。然于朱子平生求端致力之方,订异审同之辨,原原本本,条理分明。无程瞳、陈建之浮嚣,而金溪紫阳之门径,开卷了然。是于年谱体例虽未尽合,以作朱子之学谱,则胜诸家所辑多矣"①;李绂(1675—1750,号穆堂)著《朱子晚年全论》八卷,自谓"详考《朱子大全集》,凡晚年论学之书,确有年月可据者,得三百五十七条,共为一编。其时事出处讲解经义与牵率应酬之作概不采入,而晚年论学之书则片纸不遗。曰'晚'则论之定可知,曰'全'则无所取舍,以迁就他人之意。庶陈建之徒无所置喙,而天下之有志于学者,恍然知两先生之学之同,而识所从事不终坠于章句口耳之末,几亦有小补乎"②。仅此可见,陈建虽于论学判说方面多有歧出、浮嚣之处,然其在考据方面的力证对后来学者们在学术鸣辨中的考证是否精当起到了一定的推动作用。

从义理"通辨"的理论方法而言,仅就陈建来看,亦如王阳明诸人对朱、陆之"晚年"界域不明,朱、陆之晚年已非阳明、陈建诸人的"亲历",亦非"朱子、陆子自己生命存在的后一段历程",因此,"晚年"只是"文字的阅读"、只是"命名"、只是"历史";此外,陈建先入为见而视陆(王)与佛禅同辙,截然二分式的立言判教将儒释二者置之于绝缘性的对立面而对待之,其"有我"之见至为鲜明。

"朱、陆异同"在有明一代显然是作为一个重要课题存在而备受关注。"异同"的焦点即在"晚年",尤为是"朱子晚年"。"晚年"的究竟含义是什么?"朱子晚年"究竟可归之于"亲身参与"抑或"命名诠释"?从阳明之《朱子晚年定论》及诸人的文本以及陈建的《学蔀通辨》来看,"朱子晚年"是在一"编年"的次序上被叙事联结、再现、阅读和诠释的,即是一在"历史"的场域的线性时间点上的历史意识的活动。李纪祥就这一现象指出:

---

① 〔清〕王懋竑:《朱子年谱》,见吴长庚主编,《朱陆学术考辨五种》,第593页。
② 〔清〕李绂:《朱子晚年全论》,见吴长庚主编,《朱陆学术考辨五种》,第292—293页。

第三章　朱学后劲：陈建理学及其《通辨》之衡定　　191

"晚年"究竟是谁的"晚年"？"朱子晚年"又竟是谁的"晚年"？至少我们现在知道，由于"死亡"。死亡之前的迫近是"晚年"，死亡之后便开始有了"历史"的场域，而"历史"中正有一种"间距"，这个间距正因朱子的死亡而存在于朱子与阳明之间，朱子与阳明正成为线性时间上的两个有距离的定点，在两个定点之间，"朱子（晚年）"与"阳明《朱子晚年》"正被我们努力阐述而领会着。①

实则，这个"历史"的"间距"正是在朱、陆"早晚异同"这一课题的"编年"次序上被制作而出，不仅存在于朱子与阳明之间，亦存在于与陈建等参与这一课题者之间。历史意识在历史场域的活动皆基于一种存有论的存有，而此存有是否即是存有论上的"共在"，亦即"朱子晚年"之于阳明、之于陈建是否即有存有论上的"共在"之进场。亦如，李纪祥所言：

> 间距如果始终是间距，意图跨越间距、经历间距的方式如果始终只能停留在平面的叙事论述，那么，终究只是叙事、论述，而没有存有论上的"共在"之进场，尽管叙事的来源还是基于存有论的共在而出。②

李纪祥亦指出：

> 阳明《朱子晚年定论》基于"朱子晚年"四字的标出，以"义理上的定论"意图介入"朱子晚年"的填写，也就成了填补自传之"悬欠"的墓志版本——是一种关乎"朱子晚年"义理体证的墓志之填补与书写，是一种"历史"的书写与再书写。
>
> 因而，"朱子晚年"并非朱子与阳明或阳明与朱子的"共在"；因而，有可能"朱子晚年"只是阳明的"我在此"的活动而已。③

实则，就阳明之《朱子晚年定论》而言，阳明亦多从己意出发予以"编年"叙事论述，"阳明之定论"显然多过"朱子晚年"是什么的究竟含蕴，实质上是

---

① 李纪祥：《宋明理学与东亚儒学》，桂林：广西师范大学出版社，2010，第174页。（详参是著，理学世界中的"历史"与"存在"——"朱子晚年"与《朱子晚年定论》一文，第165—224页。）
② 李纪祥：《宋明理学与东亚儒学》，第173页。
③ 李纪祥：《宋明理学与东亚儒学》，第180、173页。

阳明"范围朱、陆而进退之"以谋求学术自立之"定论"。于此,陈建显然有所觉察,他指出阳明:

> 阳虽取朱子之言,而实则主象山之说也;阳若取朱子,而实抑朱子也。其意盖以朱子初年不悟而疑象山,晚年乃悔而从象山,则朱子不如象山明也,则后学不可不早从象山明也。此其为谋甚工,为说甚巧。一则即朱子以攻朱子,一则借朱子以誉象山,一则挟朱子以令后学也。①

陈建是辨不可不谓鞭辟入里,然言辞之间于朱、陆不能对等共视,于阳明之于象山视为共辙同途,而于阳明之于朱子则不究其里。从方法论角度而言,陈建显然觉察出阳明所谓"定论"仅是"我在此"的活动,是为"阳明自己的宣传"而已;然而,陈建本人在"通辨"的过程中不仅没能反省、克服这一弊病,反而将此"有我"之见扩大化。从学术理路的角度看,陈建一概判朱、陆(王)终不能同(即"晚异"),视陆、王源自庄禅而一脉相承,不能深究其里而疏失了对朱子之于王阳明的学术理路影响之认识。

"朱子晚年"在早、晚"编年"的次序上便有了一"历史"的场域,历史意识的活动借以"命名诠释"从"义理上的定论"意图介入"朱子晚年"这一"历史"的场域而据以书写和再书写。于阳明,以至陈建诸人而言,"朱子晚年"此一历史意识之活动虽有基于存有论的"共在"而意图跨越历史间距、经历历史间距,然却难以归属于有"朱子亲身参与"的存有论上的"共在"之进场,义理上的"定论"抑或"通辨"亦仅是各属的"我在此"的"命名诠释"活动;故而,在"朱、陆异同"此一本含具着编年的"序"与存有的"在"撷抗的历史的场域中,处于门户各属的"我在此"的义理诠释亦仅是各自为"我"的宣教。

朱、陆异同,抑或谓之朱、陆"早晚异同",作为一历史性的学术议题自然有其应有的学术史意义;但就朱、陆关系而言,这里要指出的是如此二分的模式并非即是认识朱、陆关系的应有态度或方式,反之,此一方式存在着强化了历史性与"存在"撷抗的可能性。于此,仅提供明儒顾宪成(1550—1612)为陈建《学蔀通辨》作序时提出的看法以供参照即可,顾氏曰:

---

① 〔明〕陈建:《学蔀通辨·前编》上,第 121 页。

第三章 朱学后劲:陈建理学及其《通辨》之衡定

> 朱、陆之辨,凡几变矣,而莫之能定也,由其各有所讳也。左朱右陆,既已禅为讳;右朱左陆,又以支离为讳。宜乎竞相持而不下也。窃谓此正不必讳耳。就两先生言,尤不当讳,何也?两先生并学为圣贤者也。学为圣贤,必自无我入,无我而后能虚,虚而后能知过,知过而后能日新,日新而后能大。有我反是。夫讳,我心也,其发脉最微,而其中于人也,最黏腻而莫解,是五星之蔀也。其为病,病在里。若意见有异同,议论有出入,或近于禅,或近于支离,是有形之蔀也。其为蔀,病在表,易治也;病在里,难治也。

又曰:

> 朱子歧德性问学为二,象山合德性问学为一,得失判然。如徐而求其所以言,则失者未必不为得,而得者未必不为失。此无我有我之别也。然学者不患其支离,不患其禅,患其有我无我而已矣!辨朱、陆者,不须辨孰为支离,不须辨其孰为禅,辨其孰为有我而已矣。此实道术中之一大蔀,非他小小抵牾而已也者。而《通辨》偶未之及,敢为吴侯诵之。[①]

顾宪成认为陈建是辨尚为"有我"之辨,有鲜明的门户立场。顾氏提出学术判法不应从"有我"(即立门户之见)切入,应从"无我"(即一客观、平持的谛观)切入。顾氏所论大旨为若二分必选其一的"有我"学术评判,其结果仍只是朱子是朱子,陆子是陆子,左右二子者并没有将自己以"共在"的方式纳入这一诠释域中,始终自是无所得;此即是没有存有论上的"共在"之进场的平面的叙事和论述,或近禅、或支离皆仅是"我在此"的活动,亦即顾氏所谓的"夫讳,我心也"。顾氏以"无我"切入,实则是意欲跳出或尽量消弭所谓"朱、陆异同"模式所强化了的历史性的"序"与存有的"在"之间的撷抗。诚如,"无我而后能虚","虚"是一种意识跨越间距、经历间距的有存有论上的"共在"的历史场域,或朱、或陆、或我(阳明、陈建等)皆"共在"此一场域;"虚而后能知过,知过而后能日新,日新而后能大",作为一历史性的"序"与存有的"在"的"朱子晚年"在这个"虚"而"共在"的场域不再仅是阳明,抑或陈建之"我在此"的"定论",抑或"通辨"于义理上所作的一种"历史"书写或再书写,而是有朱、有陆、亦有我(阳明、陈建等),此亦即顾氏所理想的"无我"而能知过、能日新、能大的方式或态度。顾氏

[①] 〔明〕陈建:《学蔀通辨·顾序》,"丛书集成初编"(第 0653—0654 两册)。

此见,亦可为衡定陈建诸人于论学方法上得失之参照。

二、《通辨》之价值衡定

结合《通辨》于方法、学理诸方面得失的衡定以及前面诸章节的论述,亦可大略见得陈建《通辨》相应的学术价值和现实价值,此亦对继其后者多有影响,此处仅从陈建《通辨》于学术史脉上的价值及其强烈的学术之于现实的经世价值关怀略做简述。

(一)学术"史"的价值及其影响

从文本体例的角度看,陈建之《学蔀通辨》显然较之程敏政之《道一编》、王阳明之《朱子晚年定论》体例完备、成熟,而其所关涉人物之多、时间跨度之长皆后二者所不备。就《通辨》文本体例在学术史上的意义而言,可参考张舜徽先生所论:

> 考镜源流,探求本始,我国的学术史,自以《史记》、《汉书》的《儒林传》为最早。不过史汉《儒林传》所记载的人物,是汉代的传经之士或者立于学官的博士之学。有些方面较宽、知识领域较广的大儒都有专传,而不列入《儒林传》,何能概一代学术之全。后世扩充其体例,成为"学案"。如黄氏所撰《明儒学案》,也仅反映有明一代的理学家流别,同样不能概一代学术之全。如果必正其名,只可称"明代哲学思想史",或者称"明代哲学流派史",比较名符相实。即此体例,也不能说是由黄氏所创立的。在他之前吗,南宋朱熹有《伊洛渊源录》十四卷,这是一部推崇理学的专著。明中叶到清初,陈建的《学蔀通辨》、冯从吾的《元儒考略》、周汝登的《圣学宗传》及孙奇峰的《理学宗传》,都是这一类的代表作。[①]

由此亦可见,《学蔀通辨》可谓之有明一代学术思想史中"学案"体之发端,其旗帜鲜明的"通辨"引发了后续各流派"学案"(待后述及)的衍生,亦是后续有关朱、陆(王)异同之学术鸣辨剧化之肇始。

从学术思想史的角度看历久进退争持的"朱、陆异同"论此一课题,陈建的《学蔀通辨》无疑是此一链条上不可忽视的关键一环。前面有关章节已就"朱、陆异同"问题自朱、陆之后迄明中叶的迁延变化做了相应陈述,

---

[①] 张舜徽:《清儒学记·浙东学记第六》,武汉:华中师范大学出版社,2005,第150页。

第三章　朱学后劲：陈建理学及其《通辨》之衡定　　195

继此后，即阳明之《定论》、陈建之《通辨》而后，吴长庚谓之"尊程朱者、尊陆、王者纷纷作为专著，论难攻击，或尊朱辟陆，或尊陆诋朱，或发朱子之蕴，或申姚江之学；或作调停之语，或出詈骂之辞，形成了明代中期学术论争的主要方面。沿袭至清，李绂复作《朱子晚年全论》，其后王懋竑编《朱子年谱》，至此渐趋平息"①。通观此一过程而言，陈建《学蔀通辨》是著于此间的一大影响和价值即在于将自元明以降的"朱、陆异同"问题旗帜分明地予以揭示和分判，并直接将矛头指向了当时已然盛行的王学，将陆、王之学在"朱、陆异同"的问题模式中深刻地关联起来，尤为将朱、陆、朱王之异同纳入其儒释之辨的思维模式之中，所导致的结果是毁誉掺杂，亦加深了门户之间的分歧与争辩，无疑使得"朱、陆异同"此一问题渐成为明中后期学术圈颇受关注之一大课题。但陈建是著采取的所谓"通辨"的思维模式，抑或谓之理论批判图式亦存在着严重的意欲"定论"的思维，并不能真正地有存有论的"共在"之进场，故而不能全幅地进入朱子的晚年，至于陆子、阳明之学的场域亦难深触其里。

于此，亦可据李纪祥有关论述得以印证，如其言：

　　自阳明以来迄于清中叶，"朱、陆异同"明显地作为一个课题而存在，并且与"由朱学而质疑陆、王之学"深层地联系；陆—王的联系及其与"朱学"的对立，是既可以视为"朱、陆异同"，也可以视为"朱王异同"，更可以视为"陆、王—程朱异同"，这样的景观，要一直到清代的惠栋与戴震，才能提供了另一个世界观下与朱子发生关系的视野。此种阅读学术历史的印象，实隐然形成一种常识化、真理化图像而深刻在学人之心。毕竟，少有人去阅读或深思"陆、王异同"与著述"朱王学谱"，也是个事实。但如此一来，也就遮蔽了由朱到王的历程，而这个历程，不仅可能是个学脉，抑且是阳明自己与朱学有关的求学历程，掩映在《朱子晚年定论》中的便是阳明要为此一历程做出一个总结，"定论"实有这个意图。②

阳明之"定论"实有总结自己与朱学有关的求学历程的意图，但阳明之"定论"于深层里则是于"范围朱、陆而进退之"外为自己学术意旨伸张的婉转

---

① 吴长庚：《朱陆学术考辨五种》(代序)，第1页。
② 李纪祥：《宋明理学与东亚儒学》，第193页。

表现;如此,则王阳明所谓的朱子晚年的"定论"不仅是"同"于陆子,更是"同"于阳明自己。于此,陈建虽明察阳明为谋为说确有"一则即朱子以攻朱子,一则借朱子以誉象山,一则挟朱子以令后学"①之处,然陈建之于王学(亦包括"陆学")的批判则是基于其"有我"的一种常识化、真理化图像,亦即朱、陆"晚异"、陆、王皆禅的图像。故而,陈建的"通辨"在通辨之前已经有所歧出,所辨不能真正地进入应有之历史场域而亦多不能切中应有之问题意识而流于强制比附,于辞气上亦未能平允且多浮嚣之势;因"朱、陆异同"此一被常识化、真理化的图像而深刻学人之心及门户偏狭之故,此种现象为其后者亦不乏见。

然就朱、陆二学"同异"之实质而言,诚如章学诚谓之,"宋儒有朱、陆,千古不可合之同异,亦千古不可无之同异也"②。朱、陆学术之间的异同始终是存在的,概言之,二者之异同皆是儒学范畴内的学术分歧;此"异"仅是儒学内部学理进路的不同,此"同"则是皆于儒学核心理念及终极价值上的不异。于此,诚如钱穆先生批评之:

> 今于学术大范围内,单划出理学一小圈,又于理学一小圈内,专钩出朱、陆异同一线,乃于此一条线上进退争持。治陆、王学者,谓朱子晚年思想转同于陆,此犹足为陆学张目。治朱子学者,反证得朱子晚年思想并无折于陆之痕迹,岂朱子学之价值固即在是乎?……此诚是学术界一大可骇怪之事。③

仅就"朱、陆异同"此一线学术之进退争持而言,或治陆、王学者,或治朱子学者皆为各自门户张目,固然能在往来争鸣中于朱、陆(王)学之部分或细节处有所明辨析别,然仅于此模式抑或图像之中确不能得朱、陆(王)全幅之价值,故不能不为学术界一大可骇怪之事。当然此一模式在后来者亦有意欲突破者,如前述顾宪成提出的"有我""无我"的分际即旨在打破被常识化、真理化的"朱、陆异同"的二分模式,将学术间的统同辨析置之于"有我""无我"的判别,非偏狭于门户之私而于研究客体中二而择一;及至清代乾嘉之时的吴派惠栋、皖派戴震,始提供了另一个新视野与朱子学发生

---

① 〔明〕陈建:《学蔀通辨·前编》上,第121页。
② 章学诚:《文史通义新编新著》,仓修良编著,杭州:浙江古籍出版社,2005,第126页。
③ 钱穆:《朱子新学案》,成都:巴蜀书社,1986,第159页。

关系,如戴震提出过"由训诂以明义理"、"执义理而后能考核"①的学术思想,既批判宋明以来的程朱、陆、王之学空谈义理的虚玄无物,亦反对乾嘉考据"嗜博泥古"之矫枉过正。于此学术视野之变化中,实隐然若现着陈建是著于"朱、陆异同"此一学术思想脉络上之所以重要的特点及其所衍生的学术影响。

简言之,陈建所谓的"通辨"确然有其不可克服的理论偏颇,得失亦尤为明显。但亦不可忽略陈建旗帜鲜明地批驳在不自觉间剧化了学术派别间的门户之争,进而学术的鸣辨势必推动学术的发展和转进。于此期间,陈建在学术上颇为重视考辨、证伪,以及关心国家的、社会的现实问题的经世务实的学术关怀亦是明清之际实学经世思想勃兴之前风,这一点尤为表现在陈建的史学著述及其所反映的经世思想方面。

附:以下表格内容是就自明初以降至清代,"朱、陆异同"争论双方著述之择要简作枚举;经由此可大略见得陈建《学蔀通辨》于"朱、陆异同"此一学术思想脉络上确为关键一环,对继其后之学术争鸣颇有影响。

(注:历元迄明有关"朱、陆异同"问题提出之脉络前文已略有考述,兹不赘述。)

朱子学 一方		陆、王学 一方	
作者、著述	备 注	作者、著述	备 注
程曈 (生卒年不详) 《闲辟录》②	认为朱子之学为正统,斥陆子之学则务虚蹈空;《四库提要》谓之,其说不为不正,而门户之见太深。词气之间,激烈已甚,殊非儒者气象,与陈建《学蔀通辨》均谓之善骂可也。	程敏政 (1445—1499) 《道一编》	是著是"朱、陆异同"论的首部专著。程氏主张调和朱、陆,认为朱、陆二氏之学初则诚若冰炭之相反,其中则觉夫疑信之相半,至于终则有若辅车之相倚。

---

① 〔清〕戴震:《戴震全集》第六册,《戴东原集序》(段玉裁),北京:清华大学出版社,1995,第3458页。

② 〔明〕程曈:《闲辟录》,《四库全书总目提要》卷九十六,子部六。

续表

朱子学 一方		陆、王学 一方	
作者、著述	备 注	作者、著述	备 注
陈建 (1497—1567) 《学蔀通辨》	"通辨"朱、陆、儒释，矛头尤指向阳明之"定论"，力主朱学正统。	王阳明 (1472—1528) 《朱子晚年定论》	单以朱子晚年书信为据，以证成朱子晚合陆子，亦同于己学；是影响颇大，为后学者多褒贬不一。
冯柯 (1523—1601) 《贞白五书》① 卷三、四	以朱子之学为正统，批评陆、王之学偏易简而非同朱子之全。	金贲亨 (1483—1564) 《台学源流》② 卷三	评述朱、陆之学则重在二氏之同，尤为强调了朱子晚年于为学"支离"之修正。
顾宪成 (1550—1612) 《泾皋藏稿》③ 卷六之《心学宗序》	赞同王学"良知"说，但于"无善无恶"之论不能苟同，批评了王学末流于学术蔀障之弊。	王冀 (生卒年不详) 《心学录》	《四库提要》谓之，取陆子发明心学之言，以己意推阐之，大旨主王阳明《朱子晚年定论》之说。④
高攀龙 (1562—1626) 《高子遗书》⑤ 卷三之《阳明说辨》	认为阳明于朱子为学工夫认识不足，实则朱子为学工夫亦主心理合一而非异于阳明之要求。	季本 (1485—1563) 《说理会编》⑥	主张和会朱、陆，认为朱、陆皆"心诚于为道"而非有所背离，然朱、陆二人之学于理路上则各有所长；其间巧借程、朱之言以证良知之说，则犹守仁、朱子晚年定论之旨耳。

---

① 〔明〕冯柯:《贞白五书》十五卷,《丛书集成续编》第170册,上海:上海书店出版社,1994。
② 〔明〕金贲亨:《台学源流》七卷,《续修四库全书》第515册,上海:上海古籍出版社,2002。
③ 〔明〕顾宪成:《泾皋藏稿》二十二卷,《文渊阁四库全书》集部第1292册。
④ 〔明〕王冀:《心学录》四卷,《四库全书总目提要》卷九十六,子部六。
⑤ 〔明〕高攀龙:《高子遗书》十二卷,《文渊阁四库全书》集部第1292册。
⑥ 〔明〕季本:《说理会编》十五卷,《四库全书总目提要》卷九十六,子部六。

续表

朱子学 一方		陆、王学 一方	
作者、著述	备 注	作者、著述	备 注
王尹（生卒年不详）《道学迴澜》[1]	大旨力辟心学，辨阳儒阴释之误。所取惟薛瑄、胡居仁、罗钦顺、霍韬四家，而於王守仁《朱子晚年定论》，则反覆掊击。	吴鼎（约1531年在世）《东莞学案》[2]	是书专辟陈建《学蔀通辨》，大旨批其全为阿附阁臣，排陆以陷王，甚至取象山语录，割裂凑合而诬之以禅。因条列其说，为之诘难。
孙承泽（1593—1676）《考证〈朱子晚年定论〉》[3]	是著专考阳明《朱子晚年定论》之失，认为阳明此书并非尊朱，实则是诋诬朱子。	来知德（1525—1604）《明儒学案·诸儒学案下一》卷五十三	旨在调和朱、王，认为阳明对朱子之议论多从义理上言，实乃学术辩论常理，并非诋诬朱子，阳明之于程朱之学则各有所长。
张履祥（1611—1674）《杨园先生全集》[4] 卷二、四、五	批陆、王"心即理"之说是符合西来之说而有师心自用之弊；对陆子否定"穷理"意义及阳明"知行合一"论皆有批驳。	唐鹤徵（1538—1619）《宪世编》[5]	是编发明心性之学，列举自孔孟而下，及程朱、陆、王诸儒，各述其言行而论之；大旨主于牵朱就陆，合两派而一之。
顾炎武（1612—1681）《日知录·朱子晚年定论》[6]	赞同陈建之"通辨"，亦持朱、陆"早同晚异"说；批评阳明"定"乃舞文弄墨之书，朱子之学实非支离。	孔承倜（生卒年不详）《日言》[7]	是书乃札记之文，其学出于阳明。认为朱子中年学尚未悟，至晚年则甚悔；今人不于悟处用功，却于其悔处执迷，是即阳明晚年定论之说也。

---

[1] 〔明〕王尹：《道学迴澜》八卷，《四库全书总目提要》卷九十六，子部六。
[2] 〔明〕吴鼎：《东莞学案》无卷数，《四库全书总目提要》卷九十八，子部八。
[3] 〔清〕孙承泽：《考证〈朱子晚年定论〉》二卷，《四库全书总目提要》卷九十七，子部七。
[4] 〔清〕张履祥：《杨园先生全集》，北京：中华书局，2002。
[5] 〔明〕唐鹤徵：《宪世编》，《四库全书总目提要》卷九十六，子部六。
[6] 〔清〕顾炎武：《日知录集释》，黄汝成集释，栾保群、吕宗力校点，上海：上海古籍出版社，2006。
[7] 〔明〕孙承倜：《日言》，《四库全书总目提要》卷九十六，子部六。

续表

朱子学 一方		陆、王学 一方	
作者、著述	备 注	作者、著述	备 注
党成 (1615—1693) 《清儒学案·娄山学案》	批评陆子持论过高，朱子之学较得儒者正统；认为阳明之《定论》不得朱子之全，倡博读圣贤书。	刘宗周 (1578—1645) 《刘宗周全集》①之《补遗一·阳明传信录》	认为阳明之学不离践履，实与朱子非异，且阳明之学乃有得于程朱之学。
魏裔介 (1616—1686) 《周程张朱正脉》②	自序谓周汝登之《程门微旨》、王阳明《朱子晚年定论》皆未足发蒙启迷。于《微旨》取十之五，《定论》则尽删之，而取孙承泽《考正定论》。	孙奇峰 (1584—1675) 《夏峰先生集》③、《清儒学案·夏峰学案》	主张和会朱、王，认为阳明之"良知"与朱子之"格物"不相异，皆就"心"上说；朱子之穷理不仅限于见闻，阳明之格(正)物亦不离人伦。
张烈 (1622—1885) 《王学质疑》④	是著专攻阳明之学。认为阳明之学于宋则取陆子，立论过简；又斥阳明窃儒言以文其佛老之实，持说多过急而有凿空之弊。	陆世仪 (1611—1672) 《思辨录辑要》⑤	是著不虚谈诚敬之旨，不空为心性之功，少门户之见。主张不应过度诠释"朱、陆异同"，不可望文生义而定陆子为释道之说；阳明"良知"说无妨，然"无善无恶"说则宗旨未妥。
费密 (1623—1699) 《弘道书》⑥	提倡崇古经、尊汉唐、批理学，但不完全否定程朱；认为阳明"良知"之说以朱子格物穷理为非，造成了学术对立，激起了门户之见。	黄宗羲 (1610—1695) 《明儒学案》《清儒学案·南雷学案》	认为朱、陆二氏皆为圣学，于尊德性、道问学同等视之；尊崇阳明之学，澄清其说并非释道之说，阳明之"致良知"亦为主敬穷理之学，非异于程朱。

---

① 〔明〕刘宗周:《刘宗周全集》,吴光点校,杭州:浙江古籍出版社,2012。
② 〔清〕魏裔介:《周程张朱正脉》无卷数,《四库全书总目提要》卷九十七,子部七。
③ 〔明〕孙奇峰:《夏峰先生集》,北京:中华书局,2004。
④ 〔清〕张烈:《王学质疑》一卷,《四库全书总目提要》卷九十七,子部七。
⑤ 〔清〕陆世仪:《思辨录辑要》三十五卷,《文渊阁四库全书》史部第724册,《四库提要》卷九十四,子部四。
⑥ 〔清〕费密:《弘道书》三卷,《续修四库全书》杂家类第946册。

续表

朱子学 一方		陆、王学 一方	
作者、著述	备注	作者、著述	备注
陆陇其 （1630—1692） 《问学录》①	是著力辟阳明之学而尊朱子。反对程敏政、王阳明之朱、陆"晚同"说；并力辟阳明学为禅学。	王复礼 （生卒年不详） 《三子定论》②	是著凡朱子、陆子、王子（阳明）各《定论》一卷，欲申陆、王，然仍为调停三子之说，亦复为阳明《定论》之疏失翻案计。
熊赐履 （1635—1709） 《闲道录》③	是著力辟阳明良知之学，以申朱子之说。认为朱学为正统，批评陆子、阳明为异类；陆子之学无实见地，阳明乃陆学功臣而延续其说。	毛奇龄 （1623—1716） 有关四书的诸种著述，如《大学知本图说》④，《辨圣学非道学文》《折客辨学文》⑤等。	修正阳明之学，攻驳朱子之学。推崇阳明事功、诚意之学，反对朱子注四书，进而激烈抨击朱子理学。
朱泽沄 （生卒年不详） 《朱子圣学考略》⑥	是著详述朱子为学始末，以攻阳明之说。	汤斌 （1627—1687） 《清儒学案·潜庵学案》	认为朱子后学支离无本而失朱学本意，阳明之"良知"教法反救此弊；然王门后学复流于空虚浮泛，其失王门宗旨亦甚。
童能灵 （1683—1745） 《朱子为学考》⑦	是编考朱子为学之次第，分年记载，而於讲学诸书，各加案语以推阐辨论之，盖继《学蔀通辨》而作也。同时朱泽沄亦有是书，大致皆互相出入。	李颙 （1627—1705） 见《清儒学案·二曲学案》	批评陈建《通辨》乃有为为之，牵强附会而妄批陆、王之学为禅，所辨难成定论；肯认阳明"良知"说彻上彻下，得力尤易。

---

① 〔清〕陆陇其：《问学录》四卷，《四库全书总目提要》卷九十七，子部七。
② 〔清〕王复礼：《三子定论》五卷，《四库全书总目提要》卷九十七，子部七。
③ 〔清〕熊赐履：《闲道录》三卷，《四库全书总目提要》卷九十七，子部七。
④ 〔清〕毛奇龄：《毛西河先生全集》（李塨等辑），乾隆十年书留草堂刊本。
⑤ 〔清〕毛奇龄：《西河集》，文渊阁四库全书本。
⑥ 〔清〕朱泽沄：《朱子圣学考略》十卷，《四库全书总目提要》卷九十七，子部七。
⑦ 〔清〕童能灵：《朱子为学考》三卷，《四库全书总目提要》卷九十八，子部八。

续表

朱子学 一方		陆、王学 一方	
作者、著述	备 注	作者、著述	备 注
唐鉴 (1778—1861) 《国朝学案小识》①之《国朝学案叙》及《学案提要》	批评了阳明之"无善无恶"说,尤为推崇陆陇其对阳明学的批驳;尊崇程朱之学,为学侧重《大学》八目次第。	邵廷采 (1648—1711) 《思复堂文集》②卷一之《姚江书院传》	认为阳明立说祖述孔、孟,与朱子存心致知之教无二,认同其"良知"说;然王学之失则在后学杂禅以证成师说,故而为尊朱者指斥其为禅学。
夏炘 (1789—1871) 《述朱质疑》③	尊崇朱子之学,认同陈建《通辨》于朱、陆"晚异"之说,批评李绂《全论》引朱子言不顾上下之文理而附会于陆子,不过为《学蔀通辨》报仇而已。	李绂 (1675—1750) 《朱子晚年全论》④	是著较客观地论述了朱、陆之学,然实尊陆氏之学。大旨谓陈建之书于朱子之论援据未全而遂肆狂诋;然是著皆以朱子悔悟为言而概归之于心学,亦有门户之失。
罗泽南 (1870—1856) 《姚江学辨》⑤	批评阳明之《定论》考据未详,断章取义;亦指斥阳明之"无善无恶"说本之告子,出之佛氏,在本体上即与朱子以性为"有善无恶"相异。	章学诚 (1738—1801) 《文史通义》之《朱、陆》	认为"宋儒有朱、陆,千古不可合之同异,亦千古不可无之同异也"。"同异"之争乃末流争相诟詈,殊门户以为自见;然有勉为解纷,调停两可者,亦是多事。
说明	此附录共收入历明迄清有关学者凡三十九人,以见此一阶段"朱、陆(王)异同"学术争论史之概况。须说明一点,此表将调和朱、陆(王)二氏尤为不持门户之偏狭者并入"陆学一方",如孙奇峰、陆世仪、章学诚诸人。另须申明者:此附录参考了台湾学者蔡龙九所著《〈朱子晚年定论〉与朱、陆异同》⑥一书之"附录一",以示感谢;另增补学者凡九人,如朱学一方之王尹、魏裔介、朱泽澐等,陆学一方之王蘉、王复礼、毛奇龄、吴鼎等,此皆"朱、陆异同"论一线上颇为关键性人物,故补录入。此一问题所涉学者固多,仅作概要勾勒、整理,兹不赘述。		

① 〔清〕唐鉴:《国朝学案小识》,济南:山东友谊书社,1990。
② 〔清〕邵廷采:《思复堂文集》,杭州:浙江古籍出版社,2010。
③ 〔清〕夏炘:《述朱质疑》,《续修四库全书》杂家类第952册。
④ 〔清〕李绂:《朱子晚年全论》,北京:中华书局,2000。
⑤ 〔清〕罗泽南:《姚江学辨》,《续修四库全书》杂家类第952册。
⑥ 蔡龙九:《〈朱子晚年定论〉与朱、陆异同》,新北市:花木兰文化出版社,2011,第319—336页。

(二)《通辨》之"经世"价值衡定

前已间或述及历元迄明中叶之理学盛衰迁衍的概况,陈建正处于其激化动荡之中。古之学者亦多政府官员,大略学政一体、治道合一;学术异同之论争自然会反映在科举教育之中,亦势必会影响及社会的、政治的动向。于此,诸多有志于学术、事功者并非置身事外而麻木无睹,陈建亦然。陈建认为,"异端之害,不独系圣道之明晦,尤关系世道之盛衰",因而慨叹"清谈盛而晋室衰,五胡乱华矣。禅谈盛而宋室不竞,女真入据中国矣。二代之祸如出一辙。然后知程子之忧深而虑切矣,岂非后世之永鉴乎?"①观陈建是论,则知其辨学术不纯在学术,亦关乎世道之盛衰。"天下莫大于学术",是因为学术关乎人心之正邪之分;究心学术正邪之分,即是要辨剥"学术之患莫大于蓓障"。陈建的学术"通辨"即旨在扶人心、正世道,学术关乎经世,在这层意义上亦可谓之"学术经世"。

陈建"通辨"朱子之于陆(王)、儒之于释道之异同,意在辟异息邪以明儒学之正之实,以明夷夏之辨而经国治世;陈建将朱、陆(王)之辨置之于儒释之辨的范域,于学术理论上其失颇多,究其实此一强烈的现实价值关怀确是其所失缘由之一。

然学术和治世并非截然二分,故于陈建亦不可一概否定之,其隐现于学术争辩层面间的经世关怀于社会的、政治的观察亦不乏远识、卓见。此处仅略述陈建于"通辨"中忧深虑远之现实关怀即可。

陈建"通辨"旨在明正学之实,以证朱子著书明道,辟邪反正之有大功于世。陈建指出,"薛文清公(薛瑄)曰:'尧、舜、禹、文、武、周公、孔子、颜、曾、思、孟、周、程、张、朱,正学也,不学此者,即非正学也'"②,是确实之论。这亦是他为学的理论脉向和根本立场。

就陈建所处的时代学术环境而言,其之所以"究心学术邪正之分"而纵横"通辨"之,是因看到:

> 近世陆学一派,不独于程、朱之言有疑,虽于孔、曾、思、孟亦不免。象山谓:"颜子没,夫子事业自始无传。"杨慈湖谓:"子思、孟子言多害道。"王阳明谓:"颜子没而圣人之学亡。"即此也。象山疑《易》系非夫子作,疑《系辞》、《首章》近推测之辞,惟"默而成之,不言而信"两语可

---

① 〔明〕陈建:《学蔀通辨·续编》中,第235页。
② 〔明〕陈建:《学蔀通辨·终编》下,第272页。

信而已。《慈湖遗书》于《大学》"格致诚正",于《中庸》"忠恕违道不远",于《系辞》"形而上下"等语,皆以为支离害道。王阳明所谓:"求心而非,虽其言之出于孔子,不敢以为是者",即此也。言出于孔子尤不敢以为是,而况于曾、思、孟子?而又何有于程朱?①

在陈建看来,当此之时不仅有对程朱之学乃至上溯至孔、孟等之言论及相关经典皆有所存疑之处,亦有概未尝深考其本末而随声逐响、横加诋訾之论。陈建指出:

> 阳明讲学,诋朱子解格物为义外、为支离。愚按:《孟子》曰"舜明于庶物",《易》曰"知周乎万物",《大学》曰"格物",三言一意。朱子训格物为至,周即至也,明犹至也。朱子之训,深合圣经,若阳明训格物为"正意念"之用,援儒入佛,不通之甚!乃欲以此讥彼,可骇可笑!
>
> 近时陆学说人能克己而存此心,则天下皆归于吾仁之中。与吕与叔说②相似。考其说不独与朱子相抵牾,且与孔子相抵牾。孔子之意,谓克去己之私欲,以复归礼,方始是仁。故下文说非礼勿视听言动,吕与叔言克己是克去人己町畦,无复礼底意思,与"四勿"殊无干涉。若陆氏之说,则援儒入佛,尤为不可。朱子之训,不可移易。③

陈建批评了阳明"格物"之论离物弃事,无可把捉而援儒入佛;批驳陆学之"克己存心"与"复礼""四勿"殊无干涉,作弄精神而亦援儒入佛。经由前面章节的分疏中,大致可了解到陈建为学重在现实性,对朱子于"本来性—现实性"乖离处之纠葛之"形而上"处不甚了解,至于对径从不可把着的"本来性"而发的陆、王之学自是难以接受。故而,在陈建看来近陆学之人(亦如王阳明)之学皆是立意太高,正所谓"气象虽豁然可喜,事理则茫然无据"④;当然这不仅是立意过高的问题,陈建认为,"近世之好议朱子者,其学问之功何敢望朱子藩篱,而徒逞一隅之意见,拾佛老之余绪,以妄议争胜,矜世盗名,多见其不知量也"⑤。在陈建看来,陆、王之学及其近之者皆

---

① 〔明〕陈建:《学蔀通辨·终编》下,第274、275页。
② 吕大临(与叔),《克己铭》:"洞然八荒,皆在我闼。"见《学蔀通辨·终编》下,第274页。
③ 〔明〕陈建:《学蔀通辨·终编》下,第274页。
④ 〔明〕陈建:《学蔀通辨·终编》下,第274页。
⑤ 〔明〕陈建:《学蔀通辨·终编》下,第275页。

是拾佛老之余绪而改头换面来的,朱子之学于此拨乱反正之功显而易见,然更重要的是直接对禅佛批判之功尤大,此亦是陈建对朱子思想的重要发挥处。采陈建立说如下:

> 或曰:"佛学之害,经傅太史、韩文公辨之不息,至二程子辨之亦不息。自朱子出而后佛学衰,何也?"曰:"缘朱子尤深中禅病,始尽禅病也。"始达摩谓某人得吾皮,某人得吾肉,道育得吾骨,慧可得吾髓。愚谓近世辟佛,如傅太史《武德》一疏得其皮,韩文公《原道》一篇得其肉,至二程子而后得其骨,至朱子而始得其髓。是故辟佛至朱子而后尽。故佛学至朱子出而始衰,而儒佛异同之辨始息,而后士大夫自此无复参禅问道于释氏之门者矣。①

佛学确然弥久不衰,理学亦确然作为佛学之反动而兴起,朱子之学于辟佛亦确然着力不小而为功尤大,此方面颇为陈建关注。宋世之际,杂学最盛,援佛入儒者有之。陈建指出,"朱子未出世之前,苏子瞻以佛旨解《易》,游定夫以佛旨解《论语》,王安石、张子韶以佛旨释诸经,程门诸子以佛旨释《中庸》,吕居仁以佛旨释《大学》。自朱子出,而后其书皆废"②。陈建基于"天下莫大于学术,学术之患莫大于蕃障"之学术之于经世之功用,肯认朱子之学有摧陷廓清、扶正人心之功。诚如其言:

> 有帝王之统,有圣贤之统。如汉祖、唐宗、宋祖开基创业,削平群雄,混一四海,以上继唐、虞、夏、殷、周之传,此帝王之统也;孟子、朱子拒异端,息邪说,辟杂学,正人心,以上承周公、孔子、颜、曾、子思之传,此圣贤之统也。然究而论之,皆不若朱子之为难,何也?开基创业,以智力而服一时,固难;明道辟邪,不假智力,而服天下万世之人心,尤难也。孟子辟杨墨,去孔子未远,至朱子则去孔子几二千年,而佛氏盛行中国亦逾千载,其陷溺人心已久,举天下贤智冥然被驱;斯时也,非命世豪杰之才,孰能遏其滔天之势,而收摧陷廓清之功乎?③

---

① 〔明〕陈建:《学蔀通辨·终编》下,第276页。
② 〔明〕陈建:《学蔀通辨·终编》下,第277页。
③ 〔明〕陈建:《学蔀通辨·终编》下,第277页。

陈建认为朱子辟佛是上承圣贤之统,意义同于孟子辟杨墨,此论亦是基于其本持有的"夷夏之别"而再次阐发了朱子辟佛之难之功。

陈建"通辨"亦着力于辟禅佛之学,据其言即有补近世学者所未备之处,亦是继之朱子以发其所未发。

> 或问:"近岁胡敬斋、罗整庵、霍渭厓之辨如何?"曰:"诸君子皆心朱子之心,而有意于明学术矣。然胡敬斋之《居业录》详于辨禅,而辨陆则略。于象山是非得失,尤多未究也。罗整庵、霍渭厓目击阳明之事,故所论著专攻陆学,其言切,其辨详矣。然象山养神底蕴,与夫近日颠倒早晚之弊,亦未暇究竟,观者犹未免有冤陆之疑也。此编摘录诸君子之言,而补其所未备,亦以成诸君子之志也。"①

前面章节已大略论及陈建于陆、王诸学及儒、释皆有所辨,其间亦是得失相杂,鲜有理论上大创获。据前述朱子之学明道辨学其功颇为显著,但陆学自始与朱学之关系为"数百年未了底大公案"。究其主要原因而言,陈建认为,"缘朱子未尝说破养神一路也。养神一路,非他也,即其假似乱真之实,即其遮掩而阴佛之实也"②。陈建主张批驳陆子之学重在辨其"养神一路","此朱子之辨所以必得区区此编继之,以发其所未尽,然后其禅实昭然暴白,而冤陆之疑自息也"③。至于"养神"之辨前章节已做理论上的辨析,尽管陈建于相应理论不甚究竟,但于期中亦彰显了陈建重实际践履、立足现实的价值关怀。这亦体现在以下方面,陈建从佛禅演变和影响两个方面做了相关探究:

> 佛学自入中国,至今大抵三变,每变而为蠹益深。始也,罪福轮回之障,愚者陷之,智者鲜焉,其为害尤浅也。中焉,变为识心见性之障,则智者亦陷之,盖弥近理而大乱真矣。终焉,又变为改头换面之障,则术愈精而说愈巧,而遂谋既真,而辨之愈难矣。今人只知陆学之为陆,而不知陆学之即禅;禅学之即佛,佛学之即夷也。

---

① 〔明〕陈建:《学蔀通辨·终编》下,第280页。
② 〔明〕陈建:《学蔀通辨·终编》下,第276页。
③ 〔明〕陈建:《学蔀通辨·终编》下,第276页。

第三章 朱学后劲：陈建理学及其《通辨》之衡定

又曰：

> 近世学者之弊，惟以禅佛之道为高妙、为简径而易造也；以圣贤之道为粗浅、为迂远而难至也，故舍儒而趋佛，其本心矣。其后也，乃变为儒、佛同之说，又变为本同末异之说，又变为改头换面、阳儒阴释之说，是盖屡变其说，而诱人以入佛也。于朱、陆亦然，盖惟以朱子为支离，而陆学为简易也，故疑朱而宗陆，其本心矣。其后也，乃变为朱、陆同之说，又变为早异晚同之说，又变为阳朱阴陆之说，是盖屡变其说，而诱人以入陆。……象山见世人所信者孔孟也，于是即孔孟之言以诱之，而一语不及于佛，人但知其为孔孟之言，不可不从也，无不为所钩牵而入其佛智矣。阳明见世人所信者朱子也，于是集为《朱子定论》以诱之，而一语不及于陆，人但知其为朱子之言，何疑而不从也？无不为所钩牵而入其佛智矣。①

由此可见，陈建一概判佛学为"夷"教，认为陆、王以及近之者皆是阳儒阴释、改头换面而被钩牵入佛学藩篱之学。故而，陈建"通辨"即以程朱之学为立论根基，以朱、陆早晚同异之辨为契机，进而主要辨析了陆、王之"阳儒阴释"的蔀障以及佛学近理乱真之惑。此外，陈建又从历史性的考察中极为深刻地针砭了佛禅学的蔀障之害，如其言：

> 蔀于家者害于而家，蔀于国者害于而国，蔀于学术者乱天下万世学术，此丰蔀见斗之象。圣人所以著戒之深，是故一蔀除而天下治矣。……西周中叶，西域已有佛矣，然是时文、武治隆，孔孟继作，圣贤道盛，佛无由至也。迨及东汉，圣贤不作，中国道衰，佛于是乘间而入。魏、晋继之，其教益盛。夷狄之教遂大行于中国，驯有五胡乱华之祸。以阴召阴，故其气类之相感也。梁武帝不鉴，崇奉浮屠益力，于是达摩又自西方而至，明心见性之说惑人益甚，历唐及宋，至有举中国之学士大夫而从之，阴气感召，戎狄益横，安史祸唐，辽金祸宋，驯及胡元，遂尽四海而左衽之。其效亦可观矣！今日士大夫奈何尚禅尚陆？使禅佛之魂骎骎又返耶？区区通辨，盖亦杞忧殷鉴，抱此耿耿云。②

---

① 〔明〕陈建：《学蔀通辨·终编》下，第278—279页。
② 〔明〕陈建：《学蔀通辨·终编》下，第282页。

陈建历数诸世学术之于政治之盛衰之关联,阐发了学术蔀障有害于天下之治,此亦是其著《通辨》所要达到的"杞忧殷鉴"之意。

经由上述可知,陈建之所以重视对儒释、陆、王诸学之辨,自始即是基于"夷夏之别"之明辨以及自负于"经世之运,忧世之深"之爱国忧民的民族主义情怀。这无疑与陈建所处的社会环境有很大的关系。从学术层面上来看,明中叶以后,王阳明心学兴盛,程朱理学独尊局面已被打破,思想界出现了活跃的鸣辨气氛;从其他社会因素来看,明嘉靖、万历时期以来,"北虏南倭"问题越来越严重,内阁倾轧,朋党相争,朝政腐败,社会危机空前激化。这种社会环境下必然会滋生相应的求治务实的经世思潮,诸多学者们将视线转向本朝,在本朝鲜活的现实中来考察治道的得失与兴衰,以求其所以然及应然。陈建著《皇明通纪》及《治安要议》,于其中历考明初以降诸代治政之得失,直陈时弊并建言措置,如其指出"我朝边事,一向只为'因循姑息,玩愒偷安'八个字所破坏,不斩钉截铁断除此根,天下事未可知也"①等。皆无不反映了陈建于当时经世务实的思想,实不可不谓卓有见识。陈建于学术上的蔀障辨析之旨意亦是与此相通的。

明中叶之社会危机所引发的学术间的鸣辨随着由明入清的剧化亦表现得更为显著。明初以降之朱子学因颇多学者因循守成而失去了自身的发展动力,一味于"谨绳墨""无敢改错"而使得朱学支离烦琐,亦无补于身心修养;然后起之王学虽别开生面,但在不断的分化演变中流弊丛生,日益趋向高谈性命、求悟本心,亦空疏无所作为。实则,斯时之朱学抑或王学,在此明王朝变动之际皆无补于国家政事以及现实中的诸种社会问题。相对而言,陈建于学术上"通辨"所彰显的"经世"价值亦对后世产生了一定的影响,在一定程度上可谓之为明清之际实学思潮兴起之端倪之一处。明清之际对理学(程朱之学及阳明之学)支离空疏之弊端多所批判,力求能救正于世道人心。此处仅引于陈建著述有关注者之论佐证之。譬如明后期之东林学派即辨明学术以影响政治,提倡经世致用。东林学者顾宪成肯认陈建"通辨"之价值,谓之"其忧深,其虑远"②;他亦反对以一己之是非为是非的空疏学风。诚如,顾宪成言:

---

① 〔明〕陈建:《治安要议·备边议》卷六,民国刻《聚德堂丛书》本。
② 〔明〕陈建:《学蔀通辨·顾序》,"丛书集成初编",第 0653—0654 两册,北京:中华书局,1985。

第三章 朱学后劲：陈建理学及其《通辨》之衡定

见象山曰："六经注我，我注六经"，则亦从而和之，曰"六经注我，我注六经"。呜呼，审若是，孔子大圣一腔苦心，程朱大儒穷年毕力，都付诸东流也已矣。然则承学将安所持循乎？异端曲说，纷纷籍籍，将安所取正乎？其亦何所不至哉！是故君子尊经至为要。①

顾宪成主张尊经读书，躬行实践，于事事物物切实体悟而非脱离根基的师心自用；亦如其尊经读书之法，谓之"经，常道也。孔子表章六经。程子表章四书，凡以昭往示来，维世教，觉人心，为天下留此常道也。……学者诚能读一字便体一字，读一句便体一句，心与之神明，身与之印证，日就月将，循循不已"②。顾宪成重视经典的文化传承意义并强调应以此为根基，主张心身应于字句间作切实体会，反对穿凿附会，浮虚玄谈之流弊。诚如，顾宪成对王学及其流之"无善无恶"的批驳：

管东溟曰："凡说之不正，而久流于世者，必其投小人之私心，而又可以附于君子之大道也。"愚窃谓"无善无恶"四字当之。何者？见以为心之本体原是"无善无恶"也，合下便成一个"空"。见以为"无善无恶"，只是心不着于有也，究竟且成一个"混"。"空"则一切解脱，无复挂碍，高明者入而悦之，于是将有如所云：以仁义为桎梏，以礼法为土苴，以日用为缘尘，以操持为把捉，以随事省察为逐境，以讼悔迁改为轮回，以下学上达为落阶级，以砥节厉行，独立不惧，为意气用事者矣。"混"则一切含糊，无复拣择，圆融者便而趋之，于是将有如所云：以任情为率性，以随俗袭非为中庸，以阘然媚世为万物一体，以枉寻直尺为舍其身济天下，以委曲迁就为无可无不可，以猖狂无忌为不好名，以临难苟安为圣人无死地，以顽钝无耻为不动心者矣。由前之说，何善非恶？由后之说，何恶非善？是故欲就而诘之，彼其所占之地步甚高，上之可以附君子之大道；欲置而不问，彼其所握之机缄甚活，下之可以投小人之私心，即孔孟复作，亦奈之何哉！此之谓以学术杀天下万世。③

顾宪成将王学所谓的"无善无恶"之流弊指斥为"空""混"，"空"则解脱

---

① 〔明〕顾宪成：《顾端文公遗书》，《东林会约》，清康熙刻本。
② 〔明〕顾宪成：《顾端文公遗书》，《东林会约》。
③ 〔明〕顾宪成：《小心斋札记》卷十八，《顾端文公遗书》。

于仁义礼法、日用操持之外,"混"则含糊于任情随俗、猖狂无忌之间;以"空""混"为基准的学术即是以学术杀天下万世,针砭此弊之价值亦合于陈建之谓"天下莫大于学术"。东林学者们倡导戒慎恐惧、躬行践履的求真经世之学风以及訾议国政、针砭时弊的务实致用之精神,皆与陈建在学术之于治事上的价值取向相联通。清初学者张履祥在给友人的信中说:"《学蔀通辨》笔舌不得和平,是诚有之。但方此人心胥溺,虽以大声疾呼犹苦聋聩,不直则道不见,彼虽动于意气,在我则视为十朋锡可耳。"①并认为陈建是著"救时之书也,亦放龙蛇、驱虎豹之意"②。作为明遗民学者的张履祥认同陈建对于学术关乎世道人心、家国兴亡之认识,且感受更为强烈,他亦指出,"学术坏而心术因之,心术坏而世道因之,古今不易之理也"③。顾炎武则在《日知录》中对陈建"通辨"批判诸说流弊给予了很高的评价,亦肯定了其对当下学术之价值,谓之"此书于朱、陆二家同异,考之极为精详","《困知之记》《学蔀之编》,固今日中流之砥柱矣"④。顾炎武对理学末流玄谈阔论、不务实事而坏人心、误家国之批判与陈建所言之意如出一辙:

> 刘、石乱华,本于清谈之流祸,人人知之,孰知今日之清谈有甚于前代者。昔之清谈谈老、庄,今之清谈谈孔、孟,未得其精而已遗其粗,未究其本而先辞其末。不习六艺之文,不考百王之典,不综当代之务,举夫子论学、论政之大端一切不问,而曰一贯,曰无言,以明心见性之空言,代修己治人之实学。股肱惰而万事荒,爪牙亡而四国乱,神州荡覆,宗社丘墟。昔王衍妙善玄言,自比子贡,及为石勒所杀,将死,顾而言曰:"呜呼,吾曹虽不如古人,向若不祖尚浮虚,戮力以匡天下,犹可不至今日。"今之君子得不有愧乎其言?⑤

顾炎武切身闻见于"神州荡覆、宗社丘墟",认为今之清谈甚于魏晋,痛愧于空疏蹈虚、不求实务之学术于国家政事、社会问题无补而害愈甚。此番言论亦同于清初学者费密(燕峰,1625—1701)之论:

---

① 〔清〕张履祥:《杨园先生全集》《答徐敬可二十六》,第236页。
② 〔清〕张履祥:《杨园先生全集》《备忘二》,第1094页。
③ 〔清〕张履祥:《杨园先生全集》《愿学记二》,第759页。
④ 〔清〕顾炎武:《日知录》卷十八,《朱子晚年定论》。
⑤ 〔清〕顾炎武:《日知录》卷七,《夫子之言性与天道》。

第三章 朱学后劲:陈建理学及其《通辨》之衡定 211

> 清谈害实,始于魏晋,而固陋变中,盛于宋南北。自汉至唐,异说亦时有,然士安学同,中实尚存,至宋而后,齐逞意见,如七国战争,专事口舌,学术日杂,屡为后儒臆说所乱,未能淹洽古说,又不降心将人情物理平居处事点勘离合,说者自说,事者自事,终为两断,一段好议论,美听而已。……后儒所论,唯深山独处,乃可行之;城居郭聚,有室有家,必不能也。盖自性命之说出而先王之三物六行亡矣。四书之本行,而圣门之六经四科乱矣。学者所当痛心,而喜高好僻之儒反持之而不下。无论其未尝得而空言也,果静极矣,活泼泼地会矣,坐忘矣,冲漠无朕至奥,心无不腔子,性无不复,即物之理无不穷,本心之大无不立,而良知无不致矣,亦止于达摩面壁、司马承祯坐忘、天台止观同一门庭,则沙门方士之能事耳,何补于国?何益于家?何关于政事?何救于民生?安能与古经之修身齐家治国平天下合哉。①

费密亦认为清谈盛于魏晋,尤指宋儒以降之性命道德之说,实则剽窃佛道两家而来,只是一段好议论、美听而已,于家国、政事、民生无丝毫之益,此亦与陈建所言之意无二。

明清之际"天崩地坼"的社会大变局,使得学术环境亦发生了新的变化,经世致用之实学已蔚然成风。处此阶段之学者皆自觉地致力于追求道统和治统合而为一,以求世教明而人心正,天下所以能久安长治。自明后期东林学派批驳王学空疏无用而力倡实学经世,以至明清之际顾、黄、王诸学者对理学整体的反思批判之际,反理学的倾向也至为鲜明,如以颜元、李塨为代表主张"实习、实行、实用"之学,力反理学僵化空疏。诚如侯外庐所言,"王、顾、黄三人在时代精神上是宋明道学的异端,但在形式上还对理学抱有保留的态度。王、顾形式上左袒程朱,黄宗羲形式上左袒王守仁。颜元不然,对于宋以来的道学家一起推翻,没有一丝形式上的保留态度"②。陈建所言之"天下莫大于学术,学术之患莫大于蔀障",无疑是传统学者之共识;学术关系着世教,关联着正人心,进而影响着天下的长治久安。仅据上简述,将陈建之学术取向置之于明清之际实学思潮兴起之脉络考核,则其学确于后世实学经世之风尚兴起亦有一毫之助力。陈建不仅于

---

① 〔清〕费密:《弘道书》卷下,《圣门定旨两变序记》。
② 侯外庐:《中国思想通史》第五卷,北京:人民出版社,1956,第324页。

道统上有辟邪反正、力行务实之尚,尽管在学理上多有缺失,亦于治统上有鉴于往事、期成实务之论。

第四章　期成实务:陈建的经世思想

前述诸章节大旨论述了陈建所谓"究心学术正邪之分"的"通辨"概况。陈建虽基本地坚持了以历史的、文献的考察方式对朱子之于陆（王）、儒之于释道的同异性予以驳正，但在更大程度上则是基于维护程朱理学的正统地位而立论，存在着明显的立场倾向性和限于理论偏狭之"有我"的门户偏私；然亦须客观地看到陈建极力参与此一学术论辩的出发点和根本目的所在，即基于儒者传统自赋的"道治合一""明体达用"的经世诉求。诚如，《中庸》所言：

> 虽有其位，苟无其德，不敢作礼乐焉；虽有其德，苟无其位，亦不敢作礼乐焉。

制礼作乐，以成道德仁义之理，以成经理国家、安定社稷之治。于此，尽管道、治合一仅作为一文化终极理想目标而在意识形态中被表述着，然历来儒者亦自赋为"道"的代言人，自觉地致力于追求此"道治合一"的政治理想。

诚如，东林党领袖顾宪成为《学蔀通辨》作序，谓之"后先千万余言，其忧深，其虑远，眈恳迫切，如拯溺救焚，声色俱厉，至为之狂奔疾呼"[1]。东林党人讲学亦反对王学及其后学谈幻言玄、蹈空务虚，提倡求真务实、实学实用。陈建是著亦因顾氏此序而享誉世人，尤为后之朱子学派中著名学者如张履祥、陆陇其、顾炎武等的极力推重。再者，陈建虽曾称道王阳明文章、功业尽足以名世，然极力批评其讲学宗佛老而终为文章、功业之累，其意指与顾炎武后来指责王学应为明王朝的衰落负责可同声相应。故而，若能不止步于陈建在学理上的过失，亦不脱离其所处的历史现实之考量，而予以客观地评判和衡定陈建思想，则亦可从其所谓的"究心学术邪正之分"中得出其亦有"为当时借前筹之"之强烈的经世关怀。

陈建于嘉靖二十七年（1548）先后完成《学蔀通辨》《治安要议》两书，

---

[1]〔明〕陈建：《学蔀通辨·顾序》，"丛书集成初编"，第0653—0654两册。

继此后,越七年而完成《皇明通纪》凡三十四卷。考较之,陈建《通辨》之"究心学术正邪之分"有"盖为天下万世虑也"①的价值关怀;康熙五十六年(1717)岭南督学郑晃重刻《治安要议》作序谓之,"硕画宏谟,明体达用"②,此著具体体现了陈建对于社会政治的改革思想;较之《治安要议》而言,《通纪》是以其为基本理论指导,征引古今、原始察终,核心在于"为当世借前箸筹之",见危思盛、穷究其变,重历史而不执泥于历史,一以现实社会问题为依归,系统地、深刻地再现了其忧深虑远的经世思想。

第一节 陈建的经世学脉略论

陈建虽学无师承授受,然其学术脉路仍可从其相继完成的《学蔀通辨》《治安要议》《皇明通纪》中得以窥得大略。仅就其经世思想脉络而言,亦可寻此溯源而得其一二。

陈建生当阳明心学盛行之时,其著《学蔀通辨》虽则专就王阳明之《朱子晚年定论》而发,亦有因之而忧"道统将移,学脉日紊""儒释混淆,朱、陆莫辨"以至蔀乱家国天下及万世学术,故自谓其《通辨》亦有杞忧殷鉴之抱怀③。陈建在《通辨》中谓之:

> 陆学下手工夫,在于遗物弃事,屏思黜虑,专务虚静,以完养精神,其为禅显然也。④
>
> 象山师弟作弄精神,分明禅学,而假借儒书以遮掩之也。此为勘破禅、陆根本。⑤
>
> 近年一种学术议论(王阳明之心学),类渊源于老、佛,其失尤深而尤显也。⑥

陈建认为陆、王之学宗旨皆属于"养神一路",为学务虚蹈空,一同与禅学。陈建溯源而论,认为佛学入中国自达摩而变为禅,"达摩、慧能、宗杲、常综

---

① 〔清〕陈伯陶纂修:《东莞县志》,第2196页。
② 〔明〕陈建:《治安要议》,《重刻〈治安要议〉序》,民国刻聚德堂丛书本。
③ 〔明〕陈建:《学蔀通辨·终编》下,第282页。
④ 〔明〕陈建:《学蔀通辨·后编》中,第171页。
⑤ 〔明〕陈建:《学蔀通辨·后编》上,第152页。
⑥ 〔明〕陈建:《学蔀通辨·续编》下,第237页。

诸人之规模,而弃佛粗迹、而脱略经典、而专一求心、而借儒饰佛,无一而非陆学之渊源也"①;"佛之为言觉也,禅之为言静也,由静而后至于觉也。其实只是'作弄精神',一言而尽异学之纲要矣"②。进而,陈建亦指出,"汉、唐、宋以来,学者多淫于老佛,近世陷溺推源之弊,其所从来远矣"③。陈建谓之:

  "自孔孟没,汉、晋学者,皆宗老庄;唐、宋则宗禅佛,然皆不外养神一路也。"④

  又言之:

  "今人只疑陆学根本于禅,不知禅、陆之学皆根本庄子。"⑤

陈建认为,禅、陆一道而皆根本于庄学;并力辟历代学者如晋之陶渊明,唐之李翱,宋之苏辙、谢上蔡、张九成、吕希哲、吕本中等,皆援佛入儒、阳儒阴释而陷溺于异学。

陈建于陆、王学,以及老、佛(禅)学作如是辨(前章节已论,此节仅概说),意在:

  因此而通究之,达摩以前,中国文士皆假庄、列以文饰佛学;达摩、慧能而后,中国文士则假儒书以文饰佛学矣。假庄、列以饰佛者,假儒书以饰佛之渐;假儒书以饰佛者,则阳儒阴释之渐也。是后世佛学,所以日益高妙惑人者,皆中国之人相助为惑之罪也。

  假庄、列,假儒书,阳儒阴佛三者,皆是中国之人为非佛之学,以中国文字为非佛之书,诪张为幻也。

  世衰道微,程、朱世不常出,儒者知不能知,力不能救,坐视其荡佚纵恣,猖狂叫呶而不返也。愚故集程、朱遗论,著为此编,以后俟之君子。⑥

---

① 〔明〕陈建:《学蔀通辨·续编》序,第199页。
② 〔明〕陈建:《学蔀通辨·续编》上,第201页。
③ 〔明〕陈建:《学蔀通辨·续编》中,第221页。
④ 〔明〕陈建:《学蔀通辨·续编》中,第221页。
⑤ 〔明〕陈建:《学蔀通辨·后编》中,第171页。
⑥ 〔明〕陈建:《学蔀通辨·续编》中,第236页。

陈建从学术史的角度,批判了老、庄以及佛、禅皆是"精神"之学,玄远高妙、惑人心性而无补于世道人心之正;结合前章节之论,亦可知陈建认为佛禅之学经历了假庄、列,借儒书,阳儒阴释三阶段的演变与渗透的历程,至于近世陆、王之学即是阳儒阴释,根本是禅,而禅、陆之根本则在庄学。陈建严守尧舜以降至程朱之学此一脉络为"道统",认为不学此者即非正学;循此则庄学非正学,至于佛禅则在"夷"学之列。在陈建看来,夷夏有别、正邪相反,异端之害不仅关系到"道统"之明晦,尤关系到"治统"之盛衰。仅此可知,陈建"究心学术正邪之分"的出发点是基于一个儒者应有的、自赋的经世关怀,根本目的则是鉴于时下之"世衰道微"而呼吁辨剥蔀障以为"拯溺救焚"之责。学术的明辨亦关乎世道的盛衰,陈建之学术"通辨"亦是基于此忧深虑远的经世情怀。

陈建的这一倾向亦体现在对明初以降的理学家们的学行的批判和鉴取之间。于此一点,本书在"绪论"及"陈建与明初理学"章节中已有论及,此处仅略做陈述即可。

陈建恪守程朱理学之规模,主张学行并重、德才兼具,亦即倾向于对学有经世之才与能的肯定。诚如,陈建对明初以降之理学名臣之论:

> 愚尝因杨方震所录《理学名臣》而并论之,我朝理学之士,薛文清瑄、陈克庵选为最,胡敬斋居仁、罗一峰伦、章枫山懋亚之。盖一峰、枫山偏于退隐为高矣!陈白沙献章只一味禅会,庄定山昶只是一个诗人,与黄未轩仲昭言行皆未见灼灼。定山晚年出处一节,虽白沙亦讥之。陈剩夫只是一个狷介之士,其学识比胡敬斋犹未及。邹吉士智,忠鲠名臣,不必厕于道学。余非末学所敢议矣!杨方震录所遗,前有曹月川端,后有何椒丘乔新、邵二泉宝、罗整庵钦顺,皆当续入。①

薛瑄有言,"自考亭以还,斯道已大明,无烦著述,直须躬行耳"②;陈建亦谓之,"讲学而至于程朱,亦可以无议矣。其言亦尽精尽密、尽美尽备矣,今之学者所急惟一行字耳"③。陈建重视躬行实践,故批评陈白沙只是一味禅会而务虚蹈空,庄昶只是一个诗人而言行未见灼灼。陈建推最陈选即是对

---

① 〔明〕陈建:《皇明通纪》下,第773页。
② 〔清〕张廷玉,《明史》卷二百八十二,第7222页。
③ 〔明〕陈建:《学蔀通辨·终编》中,第271页。

其刚正耿介、务实力行的品行的肯定,刘宗周亦认同陈建的看法,认为,"先生躬行粹洁,卓然圣人之徒无疑。其平生学力,尽见张褧一疏,至诚而不动者,未之有也。《通纪》评理学未必尽当,而推许老先生也至矣"①。

陈建纵论诸理学之士乃是基于程朱之学的立场,兼之以言之凿实、行之力洁为基准考量诸学。如陈建尤为批评了吴与弼在节行上的过失,谓其在学术上"则观其文集序记诸作,与夫疏陈十事,皆枯浅寂寥,草率粗略,无所发明,有目所共睹。至于《日录》所记,每多说梦"②;然在节行上,以"宫僚,侍太子讲学"一职小而不屑为,为权臣石亨作年谱序,自称"门下士",以及因"弟讼"而"褫冠囚首,跪讼于庭府",认为其"殆犹未免于盛名之下,其实难副也!"③再如,陈建论王阳明,谓之:

> 其学不宗程朱,而以致良知为说。
>
> 阳明讲学,全宗仙佛,而假儒书以文之。
>
> 阳明文章、功业尽足以名世,不消讲学。讲学亦不消宗信佛老而诋訾程朱。讲学宗佛老而诋程朱,反增一疣赘,而为文章、功业之累矣,卒来伪学之榜,削爵之命,惜夫!④

清人说,"是编(注:即《学蔀通辨》)虽攻象山,实为阳明发也"⑤。陈建站在朱子学的立场上,基于"前定"的"儒释之辨"的框架将阳明学指斥为全宗仙佛。客观地讲,陈建在对陆、王之学的理论评判上多牵强附会而难成定论,然这并没有影响陈建对王阳明的文章、功业的肯定,于其所著《皇明通纪》中详载了王阳明平定宁王宸濠之乱及诸事功之举⑥。

陈建主张学行合一,为学重视经典传承、凿实不虚,于行崇道尚节,经世不阿;反对玄虚高妙、穿凿附会之学,以及曲势屈节、明哲无用之行。陈建尊崇程朱,其学亦可谓自成一家风范;然就具体学术环境而言,陈建的学术思想更多是受到如罗钦顺等当代(明初以降至陈建的时代)学者的影响。陈建身处心学,尤指王学兴盛之际,如《明史》所载,"时天下言学者,

---

① [清]黄宗羲:《明儒学案》,《师说》,第5页。
② [明]陈建:《皇明通纪》下,第771页。
③ [明]陈建:《皇明通纪》下,第771—772页。
④ [明]陈建:《皇明通纪》下,第1166—1167页。
⑤ [清]陈伯陶:《学蔀通辨·跋》。
⑥ [明]陈建:《皇明通纪》下,"正德十四年"条,第1155—1167页。

不归王守仁,则归湛若水,独守程、朱不变者,惟枏与罗钦顺云"①。吕柟(号泾野,1479—1542),"接河东薛瑄之传,学以穷理实践为主"②;且勤于讲学,门生之众几与阳明中分其盛。吕柟与陈建所处时代基本相同,二人为学旨趣亦颇为相近。吕柟主张立学于实践,如其言:

> 天理不在人事之外,外人事而求天理,空焉亦矣。③
> 问颜子之学。(吕柟)曰:"天资极高,不易学。学者且当学曾子。曾子以笃实之资,动皆守礼,学之有所依据。如《礼记》所问,与夫子论孝等篇,皆其随事精察而自有得。一日三省,尤见切实之学。故夫子之'一贯',亦因学有所得而语之,其余门弟子不能及也。……世之儒者,不问学者之资禀,而概以圣人'一贯'、'上达'之理告之,则是诬之而已矣。"④

细究吕柟所答问学之论,与陈建所论"未发工夫微妙无形影而易差,已发工夫则明显有迹而易为"之旨相似,至于外人事而求理及径取"上达"之理的为学途径皆为二人所力辟者。再者,吕柟主张为学"以仁为心",如其言:

> 仁者,人也。凡万物生生之理,即是天地生生之理,元非有两个。故人生天地间,须是把己私克去,务使万物各得其所,略无人己间隔,才能复得天地的本体。⑤
> 仁是圣门教人第一义,故今之学者必先学仁。⑥

在吕柟而言,"仁"是人心的本体,意即人存在的本质,亦是人与天地同体的根据;所谓学者必先学仁,此与前论陈建之"求放心,即是求仁"之意相近,且在陈建亦认同"仁,人心也"似得孟子之意。至于"求仁之方"则在"克己"。前论陈建所谓"克己",即"孔子之意,谓克去己之私欲,以复归礼,方始是仁"⑦,是从义理之心上说的,批评了陆学之"克己而存心"与"复

---

① 〔清〕张廷玉等:《明史》卷二百八十二,列传第一百七十,儒林一,第 7244 页。
② 〔清〕张廷玉等:《明史》卷二百八十二,列传第一百七十,儒林一,第 7244 页。
③ 〔明〕吕柟:《泾野子内篇》,北京:中华书局,1992,第 195 页。
④ 〔明〕吕柟:《泾野子内篇》,第 91 页。
⑤ 〔明〕吕柟:《泾野子内篇》,第 145 页。
⑥ 〔明〕吕柟:《泾野子内篇》,第 202 页。
⑦ 〔明〕陈建:《学蔀通辨·终编》下,第 274 页。

礼""四勿"殊无干涉而仅是空谈义理。吕柟亦强调为仁的切要工夫是"克己",具体即是要从切实处克去己之私欲以复礼归仁,如其言:

> 学者切要工夫只在克己。克己之要,须自家密察此心,一有偏处即力制之,务有以通天下之志。故曰:"一日克己复礼,天下归仁"。①
> "我欲仁,斯仁至矣。"今讲学甚高远。某与诸生相约,从下学做起,要随处见道理。事父母这道理,待兄弟、妻子这道理,待奴仆这道理,可以质鬼神,可以对日月,可以开来学,皆自切实处做来。②

反对好高骛远,讲求切实下学,此与陈建在为学工夫上亦颇为相近。陈建《皇明通纪》仅提及吕柟而未作评述,亦未见称引其言论处,然略早于陈建并以讲学盛于东南的吕柟之学于陈建为学旨趣未尝不曾间或影响之。据陈建著述及其思想旨趣之考察,显而易见影响陈建者,莫属罗钦顺(前章节已论及,兹不赘述)。陈建思想在理论上尚不成体系,既汲取了罗钦顺理气一元论的思想资源于朱子学有所修正,亦在具体立说辨正中游走于朱子成说之间,意气过高而创获甚微;然结合前诸章节所论,仅从陈建的理学及理学思想"史"观之价值取向来看,陈建于学术之"通辨"及明初以降诸儒之学之考量皆鲜明地体现了其忧深虑远的经世关怀。

再考较陈建所著《治安要议》《皇明通纪》,其经由学术而付之于经世实践的思想则显而易见。康熙年间岭南督学郑晃谓之,"清澜陈先生磨砻经义,酣醉儒修,心性既明,经纶复裕。……《治安要议》硕画宏谟,明体达用"③。程绩洛认为,"《通纪》《要议》言经纶事业,《通辨》言学术是非,皆如布帛菽粟,民生日用之不可缺也"④。《东莞县志》谓之,"究心学术正邪之分,及国家因革治乱之故"⑤。这些评述皆能说明陈建确是一位提倡学术与事功于一体的务实的经世思想家。

就陈建此一"明体达用"之具体经世思想之源自脉络而言,亦可从其著述中见得大概。

概观陈建《要议》《通纪》,其于考论"国家因革治乱之故"所征引、称述

---

① 〔明〕吕柟:《泾野子内篇》,第87页。
② 〔明〕吕柟:《泾野子内篇》,第83页。
③ 〔明〕陈建:《治安要议》,《重刻〈治安要议〉序》,民国刻聚德堂丛书本。
④ 〔清〕阮元:《广东通志》,上海:上海古籍出版社,1990,第4829页。
⑤ 〔清〕陈伯陶:《东莞县志》卷五十八,第2193页。

者,有如叶子奇之《草木子》、李梦阳之《空同子》、胡世宁之《胡端敏奏议》、霍韬之《渭崖疏要》等近世学者之经络实策,尤为鉴取了丘濬之《大学衍义补》相关实策之论;究其具体内容而观,此皆集中体现了陈建极为重视针对现实社会问题之"治事"的经世思想。譬如,陈建于"备边御戎"之议中主张行大略如古之井田制的"屯田"法,所据诚如《草木子》之言:

> 井田之法,非独为均田制禄而已,盖所以阴寓设险守国之意。故中原平衍,设立许多沟洫,许多阡陌,使车不得方其轨,骑不得骋其足也。岂非寓至险于大顺之中者乎。观晋郤克欲使齐人尽东其亩,以便戎车;吴玠在蜀,于天水军作地网,以阻金兵之骑。于此可以验也。①

陈建认同叶子奇对行之于古亦可行之于今的"井田法"的诠释,如此既可寓兵于农、自养备边,又能经界沟洫、阻御胡骑。李梦阳有以诗词交通宁王宸濠之失察事,尽管陈建有惜其未能脱得"势利"二字之"士君子立身可不慎哉"之叹②,但对李梦阳于弘治十八年所上论时政之"二病、三害、六渐"疏特书之。试看陈建所论:

> 疏首谓"剀切而无回互,药石而鲜包藏",此疏实无愧斯语。所虞宦官、外戚、盗贼之祸,后来其言无一不酬。正德初,刘瑾擅权稔恶,继而流贼四起,几致大乱。至嘉靖中,寿宁侯卒以骄横干诛。三复此疏,其才猷气节,一时可想矣。昔人论贾谊《治安策》,谓其通达国体,虽古之伊、管未能远过。愚谓以李空同之才,虽贾谊何能以过焉?第惜其恃才而矜,后来行事多不满人意,亦未免于昔人谓贾生志大而量小,不善用其才之病也。虽然,君子取人,不求备。叔世全才实难,而况文名如空同,气节如空同,经济之才如空同,尤一代所仰瞻者乎!愚故于此疏备书特书,深欢息致意焉。③

由此可见,陈建不仅认为李梦阳此疏通达国体而确为淑世之药石,且切身感于时局之变而致意于李氏之气节及经济之才。陈建屡引《胡端敏奏议》

---

① 〔明〕陈建:《治安要议》卷六,《备边御戎十议》。另参:叶子奇:《草木子》卷三下,《杂制篇》,北京:中华书局,2010,第56页。
② 〔明〕陈建:《皇明通纪》下,第1130页。
③ 〔明〕陈建:《皇明通纪》下,第1051页。

之论,亦是仰重胡世宁(谥号端敏)的节操和才略;由此可见于陈建所评,如其言:

> 公幼极艰贫,而天性廉约,仕垂四十年,禄至一品,被服饮食独素士也。卒之日,家无积镪,廪无余粟。尤爱惜人才,志存经济。知无不言,言无不尽。其忧国荐贤之心,老而益笃。观《奏议》十卷可见云。①

胡端敏之《奏议》无疑亦是陈建著史资世、诊治时弊之主要汲取资源。陈建亦多处征引霍韬言论,谓之惓惓忧国爱君,并称"丘(濬)、霍(韬)二公之言,是国家吁谟至计"②。陈建尤为推重丘濬《大学衍义补》之论,据陈建评论即可知其意所在:

> 近日议丘文庄著述者,为刘阁老健、谢侍郎铎、王尚书琼。刘阁老尝戏谓曰:"丘仲深有一屋散钱,只欠索子。"文庄应之曰:"刘希贤有一屋索子,只欠散钱。"健默然甚愧。王晋溪指所著《衍义补》,谓"其博而不能约",而并议及真西山《衍义》,谓"其见已差"。夫自有西山《衍义》以来,未闻有议之者,晋溪其亦不知量之过与?呜呼,西山《衍义》一书,万世人君之轨范,为政之准绳。丘文庄取而补之,论述益精益详,规模益阔益大,真足表裏前书,并传不朽。近日圣君贤相往往取其言,次第施行之,天下士子至家传而人诵焉。廖学士(即廖道南,?—1547)极赞其明体达用,润色皇猷,超前轶后,卓然一代,诚非过情矣。呶呶者何多云!③

陈建认同《衍义》以至《衍义补》乃是"得君行道"之轨范、准绳,亦诚认丘濬之学卓然一代、明体达用而汲取之。

陈建之《要议》《通纪》有一显著特点即是多发自见之"议评""史评",且几乎于每议每评中先征引于此问题相关的学者言论,于其后则以"愚(陈建)按"再阐发,尤为多是在丘濬所涉及的现实社会问题上进一步提出自己的见解和主张。通观之,陈建、丘濬二人所关注的问题几乎达至同一,

---

① 〔明〕陈建:《皇明通纪》下,第 1171 页。
② 〔明〕陈建:《皇明通纪》下,第 1188 页。
③ 〔明〕陈建:《皇明通纪》下,第 989 页。

然鉴于各自不同的身份地位、所处的时代、关注问题的范围及相应的应对层次之不同,二人的经世思想亦同中有异。

就陈建之于丘濬经世思想之"同"价值处而言,亦可溯及陈建经世思想之大致理论源自。丘濬于《〈大学衍义补〉原序》中谓:

> 臣惟《大学》一书,儒者全体大用之学也。原于一人之心,该夫万事之理,而关乎亿兆人民之生。其本在乎身也,其则在乎家也,其功用极乎天下之大也。……臣窃以谓,儒者之学,有体有用。体虽本乎一理,用则散于万事。……然用之所以为大者,非合众小又岂能以成之哉?是知大也者,小之积也。①

丘濬之《大学衍义补》与其前自"补"题为"诚意正心之要"②一卷,意在明其遵从程朱学术传承,本乎一理之宗旨,进而揭示朱子谨"审几微"于治国安邦之应变能力;其后设有"正朝廷,正百官,固邦本,制国用,明礼乐,秩祭祀,崇教化,备规制,慎刑宪,严武备,驭夷狄,成功化"十二目,体现了丘濬对"用"的侧重和具体指向。

实则,丘濬所谓《大学衍义补》所"补"者是较之宋儒真德秀之《大学衍义》偏重于宏观"论理"而疏于具体"治事","补"其所缺之"治国、平天下"之条目。诚如,清人于《四库全书总目提要》中相较二者而评丘濬之"补","其理虽相贯通,而为之有节次,行之有实际,非空谈心性即可坐而致者"③。此亦可见丘濬所谓的儒者"全体大用"之学之特点:"知大也者,小之积也";有体有用,体本于一理,用散于万事,亦即谓"道治合一"。考之真德秀之《大学衍义》诸条目则侧重在经由正君心、立纲纪而"得君行道",亦如清人谓之:

> 因《大学》之义而推衍之。首曰帝王为治之序,帝王为学之本。次以四大纲,曰格物致知、曰正心诚意、曰修身、曰齐家,各系以目。……大旨在于正君心、肃宫闱、抑权倖。④

---

① 〔明〕丘濬:《大学衍义补》,北京:京华出版社,1999,第2、3页。
② 〔明〕丘濬:《大学衍义补》,《诚意正心之要》,第5—19页。
③ 〔清〕纪昀:《四库全书总目提要·大学衍义》,第2376页。
④ 〔清〕纪昀:《四库全书总目提要·大学衍义》,第2375页。

第四章 期成实务:陈建的经世思想

由此可见,丘濬之"补"实较之真德秀更侧重具体的"治事",鲜明地体现了其致力于治国安民的经世思想及其具体策略,似亦更切近朱子所谓"全体大用"之学旨。亦如,宋儒熊勿轩于《考亭书院记》中谓之:

> 惟文公之学,圣人全体大用之学也。本之身心为德行,措之国家天下为事业。其体有健、顺、仁、义、中、正之性,其用则有治、教、农、礼、兵、刑之具,其文则有《小学》《大学》《语》《孟》《中庸》《易》《诗》《书》《春秋》《三礼》《孝经》《图》(太极图)、《书》(通书)、《西铭》《传》(易传)、《义》(周易本义)及《通鉴纲目》《近思录》等书,学者学此而已。①

熊氏此说,应为朱子"全体大用"思想之确说。日本学者冈田武彦认为,"朱子的全体大用思想是求政治、经济、礼制等具体事实的","专把朱子学看作全体大用之学而加以强调,并据此救正朱子学末流的诵说之弊的是上面提到的熊勿轩,他的全体大用思想对元代儒学有很大影响"②。冈田武彦就朱子之"全体大用"思想分析认为:

> 朱子的全体大用思想可以说是胡安定(胡瑗)的"明体达用"为基础,并集宋儒的"体用相即兼备"说之大成的。因为朱子不说"体"而说"全体",认为心本来就是虚而具万理;不言"用"而言"大用",认为心本来就是灵而应万事。在朱子看来,心虽是浑然的虚体,但其中具有森然的人伦条理,并显现为具体的实际事功。③

溯及胡瑗之"明体达用"之学,据相关文献载述,简言之:

> 宋神宗熙宁二年(1069),刘彝答神宗问,称其师胡瑗之学为"明体达用之学"。
> 胡瑗教人之法,立"经义"、"治事"二斋:经义则选择其心性疏通、有器局、可任大事者,使之讲明《六经》;治事则一人各治一事,又兼摄

---

① 〔宋〕熊勿轩:《考亭书院记》,《勿轩集》卷二。
② 〔日〕冈田武彦:《王阳明与明末儒学》,上海:上海古籍出版社,2000,第19、20页。
③ 〔日〕冈田武彦:《王阳明与明末儒学》,第18页。

一事,如治民以安其生,讲武以御其寇,堰水以利田,算历以明数也。

胡瑗的学生大多反对王安石之心学及变法,认为王安石有"用"无"体",称"今学者明夫圣人体用,以为政教之本,皆臣师之功,非安石比也"①。

《宋明理学史》一书中谓之,"经义"斋学习六经,"治事"斋研究致用之学;前者重理论,后者重实行。② 胡瑗教人之法,实即体用相即兼备以为政教之本;兼及孙复、石介,此三先生被认为开"伊洛之先风",既是儒学回归正统之始,亦是后人谈及经世之学之源。胡瑗之学虽有"经义""治事"二斋之分,实则一于"明体达用"。此于朱子之学,即为"尊德性""道问学"兼及,所倡"全体大用"亦即是对宋初经世之学理论的精致诠释:

>所谓致知在格物者,言欲致吾之知,在即物而穷其理也。盖人心之灵,莫不有知,而天下之物,莫不有理。惟于理有未穷,故其知有未尽也。是以《大学》始教,必使学者即凡天下之物,莫不因其已知之理而益穷之,以求至乎其极。至于用力之久,一旦豁然贯通,则众物之表里精粗无不到,吾心之全体大用无不明矣。此谓物格,此谓知之至也。③

朱子此论,合言之,即体即用,尊德性、道问学相即兼备。分言之,理有未穷、知有未尽,格物致知之"道问学"即是致吾之知,亦即是致吾"心之灵"拥有具众理而应万事的"明德";人心之灵,莫不有知,一旦豁然贯通而无不明之"明德"亦即是物格知至之"道问学"的究极。朱子教人之法虽体用兼及,但侧重于现实性之分离处用功,故而亦多倾向于基于格物穷理"道问学"之途而使吾心之体成其全,使吾心之用成其大。亦因此,朱子的格物穷理更多注重对外在事物的考究,其吾心之"全体大用"于"现实性"上即显现为具体的实际事功,就是对政治、经济、礼教等具体实事的考虑,这在其社会政治思想及具体施政措施上均有体现。当然,此并不意味着朱子不重视尊德性,不重视于"本来性"处立教。陈来于《宋明理学》一著中指出,朱

---

① 〔清〕黄宗羲:《宋元学案·安定学案》,第24—25页。
② 侯外庐等编:《宋明理学史》,第32页。
③ 〔宋〕朱熹:《四书章句集注》,《大学章句》,第6、7页。

子的社会政治思想亦要求正君心、立纲纪、亲忠贤、远小人、移风易俗,改变社会不良风气,认为这是富国安民、恢复中原的根本。[1] 诚如,前述冈田武彦所言,朱子"明体达用"之教,是言"全体"、言"大用";朱子教人之法是基于"本来性—现实性"而侧重于在其分离处立教以求其"全体大用",意即人心所具之森然的人伦条理与显现为具体的实际事功是统一的。

经由上述,亦参前论陈建之理学思想,可大略见得陈建之经世思想实是远绍朱子之"全体大用"之学而来;且在"经义"与"治事"两方面,抑或谓之于"明体"与"达用"两层面,陈建都充分地汲取了有明初以降重践履之学者的思想资源。陈建著《通辨》,以至《要议》《通纪》,意旨即在兼究心于"学术邪正之分"以"明体"及"国家因革治乱之故"以"达用",皆是于体与用处"为当世借箸之筹"。具体而言,陈建之《通辨》之所以"究心学术邪正之分","不独系圣道之明晦,尤关系世道之盛衰",将朱、陆之辨纳入儒释之辨范域其现实目的在于明夷夏之别,以求有资于正世风、治世道;其《要议》《通纪》相即互发,之所以"究心国家因革治乱之故",实则"取有资于治,可通为鉴者,编年次之","辄僭著评议,或采时贤确言,诚欲为当世借箸之筹"[2]。

毋庸置疑,陈建之于丘濬,二者在经世思想的价值取向上是同脉络的。然鉴于二者各自不同的身份地位、所处的时代、关注问题的范围等不同,陈建的经世思想在应对所处社会现实问题上与丘濬亦存在着"同中有异",于此则需通过具体地考察、衡定陈建的社会改革思想以见其特色。

第二节　陈建的社会改革思想

陈建一生的主要活动阶段是在明正德、嘉靖之际,此正是明王朝由盛而衰的转折时期。陈建对当时社会状况有着清醒的认识,如其所述、所问:

> 抑尝因此阅历世变,尤有感也。祖宗时士马精强,边烽少警,而后来胡骑往往深入无忌也;祖宗时风俗淳美,真才辈出,而迩来则渐浇漓也;祖宗时财用有余,而迩来则度支恒忧匮乏也;祖宗时法度昭明,而迩来则变易废弛比比也。推之天下,莫不皆然。是果世变成江河之趋

---

[1] 陈来:《宋明理学》,第125页。
[2] 〔明〕陈建:《皇明通纪·序》,第1、2页。

而不可挽与,抑人事之失得有以致之也?①

尤为是嘉靖中叶之时,明帝国已陷于严重的社会危机之中。引述钱茂伟有关分析,其具体表现大致可概括为:一者,政治的腐败,皇权专制暴虐,忠奸莫辨,吏治败坏,朝政涣散;一者,军事吃紧,朝政的腐败不作为,直接导致了帝国深陷于"北虏南倭"夹攻的局势;一者,财政恐慌,军费支出的骤增,宗藩分封过滥,以及各种名目的虚耗浪费导致国库空虚,财政赤字直线上升。② 兼之,作为一个理学家出于对其所谓的近世于学术思想上近老佛而蹈空务虚的为学蔀障之忧,陈建之忧深虑远的经世思想是和其当下面对的政治的、经济的、军事的、文化的诸种亟待解决的现实社会危机皆息息相关。

面对如斯的社会势态,陈建就时势与人事关系发出质问:

> 臣建尝究观于正德之际,而知天意之祚我皇明于永永也。正德间,濒危者有数事焉。逆瑾滔天,八党乱政,无异于汉五侯十常侍、唐元和甘露之党也。流贼之扰,遍及于两畿、山东、河南、川蜀、江西之境,无异于汉黄巾、唐黄巢、元红巾之乱也。寘鐇、宸濠之变,无异于汉七国、晋八王之祸也。召边兵入京师,无异于汉何进召董卓之衅也。武皇之嬖幸盈朝,政在臣下;巡游燕乐,荒弃万机,无异于秦、隋、汉、唐之际也。于乎!前代有一于此,未或不亡。正德朝业是数者,而国家安如磐石,岂非天意恢我嘉靖之图,以巩固皇明于不拔乎,昭然矣,昭然矣!③

"知天意之祚我皇明于永永也",并非意味着陈建只是将世道之盛衰、现实社会救危图存之机寄托于所谓的"天意之祚",而是于历史经验中原始察终、见盛观衰以警示当政者此之不亡皇明之"天意之祚"是意在吁求"嘉靖之图"。此亦即是陈建自始所重视的基于"人事"之作为的社会变革,诚如陈建自谓:

---

① 〔明〕陈建:《皇明通纪·序》,第 2 页。
② 钱茂伟、陈建:《通纪》改革思想述略,宁波师院学报(社会科学版)第 2 期,1993,第 18 页。
③ 〔明〕陈建:《皇明通纪》下,第 1172 页。(辛巳,正德十六年,陈建按语。)

> 愚间因次录,阅事变,不能自己于怀,辄僭著评议,或采时贤确言。诚欲为当世借箸之筹,以挽回祖宗之盛。①

陈建诚欲"为当世借箸之筹"所论以为据者,亦如其言:

> 余著《治安要议》,既就稿,或问曰:三代圣王制法亦有弊乎?曰:有,天下未有无弊之法也。法之不能无弊者,势也。或起于因循积渐,法久而弊滋也;或起于时异也,殊可行于一时而不可行于异日也。法虽制于圣王,其势之不能无弊,何哉?使圣王之法皆永行无弊,则周公之思兼三王,不至于有不合者,仰而思之,夜以继日矣。孔子答颜渊为邦之问,不曰行夏之时,乘殷之辂,服周之冕,斟酌先王之礼,以立万世常行之道矣。法立于圣王而行法之人不皆圣王,时不皆圣王也。圣王虽欲以无弊,如势何以!我国朝之法所以至于今日而其弊棼如,无惑也。使周孔复生,其必仰思所以,斟酌而变通之不但已矣。《易》曰:"变而通之以尽利",又曰:"通其变,使民不倦;神而化之,使民宜之。《易》穷则变,变则通,通则久;是以自天佑之,吉无不利。"区区著为此议,固欲通变以宜民也。程子曰:"时极道穷,理当必变。"周子曰:"极重不可反,识其重而亟反之,可也。"此言殆切于今日也。②

陈建诚欲"为当世借箸之筹"所指即是"变法"。"天下未有无弊之法。法之不能无弊者,势也","穷则变、变则通、通则久",此是陈建之所以锐意诉求社会政治改革的理论依据;亦是陈建勇于开有明一代私人著史,于原始察终的历史经验教训中为现实社会改革制造舆论的理论武器。细究之,陈建之"天下未有无弊之法"的立意并没有一概否定"法"之立中所具有的"常行之道",而是强调了"法"之所以有弊是"势"变之所致;亦即,陈建肯定了"法"之有弊是因时势的变迁、人事的变化所致,是其发展过程中的必然,故而须因时制宜,而此欲达到"穷变通久"以"制宜"则在于"人事"的能动性。时势变迁的必然性和人事为不为的能动性是一对矛盾的统合体,法之有弊无弊因之而生,亦因之而变;因而,陈建主张因时制宜、因人制宜,打破因循积渐之弊,力行变革。陈建之《要议》《通纪》二著,具体体现了其社

---

① 〔明〕陈建:《皇明通纪·序》,第2页。
② 〔明〕陈建:《治安要议·序》,民国刻聚德堂丛书本。

会变革的政治思想,亦体现了其作为一个理学家积极经世的思想,以及作为一个史学家应有的远见卓识。以下仅从四个方面略论陈建的社会改革思想。

一、批判极权君主专制体制

陈建秉持了一个史学家应有的"史德",敢于秉笔直书,直言批判皇权的专制和肆意妄为。陈建几乎对自明初洪武帝朱元璋以至正德帝朱厚照无一不作批判。如其谓洪武二十三年,朱元璋赐死李善长。《通纪》载:

> 先是,做他累,消禄一千四百石。既又以胡惟庸党类为言者,上亦未之究也。是春,榜列功臣,犹前善长。会有星变,其占为"大臣灾"。上疑之,时大杀京民之怨逆者。善长请免其党数人,上大怒,遂赐善长死。
>
> (陈建)谨按:韩国(李善长,韩国公)之狱,当时廷臣皆不敢救,惟解缙代虞部郎中王国用论奏善长冤状,辞极剀切,事竟不行。①

陈建直述不讳,亦如直指朱元璋处理蓝玉一案杀戮过滥。如其谓,"大诛逆党凡戮数万人,连坐者鹤庆侯张翼、普定侯陈桓……几数百千家"②。陈建肯定了朱元璋创制以来以严致太平的功绩,但亦尖锐批判了其重典峻法治下的残酷和弊病;如其征引:

> 黄佐之《广州志》所言,"国初驭下,多从重典。藩臬、守令稍有赃罪,怀印未暖,即逮之去,非远戍,则门诛。其有异政者,不浃旬,已为朱紫矣"。
>
> 《龙飞纪略》所载,"官赃至十六两以上者,枭首示众。仍剥皮实草,以为将来之戒。于府州县卫所之左,特立一庙,以祀土地,为剥皮之场,名曰'皮场庙'。于公座傍,各置一剥皮实草之袋,欲使其常接于目而警于心"。
>
> 《菽园杂记》记载,"洪武间,秀才做官吃多少辛苦,多少惊怕,与朝廷出多少心力,到头来小有过犯,轻则充军,重则刑戮,善终者十二

---

① 〔明〕陈建:《皇明通纪》上,第271页。
② 〔明〕陈建:《皇明通纪》上,第285页。

三耳"。

《传信录》所载,"洪武间,朝廷清明。法度严密,善无微而不录,恶无微而不诛。有为老人,怕做人材,诈为痴愚不识字,以冀免者;有以人材为御史,虑事累及,诈为他尸,作己名字,朦胧相埋,而潜遁去者。此类甚多,不可枚举。然事露亦竟不免于诛,一时严密气象,可想见矣"①。

陈建对永乐帝朱棣的残暴行为则直言不讳,在《通纪》中历数其在"靖难之役"后戮杀前朝政敌。如陈建征引符验(嘉靖时人)之《革除遗事》中言:

> 凡不顺命者,匪惟戮其身,且戮及其九族焉,且又逮及其九族之外亲,以至九族外亲之外亲焉。根连蔓引,殆无孑遗,盖十族之灭,不独方孝孺一家为然,凡号为奸臣皆如之。
> 建按:靖难数年之战争以及奸党族亲之诛,殆宇宙一大祸变也!②

陈建对仁宗朱高炽亦是肯定中加以批判,《通纪》中指出:

> 我朝仁庙履极未久,而所行无非仁民之政,且从善转圆,改过不吝,规模宏远,事事可为后法。③

然陈建亦指出仁宗因监察御史李时勉、罗汝敬上疏条陈时政而"廷杖"、下狱的"不仁";质问,"仁庙自临御以来,孜孜以求言纳谏为务,以讳言拒谏为戒,而将终乃有此举,何耶?"④

凡此甚多,陈建对所历正德朝之武宗朱厚照尤加无讳批判。陈建指出武宗"初政未几,昏椓已张","嬖幸盈朝,政在臣下,巡游燕乐,荒弃万机,无异于秦、隋、汉、唐之际也"⑤。《通纪》记载,正德十四年武宗欲南巡,众朝臣齐谏,百有七人被命跪于午门之外,后俱杖三十,为首者调外任;余者亦杖四五十不等,或充军,或削职为民,或调以外任,时被杖而死者十余人;

---

① 〔明〕陈建:《皇明通纪》上,第304—305页。
② 〔明〕陈建:《皇明通纪》上,第388、389页。
③ 〔明〕陈建:《皇明通纪》上,第531页。
④ 〔明〕陈建:《皇明通纪》上,第536页。
⑤ 〔明〕陈建:《皇明通纪》下,第1060、1172页。

陈建谓之，"是役也，举朝以死谏，车驾遂不果出。虽士气稍振，江彬奸谋少沮，而国体亦少损矣"①。"廷杖"酷刑对官员不仅是身体肌肤的创伤，亦是心理上的关乎廉耻、节义的屈辱。正德年间武宗此一同时杖责一百零七人实创此刑之纪录，然不久就被嘉靖皇帝同时廷杖一百二十四人，其中十六人当场死亡所打破。此是极权体制下皇权肆意妄为达至极致的表现，士人正气多因之不振，仕宦者之应有人格亦难以保存。陈建引述霍韬之疏曰：

> 天下刑狱，付三法司足矣。锦衣卫复兼刑狱，横挠之，越介胄之职，侵刀笔之权，不亦甚乎！光武尚高节，名节之士满东都，以扶汉鼎。宋祖敦廉耻，刑法不加衣冠，忠义之士争死没世。江西事变死者，四人而已，足见今之丧廉耻，贱节义者众也，顾不系所养乎！士夫有罪，下之刑曹，辱矣！顾使官校当众执之，脱官裳以就锁梏，屈体貌以听武夫。朝列清班，暮幽汗狱，则气由此折尽矣，不亦甚乎！使有重罪，或废，或诛可也。乃暮脱汗狱，朝立清班，解下拘挛，便披冠带，使武夫悍卒指之曰："某也吾辱之矣，某也吾得辱之矣。"小人遂无忌惮，君子遂昧良心，豪杰所以多山林之思，变故所以少节概之士也。伏愿自今锦衣卫勿治刑狱，士夫有罪，宜谪则谪，宜废则废，宜诛则诛，宜赎则赎，勿加笞捶，勿加锁梏，以培养廉耻，以激励节义，此于世教，甚非小补。②

陈建亦对锦衣卫之刑狱及"廷杖"诸有辱仕宦者人格之设置及其他行为深加切责。陈建于《通纪》中就洪武十五年设置锦衣卫及镇抚司一事，指出"既置刑部三法司，又设镇抚司推鞠，多此一司矣。且武夫粗暴，其于鞠狱，尤非所宜"③。又如，陈建所记述的一则：

> （景泰元年）初开经筵，命太保、宁阳侯陈懋知经筵事，内阁陈循、高谷同知经筵事，江渊、商辂及侍郎仪铭、俞山、俞纲，祭酒萧镃，侍讲学士刘铉，谕德赵琬，皆兼经筵官，进讲相传。是时，每讲毕，命中官撒金钱于地，令讲官拾之，以为恩典。时高谷年六十余，俯仰不便，无所

---

① 〔明〕陈建：《皇明通纪》下，第1155—1156页。（详参是著，正德十四年条。）
② 〔明〕陈建：《皇明通纪》下，第1156—1157页。
③ 〔明〕陈建：《皇明通纪》上，第232页。

得。一讲官常拾之以贻之,识者病其亵媟。①

陈建指出,此"金钱故事,其来久矣";如其征引《名臣录》:

宣德中,李时勉为侍讲学士。一日,宣庙怀金钱至史馆,撒之于地,令诸臣拾取。时勉独正立,乃呼至前,以袖中余钱赐之。则金钱故事,其来久矣。②

视讲师、官员为囊中之物什,此无疑是对皇权淫威极致之批判。权欲的极致亦表现在奢靡于上,而罔顾下情之恤;譬如,陈建引翰林院编修杨守陈《银豆谣》赋:

颗颗匀圆夺天巧,朱函进入蓬莱宫。御手亲将十余把,琅琅乱洒金阶下。

中官跪拾多盈袖,金裆半坠罗裳绉。赢得天颜一笑欢,拜赐归来坐清画。

民餐木皮和草根,梦想豆食如八珍。官仓有米无银籴,操瓢尽作沟中瘠。

明主由来爱一嚬,安邦只在恤穷民。愿将银豆三千斛,活取枯骸百万人。

陈建按语:

读杨文懿公《银豆谣》,真令人殆欲下泪。当时使有此谣上达宸聪,必有所感动,移银豆之欢而为沟瘠之悯矣。③

极权专制下外臣、内侍皆屈于淫威而被玩于股掌之上,为的只是"赢得天颜一笑欢"。

此外,有明皇权强化的另一表现即是宦官专权;内臣因皇权嬖幸而弄权于上,外臣虽有所为而多屈节难为。陈建于此亦原始察终而予以深刻地揭露和批判。

陈建于《通纪》记述,洪武年间"有内使以文事内廷者,从容言及政事。上怒责之,即日遣还乡,终身不复用","故立法:寺人不过传奉洒扫,不许

---

① 〔明〕陈建:《皇明通纪》下,第690页。
② 〔明〕陈建:《皇明通纪》下,第690页。
③ 〔明〕陈建:《皇明通纪》下,第711—712页。(详见,景泰二年条:《银豆谣》有删节。)

干与政事";并谓之,"圣祖此谕,曲尽阉寺之情,深得阉寺之要",惩戒宦官,防患深远。① 明太祖朱元璋时尝在宫门内置铁牌高三尺许,书"内臣不得干预政事",然英宗朝时,宦官王振专恣,因失所在;陈建谓之:

> 祖宗时,每有重大关节,必置牌示儆。今午门处所竖红牌,上亦大书八字曰:"官员人等说谎者斩",戒内臣牌即此类也。然内臣预政之戒,视官员说谎所系尤重。故不以木刻而以铁铸,不置外朝而置宫门。圣祖之意深矣,而不图适犯权珰所忌也。②

前后所遭不同,究其因何在？陈建认为宦官专政原因有二,一者皇权专制强化和滥用的必然产物;一者人臣节气不振、漠视无为而导致的必然后果。

据《通纪》所载,历经三年余的"靖难之役"而后,明成祖朱棣时期的宦官开始由内而外,参与朝政;陈建谓之:

> 靖难初,不独猛将如林,而内臣智勇兼人者,亦往往有之。王安即不花都,女直人;孟骥,即添儿,西番人;郑和,即三保,李谦,即保儿,并云南人;云祥,即猛哥,田嘉禾,即哈剌帖木,并胡人,皆内臣。从文庙起兵靖难,出入战阵,多建奇功,后皆为各监太监,或出镇边藩焉。③

陈建引述《传信录》所载:

> 高庙(朱元璋)旧制,内侍不许读书识字。至宣庙(朱瞻基),始以翰林官教之于内侍监。二圣之所处,皆有意谓。然以臣之愚观之,高庙之思患豫防,可谓深远矣。④

陈建亦同此说,认为宣宗时期为宦官专权创造了一定的条件。陈建就此一问题总结说:

> 夫洪武开国,宦官止供守门,传命洒扫,使令之役而已,而其名无

---

① 〔明〕陈建:《皇明通纪》上,第213—214页。
② 〔明〕陈建:《皇明通纪》下,第643页。
③ 〔明〕陈建:《皇明通纪》上,第374—375页。
④ 〔明〕陈建:《皇明通纪》上,第214页。

闻也。永乐中,马云、孟骥诸人闻其名矣,然犹为甚用事也。至宣德,王瑾、刘永成诸人承宠用事矣,然犹未专政柄制国命也。至正统初,英庙幼冲,王振掌司礼监,擅作威福,始事体大变。自此而天子深居大内,不与群臣相接议政矣。自此而中官炽,中外之权一归于司礼监矣。自此而武备浸弛,胡虏跳梁,而边患日作矣。自此而承平玩愒,纪纲百度,浸以变易怠堕矣。①

宦官专权是极权专制体制下受到皇权庇护的一必然寄生的毒瘤。陈建认为宦官专权是皇权能除而不予除,肆意滥用、纵为、回护的结果。择《通纪》所述:

(一)明英宗朱祁镇不仅没有追究王振酿成"土木堡之变"之责,反而打压弹劾王振擅权误国者,并追复王振官,立祠祀之。②

(二)成化十三年,明宪宗朱见深置西厂,由太监汪直掌管,"纵之出入,分命各校,广刺督责,大政小事,方言俚谚,悉采以闻";商辂上疏汪直"听断于己一人,寄耳目于群小,缉拿职官事皆出于风闻。暮夜搜检家财,不见有无驾帖。人心汹汹,各怀疑畏"诸十大罪,宪宗则以"用一内臣焉得系国家安危"答之,并传旨诘责辂等。③

(三)正德初年,明武宗朱厚照任用宦官监运官盐、负责织造,"差承运库太监王瓒、崔果往南京、浙江织造。瓒等奏讨长芦运司官盐一万二千引,载至南京,变卖银两,买办制造物料";此议为当时诸官员以"中官装载官盐,中间夹带私盐数多,沿途害人"而反对之,武宗则认为,"天下事岂止是几个内官坏了?譬如十人中,也须有三四个好人"④。

于上可见,明初以下诸皇帝尚未深刻认识到,抑或真正地去正视宦官干政的历史经验教训,实则寄生于其极权之下的宦官专权不可能不关涉到社会的稳定发展和国家的安危。陈建认为,正德初年,正是武宗朱厚照未能认识到宦官专权的危害,在继位之初即赋予刘瑾诸宦官各项特权,亦因之而乱象随之而生。陈建谓之,"武庙初政未几,昏椓已张,八党渐肆,奏讨皇盐,建立皇庄,更易各镇守,时事骎骎变矣"⑤;又引述詹氏涛之言,"正德

---

① 〔明〕陈建:《皇明通纪》下,第 599—600 页。
② 〔明〕陈建:《皇明通纪》下,第 754 页。
③ 〔明〕陈建:《皇明通纪》下,第 874、877 页。
④ 〔明〕陈建:《皇明通纪》下,第 1058 页。
⑤ 〔明〕陈建:《皇明通纪》下,第 1060 页。

间,刘瑾虽伏诛,而宦官之势犹根深蒂固。或镇守,或织造,或典兵,或抽分仓场,或采取花木鸟兽之类,往来如织,扰害人民"①。统言之,宦官专权的根源即在于专制皇权的庇护和放纵,即使间有惩治,然却不愿从制度上给予根本制约。就实而论,在陈建而言,欲惩戒宦官、防患深远,须"待阉寺以奴仆而止,许给使令之役。敬大臣以礼貌,而听其收司礼监之权。凡镇守、典兵、抽分、采办之类,尽革不行",惟此"诚圣朝之美政,万世之良规也"②。

前面已略述,士大夫之士气不振颇多受极权淫威之屈辱。在陈建看来,士大夫迫于皇权之淫威而多正气不彰、气节不振,有所为而亦有所不敢为,亦是导致宦官专权于上的一大因素。诚如,陈建《通纪》所述:

(一)正统年间,名臣称"三杨"先生,即以杨士奇为"西杨"、杨荣为"东杨"、杨溥为"南杨"。陈建认为三杨"相业醇疵,思过半矣",尤指出杨士奇与杨荣因庇护各自乡里之私,而使王振得以有专权之机,所致之失,此皆三杨失柄之所致;亦如其征引丘濬《杂著》云:"权归常侍,远征麓川,兵连祸结,极于土木之大变,谁实启之?《春秋》责备贤者,岂能逭哉?"③

(二)成化十三年,太子太保、兵部尚书、兼左都御史王越及吏部尚书尹旻等诸卿,欲见西厂太监汪直,尹旻"私问越,'跪否?'越曰:'安有六卿跪人者乎?'越先入,旻阴伺之。越跪白讫,叩头出。及旻等人入见直,旻先跪,诸人皆跪,直大悦。既出,越尤旻。旻曰:'吾自见人跪来,特效之耳。'"陈建按:愚载笔至此,令人有余悲焉。呜呼,君子宁为玉碎,无为瓦全! 夫以宫保之重,冢宰之尊,而甘奴颜婢膝于阉竖而不较,则亦何所不至,而余人尚何望焉!④

(三)正德元年,刘瑾既入司礼监,上悉以天下章奏付瑾剖断。《震泽长语》云:"刘瑾虽擅权,然不甚识文义,徒利口耳。中外奏疏处分,亦未尝不送内阁。但秉笔者自为观望,本至,先问此事当云何? 彼事当云何? 皆逆探瑾意为之,有事体大者,令人堂候官至门下问之,然后下笔,故瑾益肆。使人人据理执正,牢不可夺,则彼亦未敢大肆其恶也。"陈建按:所称"秉笔者自为观望"等语,指当时首相李东阳也。东阳受顾命,居首相,而所为乃如此,宜乎议者谓其伴食中书,谓其坐保富贵,而视刘、谢(刘健、谢迁)二

---

① 〔明〕陈建:《皇明通纪》下,第1150页。
② 〔明〕陈建:《皇明通纪》下,第1151页。
③ 〔明〕陈建:《皇明通纪》下,第625、626页。(详参:正统五年条,有调整)
④ 〔明〕陈建:《皇明通纪》下,第879—880页。(详参:成化十三年条,有删节)

第四章　期成实务:陈建的经世思想

公有愧与！其没也,乃首得谥为"文正",何说?①

由此可见,极权专制下寄生之宦官擅权之害甚剧及士大夫气节不振之于朝政之影响。正统、正德年间政多出宦官之手,内阁多屈从于寄生皇权之下宦官擅权之淫威而依违两端,有所为亦有所不敢为。陈建针对"时内臣用事势甚张,在朝无敢公言者"之现象,从历史认识的角度予以批驳以为鉴戒:

> 成周之制,以冢宰统阉寺。西汉之制,以丞相监宫中。宋人循周、汉之道,亦以宦官制属于宰相枢密。三代而下,制置阉寺之法,莫良于宋。故终宋之世,宦官鲜专政乱国之祸,视汉、唐大不侔。我朝内侍之制,过唐不及宋。百余年来,中官之权极矣。言之者虽众,惜乎无有以周宋之事悟宸聪者。②

陈建认为,有明之时内侍之制的设置过于唐而不及于宋;故而,有明之时宦官之祸过于唐,宦官之治则不及于宋。究其主要原因在于内侍之制无所节制,尤为废宰相之制则失却了相对内侍而来自外朝的监制。进而,陈建依据《词林记》就明初以降之君主、宦官、内阁间围绕政事之治权之演化而批判之:

> 唐、宋以来,臣僚章奏,凡有所批答,皆臣下代言。中书省及集贤院、翰林学士专之。洪武初始,犹设中书省丞相,政事由以出纳。其后革去,分任五府九卿衙门,中外章奏,皆上徹御览。每断大事、决大疑,臣下惟面奏取旨。有所可否,则命翰林儒臣折衷今古而后行之。故洪武中批答,皆御前传旨,当笔即所书,天语尚温也。永乐、洪熙二朝,每召内阁,造膝密议,人不得与闻。虽倚毗之意甚专,然批答出自御笔,未尝委之他人也。至宣德时,始令内阁杨士奇辈及尚书兼詹事骞义、夏原吉于凡中外章奏,许用小票墨书贴各疏面上进,谓之"条旨"。中易红书批出,御笔亲书。及遇大事,犹命大臣面议,议既定,传旨处分,不待批答。自后,始专命内阁条旨。然中每依违,或径由中出。嗣是,若正统初年,委政中官王振。一至于此,上下蒙蔽,乃及土木之难。及

① 〔明〕陈建:《皇明通纪》下,第1074页。
② 〔明〕陈建:《皇明通纪》下,第808—809页。(详参:天顺八年五月条。)

> 天顺复辟,每事与内阁面议,然后批行。弘治末年,总览权纲,内阁条旨,多孝庙御书。事涉重大,至厪宣问,几复国初之旧。正德时,批答大率与正统相类。今之建议者,徒知批答当依内阁所条,而不知有面议、传旨故事。或误以"条"为"调",谓调和之义也。审尔则是,谩无可否,以听上裁,惟恐见忤矣,岂所望于以道事君者哉?苟利社稷,死生以之,可也。①

陈建于此寄意政事之权应上下交通,即所谓"面议""传旨"故事;为君者应对政事亲力亲为之,为臣者亦不能不辨是非、屈道附势而曲意调和之,尤为不可被内侍擅权而使上下蒙蔽之。对于君主而言,陈建冀望"得君行道"、权自君出,然而如何"得君"或谓之使"君"能"行道"则无任何可行性之措置。对于宦官擅权专政而言,陈建无疑认同以宰相之制监制之,但隅于明之政制仅申述复明初之"内臣不得干预政事"以救治之。至于为人臣者,陈建主张以"以道事君"为准则;陈建指出,"夫人臣事君者,道合则从,不可则止。立乎人之本,朝二道不行,耻也"②,揭橥以"立乎人之本""以道事君"作为士大夫操守气节之本和作为人臣尽职尽责之则。

以上依《通纪》略论了陈建对明初以降之极权专制下的残酷行为,以及对寄生于其下之宦官专权的深刻揭示和批判,并简论了陈建对专制体制下仕宦者人格难以保存、气节多有不振的揭示和批判。仅此而观,陈建的批判固然有理有据亦切中时弊,然此批判并未深及专制体制本身;故而,多于对时弊之揭示和批评,并未能亦不可能提供针对相应诸问题于制度上的根本改良之策。

二、财政经济问题

《通纪》自序有诘问之,"祖宗时财用有余,而迩来则度支恒忧匮乏也?"陈建对明初以来出现的一系列财政、经济危机问题深思慎虑,尖锐地予以批判并在一定程度上提出了一些相应的改良建议和策略。

陈建首先申述了明初以来"宗室爵禄之制"及其流弊。陈建指出,明初以来之宗藩制不分嫡庶悉以爵禄分封之,"我朝亲亲之恩,可谓无所不

---

① 〔明〕陈建:《皇明通纪》下,第1012页。亦可参看:〔明〕廖道南,《词林记》卷九,"拟旨"条,四库全书本。
② 〔明〕陈建:《皇明通纪》下,第648页。

第四章 期成实务:陈建的经世思想

用,其厚远过前代矣!但天下之事贵中,固不可过于薄而鲜恩,亦不可过于厚而无节。过厚无节,则难乎其为继,而其弊复因之而起,何也?国家财赋止有此数。今日贡税所入视国初不加多也,而宗室之生生无穷"①。宗室是社会的寄生阶层,享受国家各项福利而不事四民之业,因而是一项重大的社会负担。随着宗室数量及其分封的扩大的激增,无疑成为各地方极大的财政负担。陈建指出:

> 自成化以来,宗室分封日繁日盛,一遇岁歉,常赋不足以供,亲王而下多减半支给矣。然近年宗室愈繁愈盛,虽减半支给,常赋犹难。更数十百年,当益厪庙堂之虑,而不可无变通之术矣。②

地方亦有因之而将此支出转嫁于地方百姓,加重了普通民众的负担。诸如,"山西因禄米不足,至科索商人引银。河南因禄米不足,借用仁寿宫木料矣"③。宗室亦有因宗禄不足,或有因之生怨起变者;陈建谓之:

> 有司坐受其戾,或升堂而号,或拦街而骂,或投石掷瓦,殴伤吏卒,无如之何。仕于其土者,懔懔卒岁,不独惧受辱,且具变生不测矣。自古患民穷盗起,而况天潢乎!④

宗禄问题不仅会加重地方负担,加重地方对百姓的盘剥,亦会引致导致宗室生变启祸。陈建亦在《治安要议》卷首之《宗藩议》中,曾首言:

> 自古有天下者,莫不以亲亲为先务。然求其协恩义之中,尽法制之善,而不起祸乱之阶者,鲜矣!盖家难而天下易,亲者难处而疏者易裁。是故,以成王为君,而辅以周公之圣,犹不能无管蔡之乱。……然二代之法亦有可称者,疏属皆得随才授官,有累迁至卿相者。宋中叶又立宗学教养,科举选用一视进士,使宗室得尽其才,斯又法制之善也。⑤

---

① 〔明〕陈建:《治安要议》卷一,《宗藩议》,民国刻聚德堂丛书本。
② 〔明〕陈建:《皇明通纪》上,第303页。
③ 〔明〕陈建:《皇明通纪》下,第1018页。
④ 〔明〕陈建:《皇明通纪》下,第1018页。
⑤ 〔明〕陈建:《治安要议》卷一,《宗藩议》,民国刻聚德堂丛书本。

陈建论史论事极为重视"以鉴于往事,有资于治道",通过"鉴成宪"的历史梳理和批判而求通变之义。陈建深忧宗藩制之弊而亟待改革,亦慨朝廷上下知其弊而不敢有所为;如其言,"今日宗室禄米之弊,上下困穷已极。其变通损益、更化善治,诚犹厝火积薪救之,有不容少缓矣。然而事体重大,天下之人皆知之而不敢言。在朝臣工皆忧之而不敢议,虽朝廷亦以重违《祖训》、重悼宗藩,迟回犹豫而不欲遽然有处矣"①。

陈建认为,"《易》穷则变,变则通。使高祖皇帝复生,睹此亦必不株守《祖训》而思所以处之。变而通之,以尽利矣"②。针对宗藩之弊,陈建主要的应对策略大致有三:

(一)限额、折钞。主要原则是:要不过损过以就中,损有余以补不足,损之益之,与时宜之而已。具体措施是:郡王而下,中半折支之内,仍令中半折支,以从在京文职三分支米、七分折钞之例焉。仪宾禄米本色四分之内,仍令折半,以从在外文职二分本色、八分折钞之例焉。其亲王祖免以下,则从皇庶人之例,皆月支三石焉。③（注:当时,钞法久坏,宝钞形同废纸,折钞无异于减禄。④）

(二)防诈、核实。主要措施是:"定子女之数,以杜宗室之冒诈。"因明初以降大封亲王,"亲亲之恩,可谓无所不用,其厚远过前代","利禄之厚如此,于是莫不广收妾媵以图,则百斯男甚至花生螟育、房第微暖,莫可究诘";又如,嘉靖壬辰,给事中秦鳌上疏中谓之,"闻宗室不知自爱者,往往下偶贱娼,至有花生,殿下之号伏见"。⑤ 故而,须严核宗室人口、谨防诈冒充数,亦需于此宗室能自爱而有卓识。

(三)选才、出仕。主要措施是:"宜制出仕之令,以尽宗室之才能。"⑥就具体操作而言,陈建通过考察宋时之策,认为:"宋制又设为宗学,选疏属资质明敏者教之,使并得从事科举。今盍仿行其法,而稍宽其取中之数;如庶姓一百卷取中五人,宗室则一百卷取中十人。庶宗室有才能者皆为国家

---

① 〔明〕陈建:《治安要议》卷一,《宗藩议》。
② 〔明〕陈建:《皇明通纪》下,第 1018 页。
③ 〔明〕陈建:《皇明通纪》下,第 1019 页。
④ 钱茂伟:《陈建〈通纪〉改革思想述略》,《宁波师院学报》(社会科学版),1993(2),第 21 页。
⑤ 〔明〕陈建:《治安要议》卷一,《宗藩议》。
⑥ 〔明〕陈建:《皇明通纪》下,第 1019 页。

之用,而不至虚生虚死乎。"①

以上仅是陈建认为亟待解决现实"宗禄"危机之措施,从根本来讲亦须就宗藩之制从整体上予以限定。陈建引述朱子之言:

> 朱子尝言,汉法惟天子之子则裂地而王之,其王之子则嫡者一人继王;庶子则皆封侯,侯惟嫡子继侯,而其余诸子皆无封。故数世之后,皆与庶人无异,不免躬农亩之事。如光武少年自贩米是也。②

陈建认为,"朱子所言汉法即与成周封建之法大抵相同。盖圣王立为五服之制,定为五世之泽,实天理人情事势之不容已。五服既尽,则恩泽不容于不斩。虽欲怀无已之情,其如理势之难,何哉!"③故而,陈建认为解决当今宗藩之弊的最首策是:

> 宜限其妾媵,别其嫡庶。宗室年非四十无子者,不得置妾。有妻之子,妾之子不得封。嫡妻子封不过三人,庶妾子封不过一人。④

经由上述,可知在陈建而言,天理人情事势不容已,限妾媵、别嫡庶、循"五服之制"才是杜绝宗室分封爵禄之滥的根本。

其次,陈建对明初以来"皇庄之设"所引发的土地兼并之祸、社会贫富失均的不公平、不公正现象予以不讳揭露和尖锐批判。陈建指出:

> 皇庄之设,祖宗时无之。成化以来始有,然亦甚少,不过数处而已。至正德朝,内臣用事,皇庄始盛。先后建立,连州跨邑,至三百余处。畿内之民,至是愈困矣。⑤

据陈建《通纪》记载,天顺八年(英宗崩;宪宗继位,年号成化),抄没太监吉祥地一所,共三十五顷,拨为宫中庄田,皇庄之立始此;陈建按:"嘉靖初,差科道官查勘,又占过民地四十顷,见在共七十五顷,数十年侵占之数,过于

---

① 〔明〕陈建:《治安要议》卷一,《宗藩议》。
② 〔明〕陈建:《治安要议》卷一,《宗藩议》。
③ 〔明〕陈建:《治安要议》卷一,《宗藩议》。
④ 〔明〕陈建:《治安要议》卷一,《宗藩议》。
⑤ 〔明〕陈建:《皇明通纪》下,第1059页。

原额几十倍。庄田之害如此,举此一处,其他可知。"①正德年间,频设皇庄,为害甚剧。亦如《通纪》所载,正德二年,赐皇亲沈傅、吴让静海县庄田六千五百余顷;正德八年,立皇庄五处,曰昌平楼子村皇庄,曰静海县卫河两岸皇庄,曰青县孙儿庄皇庄,曰安州骟马庙皇庄,曰清苑县阎庄皇庄。陈建按曰:

> 嘉靖初,差科道官查勘,称静海县原额一十九里,编户二千三百。十余年来,逃移绝灭已过其半,止并得八里,人户九百而已,皆因本县地土尽为皇亲势家所夺,无复余地可以耕种,困弊致此。

> 又:

> 嘉靖初,查得顺天等府地方皇庄及皇亲功臣各项庄田,自正德十一年以前,已有三百八十余处,其天顺、成化、弘治年间建立皇庄五处,余皆正德年间增立者。查得各项庄田土地,共计二十万九百一十九顷零,侵占过民地,共计二万二百二十九顷。切照为历之阶,实起于奸人欲尽规地利,以媚朝廷。其流之弊,则坏于势家,欲尽夺民产,以肥私室。其在宫闱者,则中官禁卒旁午肆出,而郡县被其骚扰。其在勋戚者,则豪奴悍仆肆行威断,而官府莫敢谁何。此实累朝弊政,至于正德而极。畿辅军民,椎肤剥髓之患,未有甚于此者也。②

皇庄之设,即大肆兼并土地,夺民之产而与民争利,致使富者愈富、贫者愈贫;兼之中官禁卒、豪奴悍仆肆出武断、横行乡里,亦严重地扰乱了社会生活的基本稳定。陈建对"皇庄之设"之土地兼并之弊不仅停留于揭示和批判,更是在警告不可忽视因之而势必带来的变乱。陈建于此警示之:

> 由是庄田逾乡跨邑,小民恒产岁朘月削。至于本等征粮、养马、产盐、入站之地,一例混夺,权势横行,何所控诉。产业既失,粮税犹存,徭役苦于并充,粮草困于重出,饥寒愁苦,日益无聊。辗转流亡,无所底止。以致强梁者起而为盗贼,柔善者转死于沟壑,其为害有不可胜言者。③

---

① 〔明〕陈建:《皇明通纪》下,第 1018 页。
② 〔明〕陈建:《皇明通纪》下,第 1081、1124 页。
③ 〔明〕陈建:《皇明通纪》下,第 833—834 页。

于此，陈建并无提供相应的解决之策，除却寄望有道明君者清查整顿之外，更多是揭露其弊其害，鉴戒历史经验教训而警示之；陈建指出，"历考前代祸乱，多由于贫富不均，使奸雄得以为辞。我圣祖所以深惟厝火积薪之虑，而亟加整顿也。今日此弊，视国初益甚矣。经世君子，其可忽乎！"①

此外，陈建又专就"武职世袭"所引的发连锁弊端，以及因之而导致财政虚耗浪费现象予以尖锐批评并提出了相应改良措施。陈建直言财政危机之又一主要原因即在于"武职世袭"之"一弊三滥"，并指出其于当世之情势：

> 当今天下，冒滥业积，虚耗国储，岁增月益，无有纽极，不可不亟为之限制者，武职世袭之弊是也。始也赏功之滥，继也荫袭之滥，又继也纵罪之滥。
>
> 近数十年来，报功一切虚诈冒滥矣。国初武臣荫袭例行比试，今则比试皆虚文矣。国初武职犯罪依律科断，今则一切行姑息，律令皆废格矣。②

陈建认为此"一弊三滥"首患在"赏功冗滥"，如其于《通纪》中言：

> （陈建）按：夏忠靖谓："赏，费于一时，有限；升，费于后日，无穷。"此谋国名言也！惟升元功，余皆班赉，此祖宗朝赏功良法也。正统以后，则有大不然矣。王骥麓川之役，封爵升职至万余人。天顺中，有一卫官至二千余人者矣。成化中，天下军职至八万余人。正德中，遂逾十万矣。使累朝赏功皆宗祖良法，夫岂冗滥至此！《书》曰："鉴于先王成宪，其永无愆。"有国者尚念之哉，念之哉！③

又且"赏功"之中"首级赏功"之弄虚作假、欺诈冒滥更甚。陈建指出军中所行"首级赏功"之弊大概有三：

> 夺买军人所得之首级，一也；或杀已降，或杀被掳逃回，或戮平民

---

① 〔明〕陈建：《皇明通纪》上，第257页。
② 〔明〕陈建：《治安要议》卷二，《赏功议》。
③ 〔明〕陈建：《皇明通纪》上，第438页。

以充首级,二也;参随不亲战斗、富势寄名边关而虚报功级,此尤欺君欺天、可诛可痛,三也。所谓杀贼之人无一报功,报功之人无一见贼。兹言诚切中今日。①

仅此足见"武职世袭"之弊及其"三滥"祸国殃民之害。陈建针对此"一弊三滥",就"今欲厘弊饬治,革故鼎新"于《治安要议·赏功议》中提出相应三策:

（一）杜赏功之滥。凡有征战,遴选强明刚正之人以为纪功之官,痛惩此虚冒之弊;首级功次只升职止于其身,并不许世袭。

（二）革荫袭之滥。不分新旧官,皆令比试。中者准袭职,不中者发回习弓马;后五年再比试,中者降袭一级,不中者仍发回。又五年再比试,中者降袭二级,不中者仍前施行。其立功祖父,无正支子孙者,并停袭。

（三）禁纵罪之滥。犯罪一切依律问拟,勿宥其犯。死罪及永远充军者,除其籍,勿袭犯本身。充军者降袭二级,其他罪犯,并须待犯人身故,然后许起送比试。

陈建认为,"杜赏功之滥始可以室其源而武职不至日增,革荫袭与纵罪之滥始可以节其流而武职庶几日减。武职不日增而日减,庶乎所谓可久可继之治,而国家财用其庶乎少纾乎!"②

统言之,陈建从财政、经济危机的角度凸显了变革宗藩、皇庄及武职之弊尤为当务之急,亦经由原始察终、见盛观衰之历史考述以警示诸流弊所可致的社会影响。故而,陈建反对因循守旧而惮变法更张;亦因之,陈建提倡革故鼎新、力行变革,如其谓:

> 天下未有不弊之法,顾在人变而捄之,何如耳？小变则小益,大变则大益;早变一日则有一日之益,迟变一日则增一日之害。天下事,莫不皆然。③

陈建强调了变革的主体在人,"法"之所以除弊兴利,在人之所以因时制宜;意即为政在人,政之得失顾在人变而救之。

---

① 〔明〕陈建:《治安要议》卷二,《赏功议》。
② 〔明〕陈建:《治安要议》卷二,《赏功议》。
③ 〔明〕陈建:《治安要议》卷二,《赏功议》。

三、吏治问题

《通纪》自序亦有诘问之,"祖宗时风俗淳美,真才辈出,而迩来则渐浇漓也;祖宗时法度昭明,而迩来则变易废弛比比也"。陈建对于明初以来的关于吏治方面的人才选用及任官制度之流弊亦多揭示和批评,并提出了相应的改良措施。

先就选才、取士方面而言。陈建考述古今,认为古今取士之道大概有三:

> 汉以前之取士也,专尚行谊,如成周之乡举里选,两汉之辟举孝廉之科是也。魏晋以下之取士也,兼尚门第,如中正九品之法也。隋唐以来之取士也,惟以文辞,如明经进士制科诸科是也。君子尚论其世,而其得失之故可考而知矣。①

又考之,明初洪武至成化年间之取士亦有三截之不同;陈建谓之:

> 洪武初年,专用荐举任人,进士之科暂一行而复罢。至洪武十七年,始行今科举法与荐举,并行不悖,至永乐宣德皆然。成化而后,然后专重进士之科而荐举不复行矣。②

明成化以后,荐举始废,专重科举。陈建分析了专行科举之弊:

> 举天下之人才,一限于科目。诚如昔人之所议,谓入是科者,虽椎机饕餮必官。出是科者,虽周孔亦弃。共知其弊,而甘心守之。③

亦如,陈建征引霍韬、丘濬之言:

国初用人,荐举为重,贡举次之,科举为轻;今则科举为重,贡举次之,荐举不行矣。故有行同盗跖、心劣商贾者,能染翰为文,俱隶仕籍,此士风之所以亦偷也。

近日用事者尽去之,而专用科、贡二途,甚非祖宗之意也。臣(丘

---

① 〔明〕陈建:《治安要议》卷三,《取士议》。
② 〔明〕陈建:《治安要议》卷三,《取士议》。
③ 〔明〕陈建:《治安要议》卷三,《取士议》。

濬)愚愿复旧制诸科,以收拾天下之遗才,庶几国家收得人之效。①

在陈建而言,选才、取士的基本原则是,"致治以贤才为本,求才以兴廉举孝为本"②,应兼采荐举和科举二者而使之并行不悖,强调了荐举选才的重要性。陈建分析了荐举相对之优势,如其言之:

> 大抵荐辟取士与科举取士,究极而论之,虽皆不能以无弊。然荐辟之取士也,择而后用;科举之取士也,用而后择。择而后用,纵使失之,亦不过十之一二,而得人已八九。③

故而,基于对专行科举导致人才的流失及社会风俗的蜕化,陈建认为选用人才应重视察其行义、考其廉孝,即是重其"本"。陈建指出,经由科道之"用而后择"进入仕途者,其中不能完名全节者,"其始也进之轻,其终也退之轻";故而,"孰若察行义而举之,择孝廉而用之;慎选之于未用之先,信任之于既用之后"④。陈建认为,敦举行义有五效,善莫大焉:

> 民兴于行而风俗美,一也;风俗美而贤才众,二也;贤才众而政事治,三也;政事治而民生安,四也;民生安而国家安,五也。⑤

再者,就用人、任官而言。陈建鉴于当世专行科举而用人不能尽其才,任官冗滥不能尽其能,考诸历代有识者之论,提出了相应的建议和策略以救时弊。陈建认同宋人胡寅《读史管见》之论:

> 取士莫善于乡举里选,莫不善于程其词章也。用人莫善于因人任职,莫不善于用非其所长也。任官莫善于久居不徙,莫不善于转易无方也。

亦赞同唐人杜佑《通典》之说:

---

① 〔明〕陈建:《皇明通纪》下,第754页。
② 〔明〕陈建:《治安要议》卷三,《取士议》。
③ 〔明〕陈建:《治安要议》卷三,《取士议》。
④ 〔明〕陈建:《治安要议》卷三,《取士议》。
⑤ 〔明〕陈建:《治安要议》卷三,《取士议》。

> 为国之本,资乎人盱。人之利害,系于官政。欲求其理,在久其任;欲久其任,在少等级;欲少等级,在精选择;欲精选择,在减贡举名目。俾士寡而农工商众,始可以省吏员,可以安黎庶矣。①

陈建酌古鉴今,提出用人、任官十项基本原则,即其《治安要议》中所谓的"任官十议",以下仅作分述简论(以下多引《要议》之"十议",兹不赘述)。

（一）选举之始不可轻取浮文。于此,陈建建议特设孝廉一科以救专行科举之弊;如其所引朱子论当时之弊于今亦然,以为据:"朝廷只是两般法,一是排练法,今铨部也;一是信采法,今科举是也。呜呼,非孝廉之科兴,难乎免于是二者之病矣。"

（二）小官之选不可不归本省也。陈建认为小官之选归本省有"五利"。一者,可免于千里赴京候选又千里之外赴任,反之则难以责其廉介而无侵渔百姓。二者,可避免天下之人辏集京师,选归本省则可平抑京师物价上涨。三者,选归本省可随缺随补,以免旷官废事日久。四者,可免因四方人情异俗、南北水土相异之不便。五者,小官之选归本省亦可遂忠孝两全之利。

（三）入仕之途不可伤于冗滥也。陈建极力批评了当世入仕多途而导致官员冗滥的现象,并指出:

> 古今入仕多途、选调淹滞之弊多起于中叶,匪惟不便于士,其为害蠹政殃民不既深乎。夫取士任官以为民也,而至反为民病。其弊可革而不能革者,咎在上下因循玩愒,而庙堂无忧国任事不恤流俗之臣也。(《治安要议·任官十议》)

针对入仕多途及其流弊之批评,亦如陈建在《通纪》中就景泰元年"纳粟入监"此一制度原始察终之批判;如其谓之:

> 我朝纳粟入监事例,滥觞于此。其源一开,末流不可复塞,后来遂援此例以赈饥,甚至援此以济大工,无止息之期矣。我朝自正统以来,承平日久,天下之事无不日入于玩愒废弛,不承权舆,而太学为尤甚。

---

① 〔明〕陈建:《治安要议》卷四,《任官十议》。

祖宗朝最重太学,慎选贡徒,文行兼备者,积分自广业堂升至率性堂,即得铨选京职、方面,与进士等。故洪熙初,犹选监生吴信等为给事中。自时厥后,其法浸废。殆至纳粟、上马例行,与举贡皆一例,挨次拔历听选,无复教养之实,彝伦堂遂为钱房交易之地,大司成止为执簿拔历之官,博士、助教徒为冗员,无所事事,太学虚文,视天下郡县学校相去何能以寸!祖宗良法美意,其尚存而不至于澌尽者几何!阅历世变,何可胜慨!①

再如,陈建对此上下交利、因循玩愒而可革不革弊病之深刻批判:

> 纳粟入监之例,则乃利其财而授之官以诱之,不顾其贤与否,而任其剥下以偿之。上利其入而下利其偿,上下交征利矣。税户人才之用,乃圣王立贤之无方;纳粟入监之例,斯衰世一切苟且之政,得失何啻天渊!欲致天下之治,必法祖而后可。②

故而,陈建呼吁恢复"祖宗"良法,不可因利是图而滥置入仕之制,以禁入仕多途、官员冗滥之弊。

(四)冗官之员不可不加省并也。针对当世冗官问题,陈建亦考核历史之"成宪",予以诸多批判并提出应以省并之法解决之。诚如,陈建于《通纪》中对"学官"之设的考述及学官之滥的批评:

> 我朝学校设官之众,远过前代殷周邈矣。汉至武帝,始兴太学,置博士员,而郡县学未闻也。唐制,郡县始有学,而学官犹未设也。宋有天下,历数世至仁宗,始诏州县立学。至神宗,始置诸路州学官教授,共五十三员;驭下州及县学,惟兼领于有司而已。我朝天下府州县及边卫皆建学设官,教授、学正各二百员,教谕千余员,训导三千余员,视宋殆加百倍。今天下冗员固多,而学官为尤甚矣。③

冗官之弊,一如陈建引朱子之言:

---

① 〔明〕陈建:《皇明通纪》下,第693—694页。
② 〔明〕陈建:《皇明通纪》下,第695页。
③ 〔明〕陈建:《皇明通纪》下,第1021页。

> 商鞅论人不可多学为士人,废了耕战,此无道之言。然以今观之,士人千人万人,不知理会甚事,真所谓游手!只是恁地底人,一旦得高官厚禄,只是为害朝廷,何望其济事?真是可忧!① (《治安要议·任官十议》)

故而,陈建谓之:

> 我太祖平一天下,官员有定额,至今垂二百年,官职日增几倍于旧。冗员可省并者甚多,如各府首领官共四员,儒学官至五员,州县学亦三四员,皆冗闲无事,可省并其半,其附郭县学亦省并入府学。盖一城中止宜设一学一孔子庙,今乃一城至有三学四学、三庙四庙者,甚繁亵无谓也。(《治安要议·任官十议》)

冗官有"十羊九牧"之弊,陈建认为去其弊不仅在省并,亦须从贡举、科考制度上予以根本限制;如其所引杜佑之言,须"精选择,欲精选择,在减贡举名目。俾士寡而农工商众,始可以省吏员,可以安黎庶矣"。

(五)初选之职不宜骤贵也。陈建此议大旨在强调初选之官须应经历一定的基层实政锻炼,不可骤然委以重任,意即不可使之有初入仕途即有夤缘求得美选之心。如唐宋所取状元进士皆先历试民事而后召试馆职,或令再试他官而后擢居台谏;又如,洪武初年取中进士多选县官。

(六)迁转之期不宜太速也。

(七)资级之迁不宜太限也。所谓"迁转之期不宜太速",意即为政一方非朝夕可得其治;陈建认为"速迁"之弊在于:

> 速进之念生,速进之念生则为民之意短,而求上之意急;谋身之技巧而取民之计多,百姓何利于是哉!下只认知其意欲速也,吏胥得以肆其谩,豪猾得以窥其弊,上下之间一切苟且而已。有志者拜一命之寄,亦欲展布以为永图,而速进者得以惑其意,是使天下无诚心为民者矣。(《治安要议·任官十议》)

所谓"资级之迁不宜太限",意即若皆限于层层繁多资级之限亦不可望得

---

① 《朱子语类》卷一百九,《论取士》。

其治;陈建认为"资级"太限之弊在于:

> 资级太限,虽举人无九卿之擢;岁贡至府佐,即以为过望矣!志以位限,才以志堕,政以志损,而欲望治难矣!是故沮人向上之志者,资格也;而坏天下之治功者,亦资格也。历观前代资格之拘也,皆起于叔季。我朝资格之拘也,滥觞于成化,而愈胶固牢不可破于今时。①

虽有鉴于此,然陈建亦不主张"循资速迁"之法;相对之,陈建提出"久任超迁"之法。陈建认为:

> 循资而速迁与久任而超迁,此正朝四暮三、朝三暮四之说。综而较之,其为迟速、乘除,适均无分毫损益,而于国于民则所损益天渊矣!正使少损于仕者而利民利国,犹当为之;况于仕者无分毫损益,何惮而不为?(《治安要议·任官十议》)

有察于此,陈建酌古鉴今,提出"久任、超迁、不拘流品"三者相辅相济之法,以救此弊;如其言:

> 祖宗时,用人不拘一途,未尝大分流品,亦未尝限资格与夫年劳之拘,用惟其贤、惟其能而已矣,故当时号称得人。大抵超迁、久任与不拘流品之法,三者不可缺一。不超迁则不能鼓舞豪杰,不久任则虽才无以成功,拘流品则使人自画,而绝其向上之心,怠其有为之志。三弊之积,庸流之幸,而才俊之所甚不便,国家生民之尤甚不便也。祖宗朝三善咸备,而近日则三弊胥集焉。是故,今时才人,岂无周于柴、况数公之匹,而三弊以限之、拘之、怠之、绝之,虽有才而无由以自表见于世,与无才同矣。②

(八) 考察之行不可不慎也。就行考察之法原意而言,陈建指出:

> 考察之法原其初意,盖以补按问纠劾之所遗,以疏通选调之积滞,

---

① 〔明〕陈建:《皇明通纪》下,第761—762页。
② 〔明〕陈建:《皇明通纪》下,第574—575页。

使先进之士不得以久居禄位而壅阏仕途,使后来之士皆得以均沾一命,不至老死牖下也。(《治安要议·任官十议》)

然就明初以降之流弊而言,陈建指出:

> 我朝考察之法利鲜而弊丛,利小而害大。盖此法止利于疏通选调而已,而弊害不可胜言。一起上官徇私喜怒,阴除异己之弊;一起下司阿谀逢迎,祈免下考之弊;一起在位亟图囊箧,以防速退之弊。①

亦因此弊,明中叶考察之行所黜退者三四千余,胜过明初百倍,而所去留者贤否实无大相远。陈建因之强调,考察不除,三弊如故;法繁而弊愈滋,法久而人愈玩,势必祸及国家生民。

(九)推让之风不可不兴也。

(十)小官之禄不宜折减也。所谓"推让之风不可不兴",陈建意在倡导有国者能举而行之,其有益于人才风俗政治不少。所谓"小官之禄不宜折减",陈建之考虑有二:一者,小官本身禄薄,常有忧父母妻子之心;二者,亦因之虽欲洁身为廉,而其势不能。故而,陈建此议亦有"养廉反贪"之意;如其征引宋夏竦之言:

> 去贪致清之本,在乎厚其禄均其俸而已。夫衣食缺于家,虽严父不能制其子,况人君能检乎其臣乎;冻馁切于身,虽巢由不能固其守,况凡人能守清白乎。(《治安要议·任官十议》)

经由前述,亦可大略见得陈建于吏治方面之亟待解决的现实问题极为关注,亦针对性地提出了一定改良之建议和策略。于取士重科举与荐举相辅并行,于任官则主张不拘流品、久任、超迁三者相宜为用;陈建诸论多重于酌古鉴今,就实解决现实具体实务,亦可见得其重于"治事"之经世倾向,而非仅限于宏观理论论说。

四、军事问题

陈建阅历世变,深忧当世之军事问题;故而有诘问之,"祖宗时士马精

---

① 〔明〕陈建:《皇明通纪》下,第977页。

强,边烽少警,而后来则胡骑往往深入无忌也?"陈建在军事问题上主要是从军制的改革和备边防御两个方面提出了自己的批评和应对策略。

首先就陈建的军制改革思想来看。陈建于军制改革的思想,总体上的原则即是所谓的"制兵之法莫善乎寓兵于农,莫不善乎兵养于官"①。陈建详细考述了前代得失之故,尤为而后及今日之事,批判了明初所设卫所制及至今日病滋废弛之弊。陈建指出其弊一:

>我太祖平一天下,设置卫所,分布内外。然承平日久,武备废弛,军士逃亡,故绝者过半,甚至十无二三者,其存者率多懦弱不堪。今虽逃亡耗缺之余,总计天下实在兵帐犹逾九十四万,而西北边兵且四十万。然近年鞑虏深入我并、汾,虔刘我畿甸,如蹈无人之境。诸卫之兵,曾不能向鞑虏发一矢、交一战,今纵清勾充满卫伍,亦徒耗国储而何益于胜负之算、保障之功也。(《治安要议·制兵议》)

陈建批评卫所之兵无力于外御,"如此虽有卫,犹无卫也;虽有军,犹无军也"②。更甚者,陈建指出卫所之兵亦无能于内防且多生变故;如其于《通纪》中所谓:

>正德年间,平中原盗用边兵,平蜀盗用苗兵,平江西盗用狼兵,而两京十三省之兵举无一可恃,谋国者可不为隐忧深虑乎!自是,边兵日益骄悍,不可控制。驯至嘉靖,遂生多变,往往逐杀主帅而不忌。③

又:

>近年以来,兵骄卒悍,仿效成风,类以月粮不时藉口,动辄诟噪群起,敢行称乱。如陕西之甘肃,直隶之保定,浙江之温州,福建之延平、邵武,以至辽东、宣武、云南,往往而是。若大同之杀参将,杀总兵,杀巡抚,则又其甚矣。似其悖逆之风,皆弘治以前之所无。而滥觞于正德,始祸于闽南,而遂炽于嘉靖。④

―――――――――――――
① 〔明〕陈建:《治安要议》卷五,《制兵议》。
② 〔明〕陈建:《治安要议》卷五,《制兵议》。
③ 〔明〕陈建:《皇明通纪》下,第1122页。
④ 〔明〕陈建:《皇明通纪》下,第1157页。

军制的疏松、废弛势必祸及民众,有累民、害民之弊。陈建指出政府清勾逃亡而招募民壮以充实之,南北互充依旧逃回,尤为无益;且具体指出其弊:

> 窃见近年每解一军,即累里甲盘费数十金,长解方回,逃军继踵。每一军逃,即遗弃所买充,妻小流落乞丐,冻馁而死。今天下每岁军解逃何啻数千,是即每岁累穷里甲数千户,累死军妻数千人也。其可矜悯甚矣!(《治安要议·制兵议》)

陈建考述历代军制之得失,尤对当世之弊深加反思之;陈建总结其弊端而言之:

> 窃谓今日承平玩愒,百度废弛,百弊业积,天下之事,莫不皆然,而重卫一事尤为甚。迩者有事交南,因卫兵不足而行募兵之令矣。然兵方集而劫掠已肆,沿途骚然;有司不敢诘,将领不能禁,彼寇未平,而吾民已先受祸。募民益寇,古今天下同一揆也。呜呼!清军无益,勾军无益,解军无益,谪发罪人充军无益,养兵于预无益,募兵于暂无益,非惟无益而害反有甚焉。盍亦反其本而求其善矣!(《治安要议·制兵议》)

陈建谓之,"有兵如此,不如无之;兵而无用,曷若已之"①。有鉴于上,陈建主张取法于"寓兵于农",此足为经久可行之法。在陈建而言,行"寓兵于农"之法可除诸弊,即其所谓:

> 不烦清解,不烦谪充,不烦预养,不烦召募,不至大更张骇世,而兵自足,民自安;则有民壮一事,因今法而稍加损益焉。俾合于人情,宜于土俗,而不失乎。"(《治安要议·制兵议》)

再就陈建备边防御方面的思想来看。就边防一事而言,陈建尖锐地指出,"大抵我朝边事一向只为因循姑息、玩愒偷安八字所破坏,不斩钉截铁除此

---

① 〔明〕陈建:《皇明通纪》下,第960页。

根,天下事未可知矣!"①实则,明中叶时常为北虏边事所纷扰;此外,陈建所忧亦考虑到京师之安危。诚如,陈建论天下之都会中言:

> 幽燕(北京)形势,自昔称雄,会通漕运,今日颇便,建都宜矣。然北太近胡,南太远越。北距塞不二百里,无藩篱之固而天子自为守;南距珠崖、六诏,殆万里而遥,非所谓居中而应四方矣。使吾中国武备常如祖宗之盛,犹之可也。苟边围不固,则胡骑疾驰,自潮河川、古北口,一日可至城下。且近日紫荆诸关,往往失守,则形势失矣。
>
> 祖宗之时,只知其甲兵之强,国势之盛,都南都北,无所不可。而不知强弱无常形,盛衰无定理。创业方兴之势,与承平恬嬉之势,固百获什百不侔也。今嘉靖圣天子励精图治,而仇虏犹时肆凭陵。胡马直抵近郊,京师九门为之尽闭,昌平陵寝为之震惊,居庸、紫荆为虏坦途良乡,通州为虏外府。数十年后,吾不知其所终。杞人之忧,实深耿耿。②

究其实,陈建讨论京师之形势并非建议要迁都,而是意在强调边防疏松所面临的危机和可能造成的后果,呼吁关注边事,积极备边防御。仅观"天下事未可知也""吾不知其所终"之虑,则可见得陈建虽为身处偏野的低阶知识分子,然其忧国谋治之议未尝不为卓识远见。

就陈建的"治边"的基本思想而言,大旨在于定"国是",亦即须以"守备为本,不以攻战为先""贵谋贱战""即吾之所长以制彼之所短"。如陈建所谓:

> 御戎之道,在先定国是。国是定而后,修攘制御之策,安边固围之略,可次第而举矣。程子伊川谓:"御戎之道,守备为本,不以攻战为先";赵充国曰:"帝王之兵,以全取胜。是故,贵谋而贱战。"古今善谋国者,必较量于彼我长短之间,必即我之所长以制彼之所短,不以吾之所短而犯彼之所长,使彼战无所施,骑无所骋,而自不得不屈于我;夫是之谓贵谋贱战,夫然后以全取胜,而国是莫踰于此矣!(《治安要议·备边御戎十议》)

---

① 〔明〕陈建:《治安要议》卷六,《备边御戎十议》。
② 〔明〕陈建:《皇明通纪》下,第633—634页。

陈建基于此"国是"之认识,就备边御戎之事具体提出了十项策略,此处仅附述于下:

> 一曰:宜修车战以挡胡骑;二曰:宜设强弩以辅车战;三曰:宜省骑兵以纾军民;四曰:宜重劝赏以垦屯田;五曰:宜因屯田以制边县;六曰:宜行经界以寓地网;七曰:宜繁林木以资扼伏;八曰:宜募骁勇以习砍营夫;九曰:明赏罚以振国威;十曰:宜重将任责以成功。(《治安要议·备边御戎十议》)

观其大意,亦皆是就胡骑之所长而有针对性提出了相应的御防之策;颇为重视守边防之地的基本建设,亦皆贯彻了"以守备为本"的基本思想。此外,陈建亦在《通纪》中针对具体问题,强调了诸许相应"治边"的防御实策。譬如,陈建赞赏皇帝应巡边阅武,以整肃人心、以振奋士气,批评皇帝不可无端游幸而巡边;如其谓之:

> 宣庙御极十载,巡边阅武者四焉,实警肃人心,振扬威武,饬励边防,有赖于此,胡虏所以知畏,而边鄙所以不耸也。今日边防玩驰之余,神子神孙能绳祖武,时一行之,其于安边,不为无益。宣祖之巡边也,为边防;武宗之巡边也,为游幸。二者得失,相去天渊。①

再如,陈建谓之:

> 祖宗朝屯田之制,甚重甚严,且耕且守。后来,乃一切怠驰,专仰馈飨,沿边数十万众,嗷嗷待哺,如之何其可也!欲安边足食,其急复祖宗之旧乎!俟经世者考焉。②

此是陈建针对具体时事之时论,亦是考述前代之史评,强调了在边疆推行"屯田"的重要性;亦如同上述之劝赏屯田,因屯田以制边县,皆是其针对边务废弛而主张"寓兵于农"之思想的体现。

---

① 〔明〕陈建:《皇明通纪》下,第591—592页。
② 〔明〕陈建:《皇明通纪》上,第456页。

经由上论,大略见得陈建之于明中叶军事危机的基本思想和主要改良建议和策略;整体上来看,其所谓的"寓兵于农""以守备为本"的军制及防御思想体现了其亟待革除时弊的,求变通久的经世诉求。

本节仅就陈建本人之社会改革思想及相应的经世实策略论,大致述评了陈建对专制皇权极权统治的批判,对关乎实政的财政经济问题、吏治问题,以及军事问题之吁求改革的思想和具体实策。以下再就陈建之社会改革思想的特点及相应的历史地位尝做衡定。

第三节 陈建经世思想之衡定

陈建的经世思想之源自经由前论,大略见得是自朱子之"全体大用",抑或"明体达用"经由真德秀之《大学衍义》,丘濬之《大学衍义补》等而来,侧重的是得君"治事",属于以"圣王"为轴心的"得君行道"之路径。如果说,王阳明之"觉民行道"是一个伟大的社会运动和传"道"(即重"教化")之运动,比较而言,陈建的思想仅是个人冀望自上而下的社会改革思想的反映。就陈建经世思想之具体内容而言,概言之,经由了学术及至治事的二而一的思想动向;陈建著《通辨》,以至《要议》《通纪》,意即兼究心于"学术邪正之分"以"明体"及"国家因革治乱之故"以"达用",皆是于体与用处"为当世借前箸筹之"。具体而言,陈建之《通辨》之所以"究心学术邪正之分","不独系圣道之明晦,尤关系世道之盛衰",学术明辨之现实目的在于明邪正、夷夏之别,以求有资于治世道;其《要议》《通纪》相即互发,致力于原始察终而"究心国家因革治乱之故",实则亦诚欲为当世借箸之筹,以资于治时事、救时弊。

从朱子之全体大用、体用全学的角度看,其经世思想的内涵极为丰富,所涉及的内容本之身心为德性,措之国家天下为事业,言其用则包括了儒家一贯坚持的修、齐、治、平事业的所有内容,即涵盖了有关治、教、农、礼、兵、刑诸实务,亦即包含了社会的、教育的、行政的、军事的思想等不同内容。陈建的经世思想大体上于此亦皆有涉及,然鉴于其特定的社会身份和所处的历史阶段以及面对的现实亟待解决的危机问题,其经世思想的关注点则集中于现实突出的危机问题上;于此,亦须将其学思历程置之于其所处的特定的历史阶段予以具体地考量。具体而言,应将陈建的经世思想置之于明中叶以降经世思想的脉络中给予考察和衡定,以冀在特定的历史场景中衡定其经世思想的特点和应有的历史地位。

陈建经世思想的具体指向深受其身所处的有明一代之正德、嘉靖时期政治的、财经的、军事的危机之影响，而其经世思想的近源则多汲取自明初以降其前代学人的时论、奏疏以及相关经国治世之著述，诸如《要议》《通纪》中屡屡征引、提及的胡端敏、丘濬、霍韬等。于此，仅择几例相比较以衡定陈建经世思想之特点。

一、袁衮《世纬》

先就与陈建同时代的袁衮之《世纬》一著思想比较而言。袁衮（1502—1547），著《世纬》两卷，凡二十篇。简作归类为（凡概言袁衮所论皆意出《世纬》①，兹不赘述）：

（一）宗藩类：曰官宗，曰遴傅。所谓"官宗"，即是以入仕来解决宗室禄不足、教不行之弊；如其谓，"考课之法、黜陟之典与疏远者等，则忠勤之心生而奸逆之节泯；且仕者有禄则岁禄足，不仕者有教则刑法省。施亲亲之名，而享贤贤之利，则何弗为也？"②所谓"遴傅"，即是"欲宗室之贤，莫若遴选傅相而训之"③，意即行此法以救宗室骄横之乱。袁衮之见并未涉及"宗禄"支付的财政措施，亦没有涉及如何限制宗室繁衍无度以及世袭规范之问题；比较而言，难及陈建所论之详且深刻。

（二）吏治类：曰简辅，曰降交，曰诱谏，曰广荐，曰久任，曰抑躁，曰裁阉，曰崇儒，曰贵士，曰惜爵。仅就"广荐""久任"而言，袁衮大意仅在说明荐举之于科举有广得实用人才之利，以及速迁之于久任之弊；此与陈建所论无二，然无陈建以荐举为本而辅以科举之论，亦无陈建之于任官之不拘流品、久任、超迁相辅相济之法。仅吏治方面而言，袁衮所论固然涉及颇广，但亦仅浅论辄止，对时弊之揭示、批评多而疏于根本应对策略之理论。

（三）思想类：曰汰异，曰拒伪。袁衮所谓"汰异""拒伪"，即《四库提要》所载，"衮之言曰：今之伪者，其所诵读者，周、孔之诗书也，其所讲习者，程、朱之传疏也；而其所谈者，则佛、老之糟粕也。党同而伐异，尊陆而毁朱云云。盖指姚江末流之弊，有激言之。观于明季，衮可谓见微知著矣。

---

① 〔明〕袁衮：《世纬》二卷，《文渊阁四库全书》册717—1页，子部二十三。〔另参：《世纬》（丛书集成初编，0931），北京：中华书局，1985。〕
② 〔明〕袁衮：《世纬》卷上，《官宗》。
③ 〔明〕袁衮：《世纬》卷上，《遴傅》。

又乌得恶其害己,指为排抑道学乎?"①此于陈建《学蔀通辨》之意相近,然较之陈建专著之论,袁氏亦仅是只言片语概说而已。

(四)经济类:曰惩墨,曰节浮,曰节奢,曰均赋。袁氏与陈建在经济上皆反对奢靡浪费、腐败贪污、土地兼并之风,主张均贫富但皆无涉及土地问题。

(五)军事类:曰正典,曰实塞。袁氏所谓"正典",主旨即是明正赏罚;所谓"实塞",主要是强调边兵不足,主张行屯田募兵充实边防。相较陈建所论,则无陈氏于军制、备边皆有所谓"本末、体用"之成熟理论,亦无陈氏具体的边防实务之议。

由此可见,陈建的经世思想及其救弊实策较之同时代人袁袠所关注的问题更为集中,所论较之亦更为具体而深刻。究其缘由之一,陈建是以一个史学家的角度原始察终、酌古鉴今来阐释其经世思想的,将对时势的关注置之于一个更为广阔的历史视野之中;此外,陈建亦是一理学家,通辨学术、辟异返正以明夷夏之别,比较而言其"治事"思想亦有较系统的理学理论奠基之。

二、丘濬《大学衍义补》、吕坤《实政录》

前述多提及,经由考察《要议》、《通纪》征引、评述,陈建多肯认前贤有识之论;此外,陈建之经世思想及精神亦颇为后世所称道。故而,亦须就陈建经世思想与其前后相关连者做一比较考察,以见其在有明经世思想发展脉络中之地位;此处尝就陈建之经世思想与前代丘濬之《大学衍义补》,以及继其后吕坤之《实政录》略做比较而观。

成化二十三年(1487),时任国子监祭酒的丘濬(1418—1495)向孝宗皇帝呈进《大学衍义补》,以救时弊。②《大学衍义补》凡一百六十卷,丘濬于其前补"诚意正心之要"一卷,意在明其遵从程朱学术传承,本乎一理之宗旨,揭示朱子谨"审几微"之旨而强调帝王治国之应变能力;其后设有十二子目,简做分类为(凡概言丘濬所论皆意出《大学衍义补》③):

---

① 〔明〕袁袠:《世纬》,《四库全书总目提要》卷九十三,子部三,儒家类三,第2400页。
② 朱鸿林:《丘濬〈大学衍义补〉及其在十六七世纪的影响》,《中国近世儒学实质的思辨与习学》,北京:北京大学出版社,2005,第163页。
③ 〔明〕丘濬:《大学衍义补》,北京:京华出版社,1999。(概述其子目内容参是著,另参:谢扬,《治政与事君:吕坤〈实政录〉及其经世思想研究》,北京:生活 读书 新知三联书店,2011,第253—256页。)

（一）行政类：正朝廷，正百官。所谓"正朝廷"，不仅强调要正君心，更侧重在人君在具体事务中的为治之道和为治之方；所谓"正百官"，讨论的是用人之道，视用人任官之得失直接关乎国家天下的治平衰乱。

（二）经济类：固邦本，制国用。所谓"固邦本"，讨论的是关乎民生的诸项事务，如制民之产、重民之事、恤民之患等；所谓"制国用"，主要讨论的是国家财政经济的收支、赋税、运输诸事宜，以及土地问题。丘濬于此提出了，"善于富国者，必先理民之财，而为国理财者次之"①的"以民为本"的"固本、制用"思想。

（三）礼仪、教化类：明礼乐，秩祭祀，崇教化。此类讨论了国家的礼乐、祭祀问题；所谓"崇教化"，探讨了教化之道，以及设学校立教，崇师儒以重道，广教化以变俗等教育风化问题。

四、规章、法制类：备规制，慎刑宪。所谓"备规制"，讨论的是有关公共设施、章服器用，以及都邑防守、邮传设备等规制问题；所谓"慎刑宪"，既宏观探讨了制刑、定律之义，亦具体阐述了诸刑法之义之具，申明其职谨戒其滥。

（五）军政类：严武备，驭夷狄。所谓"严武备"，阐述了武备之道，以及军制、防务诸具体军政事务，如军伍之制，京辅、郡国之守，将帅之任，战阵之法，赏功之格等；所谓"驭夷狄"，具体阐述了驱逐夷狄、加强边防诸事务，具有一定大汉民族主义倾向。

（六）治国理论：成功化。此目从理论上综论了治国安民的理念。

比较丘濬而言，陈建所论无论在理论上抑或具体实务上皆难成体系，尽管秉承朱子"全体大用"之学，然在致用上缺乏全局观，关注的仅是现实社会中矛盾突出、危机凸显的具体问题，尤为对民生、土地，以及学校教育诸社会基本的且关乎长治久安之问题关注甚少；在某种意义上看，陈建之论可谓仅是救时弊之"急务"，而难于丘濬所关注事务范围之广，乃至涵盖治国安民上下之各项内容相比拟。此外，二人的看问题的角度亦有差异。丘濬之论更多是基于正面立场从理论和具体实践上予以各类问题以指导，重视"用"之义的层面；陈建之论则更多是基于反面之批判而从理论和具体实践上予以所关注"急务"以批评和建议，侧重"义"之用的层面，故而其呼吁变革的语气极为强烈。

吕坤（1536—1618），从政二十余年，从地方知县累官至巡抚，在朝官居

---

① 〔明〕丘濬：《大学衍义补》，《制国用·总论理财之道》，第197页。

刑部侍郎。《实政录》是吕坤在地方从政期间的著述①，是一部集中反映了吕坤针对地方各项事务存在问题的考量和应对策略，其实政实务的特色亦集中体现了吕坤的经世思想。《实政录》凡九卷，简作归类为（凡概言吕坤所论皆意出《实政录》②）：

（一）吏治类：明职。所谓"明职"，主要探讨了申饬地方小至杂务小官，大至督抚之职。只要旨在"顾名而思职，缘职而尽分"③，使恪尽职守并验其成效。

（二）民务类：养民之道，教民之道，治民之道。所谓"养民之道"，涉及劝课农桑、积储收放、存恤收养、赈济节约诸事关民生具体生计之事；所谓"教民之道"，涉及查理乡甲、兴复社学、禁约风俗等关乎教化风俗之事；所谓"治民之道"，涉及清均地土、徭役赋税、修理桥道、弭捕盗贼、查归流民诸管理民务之事。

（三）基层管理类：乡甲约。吕坤将原为劝化民的乡约制和安保民的保甲制总为一编，合治、教、养一体，作为地方基层的管理模式。

（四）刑政类：风宪约，狱政。所谓"风宪约"，一者考核提刑事宜之弊，如追呼太滥、问断太淹、拟罪太密、追赎太刻、禁苦太易、隶卒太纵诸弊；一者考核按察事宜之弊，如虚文日盛、厚道日隆、人事日精、颓靡日甚、懵昧常多、为家念重等弊。所谓"狱政"，主要探讨的是，"居官所慎，民命为先。民命所关，狱情为重"④，强调狱政应明慎矜恤以广德意事。

（五）边防类：安民实务，督抚约。此两卷所论皆是关于振刷边务以固疆防之事，如养将才、募勇略、简军费、造战具、演武艺、倡勇敢、体下情、严马政、密间谍、慎修筑、教军士、计兵费，以及边防督抚之职责。

比较吕坤所论而言，陈建所论则无吕坤于特定范围内之系统化、具体化之特色。吕坤经世思想的特色重在地方各项事务的整肃治理，重视为治者明责尽分，在现有的体制范围内做到恪尽职守，以达安民治国之效。从二者思想总体上比较而言，吕坤重在以"治"为治，陈建则侧重求"变"为治。

---

① 谢扬：《治政与事君：吕坤〈实政录〉及其经世思想研究》，北京：生活·读书·新知三联书店，2011，第77—78页，（参看：《实政录》卷次与吕坤任官对照表，可详知《实政录》成书于吕坤在地方要员任上。）
② 〔明〕吕坤：《吕坤全集》中，《实政录》，北京：中华书局，2008。
③ 〔明〕吕坤：《吕坤全集》中，《实政录》卷一，第907页。
④ 〔明〕吕坤：《吕坤全集》中，《实政录》卷七，第1142页。

经由上述，再尝就丘濬、陈建、吕坤三人之经世思想略做综论。

从内容结构上来看，丘濬之《大学衍义补》涵盖关乎国家自上而下诸方面实务，兼具宏观理论的分析及治国理念的阐述；吕坤之《实政录》则较系统地、具体地涵盖了地方诸事务，然析理论说方面则较少；至于陈建之《要议》《通纪》尽管于稽古考今的历史评述中多有议论，然关注的社会事务难及二者之广之具体，析理论说上虽有卓识然亦多合丘氏之论，此于陈氏二著中多求证于丘氏之言即可知。

三者所关注的问题范域之差异，实与三人的身份及面对的社会问题息息相关；丘濬身居庙堂之高，陈建身处江湖之远，吕坤则位居地方要职。从思想的论说层次及角度而言，三者间身份差异所致的思想论说维度之别则至为鲜明。就丘濬和吕坤比较而言，据谢扬之研究而言：

> 两位作者在著述的出发点、关注问题的范围和解决思路上存在不同。丘濬考虑的是治国之道，《衍义补》牵涉的所有问题都不离这一宗旨；吕坤以治一省官吏、安小民生计为思考范畴，他能搜求和借用的方法，也都为此安排。
>
> 《大学衍义补》和《实政录》的区别在于，丘濬着力的主要工作是发现问题并提示解决问题，而不多涉及改善的具体措施和运作步骤。吕坤则本着接触地方具体事务的个人经验，从官民两者兼顾的角度安排政务，且以清晰易懂，方便照行为原则。因此《实政录》中包含的对地方官吏关于具体事务的安排，丘濬无法顾及；《衍义补》涵盖的对国家事务的整体思考和对皇帝的提示意见，吕坤则不必涉及。[①]

相较于丘濬、吕坤而言，陈建（曾任地方县令，四十八岁即退隐不出）则身处江湖之远，无太多来自特定官方身份的局限，思想的维度自然相对要自由些。故而，陈建既无丘濬之统揽全局式的一概关注，亦无吕坤之仅致力于地方系统化的具体考虑；作为一个底层知识分子的陈建，其直接关注的是这个社会现存的诸种已凸显了的亟须解决的危机问题。因而，陈建的思想既有针对性的宏观的析理论说，亦有针对性的具体的实务策略；然亦因之，陈建的思想难免于宏观处有关注不全之弊，于具体处理有举措粗疏之失。然而，两相较之，陈建经世思想之显著特色亦来自此种"限制"的无

---

① 谢扬：《治政与事君：吕坤〈实政录〉及其经世思想研究》，第258,260—261页。

拘,即陈建之直言不讳的"变革"思想;如其谓之:

> 余著《治安要议》,既就稿,或问曰:三代圣王制法亦有弊乎?曰:有,天下未有无弊之法也。法之不能无弊者,势也。或起于因循积渐,法久而弊滋也;或起于时异也,殊可行于一时而不可行于异日也。区区著为此议,固欲通变以宜民也。程子曰:"时极道穷,理当必变。"周子曰:"极重不可反,识其重而亟反之,可也。"此言殆切于今日也。①

又:

> 天下未有不弊之法,顾在人变而捄之,何如耳?小变则小益,大变则大益;早变一日则有一日之益,迟变一日则增一日之害。天下事,莫不皆然。②

"时极道穷,理当必变"。在陈建而言,"理"亦非是个死物,而是"气"之往而不能不来、来而不能不往之所以然而然者;理当于气之转折处观之,"极重不可不反,识其重而亟反之",此即是变之理而理亦变之。陈建认为法之所以有弊,一者法本身有弊,积渐因循而愈加彰显;一者时移世易,一时之法不能行于异日。故而,陈建直言"变革",强调为政者应因时制宜以求通变而救之。

经由上论,大略见得陈建著述中所申述的"期成实务"之思想亦当为明中期以降经世思潮之一关节。然历史的事实是,陈建之学并不显为世所重,其著述亦显得不甚合时宜。清代学者李颙(1627—1705),主张"体用全学",将《大学衍义》《大学衍义补》《吕氏实政录》等皆纳入经济适用类之书列③,提倡"读《大学衍义》及《衍义补》,此穷理致知之要也,深研细玩务令精熟,熟则道德经济胥此焉出,夫是之谓大人之学"④;在其《答许学宪》书中谓之:

---

① 〔明〕陈建:《治安要议·序》。
② 〔明〕陈建:《治安要议》卷二,《赏功议》。
③ 〔清〕李颙:《二曲集》卷七,《体用全学》,陈俊民点校,北京:中华书局,1996,第53—54页。
④ 〔清〕李颙:《二曲集》卷十三,《关中书院会约·学程》,第116页。

经济书,《大学衍义》二外,莫切于吕氏《实政录》。请照康熙十二年颁赐《大学衍义》于各省大臣例,以《实政录》通饬天下督、抚、藩、臬、道、府、州、县各衙门,俾各仿此修职业,勤政务,以图实效。①

由此亦可见,《大学衍义补》《实政录》皆是远源自继朱子之"全体大用"之学而下的真德秀之《大学衍义》,同属经世思想之一脉。《大学衍义补》依中央政府的组织架构和以基于时事观察、文献研究为基础的实在学问,令该书在面世当时及之后,都拥有众多的读者并被广泛使用,而且他的经世理念被多部后出的经世书籍继承,标示了自中明而下,经世脉络的重要源头②;吕坤的《实政录》亦以其系统地、具体地整饬地方事务而为后世广泛关注,并成为治理地方政务的参考书。相比较而言,陈建的著述并未被李颙纳入此一经世思想的脉络之中;非陈建著述无经世思想,实则与李颙较之陈建的思想立场不同,亦与陈建个人著述的不合时宜的特点有关。

就李颙思想倾向而言,"论学虽兼取程、朱,实以陆、王为主体"③。学术立场的不同使得李颙对陈建之批评亦颇为激烈,如其批评《学蔀通辨》:

《学蔀通辨》,陈清澜氏有为为之也。是时政府与阳明有隙,目其学为禅,南宫策士,每以尊陆背朱为口实,至欲人其人、火其书,榜谕中外,通行禁抑,渠遂为此书,逢迎当路;中间牵强附会,一则曰禅陆,再则曰禅陆,借陆掊王,不胜词费。学无心得,何可据为定论?④

再如其批评《通纪》:"广东陈建有《皇明通纪》一书,久已行世,然芜秽不伦,识者病之。"⑤故而,陈建所著自然难入李颙所谓经济适用之书类,亦不被视之为明中期以降经世思想脉络中之一关节。

三、陈建"变革"思想之特点

陈建著述的不合时宜主要是相对于官方意识形态而言,实则陈建直陈时弊、臧否得失,直言变革、革故鼎新,其著述在刊行之时即受到普遍关注,

---

① 〔清〕李颙:《二曲集》卷十七,《答许学宪》,第176—177页。
② 谢扬:《治政与事君:吕坤〈实政录〉及其经世思想研究》,第252页。
③ 徐世昌编纂:《清儒学案》卷二十九,《二曲学案》,北京:人民出版社,2010,第729页。
④ 徐世昌编纂:《清儒学案》卷二十九,《二曲学案》,第739页。
⑤ 〔清〕李颙:《二曲集》卷八,《读书次第》,第60页。

尽管褒贬不一,但其流布以至海内外传诵。陈建《通纪》的传布及影响远胜《要议》,实则《要议》的基本精神已贯穿于《通纪》之中。陈建《通纪》刊行后,当世批评者如:薛应旂在《宪章录》序中称之,"迩来见《通纪》仿编年而芜鄙"①;祝世禄于黄光升著作《昭代典则》序中言,"东莞《通纪》矣,猥管杂而欲吐"②;范守己在《皇明肃皇外史》序中谓之,"陈氏《通纪》草次亡文,采摭虽云不拘,而芜俚可言"③。然此皆多是从陈建所采史料来源上提出批评,有一定的合理之处。当世赞赏者如:瞿九思于嘉靖三十九年(1560)言:"国家聋聩,至是始有目有耳"④;邓元锡(1529—1593)在《函史》下编中言,"陈东莞建仿《汉纪》撰《皇明通纪》,于人才、风格、政体、边防三致意焉,视宋李焘《长编》有过无不及矣"⑤;岳元声(1557—1628)则在《皇明资治通纪·凡例》称其,"载录近信,是非近公,文义近简畅"⑥;明末人沈国元在《皇明从信录》中亦谓之,"览者以其编年叙事,问顺义明,遂推为本朝典故权舆"⑦。以上诸人则皆从其著述之才、学、识统而考察,给予了很高的评价。

于此皆可见得,陈建是著于当世之影响颇为广泛,无疑是其著述切中时弊的强烈的变革意识吸引了诸多知识分子们的关切。然亦因之,陈建的著作皆屡次遭到政府的禁毁。如《通纪》刊行不久,隆庆五年(1571),工科给事中李贵和上疏:"广东东莞人陈建私辑《皇明资治通纪》,具载国初至正德间事,梓行四方,内多传闻失真者","我朝列圣实录皆经儒臣奉旨撰修,藏在秘府。建以草莽之臣职私拟,已犯自用自专之罪矣。况时更二百年,地隔万余里,乃欲以一人闻见臧否时贤,荧惑众听,若不早加禁绝,恐将来以讹传讹,为国事之累非浅也";朝廷下令,"焚毁原版,仍谕史馆勿得采用"⑧。凡书愈禁声名益大,沈德符曾言,《通纪》"海内传诵如故",至万历时代"复有重刻行于世者,其精工数倍于前","且时人儒者著书,多有征

---

① 〔明〕薛应旂:《宪章录》,济南:齐鲁书社,1996,第2页。
② 〔明〕黄光升:《昭代典则》,济南:齐鲁书社,1996,第4页。
③ 〔明〕范守己:《皇明肃皇外史》,济南:齐鲁书社,1996,第2页。
④ 〔清〕陈伯陶:《东莞县志》卷五十八,第2196页。
⑤ 〔明〕邓元锡:《函史·经籍记》下编卷十三,转引钱茂伟《皇明通纪·前言》,第32—33页。
⑥ 〔明〕岳元声:《皇明资治通纪·凡例》订合本,转引钱茂伟《皇明通纪·前言》,第38页。
⑦ 〔明〕沈国元:《皇明从信录·总例》,上海:上海古籍出版社,2002,第1页。
⑧ 〔明〕胡广等:《明实录·穆宗实录》卷六,隆庆五年九月辛巳条,台北:中央研究院历史语言研究所,1962。

引,以夸博洽"①。至清代乾隆年间修《四库全书》之时,"寓禁于征",以"坊间野史,不足征信"为由,再次将《皇明资治通纪》列于军机处奏准全毁书目之首②,以致"嘉庆初修邑志时,不敢道清澜一字"③;此外,陈建所著的《学蔀通辨》《治安要议》亦被纳入禁毁书目之列。④清末民初,陈伯陶纂修《东莞县志》之时,考索《通纪》版本传流时谓之"原著今不可见"⑤。

经由对陈建经世思想的具体比较分析,除却对相关实务之宏观处、微观处的理论及具体举措的差异外,陈建的经世思想有一显著的特色,即"求变"的思想。就陈建的"变革"思想而言,毋庸讳言,言辞之间欲求变革的意识极为强烈,对当世时弊的指陈亦直言不讳,其"宗藩"议及其改革措施皆为丘濬、吕坤所无,而其对此认识之深刻亦为后世宗藩滋生、皇庄之设恶性发展所验证,确有卓识之处,此外较之丘氏、吕氏二人同于军事方面,陈建之思想和策略亦见其独到切用之处。但亦应看到陈建主张社会变革的双重性,鉴于其社会身份及所处历史阶段之局限,陈建的变革思想是在"法祖"的前提下针对具体时势、人事而求"穷变通久"。

"天下未有无弊之法"。究其因,在陈建而言,一者,法本身不可能尽善尽备,有其行之恒久而历世不易之完善处,亦有仅行之一时而积渐弊滋之未善处;二者,时移世易的"时势"变化,法有"可行于一时而不可行于异日"处,故有弊;三者,时移而"人事"的变化,"法立于圣王,而行法之人不皆圣王,时不皆圣时",故亦有弊。相应于"人事""时势"的变化之弊,以及鉴于法本身的局限性,陈建于此三方面提出了针对性的"变革"批判。

陈建强调人事的重要性。陈建自谓阅历明初以降之世变,尤有感"是果世变成江河之趋而不可挽回与,抑人事之失得有以致至也?"⑥于陈建而言,世道的盛衰之变与其说是时势的升降所致,不如说是因人事的得失所致。如其评述明正统时"土木之变",审问之,"我朝之不为赵宋,其机只争毫发。呜呼,是岂人所能为也哉?天也!"⑦在陈建而言,明正统朝未蹈赵宋覆辙之机虽只争毫发,虽言"天"而实则不由天意,细究其言仍在人事,如其引《水东日记》谓之:

---

① 〔明〕沈德符:《万历野获编》,北京:中华书局,1959,第638页。
② 〔明〕陈建:《皇明资治通纪》,中华全国图书馆文献缩微复制中心,1997,第6页。
③ 〔清〕陈伯陶纂修:《东莞县志》卷五十八,第2197页。
④ 雷梦辰:《清代各省禁书汇考》,北京:北京图书馆出版社,1989,第252页。
⑤ 〔清〕陈伯陶纂修:《东莞县志》卷五十八,第3197—3198页。
⑥ 〔明〕陈建:《皇明通纪·序》
⑦ 〔明〕陈建:《皇明通纪》下,第677页。

> 己巳之变,鸾舆北狩,狂虏复卷土重来,势益震撼。一时文臣武将,魂丧胆落,无任张皇。而一二内臣如英(金英)、如安(兴安),乃能渊识卓见,镇之以静,不少为浮议所摇,屹然如山,不震不耸,惟辅其君,以选将练兵,委任于于谦、石亨辈以战守之务。卒之神器几危而复安,天下将乱而复治,虽谓之朝廷有人犹可,不可以为宦者而没其善也。是时,使非二人坚定以固帝心于内,则虽外有于谦数百辈,亦无如之何,而宋南渡之祸立至矣。①

陈建重视人事的能动主导作用,对于身为宦官而能为善者亦称道之;据上材料可知,土木之变间明王朝之所以能不蹈赵宋覆辙固在人事之为。然就明王朝出现如此危机之时势而言,陈建认为亦在于人事之异动,如其言:

> 宣朝崩而王振专,于此见世道升降之大机焉。夫洪武开国,宦官止供守门,传命洒扫,使令之役而已,而其名无闻也。永乐中,马云、孟骥诸人闻其名矣,然犹未甚用事也。至宣德,王瑾、刘永成诸人承宠用事矣,然犹未专政柄制国命也。至正统初,英庙幼冲,王振掌司礼监,擅作威福,始事体大变。自此而天子深居大内,不与群臣相接议政矣。自此而中官炽,中外之权一归于司礼监矣。自此而武备浸弛,胡虏跳梁,而边患日作矣。自此而承平玩愒,纪纲百度,浸以变易怠堕矣。呜呼,岂天不欲世道之常太平!不然,胡为夺吾仁、宣二祖之速,而使王振得以逞其志,盈其恶也,可胜叹哉!②

据此可知,于陈建而言,世道之升降必然会触发人事的变动,然人事之为与不为、善为与不善为则关乎世道升降之大机。陈建通过考察明初以来的内侍之制:就人事方面看,宦官渐次至擅权专政、柄制国命是世势变迁的结果;就时势方面看,君臣相接议政不继,边患日益严重,纪纲百废、朝政怠惰则是人事异动的必然;合而观之,时势与人事是相反相成的,而其变动之机尤在人事。再如陈建批评,"成化之治,所以不纯,大率为万安匪人所

---

① 〔明〕陈建:《皇明通纪》下,第 677 页。
② 〔明〕陈建:《皇明通纪》下,第 599—600 页。

累"①；如其引述崔铣《四贞祠记》，"官轻而颓，民穷而盗，桀夫思乱，骄藩伺隙而生心，宸濠叛矣。胡世宁、曹琥之持法，孙燧、许逵之死义。嗟夫，懿哉！若人，政奚有底于坏哉"②。亦因之，陈建颇为重视取士、任官诸法之关乎人事时弊的批判和改革。

陈建立足现实，重视因"时势"以制宜。鉴于时异世殊、法久而弊滋的现实，陈建指出，"今日承平玩愒，百度废弛，百弊业积。天下之事，莫不皆然"；主张不可，"失今而不为更制，吾恐日甚一日，一旦有事，仓卒之际，其将噬脐无及矣"③。陈建直面现实的诸多弊病和危机，径直倡言应于今及时地变革"更制"，以免亡羊补牢而为时已晚。如前述陈建对宗藩制的批驳，指出"天理人情事势之不容已"，"国家财赋止有此数，今日贡税所入视国初不加多也，而宗室之生生无穷"，"私忧过计，经世君子试思之"④。《东莞县志》记载，"莆田林润为都御使，修葺宗藩条列，即采其说"⑤。《明史》载：

> 嘉靖四十一年，御史林润言："天下之事，极弊而大可虑者，莫甚于宗藩禄廪。天下岁供京师粮四百万石，而诸府禄米凡八百五十三万石。以山西言，存留百五十二万石，而宗禄三百十二万；以河南言，存留八十四万三千石，而宗禄百九十二万。是二省之粮，借令全输，不足供禄米之半，况吏禄、军饷皆出其中乎？故自郡王以上，犹得厚享，将军以下，多不能自存，饥寒困辱，势所必至，常号呼道路，聚诟有司。守土之臣，每惧生变。夫赋不可增，而宗室日益蕃衍，可不为寒心。宜令大臣科道集议于朝，且谕诸王以势穷弊极，不得不通变之意。令户部会计赋额，以十年为率，通计兵荒蠲免、存留及王府增封之数。共陈善后良策，断自宸衷，以垂万世不易之规。"下部覆议，从之。至四十四年乃定宗藩条例。⑥

明初实行的"宗禄"供养政策，到了明朝中后期已经成为拖累明王朝财政

---

① 〔明〕陈建：《皇明通纪》下，第855页。
② 〔明〕陈建：《皇明通纪》下，第1171—1172页。
③ 〔明〕陈建：《治安要议》卷五，《制兵议》。
④ 〔明〕陈建：《治安要议》卷一，《宗藩议》。
⑤ 〔清〕陈伯陶：《东莞县志》卷五十八，第2195页。
⑥ 〔清〕张廷玉等：《明史》卷八十二，志五十八，食货六，第1980页。

的巨大包袱,以致"内之宗藩"问题已经严重影响到了"外之边防"的措置。故而,前已述及陈建针对"宗藩"之制的弊病提出了详尽的处置措施,即是因时制宜而求变而通之。再如陈建对土地兼并、贫富不均的批判:

> 自井田之法废,而民得兼并。自限口分田世业之制不行,而富者田连阡陌,贫者地无立锥,君子以为之长太息矣!至此,复增诡寄之弊焉,富者坐享无税之田,贫者空纳无田之税,富者税少而差轻,贫者税多而役重,富者益富,贫者益贫,无惑矣。历考前代祸乱,多由于贫富不均,使奸雄得以为辞。我圣祖所以深惟厝火积薪之虑,而亟加整顿也。今日此弊,视国初益甚矣。经世君子,其可忽乎!①

较之立国之初,此时明王朝的土地兼并、贫富差距愈演愈烈,陈建认为此亦同于历代祸乱之状;故而,陈建提出应亟加整顿,如其言:

> 宋季,朱子知漳州,以版籍不正,田税不均,贫者有税无田,富者有田无税,公私不胜其弊,惓惓议行经界。国初《鱼鳞图册》,即经界意也。②

朱子所谓行"经界",即是核实田亩,随地亩纳税;明初《鱼鳞图册》亦是循行此法而已,陈建所谓整顿亦如是法。诸如此类,皆可见得陈建反对因循积渐之弊,主张应时制宜地予以改革的思想。

陈建"变革"思想的实质即是"变法"。陈建虽强调于"人事"主体选择及顺应"时势"以制宜的能动性之现实亟须,但终归亦须落实于能规制现实而除不善以行善的法之因循变革。陈建的改革主张多言"法祖",如其谓撰写《通纪》之意:

> 故今此纪特仿《通鉴》、《长编》之遗,起自国初,迄于正德,芟繁会要,萃次成编。大意则欲弈世圣子神孙绳祖武,鉴成宪,振因循玩愒之弊,为先甲后甲之图,以保鸿业于亿万斯年之永。斯固体国爱君、忧世

---

① 〔明〕陈建:《皇明通纪》上,第257页。
② 〔明〕陈建:《皇明通纪》上,第257页。

第四章 期成实务：陈建的经世思想

察治之所欲闻,而何不题之有。①

"绳祖武,鉴成宪",陈建是从一个史学家的角度来阐述其经世思想,故而其重视对历史盛衰经验的考量,而仿《通鉴》之"有鉴于往事,以资于治道"。诚如,陈建批评建文帝轻率更改旧章,方孝孺因循附会之言：

> 自古人君继体守成,莫大于法祖,故《诗》、《书》所称,不曰"绳其祖武",则曰"鉴于先王成宪",曰"毋作聪明乱旧章",圣谟洋洋也。夷考建文数年间,官制旧章变更殆尽,只此已大不是矣。建文只此一事,足以致亡矣。且改易门名、官名,岂应天变之急务？岂济时艰之良谟？无益成败之算而只自速戾招尤,徒使靖难之师得以为辞耳。方正学一代称贤,不能救其君之失,反从而称《周礼》以附会之。愚故著论,以附会于《春秋》责备贤者之义。②

由此可见陈建所谓"法祖"思想之大意,亦如前论,陈建认为"法"抑或"祖法"本不可能尽善尽备。法祖并不意味着不变革,而是应时制宜变其当变、革其应革,不是隔靴搔痒作无益变更；法祖亦不意味着因循守旧、牵强附会,虽附会于《周礼》亦是无益之举。故而,陈建所谓的法祖,即是指要效法经过历史考验的行于古亦能行于今的"祖法"中的"尽善尽备"处,所谓的变革则是要革除因时势、人事的变化虽能行于古而难行于今的"祖法"中的"不善不备"处。

实则,陈建之"天下未有无弊之法"与其"法祖"的思想并不矛盾,反而体现了陈建对法之"变与不变"辩证关系的深刻认识,此亦成为其力倡变革的思想基础。诚如《通纪》所载,洪武三十一年方孝孺擢升翰林院侍讲,汉阳知县王叔英遗方孝孺之书所言：

> 方今明良相逢,千载一时。但天下之事,固有行于古而亦可行于今者,如夏时、周冕之类是也；亦有行于古而难行于今者,如井田、封建之类是也。可行者行之,则人之从之也易；难行者行之,则人之从之也难。从之易则民乐其利,从之难则民受其患。此君子之用世,所贵乎

---

① 〔明〕陈建：《皇明通纪·凡例》。
② 〔明〕陈建：《皇明通纪》上,第347页。

得时措之宜也。

　　（陈建）按：后此方孝孺以《周官》辅建文君更变旧制，似亦未得时措之宜也。①

在陈建而言，"法祖"亦应得"时措之宜"；法祖不意味着就是法无弊而因循守旧，得时措之宜使行于古之法亦可行于今则即是法祖。有学者亦指出陈建提出"法祖"是当时见盛观衰必然采取的思想表达形式，亦是当时人写当代史不得不采取的保护自己、批评政治和当政者的表达形式。② 尽管有所谓"法祖"盾牌并在其范畴内进行应时制宜的变革，陈建是著依然在刊行不久即遭到政府的禁毁；足见于当世虽不乏经国济世之士之学，然似陈建式的指陈不讳、直言变革者仍不为当政者所容，亦难为不同学术立场的学者们所认同，但此并不能掩盖陈建身处江湖之远的经世关怀。

　　陈建所论"法祖"即是"鉴于先王成宪"，也就是明王朝创制时期的"祖制"；陈建对洪武之创制极为称道，如《皇明通纪》序中谓之"祖宗时士马精强，边烽少警，而后来胡骑往往深入无忌也；祖宗时风俗淳美，真才辈出，而迩来则渐浇漓也；祖宗时财用有余，而迩来则度支恒忧匮乏也；祖宗时法度昭明，而迩来则变易废弛比比也"③。陈建所谓的"法祖"即是在很大程度上维护了洪武创制的神圣性，故而批评方孝孺仿《周官》辅助建文帝将官制旧章变更殆尽未得时措之宜而足以致亡。陈建"法祖"的核心精神是鉴取，"不变"处为其究竟"国家因革治乱之故"的变革提供了合法性，"变"处则体现了其欲"为当世借箸之筹"而得时措之宜的合理性。陈建基于"法祖"的变革思想在很大程度上亦是迎合了其所谓的"嘉靖之图"（按，如前引"正德间，濒危者有数事焉。……而国家安如磐石，岂非天意恢我嘉靖之图，以巩固皇明于不拔乎，昭然矣，昭然矣！"）。嘉靖帝（明世宗）早年有意革新图治，《明史·世宗本纪》亦赞曰"世宗御极之初，力除一切弊政，天下翕然称治"。世宗由外藩入即皇位，通过"大礼议"之争打击了旧朝臣（如杨廷和、毛澄等人）和皇族、勋戚的势力，总揽内外朝政而形成了以张璁、桂萼为主及方献夫、霍韬等新势力。新晋之君和新进之臣皆有充分的自信和强烈的变革意识，兼之"大礼议"之争的胜利意味着孝宗帝系一脉的断裂，

---

① 〔明〕陈建：《皇明通纪》上，第310页。
② 向燕南：《中国史学思想通史·明代卷》，吴怀瑾主编，合肥：黄山书店，2002，第232页。
③ 〔明〕陈建：《皇明通纪·序》，第2页。

进而世宗和张璁诸人就能够突破旧臣杨廷和等人沿用惯例仅以世宗即位诏书革除武宗朝弊政的模式,而将革新对象从正德扩大到百余年前的仁宣时期甚至永乐时期,故而嘉靖朝初才能较彻底地厘清了弊政源流,有效地力除了一切积弊。嘉靖初之革新为了否定守成君主的败政行为,世宗君臣全力维护了洪武祖制的神圣性,效法"祖制"的做法确实较好地解决了革新与继承的关系,确保了变革的顺利进行。

陈建盛年正处嘉靖朝,其著述亦多成就于此阶段,《通纪》写作前后历数年而成书于嘉靖三十四年,嘉靖初年以来的革新图治无疑深刻地影响了陈建的经世实学及史学思想。就"大礼议"之事而言,陈建在《通纪》中亦直言主张应依循"兄终弟及"之则,世宗继统不继嗣①,其言论多与其乡人霍韬、方献夫相通。陈建自言"大礼议"循"兄终弟及"之祖制其旨"实昭国是",虽顺遂而非献谀于世宗之意,此与通贯《通纪》变革图治之意及其所谓"嘉靖之图"相符。陈建对"大礼议"的态度亦符合其所倡导的"以道事君",此处即指其攸关"国是"及力除百年来之弊政。然大礼之狱,为嘉靖一朝士大夫气节之表示,"嘉靖一朝,始终以祀事为害政之枢纽,崇奉所生,已极憎爱之私,启人报复奔竞之渐矣","议礼之摧折廷臣,以张璁、桂萼尸其祸,而璁、萼所未尽者,大抵由帝独断,而严嵩辈成之"②。实则,陈建于《通纪》中历数了自明初以降士大夫多迫于皇权之淫威而正气难彰、气节不振之失,对君主及依恃其威权而摧折廷臣之祸患亦予以严厉批判。

明王朝之衰,衰于正德、嘉靖之际,而危亡之机则定于万历之时。陈建《通纪》迄至正德朝,直陈正德时期有宦官乱政、流寇之乱、宸濠之变,以及武宗巡游燕乐、荒弃万几等濒危者数事。危而未亡,亟待变革。嘉靖一朝虽初有变革图治,但终究未能复振王朝而趋向衰亡。孟森指出:

"自武宗大为不道,而士大夫犹补苴其间,所受挫折未甚。世宗英断,资质之可与为善,自非武宗所及,然终身事鬼而不事人。早年亦有意图治,《明实录》:万历初,张居正进讲文华殿时,言世宗皇帝嘉靖初年于西苑建无逸殿,省耕劝农,以知王业艰难。又命儒臣讲《周书·无逸篇》,讲毕,宴文武大臣于殿中。至其末年,崇尚焚修,圣驾不复临

---

① 〔明〕陈建:《皇明通纪》,第1179—1181页。(陈建于此亦说明,"愚之为此言也,若发于嘉靖之初,似涉献谀。今著于此《纪》,实昭国是,后世必有能谅吾言者"。实则,陈建于嘉靖二十三年即以母老乞归乡里,两年后母卒则隐而不出。)
② 孟森:《明史讲义》,北京:中华书局,2009,第191、197页。

御,殿中徒用以誊写科书,表背玄象而已,昔时勤民务本气象,不复再见,而治平之业亦寖不如初。此可见当时政治消长之状。"①

明世宗变革图治之意自始而渐为大礼议及奉道所消解,其事鬼而不事人亦终弃世而不为。"大礼议"之争摧折廷臣,以致士大夫气节难以复振;而奉道焚修,不仅致使妖盗繁兴,甚者以致借此邀眷固宠而擅权之臣与全国正直之士为仇,诸如严嵩一人则关系到嘉靖中叶以降之朝局。因之威权而廷杖诏狱,习为故常;亦因之祷祀而土木劳民,倍于前朝。有明一代至正德朝危而不亡,嘉靖朝则在图治之意消解中遂开危亡之渐。实则,嘉靖时期的"得治"与"失政"亦皆在陈建对皇明历史的叙事中。陈建所著《皇明通纪》是一部始自明洪武创制而终于正德朝的叙事型史书,成书于嘉靖三十四年(1555);其旨在"诚欲为当世借箸之筹,以挽回祖宗之盛",实为皇明历朝之资治通鉴。"为当世借箸之筹"即是其对明初以降历史做出叙述时的一种思考状态,是其经由"全体大用"而"经世致用"之思想的现实化和历史化,并通过这一思想的历史化而发现历史的真谛,即基于"当世"之思对历史叙事的全面涵盖。陈建在《皇明通纪》的历史叙事中每每有基于致思时政之"评语",充分体现其"为当世借箸之筹"是自我认识在历史中的再现。陈建是书一经颁行即深受社会普遍欢迎。至清乾隆年间与其著《学蔀通辨》《治安要议》皆被置之于禁毁之列。陈建著述之畅行与禁毁无疑与其凸显的"以一人闻见臧否时贤"的自我历史之思相关,然亦彰显了陈建基于"为当世借箸之筹"而于学术与治事间的实学经世的鲜明意识。

经由上论,从明代经世思想发展的基本脉络来看,陈建的思想无疑是自明中叶丘濬之《大学衍义补》开创的经世思想脉络而来,较之丘濬、吕坤二人,陈建的经世思想与之皆在关乎治国安民的整体理念和基本社会问题上有着共同的价值关怀。具体来看,陈建的经世思想集中指向于社会现实中已凸显的亟待解决的危机问题,其呼求改革的意识亦因之而极为鲜明,既有宏观的原始察终、见盛观衰的历史考述和理论阐释,亦有见微知著、具体可行的改革举措。从陈建思想的整体来看,著《通辨》,以至《要议》《通纪》,意即兼究心于"学术邪正之分"以"明体"及"国家因革治乱之故"以"达用",皆是于体与用处"为当世借箸之筹";陈建的学术思想基本上践行了远源朱子"全体大用"以降之经世学术与实际事功的转向,无论在"学

---

① 孟森:《明史讲义》,第203页。

术"上抑或"治事"上,陈建的思想皆对后世产生了显著的影响;尽管褒贬不一,但其在朱、陆异同论的学术脉络及明中叶以降之经世思想脉络中皆应是不容忽视的。

结语　陈建的学术与治事

陈建是生活于明中叶的一位底阶知识分子,亦是一位史不见其传却饱受争议的知识分子。近代以来尽管有些许相关陈建之研究,然鲜有给予全面考察、评述者;就其可查传记材料而言,较能综合诸方材料为之全面评述者当属清末陈伯陶纂修的《东莞县志》之"陈建传"[1]。据《东莞县志》记述,陈建在史学上被称之为"直笔",其著被寄望为"昭代不刊之典";在学术上被谓之为"明体达用可以开古今未觉之疑,立百王不易之法";至有谓之,"吾粤有新会之学,有增城之学。至建书出,世称之东莞学,学者称清澜先生"。前述相关研究已表明,陈建诸著述自问世以来就经受到褒贬不一的称述或批评,乃至屡次遭到官方的禁毁。比较而言,陈伯陶评述之高固然有为乡贤回护之意;然从研究的角度来看,此种截然不同的遭遇及较多地受到各种声音的持续关注亦表明陈建在思想史上确有一定的价值,此亦是本书意欲探究陈建思想整体价值缘由所在。

鉴于陈建思想的总体特征,本书从学术与治事的两个层面探究了其学术之于治事的经世思想的价值所在。陈建在学术方面的"通辨"是基于由来已久的"朱、陆异同"问题视域而发,而论辩的核心模式则基于"儒释之辨"的理论架构。朱、陆之学自始就有"不可合""不可无"层面的异同问题,继其后二学统之争有扩大化且偏离二学主旨的倾向,而"和会""兼综"渐成为有元迄明初以来之主要趋势,然总体上诸学者皆未涉及考述朱、陆二学同异分歧的历史演变;陈建著《学蔀通辨》对此一"有史之争"做了近源性考察,尤为针对近世出现的如元之赵汸,明之程敏政及王阳明的朱、陆"早异晚同"之论从考据学的角度详加辨析。陈建是论从现实思想角度而言,此正是阳明学兴盛之时,学术思想的活动直接关联到了科举考试等方面的社会实际事务,不仅是影响到学术派别的政治地位的问题,亦会深及学术之于政治积渐而至的影响。

陈建为学的一大显著特点就是重视历史性的考述,深切关注"道统""学脉""治道"积渐而至的变动。正是基于如上现实的考量和洞察,陈建

---

[1] 〔清〕陈伯陶:《东莞县志》,第2191—3279页。

通过相应历史性考察,认为"朱、陆异同"问题在近世的变化会影响及道统将移、学脉日紊。故而,陈建的"通辨"不仅限于经由考据指出近世学术有颠倒朱、陆早晚而弥缝二学的蔀障,亦从学理上批评了陆(王)学诸人以及释老所谓的"异端之学",并且对所谓的"异端之学"亦进行了一番"有史之辨"。陈建有针对性地对陆(王)学予以批判,指出此二学旨归"养神一路"而皆近禅,且与禅学并宗庄子之学;亦针对地批评佛禅学不分是非善恶,一归空寂,所以害道。陈建所论之得失前文已做衡定,但须指出的是陈建视陆(王)禅皆宗庄学(此观点是否成立,可再做商榷)的历史性溯源亦有一定思想史上的意义,在某种程度及范围内亦揭示了诸种学术思想在迁演流变中的交汇融通。此外,陈建的"有史之辨"纵向追溯,指出自孔孟而后,汉晋学者皆宗老庄,唐宋则宗禅佛,宋室南渡前明以儒佛为同,南渡后则阳儒阴释,至近世则有类渊源于老佛者,实指陈白沙、王阳明诸学。陈建循持朱子之学而历数以往诸学之得失,所涉时间跨度之长、人物之多及关涉儒释道三教关系非一般"学案"体所能容纳,除却基于道统、学脉明晦的学术考量外,陈建此番历史性的考述亦旨在关系"治道"之盛衰。

　　在陈建而言,学术与治世并非截然二分,对当下社会的诸层面的现实关怀隐现于其学术明辨之中。陈建重视学术的致用价值,"天下莫大于学术"是因为学术的邪正之分关系到世道的盛衰,如其谓之,"清谈盛而晋室衰,五胡乱华矣。禅谈盛而宋室不竞,女真入据中国矣。二代之祸如出一辙,然后知程子之忧深而虑切矣,岂非后世之永鉴乎?"[1]故而,陈建致力于"通辨"朱子之于陆(王)、儒之于释老的异同,意在"究心学术邪正之分"以明道统、学脉及夷夏之别而经国济世。"道治合一",不仅是作为一文化终极目标的意识形态而被表述着,更是儒者自赋的"行道"理念和责任意识,亦是真正的儒者自觉地并致力于追求的政治理想。

　　就陈建经世思想于理论上的源自而言,实则立基于其对学术的"有史之辨",近源于明初以降重践履、重致用之学,远绍自朱子以降之"全体大用""明体达用"之学而来。陈建是一位底层的知识分子,身处江湖之远,然位卑不敢忘忧国;其著《治安要议》《皇明通纪》阅历近世之变,考稽古今之制,取有资于治,可通为鉴者,编年次之,亦即通过学术活动的方式,以为当世借箸之筹;相较于其前之丘濬、其后之吕坤,陈建并无将其经世思想之具体及实政策略付诸实践中及将思想与行动结合起来的可能性。从明中

---

[1] 〔明〕陈建:《学蔀通辨·续编》中,第235页。

叶以降的经世学脉中来看,陈建的经世思想在关乎治国安民的整体理念和基本社会问题上与丘濬、吕坤诸人有着共通的价值关怀;但具体而言,陈建的经世思想有着鲜明的时代特色,集中指向于现实中危机凸显的亟待解决的社会问题。故而,陈建的经世思想具有浓厚的"变革"色彩,且其秉笔直书、直陈不讳,针砭时弊、畅言变革的思想意识于丘濬、吕坤则不甚鲜明。

作为一个理学家,陈建在学术上虽于朱子学有不相契应处,然在规模上秉持程朱之学,重视儒者学行合一,尤重于学术邪正之分以"明体"而为治道之本;在经世治事层面,陈建的"变革"思想并不具有浓厚的伦理色彩,更多地强调了人事的主体性地位和能动性选择,即"以道事君"之"道合则从、不可则止"和"立乎人之本"之"朝二道不行"的首要原则。作为一个史学家,陈建在学术上重视考稽古今之制,鉴于往事,阅历世变,原始察终,见盛观衰而以资于治道,尤重视因革治乱之故以"达用"而为治道之实;在经世治事层面,陈建重历史而不拘泥于历史,一以现实社会问题为依归,考稽古今法可"变与不变"之辩证关系以为其社会变革思想之基础,以得"时措之宜"应之于现实社会亟待解决之危机问题,既有"绳祖武、鉴成宪"之行于古亦可行于今之不可变处,亦有应时势、人事变化而革其行于古而难行于今之可变处。

经由上述,实可见得陈建之学术与治事是二而一、一而二的体用关系。诚如,清人阮元之《广东通志》记载,程绩洛谓之言,"《通纪》《要议》言经络事业,《通辨》言学术是非,皆如布帛菽粟,民生日用之不可缺也"①。通过陈建学术的、经世的思想个案研究,使得我们可从此一阶层的视角看到明中叶思想的、社会的基本态势。陈建式的底阶知识分子为学行道、吁求变革的努力,在一定程度上、一定范围内激起了共鸣和呼应,尽管陈建著述遭受到来自多方面的争议甚或禁毁,但亦确然反映了当时社会里一种潜在的普遍的欲求;陈建于隆庆元年没世,隆庆二年(1568)张居正上呈著名的《陈六事疏》推行吏治改革,固然二者并无直接关系,然亦能说明有明当此之时确然上下皆有吁求变革的意识,而后者将之付诸行动。在学术与治事之间的陈建,其言其思虽是针对"当世"而发,然亦于"后世"有着深远之影响。陈建言学术是非之《学蔀通辨》一开明中叶以降朱、陆(王)学术通辨之激流,无疑为明清之际心学批判及朱子学回归之一大助力;而言经络事业之《治安要议》《皇明通纪》为继之者多所续仿,其欲求变革经世之思想

---

① 〔清〕阮元:《广东通志》,上海:上海古籍出版社,1990,第4829页。

亦为后世所重。

　　简言之,对陈建这一历史人物的个案研究,尤其是于其思想的研究,除却将其学思历程置之于他生活的历史场景中予以考察外,亦须将其延伸至相应的历史脉络中予以考量。陈建学术的、经世的思想在其生活的有明中叶以降的学术的、经世的思想脉络中皆有不容忽视的价值,亦是相应思想线条上值得关注的一环节。

附 录

陈建传

（一）

陈建，字廷肇，号清澜，太守恩季子也。与兄越、超、赴皆领乡荐，而建为《春秋》魁。究心国家因革治乱之迹及道术邪正之机。两上春官，皆乙榜，以母老选授侯官教谕。日勤鋾铸，贫生如袁栖梧等，分俸周之。与巡按潼川白公贲论李西涯乐府，因著《拟古乐府通考》；与督学潘公潢论朱、陆同异，作《朱、陆编年考》。

督学江公以达命校《十三经注疏》成，代作上《十三经注疏》奏稿。迁临江府学教授，编《周子全书》、《程子遗书》，大有造于来学。聘典试者凡四：江右，广右，云南，湖南。所得多名士，而滇士严清，后为名冢宰，时论多之。寻升山东阳信令。未几，以母老力告归养，时年方四十八，益锐意于著述。裒辑圣祖启运以来迄于正德为《皇明通纪》，凡三十四卷。又著《治安要议》六卷，其言切于通变救弊。又订正朱、陆异同，为《学蔀通辨》以端学术。复著《古今至鉴》六卷，以严劝戒；刻《陈氏文献录》，以示子姓。莆田林公润为都御使，修辑《宗藩条例》，内翰李公廷机编《百子粹言》，则多采公之说也。

公学识温醇，议论纯正，酌古准今，崇正黜邪，则毅然贲育莫夺。年七十有一而卒。林尚书润称公"涵咏古今，核治乱之变，通性道之源"。谭尚书大初亦称其"经世之远，忧世之深"。予家粤白大夫与公同典云南癸卯乡试，相得甚欢，称公"博古之学，用世之才"云。

（明郭棐《粤大记》卷二十四，中山大学出版社，1998年。）

（二）

陈建号清澜，广东东莞人。嘉靖壬寅，朝议进宋儒陆九渊于孔庙。时清澜以进士令南闽，闻之，忧道统将移、学脉日紊，乃发愤著《学蔀通辨》，以破王氏所编《朱子晚年定论》。其书批祸根于横浦，证变派于江门，而中间则详著朱、陆始终不同之迹。阅七年，戊申，书成。

（张夏《雒闽源流录》录自"丛书集成初编"本，第 0653—0654 册，中华书局，1985 年。）

（三）

陈建，字廷肇，号清澜，（阮《通志》）亦号清澜钓叟。（瞿九思《墓志》）恩季子。（张《志》）弘治十年丁巳八月二十日，诞于南安之学署。（《墓志》）自幼纯心笃学。年十九，丁父忧，服未阕，有劝随俗权娶者，弗听。年二十三，补邑弟子员，试辄居首，巡按督学余、涂、欧、萧四公咸器异之。

嘉靖戊子，领乡荐。两上春官，皆中乙榜。年三十六，选授侯官教谕。（《家传》）勤于训迪，士之贫者赡之，堂斋中无虚席。与诸生论文，谓文有九善九弊，因作《滥竽录》。与巡抚白贲论李西涯乐府，因作《西涯乐府通考》。督学汪以达命校《十三经注疏》，因代作进呈疏上于朝，遂颁行天下。（《广州乡贤传》）又代海道汪公作《海防长策奏疏》。（郭棐《粤大纪》）七载，迁临江府教授。部使者皆重其才，称先生而不名。（《广州乡贤传》）两任间，聘考江西、广西、湖广、云南乡试，所取皆名士，（《粤东名儒言行录》）如都御史王士翘，大参易宽，太守钱邦偶、蒋时行，冢宰严清，其卓卓者也。（《家传》）然不汲汲仕进，闻有引荐则力辞。循资升阳信令，至则以教养为急，劝课农桑，申明条约，不事蒲鞭而邑人大治。（《广州乡贤传》）又以其暇，颁小学古训，令家诵而人习之。（《家传》）以母老乞养，邑民攀留，三详力请乃得归，时年四十八。（《广州乡贤传》按，《粤东名儒言行录》载建第三次详文云："看得通县里民留职之情固切，而卑职归养之念更殷。怀邑先年雁乱，卑职奉令提兵，躬擐甲胄，登山涉水，或抚或擒，今绿林寂无啸聚矣，各峒猺蛮不复反矣。丧乱既平，嗷嗷之哀鸿，虽百堵未集，然安宅有期矣。四民渐皆复业，即残野荒郊职亦多放劝谕，源源开辟矣。后来任斯土者，自有良牧。职鲁钝迂儒，教养乏术，奚当众民攀留？况职哀求终养，实为老母年逼桑榆，倚闾西望，度日如年，非图后日补用，乞亟据题，俾得早归一日，永戴二天。"详文出，即缴印弃官归。据此，则建似由阳信调广西之怀远或怀集，平峒蛮后，乃乞终养。而《家传》、《墓志》及他书皆只称其为阳信令，不半载告归，无官怀邑事，姑记之以备考。）建貌寒素，人望而轻之。然性缜密，（《宝翰堂藏书考》）博闻强记，（《福建通志》）究心学术邪正之分，及国家因革治乱之故。（《粤大纪》）

归后，构草堂于郭北，(《广州乡贤传》)益锐志著述。(阮《通志》)丙午，母卒，谢邦信《陈理庵合葬墓志》(按，建母生天顺戊寅，年八十九。)遂隐不出。先是，建官南安，与督学潘潢论朱陆异同，作《朱陆编年》。(《广州乡贤传》)及官临江，复辑《周子全书》、《程氏遗书类编》，因朱子所表章者而亦表章之，(《学蔀通辨·终编》)以裨来学。(《广州乡贤传》)时王守仁所辑《朱子晚年定论》，罗钦顺虽尝贻书与辨，然学者多信之。(《日知录》)会揭阳薛侃学于守仁，请祀陆九渊庙廷，(《明史·薛侃传》)建忧学脉日紊，(《洛闽源流录》)以前所著朱陆之辨非所以拔本塞源也，顾宪成《通辨序》乃取朱子年谱、行状、文集、语类及与陆氏兄弟往来书札，逐年编辑，(《日知录》)因编年二编，讨论修改，探究根极，列为前、后、续、终四编，(《通辨》末自识)凡阅十年，至戊申夏乃成，名曰《学蔀通辨》，共十二卷。(《通辨》自序)自序称："佛学近似惑人，为蔀已非一日。象山陆氏假其似乱吾儒之真，又援儒言以掩佛学之实，于是改头换面、阳儒阴释之蔀炽矣。幸而朱子深察其弊而终身力排之，其言昭如也。不意近世一种造为早晚之说，乃谓朱子初年所见未定，晚始悔悟而与象山合。其说盖萌于赵东山之《对江右六君子策》，而成于程篁墩之《道一编》，王阳明因之又集为《朱子晚年定论》，后人不暇复考，一切据言，而不知其颠倒早晚、矫诬朱子弥缝陆学也，其为蔀益甚矣。建为此惧，慨然发愤，究心通辨，专明一实，已抉三蔀。前编明朱陆早同晚异之实，后编明象山阳儒阴释之实，续编明佛学近似惑人之实，而以圣贤正学不可妄议之实终焉。"(《通辨》总序)其书破阳明之说，而批祸根于横浦，证变派于江门。(《洛闽源流录》)终编载心图心说，明人心道心之辨，吾儒所以异于禅佛。又著朱子教人之法在于敬义交修、知行兼尽，及著书明道，避邪反正之大有功于世。(《通辨》终编自序)当时压于王氏，不得传。(周《志》)至万历间，无锡顾宪成悟心体无善无恶之非，作《证性篇》以诋守仁，(高攀龙《泾阳先生行状》)盱眙吴令因梓是编，宪成序之，谓"其忧深虑远，盹恳迫切，如拯溺救焚，声色俱变"。(顾宪成《通辨序》)自始实行于世。(《粤大纪》)建成是书时，王氏之学弊未极，(张《志》)故建只论象山师弟颠倒错乱、癫狂失心之弊，以为禅病昭然。(《通辨》后编自序)其后王门高弟为王艮、王畿。艮之学一传而为颜钧，再传为罗汝芳、赵贞吉；畿之学一传而为何心隐，再传而为李贽、陶望龄。论者谓李斯乱天下至于焚书坑儒，皆出于其师荀卿高谈异论而不顾者也。罗钦顺《困知记》及建是书，并今日中流砥柱云。(《日知录》)建又以本朝之法积久弊滋，著《治安要议》六卷，言宗藩、赏功、取士、任官、制兵、备边，

(《要议》自序及目录)务于变通以救其弊。(《粤大纪》自序称"嘉靖戊申",与《通辨》皆是年成书,是年五十二。)莆田林润为都御史,修葺宗藩条例,即采其说。(《粤大纪》)初著《皇明启运录》,香山黄佐见之,谓"汉中叶有荀悦《汉纪》,宋中叶有李焘《长编》,我朝自太祖开基垂二百载而未有纪者,宜纂述以成昭代不刊之典"。(《通纪》自述)乃衷辑洪武以来迄于正德,为《皇明通纪》三十四卷。(阮《通志》)其书载录信,是非公,文义简畅,(岳元声《通纪序》)号称直笔。(瞿九思《谒墓文》)乙卯书成,(《通纪》自序 按建时年五十九。)遂为海内宗宝。(岳元声《序》)庚申,湖南瞿九思得是书,自譬为国家聋瞽至是始有目有耳。后入粤,拜建墓,徒跣行数十步,为《谒墓文》,并焚所著书以献。(《谒墓文》)他著有《古今至鉴》、《经世宏辞》、《明朝捷录》、《陈氏文献录》等书。(《粤大纪》)

　　隆庆元年丁卯,以上书终于南都之留城,年七十一。(《墓志》)建学识温醇,议论纯正,至于崇正黜邪,则毅然贲育莫之夺。(《粤大纪》)尝曰:"士君子得其时行其道,则无所为书,身后虚名亦何益耶?"(《家传》)其所著述,盖为天下万事虑也。(《墓志》)巡抚陈联芳、侍郎万士和、恭顺侯吴继爵、都御史李义庄,均称建"明体达用,可以开古今未决之疑,立百王不易之法",其为时所重如此。(《粤大纪》)吾粤有新会之学,有增城之学,至建书出,世称之东莞学。学者称清澜先生。(周《志》)

　　论曰:余读顾亭林《日知录》,其论阳明之学之流弊,而谓清澜《通辨》比罗文庄《困知记》尤精详,足称中流砥柱。其推许至矣!及读张杨园、陆清献书,乃知杨园初讲蕺山慎独之学,后得《通辨》,深叹夫功夫枉用,老而无成;而清献与友人论学书,必举《通辨》令阅,晚欲为《四书困勉录》,乃谓陆王禅学,《通辨》已详,不必多辩,其服膺如是。然则杨园、清献之学,清澜导之也。清献《答徐健庵论明史书》,谓清澜立传,最足为考亭干城。而《明史稿》无清澜传,岂万季野删之耶?文庄、亭林、杨园、清献今皆从祀庙廷,史既无清澜传,而二百余年来,亦无其学术奏闻与朝者,则《通纪》一书累之也。《通纪》列禁书目之首,当时功令森严,故嘉庆初修邑志时,不敢道清澜一字。然《明通纪》二十七卷、续十卷,陈建撰,《明史·艺文志》载之矣。原书迄正德,时我朝固未兴也。海内风行,继之者众,禁书目所列,如高汝栻、陈龙可辈,皆续至隆万间,而余所见岳元声、袁黄、董其昌本,有续至天启七年者,其语多触悖。续者有之,清澜无是也。清澜自序谓:"是书之作,考据群籍,直书垂鉴,不敢虚美隐恶。"故世推直笔,以荀悦、李焘书例之,自当与正史并行,乃因禁毁之故,并其学术之正而亦不敢以闻,倘太史公所谓"岩穴之士,趋舍有时"耶?或疑《通辨》之诋象山未免过激,不知清澜为程朱学时,象山固未从祀。至嘉靖九年,阳明门人揭阳薛侃奏请,报可,时清澜年三十四矣。清澜以象山禅学流弊,而预知阳明流弊之所必至,语虽过激,此乃其卫道之苦衷,未可议也。孟子言诵诗读书必论其世,余故表而出之,以俟夫后之议先儒祀典者。

(录自陈伯陶纂修:《东莞县志》,台北,学生书局,1968年影印本,第2267至2274页。)

《学蔀通辨》序

(一)总序

天下莫大于学术,学术之患莫大于蔀障。近世学者所以儒佛混淆,而朱、陆莫辨者,以异说重为之蔀障,而其底里是非之实不白也。《易》曰:"丰其蔀,日中见斗。"深言遮掩之害也。夫佛学近似惑人,其为蔀已非一日。有宋象山陆氏者出,假其似以乱吾儒之真,援儒言以掩佛学之实,于是改头换面,阳儒阴释之蔀炽矣。幸而朱子生同于时,深察其弊,而终身力排之,其言昭如也。不意近世一种造为早晚之说,乃谓朱子初年所见未定,误疑象山,而晚年始悔悟,而与象山合。其说盖萌于赵东山之《对江右六君子策》,而成于程篁墩之《道一编》,至近日王阳明因之又集为《朱子晚年定论》,自此说既成,后人不暇复考,一切据信,而不知其颠倒早晚、矫诬朱子以弥缝陆学也。其为蔀益以甚矣。语曰:"一指蔽目,太山弗见。"由佛学至今,三重蔀障,无惑乎朱、陆儒佛混淆而莫辨也。

建为此惧,乃窃不自揆,慨然以愤,究心通辨,专明一实,以决三蔀。前编明朱、陆早同晚异之实;后编明象山阳儒阴释之实;续编明佛学近似惑人之实;而以圣贤正学不可妄议之实终焉。区区浅陋,岂敢自谓摧陷廓清,断数百年未了底大公案。而朱、陆儒佛之辨,庶几由此无蔀障混淆之患,禅佛之似,庶乎不乱孔孟之真,未必不为明学术之一助云。其卷目小序,系列于左。

嘉靖戊申孟夏初吉,东莞陈建书于清澜草堂。

(录自"丛书集成初编"本,第0653—0654册,中华书局,1985年。)

(二)《学蔀通辨》顾序(顾宪成)

东粤清澜陈先生尝为书以著朱、陆之辨,而曰此非所以拔本塞源也。

于是乎搜及佛学，而又曰此非所以端本澄源也。于是乎特揭吾儒之正学终焉，总而名之曰《学蔀通辨》。大指取裁于程子本天本心之说，而多所独见。后先千万余言，其忧深，其虑远，肫恳迫切，如拯溺救焚，声色俱厉，至为之狂奔疾呼。

有不自知其然者，内黄蛟岭黄公受之先生奉为世宝，十袭而授厥嗣直指云蛟公。云蛟公顾諟庭训，抚慌时趋，谓盱眙令礼庭吴侯尝读书白鹿洞，出示之，侯慨然请任剞劂之役。而其邑人慕岗冯子为问序于伾，先是高安密所朱公从吾邑高存之得《朱子语类》，属其裔孙诸生崇沐校梓，且次第行其《全集》与《小学》《近思录》诸编，及闻是役也，崇沐复欣然乐佐厥成，相望数百里间，一时声气应合，俯仰山川，陡觉神旺。不佞宪作而叹曰："美哉！诸君子之注意于正学也。有如是哉，其不谋而契也。吾道其将兴乎？何幸身亲见之也。"已伏而思曰："朱、陆之辨，凡几变矣，而莫之定也，由其各有所讳也。左朱右陆，既以禅为讳；右朱左陆，又以支离为讳。宜乎竞相持而不下也。"窃谓此正不必讳耳。就两先生言，尤不当讳。何也？两先生并学为圣贤者也。学为圣贤，必自无我入。无我而后能虚，虚而后能知过；知过而后能日新，日新而后能大。有我反是。夫讳，我心也，其发脉最微，而其中于人也，最黏腻而莫解，是无形之蔀也，其为病，病在里；若意见之有异同，议论之有出入，或近于禅，或近于支离，是有形之蔀也，其为病，病在表。病在表，易治也；病在里，难治也。是故，君子以去我心为首务。予于两先生非敢漫有左右也。然而尝读朱子之书矣，其于所谓支离辄认为己过，悔艾刻责，时见乎辞，曾不一少恕焉。尝读陆子之书矣，其于所谓禅，貌然如不闻也，夷然而安之，终其身，曾不一置疑焉。在朱子岂必尽非，而常自见其非；在陆子岂必尽是，而常自见其是。此无我有我之证也。朱子又曰："子静所说，专是尊德性事，而某平日所论，却是道问学上多。今当反身用力，去短集长，庶几不坠一边耳。"盖情语也，亦逊语也，其接引之机微矣。而象山遽折之曰："既不知尊德性，焉有所谓道问学？"何欤！将朱子于此果有所不知欤？抑亦陆子之长处短处朱子悉知之，而朱子之吃紧处陆子未之知欤？昔子路使子羔为费宰，孔子贼之。乃曰："有民人焉，有社稷焉，何必读书，然后为学？"彼其意，宁不谓是向上第一义，而竟以佞见诃也，其故可知已。是故，如以其言而已矣，朱子歧德性问学为二，象山合德性问学为一，得失判然。如徐而求其所以言，则失者未始不为得，而得者未始不为失，此无我有我之别也。然则学者不患其支离，不患其禅，患其有我而已矣。辩朱、陆者，不须辩其孰为支离，不须辩其孰为禅，辩其孰为有我而已矣。此实道术中一大蔀，非他小小抵牾而已也者。而通辨偶未之及，敢为吴侯诵之。惟慕岗子进而裁焉，且以就正于云蛟公，不审与蛟岭公授受之指有当万分一否也。

万历乙巳十二月之朔无锡顾宪成谨序

（录自"丛书集成初编"本，第0653—0654册，中华书局，1985年。）

(三)《学蔀通辨》顾序(顾天挺)

朱、陆异同之辨，祖分左右者，数百年于兹矣。左朱右陆，左陆右朱，二者若不相下。至近来言理诸家，同声附和，竟谓朱不异陆，陆不异朱，调停回护，几莫穷其首尾，从未有以禅学斥陆氏者。呜呼，援儒入墨，推墨入儒，似是而非，贤者不免。若不穷极根底、考辩始终，将使得伊洛之真传者与顿悟良知之说并传流于天壤，而莫知适从，不几异端充斥，而为孔孟罪人焉。此清澜陈子《学蔀通辩》之所由作也。采辑群书，编次年月，俾学者晓然知陆之为禅、朱之为正学，而纷纷聚讼者始定。其有功于世道人心不浅矣。余生也晚，不获从先生游，读其书，想见其为人，心窃向往之。缘其版籍灰尽，好学深思者未能家尸而户祝也。敬复授梓，以自附于内黄黄子之后。至其学问源流、圣贤底蕴，则泾阳公有我无我之论，固直探其本，小子何多赘焉。

康熙十七年岁在戊午皋月吉旦当湖后学顾天挺苍岩甫敬题于荥阳公署。

（录自"丛书集成初编"本，第0653—0654册，中华书局，1985年。）

《皇明通纪》序

(一)《皇明启运录》序

臣建拜手稽首谨曰：

人知我高皇帝之得天下也，而不知其所以得天下也；人知我高皇帝得天下之略也，而不知其所以得天下神谟睿略、始终次第之详也。我高皇帝之得天下，其详在国史实录，金匮石室之藏，学者不可得而窥；散见于后来儒臣集次诸书，则又往往拘于义例，不能不详于此而遗于彼。是故，有《五伦书》焉，有《皇明政要》焉，二书主于分门类编，载圣祖之言行颇详，而于勘定之功则略；有《开国功臣录》、《名臣录》焉，二书诸于列传，各著诸臣之功,散漫无统,而于国家大政犹阙;有《国初事迹》、《元顺帝纪》、《通鉴纲目》焉,则稍详于吴元年以前,而缺略于洪武改元以后。其他集录,挂漏益甚,学者欲求观我圣祖所以开基创业始终之详无从焉。呜呼!昔人谓通天地人为儒。君子以博古通今为学,况我圣朝开创之故,而可诿于不知已乎!昔人睹《河》、《洛》而思禹功,仰谟烈而不忘前王。况我圣祖反元阴山,一正天下,民至于今受其赐,而可由之而不知已乎!建遁野闲居,窃不自揆,荟萃诸书,参稽互录,一以编年为统。始于前元至正辛卯红巾之倡乱,而终于国朝洪武壬申天下无事,功臣受封已毕,赐赉各还其乡,首位四十余年。凡我圣祖之所以得天下,其神谟睿略、峻德成功、始终曲折,次第略备。犹恨识见疏庸,闻见孤陋,不足以铺张扬厉于万一耳。考订而补正之,尚有俟于当世博雅君子。

嘉靖岁在壬子孟夏初吉,粤滨逸史清澜钓叟臣东莞陈建谨序

(录自《皇明通纪》,中华书局,2008年。)

(二)《皇明通纪》序

臣建往既为《皇明启运录》,以述我太祖高皇帝峻德成功始终次第之详矣。宫端泰泉黄先生见之,谂建曰:"昔汉中叶,有司马迁《史记》,有班固《汉书》,有荀悦《汉纪》;宋中叶,有李焘《长编》,皆搜载当时累朝制治之迹,以昭示天下。我朝自太祖开基,神子神孙重光继照,垂二百祀矣,而未有纪者。子纂述是志,盍并图之,以成昭代不刊之典也。"

建初辞焉,愧乏三长,何敢僭逾及此!然窃自念素性有癖焉,自少壮时,癖好博览多识。解组归山林,日长。每番阅我朝制书,洎迩来诸名公所撰次诸书,凡数十余种,积于胸中,久之不能自制。乃时时拈笔书之,取其有资于治、可通为鉴者,编年次之,参乎考订,正其舛疑。又久之,不觉盈帙。虽乏三长,续貂荀、李,汗颜班、马,不计也。

夫自古国家,莫不有创业垂统焉,亦莫不有持盈守成焉。我朝洪武开国四十余年之事,无非所谓创业垂统也,《启运》一录备矣。继自永乐,下迨正德,凡八朝一百二十四年之事,无非所谓持盈守成也,则今《通纪》具焉。纪成,就梓。非敢自谓昭代成史,乃为后之秉史笔君子属稿云尔。《启运录》旧已梓完,难以再编改刻,然二之又不是,故今并冠以《通纪》之名,而版刻姑仍旧,合前后共为一书云。

抑尝因此阅历世变,尤有感也。祖宗时士马精强,边烽少警,而后来胡骑往往深入无忌也;祖宗时风俗淳美,真才辈出,而迩来则渐浇漓也;祖宗

时财用有余,而迩来则度支恒忧匮乏也;祖宗时法度昭明,而迩来则变易废弛比比也。推之天下,莫不皆然。是果世变成江河之趋而不可挽与,抑人事之失得有以致之也?

愚间因次录,阅事变,不能自已于怀,辄僭著评议,或采时贤确言。诚欲为当世借箸之筹,以挽回祖宗之盛,所深愿焉,而力莫之能兴也。有志于世道者,尚相与商之。

嘉靖岁在乙卯仲夏之吉,东莞清澜居士臣建拜手稽首谨书。

(录自《皇明通纪》,中华书局,2008年。)

参考文献

(一)基本文献

[1]〔明〕陈建,《学蔀通辨》十二卷,《丛书集成初编》本(据正谊堂全书本排印),(第0653—0654册),北京:中华书局,1985。

[2]〔明〕陈建,《学蔀通辨》十二卷,《四库全书存目丛书》(子部11—12,明嘉靖刻本),济南:齐鲁书社,1995。

[3]〔明〕陈建,《治安要议》,民国刻聚德堂丛书本。(国家图书馆藏)

[4]〔明〕陈建,《陈建著作二种》,黎业明点校,上海:上海古籍出版社,2015。

[5]〔明〕陈建,《皇明通纪》,钱茂伟点校,北京:中华书局,2008。

[6]〔唐〕慧能,《坛经》,郭朋校释,北京:中华书局,1983。

[7]〔宋〕张载,《张载集》,北京:中华书局,1978。

[8]〔宋〕程颢、程颐,《二程集》,北京:中华书局,2004。

[9]〔宋〕朱熹:《朱子语类》,黎靖德编,王星贤点校,北京:中华书局,1983。

[10]〔宋〕朱熹:《朱子全书》(第20—25册,文集部分),朱杰人、严佐之、刘永翔主编,上海:上海古籍出版社,2002。

[11]〔宋〕朱熹:《四书章句集注》,北京:中华书局,1983。

[12]〔宋〕宗杲,《大慧语录》,《大正藏》册047,NO.1998A。

[13]〔宋〕宗杲,《大慧普说》,《卍正藏》册095,NO.1540。

[14]〔宋〕陆九渊,《陆九渊集》,钟哲点校,北京:中华书局,1980。

[15]〔宋〕真德秀,《大学衍义》,朱人求校点,上海:华东师范大学出版社,2010。

[16]〔宋〕熊禾,《勿轩集》,《四库全书》集部,第127册,台北:商务印书馆,1986。

[17]〔明〕郭棐撰,《粤大记》(下册,卷二十四),广州:中山大学出版社,1998。

[18]〔明〕王兆云,《皇明词林人物考》(明万历刻本),《续修四库全

书》史部第532册，上海：上海古籍出版社，1995。

[19]〔明〕陈献章，《陈献章全集》，黎业明编校，上海：上海古籍出版社，2019。

[20]〔明〕王守仁，《王阳明全集》，吴光、钱明、董平编，上海：上海古籍出版社，2011。

[21]〔明〕罗钦顺，《困知记》，《丛书集成初编》本（据正谊堂全书本排印），（第0653—0654册），北京：中华书局，1985。

[22]〔明〕罗钦顺，《困知记》，阎韬点校，北京：中华书局，1990。

[23]〔明〕胡居仁，《居业录》，《丛书集成初编》本（据正谊堂全书本排印），（第0656—0657册），北京：中华书局，1985。

[24]〔明〕胡广等，《明实录·穆宗实录》，台北：中央研究院历史语言研究所，1962。

[25]〔明〕叶子奇，《草木子》，北京：中华书局，2010。

[26]〔明〕丘濬，《大学衍义补》，北京：京华出版社，1999。

[27]〔明〕吕柟，《泾野子内篇》，北京：中华书局，1992。

[28]〔明〕吕坤，《吕坤全集》，北京：中华书局，2008。

[29]〔明〕袁袠，《世纬》（丛书集成初编，0931），北京：中华书局，1985。

[30]〔明〕沈德符，《万历野获编》，北京：中华书局，1959。

[31]〔明〕骆问礼，《续羊枣集》（清高承梃抄本），《续修四库全书》集部第1127册，上海：上海古籍出版社，1995。

[32]〔明〕薛应旂，《宪章录》，济南：齐鲁书社，1996。

[33]〔明〕黄光升，《昭代典则》，济南：齐鲁书社，1996。

[34]〔明〕范守己，《皇明肃皇外史》，济南：齐鲁书社，1996。

[35]〔明〕沈国元，《皇明从信录·总例》，上海：上海古籍出版社，2002。

[36]〔明〕张二果、曾起莘，《东莞县志》（崇祯），东莞市人民政府办公室，1995。

[37]〔清〕黄宗羲，《明儒学案》，北京：中华书局，2008。

[38]〔清〕黄宗羲，《宋元学案》，北京：中华书局，1986。

[39]〔清〕顾炎武，《日知录》，上海：上海古籍出版社，1987。

[40]〔清〕全祖望，《鲒埼亭集外编》（清嘉庆十六年刻本），《续修四库全书》集部第1429—30册，上海：上海古籍出版社，1995。

[41]〔清〕张廷玉等，《明史》，北京：中华书局，1974。

[42]〔清〕李绂,《朱子晚年全论》,段景莲点校,北京:中华书局,2000。
[43]〔清〕王懋竑,《朱子年谱》,北京:中华书局,1998。
[44]〔清〕张履祥,《杨园先生全集》,陈祖武点校,北京:中华书局,2002。
[45]〔清〕陆陇其,《三鱼堂文集》,《文渊阁四库全书》集部,第1325册。
[46]〔清〕吴光酉、郭麟、周梁,《陆陇其年谱》,北京:中华书局,1993。
[47]〔清〕卢文弨,《抱经堂文集》,北京:中华书局,1990。
[48]〔清〕梁显祖,《大呼集》八卷,北京:北京出版社,2001。
[49]〔清〕夏炘,《述朱质疑》(清咸丰景紫山房刻本),《续修四库全书》子部第952册,上海:上海古籍出版社影印本,1995。
[50]〔清〕李颙,《二曲集》,陈俊民点校,北京:中华书局,1996。
[51]〔清〕唐鉴,《国朝学案小识》,济南:山东友谊出版社,1990。
[52]〔清〕阮元,《广东通志》,上海:上海古籍出版社,1990。
[53]〔清〕纪昀、陆锡然、孙士毅等著:《钦定四库全书总目》(整理本),中华书局,1997。
[54]〔清〕纪昀总撰,《四库全书总目提要》,石家庄:河北人民出版社,2000。
[55]〔清〕郭文炳,《东莞县志》(康熙),东莞市人民政府办公室,1994。
[56]〔清〕陈伯陶纂修,《东莞县志》(宣统),台北:成文出版社,1967(民国五十六年)。
[57]〔民国〕徐世昌编纂,《清儒学案》,北京:人民出版社,2010。

(二)近人著作

梁启超,《中国近三百年学术史》,天津:天津古籍出版社,2003。
梁启超,《饮冰室文集》,《饮冰室合集》第一册,北京:中华书局。
邓实,黄节主编,《国粹学报》第九册,扬州:广陵书社,2006。
孟森,《明史讲义》,上海:上海古籍出版社,2002。
孟森,《明清史论著集刊》,北京:中华书局,2006。
释印顺,《中国禅宗史》,北京:中华书局,2010。
张舜徽,《清儒学记》,武汉:华中师范大学出版社,2005。
钱穆,《中国近三百年学术史》,北京:商务印书馆,1997。

钱穆,《中国学术思想史论丛》(七),北京:生活 读书 新知三联书店,2009。

钱穆,《朱子学提纲》,北京:生活 读书 新知三联书店,2002。

钱穆,《朱子新学案》,北京:九州出版社,2011。

钱穆,《宋明理学概述》,《钱宾四先生全集》(九),台北:联经出版社,1998。

容肇祖,《明代思想史》,台北:台湾开明书店,1982。

容肇祖,《容肇祖集》,济南:齐鲁书社,1989。

吕澂,《中国佛学源流略讲》,北京:中华书局,1979。

冯友兰,《中国哲学史》,北京:商务印书馆,2011。

萧公权,《中国政治思想史》,北京:商务印书馆,2011。

杨伯峻,《论语译注》,北京:中华书局,2006。

杨伯峻,《孟子译注》,北京:中华书局,2011。

沟口雄三,《中国的思想》,北京:中国社会科学出版社,1995。

吕思勉,《中国文化思想史九种》,上海:上海古籍出版社,2009。

嵇文甫,《晚明思想史论》,开封:河南大学出版社,2008。

唐君毅,《中国哲学原论原性篇》,北京:中国社会科学出版社,2005。

唐君毅,《中国哲学原论原教篇》,北京:中国社会科学出版社,2006。

徐复观,《中国思想史论集》,上海:上海书店出版社,2004。

徐复观,《中国思想史论集续编》,上海:上海古籍出版社,2004。

牟宗三,《从陆象山到刘蕺山》,上海:上海古籍出版社,2001。

牟宗三,《心体与性体》,上海:上海古籍出版社,1999。

张君劢,《新儒家思想史》,北京:人民大学出版社,2006。

荒木见悟,《佛教与儒教》,杜勤、舒志田等译,郑州:中州古籍出版社,2006。

冈田武彦,《王阳明与明末儒学》,吴光、钱明、屠承先译,上海:上海古籍出版社,2000。

岛田虔次,《中国思想史研究》,上海:上海古籍出版社,2006。

岛田虔次,《朱子学与阳明学》,蒋国保译,西安:陕西师范大学出版社,1986。

张岱年,《中国哲学大纲》,北京,中国社会科学出版社,2004。

陈荣捷,《王阳明与禅》,台北:台湾学生书局,1984。

陈荣捷,《王阳明详注集评》,台北:学生书局,1983。

陈荣捷,《朱学论集》,上海:华东师范大学出版社,2007。

侯外庐,《中国思想通史》,北京:人民出版社,1956。

侯外庐等编,《宋明理学史》,北京:人民出版社,2005。

蒙文通,《古学甄微·理学札记》,成都:巴蜀书社,1987。

萧萐父,《吹沙集》,成都:巴蜀书社,1991。

萧萐父、许苏民,《明清启蒙学术流变》,沈阳:辽宁教育出版社,1995。

任继愈,《任继愈禅学论集》,北京:商务印书馆,2005。

蒙培元,《理学范畴系统》,北京:人民出版社,1989。

劳思光,《新编中国哲学史》,桂林:广西师范大学出版社,2005。

余英时,《中国文化史通释》,北京:生活 读书 新知三联书社,2011。

余英时,《朱熹的历史世界》,北京:生活 读书 新知三联书店,2011。

余英时,《现代儒学论》,上海:上海人民出版社,2010。

陈鼓应等主编,《明清实学史》,北京:社会科学文献出版社,1994。

吴长庚主编,《朱、陆学术考辨五种》,南昌:江西高校出版社,2000。

张立文,《宋明理学研究》,北京:中国人民大学出版社,1985。

李泽厚,《中国古代思想史论》,北京:生活 读书 新知三联书店,2008。

冯达文、郭齐勇主编,《新编中国哲学史》,北京:人民出版社,2004。

冯达文等编著,《岭南思想史》,广州:广东人民出版社,1993。

杨国荣,《心学之思——王阳明哲学的阐释》,上海:华东师范大学出版社,2009。

冯天瑜,《明清文化史札记》,上海:上海人民出版社,2006。

许苏民、申屠炉明主编,《明清思想文化变迁》,南京:南京大学出版社,2009。

陈来,《有无之境——王阳明哲学的精神》,北京:北京大学出版社,2006。

陈来,《朱子书信编年考》,北京:生活 读书 新知三联书店,2007。

陈来,《朱子哲学研究》,北京:读书 生活 新知三联书店,2010。

陈来,《宋明理学》,上海:华东师范大学出版社,2003。

张学智,《明代哲学史》,北京:北京大学出版社,2003。

龚鹏程,《晚明思潮》,北京:商务印书馆,2005。

李兴源,《晚明心学思潮与士风变异研究》,[台]新北市:花木兰文化出版社,2009。

李纪祥,《宋明理学与东亚儒学》,桂林:广西师范大学出版社,2010。

吴怀祺主编,《中国史学思想通史·明代卷》,合肥:黄山书社,2002。

向世陵,《理气心性之间——宋明理学的分系与四系》,长沙:湖南大学出版社,2006。

杜继文、魏道儒,《中国禅宗通史》,南京:江苏人民出版社,2008。

步近智、张安奇,《中国学术思想史稿》,北京:中国社会科学出版社,2007。

鱼宏亮,《知识与救世——明清之际经世之学研究》,北京:北京大学出版社,2008。

祝平次,《朱子学与明初理学的发展》,台北:台湾学生书局印行,1994。

钱茂伟,《明代史学的历程》,北京:社会科学文献出版社,2003。

仓修良,《中国史学名著评介》,济南:山东教育出版社,2006。

黄进兴,《李绂与清代陆、王学派》,南京:江苏教育出版社,2010。

傅亚庶,《孔丛子校释》,北京:中华书局,2011。

彭永捷,《朱、陆之辨——朱熹陆九渊哲学比较研究》,北京:人民出版社,2002。

曾春海,《陆象山》,台北:东大图书公司印行,1988。

毛庆耆主编,《岭南学术百家》,广州:广东人民出版社,2004。

谢国桢,《明末清初的学风》,上海:上海书店出版社,2006。

谢国桢,《明清之际党社运动考》,上海:上海书店出版社,2004。

谢国桢,《增订晚明史籍考》,上海:上海古籍出版社,1981。

雷梦辰,《清代各省禁书汇考》,北京图书馆出版社,1989。

蔡龙九,《〈朱子晚年定论〉与朱、陆异同》,[台]新北市:花木兰文化出版社,2011。

颜广文,《古代广东史地考论》,广州:中山大学出版社,2007。

谢扬,《治政与事君——吕坤〈实政录〉及其经世思想研究》,北京:生活 读书 新知三联书店,2011。

(三)论文

钱茂伟,《〈通纪〉历史叙事的特点及成就》,《中国社会科学院研究生院学报》,2007年第5期。

钱茂伟,《陈建〈通纪〉改革思想述略》,《宁波师院学报》,1993年第2期。

钱茂伟,《陈建及其〈皇明启运录〉初探》,《宁波师院学报》,1992年第

1期。

龚颖,《〈学蔀通辨〉在东亚的传播及其意义》,见陈桂蓉主编,《海峡两岸道德发展论》,北京:社会科学文献出版社,2009。

谢光宇,《程敏政、程瞳关于"朱、陆异同"的对立及其影响》,《中国哲学史》,2003年第1期。

谢光宇,《徽人关于"朱、陆异同"的对立及其影响》,《安徽史学》,2002年第2期。

谢扬,《近三十年来有关中国近世"经世思想"研究述评》,《新史学》,2008年第4期。

谢贵安,《论明代国史与野史的生态关系——以〈明实录〉的禁藏与流传为线索》,《学术月刊》,2000。

蔡龙九,《读陈建〈学蔀通辨〉之贡献与失误》,《国立台湾大学哲学评论》,1997年第36期。

毛庆耆,《陈建及其〈学蔀通辨〉》,《岭南文史》,2001年第1期。

王尔敏,《经世思想之义界问题》,台北:《中研院近史所集刊》,1984年第13期。

向燕南,《陈建〈皇明资治通纪〉的编纂特点及影响》,《史学史研究》,1993年第1期。

柳向忠,《陈建〈学蔀通辨〉思想研究》硕士学位论文,深圳大学,2009。

孙美霞,《陈建研究》硕士学位论文,华南师范大学,2009。

孙美霞,《明代思想家史学家陈建研究述评》,《广东教育学院学报》,2008年第6期。

佐藤錬太郎,《明清时代对王学派批判》,《学海》,2010年第3期。

李征,《陈建〈学蔀通辨〉研究》硕士学位论文,湘潭大学,2009。

步近智,《陈建和〈学蔀通辨〉》,《晋阳学刊》,1987年第6期(总第45期)。

涂天瑜,《陈建与明代朱、陆之争》硕士学位论文,中山大学,2008。

钱茂伟,《〈通纪〉:一部富有时代光泽的史著》,《浙江学刊》,1994年第1期。

后 记

写后记是一件颇不容易的事情,因为你此时所审视、静观的是自我的彼一段心路情愫及尚未褪色亦尚待沉淀的生活经历;此时的任何节点都会写出不一样文字的"后记",然而总有诸许不绝如缕、恒久于心而终会沉淀下来的不一样中那共通的生活点滴。因无记述或借以承载个人生活陈迹的诸许习惯,故有此番机缘静心写一点有关自己某一段生活中的心路历程的文字的"后记",亦是一件值得来珍重和去感谢的事情。

这本书稿是以我在武汉大学撰写的博士论文为基础,几番修改而成。仅就所选研究对象陈建及其学术思想而言,初始颇虑其名不见经传而鲜为学界所重以致疑其究竟有否价值可探,其后专意于此既鉴于陈建著述于"学术"上关涉到诸多重大理论问题(诸如,儒释之辨,朱、陆之辨等)的通辨以及互动究察于其所处之社会时势而力求施动于当时社会之"治事"之历史维度,亦鉴于本人学力所限而择以此研究为求能继续探索明中期以降社会的思想、文化、政治诸层面的问题之始步。本书稿的仓促完成,既有不思文章修改无止境而如释重负之感,亦有不尽如人意之处而不能释怀之慨。虽缘平素所喜而慕求之,然当身入其门,才知要真正得其门径,领略其奥妙实不是一件容易的事,即便是就当下所探讨的具体问题亦不能尽得其蕴。唯听之付梓,敬以求教于诸方家同仁。

廿年前于古城长安的大学校园生活已渐显朦胧,之后经浙(天台县)入粤(博罗县),历五年于高中历史的教学工作中,然对能学习乃至研究传统文化之夙愿未止,后得幸两入景海峰先生门下习研中国哲学;承蒙景师不弃我对哲学禀悟愚钝、基础薄弱,循循善导、竭力提携,逐步渐次地引带我步入习研中国哲学之域。于我而言,硕、博期间的学习过程依然是入得哲学研究殿堂的一个探索和学习的进阶阶段,景师更多强调的是学习根基的奠定和研究态度的端正,以及结合自身的兴趣和能力于具体理论问题的关注和研究之中,注重哲学思维能力的锻炼和提升。景师为人儒雅、谦和,治学专博、谨严;所谓学高为师、身正为范,虽遗憾与景师于学术诸问题上相谈甚少,然其不言之教诲、彬彬之著述于我皆影响至深。景师为人处世之风范及精益求精之严谨学术风格和循序渐进、厚积薄发的为学方式,皆使我不拘于急于求成、急功近利之限而静心于学；在此拙著形式上初步完成之际,对景师于我学习和生活上的悉心关怀致以深深的谢意。于深圳大学国学研究所李大华、王兴国、王立新、黎业明、问永宁、赵东明诸位先生之关怀与提携,亦常感念于心。

继由粤入鄂,在珞珈山麓、东湖之畔的国学院/哲学院学习、生活的三年是紧张的,亦是安静的。非常感谢武汉大学国学院/哲学院郭齐勇、李维武、徐水生、吴根友、丁四新、欧阳祯人、司马朝军、杨华诸位先生在知识面的开阔和思路的开拓方面给我诸多帮助和启发,其言传身教亦使我受益不浅,在此一并致以深深的谢忱。尤为感谢郭先生在诸多方面的关心和提携,使我在与学习、研究关联方面多了份参与和体认。此外,本书稿的修改亦得益于北京大学张学智、陕西师范大学刘学智、中山大学陈立胜三先生能拨冗审阅并提出了一些中肯的建议和意见,肯定之余亦直陈问题所在,为此次改进助益良多,于此深表谢意。

两年的硕士生活在深圳大学文山湖畔的荔园倏忽而过,三载的博士生活亦于武汉大学珞珈山麓的枫园匆匆而去。在匆忙的学习、生活中,亦感念与诸位学友之间于学习上切磋和启发,生活上关心与帮助；融洽互促的学友情是一种无形的动力,使我备受激励,亦是难得可贵的精神财富。常思能偏居一隅静观文本、游心于学,实无不得益于诸位良师、益友的精神感召和砥砺相助,此亦使得我能以一颗平常之心践行"不以物喜、不以己悲"之庸常理想。

子曰:"三十而立。"于我意言之,即"安身立命"而已。然我之"立命"之道仍在上下求索之中,"安身"之所亦在多方寻觅之间。金陵是一个古老而又雅致的颇为熟识的名称,于我而言,又是一个心远而地自偏的极为陌生的地方。然自于河海大学哲学系工作始,已然于其有了切身的体认。于此三载有余的工作是充实而匆忙的,感谢志同道合的诸位同仁,生活亦无在别处之疏离感。现实里的南京终究是陌生的,赤瘠的黄土情怀深镌骨髓里。能不忆江南？塞上亦江南。大漠孤烟、长河落日,心之所向,贺兰山下、黄河之滨；然人之所处,身不由己,恍惚一载,再别"江南",重返南粤。人生固然如是一旅途,生活则不应总在路上。

身历多年辗转始有所安顿。此书稿亦经过多年之磨砺后,获得了国家社科基金资助,得以在陕西人民出版社出版,感谢出版社关宁编辑及诸位之辛劳。尤幸仰恩师景先生赐序,再次深致谢忱！其间能以专心致力于修定此书稿,亦感谢同事刘慧君在另项科研文献之整理上,及谢晓琳君于教学工作中之具体事务上的辛劳支援。十年事毕,诚为幸事。然回想求学、工作数十载,辗转千里之外,不能常侍亲侧;父母的默默关注,兄弟任劳任怨的付出,一任我蹉跎岁月,皆非一谢字能尽!亦感念于内子李娟的理解和付出。唯愿此深厚的亲情、师恩、友谊皆化作不息之动力,让"立命"之道之求索得承续于上下之间……

子曰:"四十不惑。"

不惑亦惑,是为记。

二零一三年盛夏初稿于武汉大学
二零一五年深秋修订于河海大学
二零一八年仲春再修于故里宁夏
二零二零年春分定稿于南粤佛山